Schriftenreihe
zum internationalen Einheitsrecht
und zur Rechtsvergleichung

Band 19

ISSN 1866-6701

Verlag Dr. Kovač

Elterliches Sorge- und Umgangsrecht

Ausgewählte Regelungen des deutschen und tschechischen Rechts im Vergleich

Dissertation

zur Erlangung des Grades eines Doktors der Rechte

der Rechts- und Wirtschaftswissenschaftlichen Fakultät

der Universität Bayreuth

vorgelegt von

Mgr. Karel Kovařík, LL.M.

aus Brno

Dekan: Prof. Dr. Jochen Sigloch

Erstberichterstatter: Prof. Dr. Ulrike Wanitzek

Zweitberichterstatter: Prof. Dr. Lutz Michalski

Tag der mündlichen Prüfung: 14. Juli 2010

Karel Kovařík

Elterliches Sorge- und Umgangsrecht

Ausgewählte Regelungen des deutschen
und tschechischen Rechts im Vergleich

Verlag Dr. Kovač

Hamburg
2010

VERLAG DR. KOVAČ

FACHVERLAG FÜR WISSENSCHAFTLICHE LITERATUR

Leverkusenstr. 13 · 22761 Hamburg · Tel. 040 - 39 88 80-0 · Fax 040 - 39 88 80-55

E-Mail info@verlagdrkovac.de · Internet www.verlagdrkovac.de

Bibliografische Information der Deutschen Nationalbibliothek
Die Deutsche Nationalbibliothek verzeichnet diese Publikation
in der Deutschen Nationalbibliografie;
detaillierte bibliografische Daten sind im Internet
über http://dnb.d-nb.de abrufbar.

ISSN: 1866-6701
ISBN: 978-3-8300-5370-5

Zugl.: Dissertation, Universität Bayreuth, 2010

© VERLAG DR. KOVAČ in Hamburg 2010

Meinen Lieben

Vorwort

Die vorliegende Arbeit wurde im Mai 2010 von der Rechts- und Wirtschaftswissenschaftlichen Fakultät der Universität Bayreuth als Dissertation angenommen. Die mündliche Prüfung fand am 14. Juli 2010 an der Universität Bayreuth statt.

Meiner Betreuerin Frau Professor Dr. Ulrike Wanitzek danke ich herzlich sowohl für die Inspiration bezüglich des behandelten Themas als auch für die fürsorgliche und kritisch anregende Begleitung meiner wissenschaftlichen Tätigkeit, insbesondere für die angenehme und konstruktive Atmosphäre, in der unsere Gespräche und Diskussionen stattgefunden haben.

Ebenso möchte ich Professor Dr. Lutz Michalski, der Zweitgutachter meiner Arbeit war, für die rasche Begutachtung und Kooperationsbereitschaft danken.

Sehr herzlich danke ich meiner Familie, insobesondere meinen Eltern die mir in jeder Beziehung die denkbar größte Unterstützung zuteil werden ließen. Gleicher Dank gilt meinen Freunden in Eckersdorf, wie auch denjenigen, die das Lektorat übernahmen.

Bayreuth, im Juli 2010

Karel Kovařík

Inhaltsverzeichnis

X

Abkürzungsverzeichnis

ABGB	Allgemeines Gesetzbuch vom 1.6.1811, Österreich
Abs.	Absatz
a.F.	alte Fassung
AG	Amtsgericht
Art.	Artikel
Aspi	Automatizovaný systém právních informací (Automatisches System der juristischen Informationen - IT Programm und Datenbank)
Aufl.	Auflage
BayObLG	Bayerisches Oberstes Landgericht, auch Entscheidungssammlung in Zivilsachen
BGB	Bürgerliches Gesetzbuch
BGBl.	Bundesgesetzblatt
BGH	Bundesgerichtshof
BT – Drucks	Drucksache des Deutschen Bundestags
BVerfG	Bundesverfassungsgericht
BVerGE	Entscheidung des Bundesverfassungsgerichtes
bzw.	beziehungsweise
č.	číslo (Nummer)
DNotZ	Deutsche Notar Zeitschrift
EGMR	Europäischer Gerichtshof für Menschenrechte
EU	Europäische Union
FaG	Zákon o rodině, Nr. 94/1963 Slg. (tschechisches Familiengesetzbuch)
FamFG	Gesetz über das Verfahren in Familiensachen und in den Angelegenheiten der freiwilligen Gerichtsbarkeit vom 17. 12.2008
FamG	Familiengericht
FamRMaßnErlG	Gesetz zur Erleichterung familiengerichtlicher Maßnahmen bei Gefährdung des Kindeswohls vom 4.7.2008.

FamRZ	Zeitschrift für das gesamte Familienrecht
FPR	Familie Partnerschaft Recht
Fn	Fußnote
ff.	folgende
FuR	Familie und Recht
G	Gesetz
GG	Grundgesetz
GleichberG	Gleichberechtigungsgesetz
H	Halbsatz
Hk-BGB.	Handkommentar BGB
h. M.	herrschende Meinung
hpts.	hauptsächlich
Hrsg.	Herausgeber
IC	Interní číslo (interne Nummer) im Aspi Programm
i. d. R.	in der Regel
i.S.v.	im Sinne von
i.V.m.	in Verbindung mit
JA	Juristische Arbeitsblätter
JAmt	Die Zeitschrift Jugendamt
JFG	Jahrbuch für Entscheidungen in Angelegenheiten der Freiwilligen Gerichtsbarkeit und des Grundbuchrechts
JUD	Judikatura (Rechtsprechung)
JURA	Juristische Ausbildung
JZ	Juristen Zeitung
KG	Kammergericht
KindRG	Kindschaftsrechtsreformgesetz vom 16.12.1997
KJHG	Kinder- und Jugendhilfe Gesetz (SGB VIII) vom 26.06.1990
KS	Krajský soud (Kreisgericht – in Familiensachen ist es das Gericht der 2. Instanz)
LPartG	Lebenspartnerschaftsgesetz vom 16.02.2001
LZPS	Listina základních práv a svobod, Nr. 2/1993 Slg. (Charta der Grundrechte und Grundfreiheiten)
MatrZ	tschechisches Matrikelgesetz, Nr. 301/2000 Slg.
MSA	Haager Minderjährigen-Schutzabkommen vom 5. 10. 1961

MU	Masarykova Universita (Masaryk Universität Brno)
MünchKomm	Münchener Kommentar zum Bürgerlichen Gesetzbuch
NJW	Neue Juristische Wochenschrift
NJW-RR	Neue Juristische Wochenschrift, Rechtsprechungsreport
NJWE-FER	NJW Entscheidungsdienst Familien- und Erbrecht
NOZ	Vorgeschlagene Fassung des neuen Zivilkodexes – Gesetzentwurf (Občanský zákoník)
Nr.	Nummer
NS	Nejvyšší soud (Oberste Gericht – entspricht dem BGH)
OLG	Oberlandesgericht
OLGR	OLG – Report (Zeitschrift)
OSPOD	Orgán sociálně právní ochrany dětí - Organ des sozialrechtlichen Schutzes (tschechisches Jugendamt)
o.s.ř.	Občanský soudní řád, Nr. 99/1963 Slg. (tschechisches ZPO)
OZ	Občanský zákoník, Nr. 40/1964 Slg. (tschechisches BGB)
R	Pořadové číslo rozsudku uveřejněného v Sbírce soudních rozhodnutí (Reihennummer des Urteils, welches in der Sammlung der gerichtlichen Entscheidungen der Tschechischen Republik veröffentlicht wurde)
Rc	civilní rozsudek (zivilrechtliches Urteil)
Rn.	Randnummer
RKEG	Gesetz über die religiöse Kindererziehung vom 5. 7. 1921
S.	Seite bzw. Satz (je nach Sinn)
Sb.NS	Sbírka rozhodnutí vydaná Nejvyšším soudem (Die Sammlung der gerichtlichen Entscheidungen in der Tschechischen Republik ausgegeben vom Obersten Gericht der Tschechischen Republik)
SbNU	Sbírka nálezů a usnesení Ústavního soudu ČR (Die Sammlung der Entscheidungen des Tschechischen Verfassungsgerichts – elektronische Form unter: http://nalus.usoud.cz/Search/Search.aspx)
SbSR.	Sbírka soudních rozhodnutí (Die Sammlung der gerichtlichen Entscheidungen der Tschechischen Republik)
SGB	Sozialgesetzbuch

Slg.	Tschechische Gesetzessammlung
sog.	so genannte/r
SorgeRG	Gesetz zur Neuregelung des Rechts der elterlichen Sorge vom 18.7.1979
sp. zn.	spisová značka (Aktenzeichen)
StAZ	Das Standesamt (Zeitschrift)
StAG	Staatsangehörigkeitsgesetz vom 22.07.1913
StGB	Strafgesetzbuch
TPG	Transplantationsgesetz vom 05.11.1997
TZ	Trestní zákon, Nr. 140/1961 Slg. (tschechisches Strafgesetzbuch)
ÚS	Ústavní soud ČR (Verfassungsgericht der Tschechischen Republik); Senatsentscheidung des tschechischen Verfassungsgerichts (zitiert nach den jeweiligen Senaten)
vers.	versus
vgl.	vergleiche
WehrpflG	Wehrpflichtgesetz vom 21.07.1956
Vorbem	Vorbemerkung
zák.	zákon (Gesetz)
zit.	zitiert
z.B.	zum Beispiel
ZfJ	Zeitschrift für Jugendrecht
ZKJ	Zeitschrift für Kindschaftsrecht und Jugendhilfe
ZPO	Zivilprozessordnung

I. Einleitung

A. Einführung

Vom großen Dichter und Denker Johann Wolfgang von Goethe stammt das Zitat: „Man könnte erzogene Kinder gebären, wenn die Eltern erzogen wären"[1]. Inwieweit Goethes Weisheit auf die Realität zutrifft, möge dahingestellt bleiben. Dass in dieser Aussage jedoch zumindest ein Stück Wahrheit liegen dürfte, werden viele Zeitgenossen bestätigen. Vielleicht liegt darin auch einer der Gründe, die es erforderlich machen, gesetzliche Regelungen zu treffen, welche sowohl in die Erziehung der Kinder, als auch in das üblicherweise enge Verhältnis zwischen Eltern und ihren Kindern eingreifen.

Wenn man im mitteleuropäischen Raum von gesetzlichen Regelungen spricht, die sich mit dem Eltern-Kind-Verhältnis befassen, so sind damit vor allem jene Normen gemeint, welche die Rechte und Pflichten des Kindes und jene der Eltern definieren. Dies trifft auch auf die Gesetzgebung in der Bundesrepublik Deutschland und der Tschechischen Republik zu - zwei Nachbarländern, die eine teils gemeinsame Geschichte verbindet und die sich sowohl kulturell, als auch gesellschaftlich nahe stehen. Seit dem Fall des „Eisernen Vorhangs" am Ende des Jahres 1989, welcher beide Länder etwa vierzig Jahre künstlich voneinander trennte, sind sich beide Länder deutlich näher gekommen, besonders seit dem Eintritt der Tschechischen Republik in die Europäische Union am 1. Mai 2004. Inwieweit die gemeinsame Geschichte, Kultur und nun auch die gemeinsame Mitgliedschaft in der EU direkte Auswirkungen auf die Rechtsordnungen der beiden Staaten haben, soll in dieser Arbeit anhand eines Vergleiches der familienrechtlichen Regelungen zum elterlichen Sorge- und Umgangsrecht in beiden Ländern ermittelt werden.

Die Rechtsvergleichung kann man als einen geistigen Vorgang verstehen, der sich einerseits auf das Recht bezieht und andererseits einen Vergleich zum In-

---

[1] Goethe, Zahme Xenien IV, Gesammelte Gedichte 1993, S. 443.

halt hat[2]. Dies führt im Ergebnis auch zu einer gewissen Distanz zu der Rechtsordnung, welcher man selbst am engsten verbunden ist[3]. Als Folge eines solchen Vergleichs können bestimmte Vor- und Nachteile der eigenen Rechtsordnung deutlicher wahrgenommen werden, die einem bisher nicht aufgefallen sind. Es lässt sich auch feststellen, ob sich bestimmte Regelungen, die man möglicherweise in das eigene Rechtssystem aufnehmen möchte, in der Praxis des anderen Systems bewährt haben und die erwarteten Vorteile bringen. Man kann durch einen Vergleich auch eruieren, ob einzelne Lücken bestehen und falls dies der Fall ist, wie man diese schließen könnte. Es gilt also, die zu vergleichenden Rechtsordnungen inhaltlich zu untersuchen und auf ihre Funktionalität hin zu überprüfen. Erst dann kann man feststellen, welche Unterschiede es zwischen den beiden Regelungen gibt. Dies herauszufinden, ist Ziel dieser Arbeit.

Demzufolge sollen vor allem einzelne ausgewählte Regelungen im Bereich der elterlichen Sorge und des Umgangsrechts in Deutschland und in der Tschechischen Republik vorgestellt und miteinander verglichen werden. Zunächst ist die Grundkonzeption beider Rechtsordnungen auf diesem Gebiet darzulegen. Dies setzt voraus, dass beide Rechtsordnungen inhaltlich vorgestellt werden. Diese (inhaltliche) Vorstellung der einzelnen Regelungen dient dazu, Unverständliches zu erläutern und Fehlinterpretationen zu vermeiden, denn man kann nicht grundsätzlich davon ausgehen, dass beide Rechtssysteme, ihr Aufbau, ihre Aufteilung, sowie der Inhalt bestimmter Regelungen und ihre nationale Auslegung allgemein bekannt sind.

In Hinblick auf den Umfang des Themas sind die verfahrensrechtlichen Regelungen nicht Bestandteil dieser Arbeit. Der Verfasser fokussiert sich lediglich auf die materiell-rechtlichen Regelungen der elterlichen Sorge und des Umgangsrechts in den miteinander verglichenen Rechtsordnungen, da diese bemerkenswerte Unterschiede aufweisen. Es handelt sich dabei sowohl um systematische Unterschiede, die auffälliger sind, als auch um inhaltliche Unterschiede, welche zum Teil nur bei der Auseinandersetzung mit den konkreten Nuancen im direkten Vergleich zu erkennen sind.

Die einzelnen materiell-rechtlichen Regelungen der elterlichen Sorge und des Umgangsrechts sind im deutschen Recht im vierten Buch, Titel fünf des Bürger-

---

[2] Zweigert/Kötz 1996, § 1 I.
[3] Junker, JZ 1994, 922.

lichen Gesetzbuches eingeordnet, welcher die Überschrift „Elterliche Sorge"
trägt. In der Tschechischen Republik sind die vergleichbaren Regelungen in einem selbständigen Familiengesetz[4] zu finden, und zwar sowohl im ersten Teil
des Familiengesetzes mit der Überschrift „Ehe", als auch im zweiten Teil, welcher sich den „Beziehungen zwischen Eltern und Kindern" widmet.

Zum Zwecke einer besseren Verständlichkeit werden die meisten Teilbereiche
der elterlichen Sorge und des Umgangsrechts in den beiden miteinander verglichenen Rechtssystemen parallel behandelt und deren Unterschiede am Ende der
einzelnen Kapitel wiederum kurz und übersichtlich aufgelistet wie auch zusammengefasst. Aufgrund einiger grundlegender Unterschiede in den beiden
Rechtsordnungen ist es jedoch nicht immer möglich, diese Parallelbehandlung
auch konsequent durchzuhalten, denn manche Teilbereiche kennt die eine bzw.
die andere Rechtsordnung nicht, oder gewisse Teilbereiche der elterlichen Sorge
und des Umgangsrecht werden in anderen Bereichen der beiden Rechtsordnungen geregelt.

Es ist weiterhin nicht möglich, alle Einzelheiten in beiden Rechtsordnungen
kongruent anzusprechen, denn die Literaturauswahl und die Zahl der Gesetzes-
kommentare ist in Deutschland wesentlich größer, präziser und umfangreicher,
als in der Tschechischen Republik. Dies ist vor allem der Größe der beiden Länder zuzuschreiben, denn die Zahl der Wissenschaftler und anderer Experten ist
in der Tschechischen Republik dementsprechend geringer. Andererseits hängt es
auch zum Teil damit zusammen, dass die familienrechtliche Problematik wegen
des wirtschaftlichen Umbaus und der Privatisierung in der Tschechischen Republik in den letzten zwanzig Jahren nicht im Vordergrund stand. Man hat sich
deshalb eher mit anderen Rechtsgebieten beschäftigt, während das Familienrecht
eine nachrangige Rolle spielte. Damit hängt auch das Quantum der veröffentlichten Gerichtsentscheidungen in beiden Ländern zum Thema Sorge und Umgangsrecht zusammen, welches die Asymmetrie zwischen der Tschechischen
Republik und Deutschland zugunsten Deutschlands noch einmal deutlich hervorhebt.

---

[4] Das Familiengesetz Nr. 94/1963 Slg.

B. Historische Entwicklung

Die geltenden Regelungen der elterlichen Sorge in Deutschland wie auch in der Tschechischen Republik sind nicht von heute auf morgen entstanden, sondern haben eine lange Entwicklung hinter sich. Diese reicht mindestens bis ins römischen Recht zurück.

Nachdem es nicht das Ziel dieser Arbeit ist, eine präzise Rückverfolgung der einzelnen Regelungen und einzelnen Gesetzesänderungen vorzunehmen, sollen die folgende Absätze nur eine grobe Darstellung über die Entwicklung des Rechts der elterlichen Sorge bzw. der elterlichen Verantwortung und der zu diesem Themenkreis wichtigsten Gesetzesänderungen in den miteinander verglichenen Rechtsordnungen bieten.

1. Römisches Recht

Im römischen Recht findet man keine ausdrückliche Regelung des Sorge- und Umgangsrechts. Das Sorgerecht im heutigen Sinn war ein selbstverständlicher Teil der so genannten „patria potestas", einer de facto unbegrenzten Vollgewalt des Hausvaters („pater familias").

Die „patria potestas" umfasste nicht nur das Sorgerecht im Sinne einer Personen- und Vermögenssorge. Der Hausvater konnte auch über Leben, Tod und Freiheit seiner Kinder bestimmen[5]. Erst wenn er starb, wurden sein Sohn und seine Tochter gewaltfrei. Zum gleichen Zeitpunkt begann die „patria potestas" seiner Söhne über ihre eigenen Kinder bzw. auch über ihre Enkelkinder. Die „patria potestas" endete bei der Tochter zum Zeitpunkt der Eheschließung, da sie dann unter die Gewalt des Ehemannes oder dessen Vaters (Hausvaters) kam[6]. Auch die Mütter der Kinder waren unter der Gewalt des „Hausvaters"[7].

Am Anfang der sog. Spätantike kann man dann eine leichte Wandlung beobachten. In dieser Zeit (Ende des 3. Jahrhunderts n.Chr.) wurde die „patria potestas"

---

[5] Kincl, Urfus, Skřejpek, Praha 1995. S 145.
[6] Staudinger/Peschel-Gutzeit 2007. Vorbem 1 zu §§ 1626 ff. u RKEG
[7] Veselá, Hrušáková, Schelle, Zezulová, Padrnos, Štefancová, Eurolex Bohemia 2005, S. 53.

erheblich eingeschränkt[8], obwohl die elterliche Gewalt grundsätzlich weiterhin dem Vater zustand.

Im Falle einer Scheidung entschied ein Richter, wem die Personensorge und die Erziehung des Kindes zustanden, und zwar nach seinem eigenen Ermessen. Eine Hilfe bei solchen Ermessensentscheidungen bildete die ungeschriebene Regel, dass ein Mädchen stets und ein Junge bis zum Eintritt der Pubertät der Mutter zuzuweisen seien[9]. Diese zeitlich gesehen „erste Begünstigung" der Kindesmutter, bei einem Sorgerechtsstreit nach der Scheidung die Personensorge zu erhalten, beruhte auf den Dekreten von Antonius Pius.

Der Rest der elterlichen Gewalt verblieb aber weiterhin beim Vater im Rahmen der „patria potestas". Wer die Schuld an der Scheidung hatte, spielte in dieser Zeit keine Rolle. Das „Verschuldensprinzip" wurde erst im 4. und 5. Jahrhundert unter dem Einfluss des christlichen Dogmas von der Unauflöslichkeit der Ehe eingeführt[10] und beeinflusste unzählbare Sorgerechtsentscheidungen bis zum 20. Jahrhundert.

2. Entwicklung des deutschen Rechts

a) Germanisches Recht

Im „germanischen Recht" herrschte das „mundium" (die Schutzhand) des Ehemannes, Hausherrn und Vaters, welches sich auf die Kinder und die Ehefrau erstreckte[11]. Es war verknüpft mit der Vormundschaft. Die Vormundschaft umfasste den Schutz, aber auch die Schutzpflicht, die Fürsorge für das Kind, die Verwaltung des Kindesvermögens und die Nutznießung aus dem Vermögen. Das Sorgerecht der Mutter war begrenzt auf die tatsächliche Personensorge.

Das „mundium" dauerte bis zur wirtschaftlichen Selbständigkeit, bei der Tochter grundsätzlich bis zur Heirat. Starb der Vater vor der Selbständigkeit seiner Kinder, ging die Vormundschaft nicht auf die Kindesmutter, sondern auf den nächsten väterlichen Verwandten über.

---

[8] Liebler-Fechner 2001, S. 8.
[9] Wacke, FamRZ 1980, 208
[10] Wacke FamRZ 1980, 209
[11] Staudinger/Peschel-Gutzeit 2007. Vorbem 2 zu §§ 1626 ff. u RKEG.

Die einstigen Partikularrechte in den verschiedenen Ländern der heutigen Bundesrepublik Deutschland enthielten bis zur einheitlichen Einführung des Bürgerlichen Gesetzbuches (BGB) am 1.1.1900 unterschiedliche Regelungen. Die väterliche Gewalt wurde zum Teil auf der Grundlage des Vormundschaftsprinzips mit einer gewissen Gleichstellung der Mutter (z.b. code civil, badisches Recht) geregelt. Andere Partikularrechte enthielten abweichende Regelungen und erkannten beispielsweise sogar eine gewisse Art von mütterlicher Gewalt an[12].

b) Bürgerliches Gesetzbuch

Das am 1.1.1900 in Kraft getretene BGB brachte ein einheitliches Privatrecht für ganz Deutschland. Es ging von der elterlichen Gewalt über eheliche[13] Kinder aus. Dies bedeutete jedoch kein gemeinsames Sorgerecht im heutigen Sinn. Die väterliche Autorität blieb zuerst beherrschend vor allem in der Vermögenssorge und der gesetzlichen Vertretung des Kindes.

Das vom damaligen Gesetz gewählte Wort elterliche „Gewalt" zeigt eine Verbindung mit der „patria potestas". Es war jedoch erwünscht, dass nun die elterliche Gewalt zum Wohl des minderjährigen Kindes eingesetzt wird[14]. Der Gewalthaber hatte die Pflicht und das Recht, für die Person des Kindes zu sorgen und es zu vertreten, aber auch das Recht, sein Vermögen zu nutzen. Doch durch die natürliche Bindung zum Kind war die Stellung des Gewalthabers wesentlich freier als die des Vormundes. Anders als beim „mundium" endete die elterliche Gewalt mit der Volljährigkeit und nicht mit der Selbständigkeit bzw. durch die Heirat.

Die Mutter kümmerte sich um die persönliche Entwicklung (beschränkte Personensorge im heutigen Sinne). Kam es zu Meinungsverschiedenheiten, ging die Meinung des Inhabers der „Hauptgewalt" (des Vaters) vor[15]. Der Vater konnte sogar gemäß § 1777 BGB a.F. anordnen, dass die Mutter, welcher die elterliche

---

[12] Staudinger/Peschel-Gutzeit 2007. Vorbem 3 zu §§ 1626 ff. u RKEG.
[13] Obwohl man mittlerweile nicht mehr zwischen ehelichen und nichtehelichen Kinder unterscheidet und deshalb auch diese Bezeichnung nicht mehr offiziell benutzt wird, wird sie in dieser Arbeit an einigen Stellen wegen der Praktikabilität, aber auch wegen der ursprünglichen Wortwahl verwendet.
[14] Staudinger/Peschel-Gutzeit 2007. Vorbem 4 zu §§ 1626 ff. u RKEG.
[15] § 1634 BGB a.F.

Gewalt nach dem Tod des Gewaltinhabers grundsätzlich übertragen wurde, ihre Gewalt nur mit dem bestellten Beistand ausüben durfte. Bei Wiederheirat büßte die Mutter die elterliche Gewalt wieder ein und behielt nur die tatsächliche Personensorge[16]. Bei einer Scheidung konnte der Mutter nur die tatsächliche Personensorge übertragen werden. Die Vertretung in persönlichen Angelegenheiten, Vermögenssorge und Nutznießung stand grundsätzlich dem Kindesvater zu[17]. Diese Privilegierung des Kindesvaters wurde durch das Grundgesetz (Art. 3 GG i.V.m. Art. 117 GG) ab 1.4.1953 beendet und brachte eine grundsätzliche Gleichberechtigung beider Eltern mit sich. Die Entwicklung in Richtung Gleichberechtigung von väterlichen und mütterlichen Rechten gegenüber ihren Kindern war spätestens ab diesem Zeitpunkt nicht mehr aufzuhalten.

(1) Gleichberechtigungsgesetz vom 18.5.1957

Das am 1.7.1958 in Kraft getretene Gesetz über die Gleichberechtigung von Mann und Frau (GleichberG)[18] schaffte die bisher geltenden Regelungen, welche zwischen der elterlichen Gewalt des Vaters und jener der Mutter differenzierte, und somit jedem Elternteil eine andere Rechtsstellung zuschrieb, endgültig ab. Durch die Neuregelung war die elterliche Gewalt der Mutter nicht mehr subsidiär, denn das Sorgerecht einschließlich der Vermögensverwaltung, Nutznießung und der gesetzlicher Vertretung des Kindes standen nunmehr grundsätzlich beiden Elternteilen zu (§ 1626 Abs. 1 BGB a.F.). Gleichzeitig brachte aber das GleichberG in §§ 1628, 1629 Abs.1 BGB a.F. einige verfassungswidrige Vorteile für den Vater mit sich. Laut diesen Bestimmungen hatten die väterlichen sorgerechtlichen Entscheidungen Vorrang vor denen der Mutter (so genannter Stichentscheid). Auch das alleinige Recht des Vaters zur gesetzlichen Vertretung blieb weiterhin unangetastet.

Diese verfassungswidrigen Vorteile erkannte das Verfassungsgericht im Jahr 1959 und erklärte beide Bestimmungen (§§ 1628, 1629 Abs.1 BGB a.F.) für nichtig, da sie gegen Art. 3 GG verstießen[19]. Die dadurch entstandene Gesetzes-

---

[16] §§ 1696, 1697 BGB a.F.
[17] §§ 1635, 1684 BGB a.F.
[18] BGBl I, 609.
[19] BVerfG, NJW 1959, 59.

lücke wurde erst durch die Neuregelung des Sorgerechts im Jahr 1979 geschlossen.

(2) Sorgerechtsgesetz vom 18.7.1979

Das Gesetz zur Neuregelung des Rechts der elterlichen Sorge (SorgeRG)[20] vom 18.7.1979, in Kraft seit dem 1.1.1980, brachte wichtige Änderungen, welche die elterlichen Rechte bis zur Kindschaftsrechtsreform von 1998 geprägt haben. Das Leitziel und der Zweck des SorgeRGs war eine Verbesserung der Rechtsposition des Kindes[21]. Die Elternverantwortung wurde mehr betont, was auch aus der neuen Bezeichnung „elterliche Sorge" (statt der bis dahin genutzten „elterlichen Gewalt") herauszulesen war. Gleichzeitig sollte dank der neuen Wortwahl klargestellt werden, dass die Eltern-Kind-Beziehung nicht mehr als Herrschaftsrecht über das Kind angesehen wurde. Auch die entwürdigenden Erziehungsmaßnahmen wurden ab sofort für unzulässig erklärt. Die Neigungen, die Bindungen und der Willen des Kindes sollten nunmehr stärker berücksichtigt werden (z.B. bei der Regelung des Sorgerechts nach der Scheidung, oder bei der Wahl der Schule bzw. bei der Berufswahl).

(3) Kindschaftsrechtsreformgesetz vom 18.7.1997

Den letzten größeren Meilenstein (nicht aber die letzte Änderung) in der Entwicklung des Rechts der elterlichen Sorge stellt das Kindschaftsrechtsreformgesetz (KindRG) vom 16.12.1997 dar[22]. Diese Reform brachte vor allem die Gleichstellung der ehelichen und nichtehelichen Kinder[23] und die Möglichkeit der gemeinsamen Sorge sowohl für unverheiratete als auch für getrennt lebende Eltern (Einführung der Sorgeerklärungsregelungen, §§ 1626a ff. BGB).

---

[20] BGBl I. 1061; Finger, JA 1981, 641 ff.
[21] Peschel-Gutzeit, FPR 2008, 473.
[22] BGBl I, 2942.
[23] MünchKomm/Huber 2008, Vor § 1626 Rn. 11; Coester-Waltjen, JURA 1989, 520 ff.; Coester FamRZ 1995, 1245 ff.

Weiterhin wurden Rechtsgrundlagen für die gerichtlichen Eingriffe in Fällen der Gefährdung des Kindeswohls (§§ 1666 ff. BGB) geschaffen und die Regelungen zur Ausgestaltung der elterlichen Sorge nach der Trennung der Eltern (§§ 1671 und 1672 BGB) neu formuliert. Außerdem ist auch auf die Neuregelung der Entscheidungsbefugnis zu Gunsten des FamG in umgangsrechtlichen Angelegenheiten hinzuweisen[24].

(4) Gesetz zur Erleichterung familiengerichtlicher Maßnahmen bei Gefährdung des Kindeswohls vom 4.7.2008

Das Gesetz zur Erleichterung familiengerichtlicher Maßnahmen bei Gefährdung des Kindeswohls (FamMaßnErlG)[25] vom 4.7.2008 brachte die letzte Änderung auf dem Gebiet der sorgerechtlichen Regelungen im deutschen Recht. Diese Änderung sollte vor allem dazu führen, dass Familiengerichte frühzeitiger zum Schutze vernachlässigter oder misshandelter Kinder eingreifen können. Deshalb darf nun das FamG tätig werden, wenn das Wohl des Kindes gefährdet ist und die Eltern diese Gefahr nicht abwenden wollen oder können[26], denn die früheren „Tatbestandshürden des Erziehungsversagens" (missbräuchliche Ausübung der elterlichen Sorge durch Vernachlässigung des Kindes oder durch unverschuldetes Versagen) waren in der Praxis häufig schwer nachweisbar[27]. Außerdem wurde in § 1666 Abs. 3 BGB ein Maßnahmenkatalog eingeführt, um die Handlungsmöglichkeiten des Familiengerichts auszuweiten[28].

---

[24] Erman/Michalski 2008, Vor § 1626 Rn. 8f.
[25] BGBl I, 1188.
[26] § 1666 Abs. 1 BGB.
[27] http://www.familienrecht-deutsch-land.de/Startseite/news/Gesetz_zur_Erleichterung_familiengerichtlicher_Massnahmen_bei_G efaehrdung_des_Kindeswohls
[28] Ernst, FPR 2008, 602 ff.

3. Entwicklung des tschechischen Rechts

a) Böhmisches Recht

Im mittelalterlichen böhmischen (tschechischen) Recht herrschte die vom römischen Recht übernommene „patria potestas". Der Hausherr (pater familias) war noch immer de facto ein Herrscher über seine Kinder. Unterschiede wurden gemacht zwischen ehelichen und nichtehelichen Kindern. Die nichtehelichen Kinder wurden nicht zur „Großfamilie" gezählt. Für sie galt weder „patria potestas" noch das damalige Erbrecht. Nichteheliche Kinder wurden dabei noch in drei Unterkategorien geteilt. Es gab zum einen nichteheliche Kinder aus einer langfristigen Beziehung (Konkubinat), zweitens Kinder aus einer kurzfristigen Beziehung und drittens Kinder einer Prostituierten[29].

b) Allgemeines Gesetzbuch vom 1.6.1811

Das Allgemeine Bürgerliche Gesetzbuch (ABGB) aus dem Jahr 1811[30] regelte die elterliche Sorge im dritten Abschnitt (§§ 137 – 186 ABGB).

Die Überreste der früheren „patria potestas" sind deutlich zu erkennen. Der Vater hatte weiterhin eine gewisse „Monopolstellung" auf dem Gebiet der elterlichen Sorge. Er suchte den Namen des Kindes aus, traf die wichtigsten Entscheidungen über die Erziehung und Ausbildung der Kinder, verwaltete das Vermögen seiner Kinder usw. Im Falle einer Scheidung wurden die Kinder automatisch dem Kindesvater zugesprochen. Die einzige Ausnahme waren Jungen unter vier Jahren und Mädchen unter sieben Jahren, die in der Regel der Mutter zugesprochen wurden[31].

Die im Jahr 1918 gegründete Tschechoslowakische Republik übernahm dank der so genannten Rezeptionsnorm[32] das in der österreichischen Monarchie geltende Recht. Das ABGB galt also weiter auch in der selbständigen Tschechoslowakei.

---

[29] Veselá, Hrušáková, Schelle, Zezulová, Padrnos, Štefancová, Eurolex Bohemia 2005, S. 67.
[30] Im Jahr 1811 war die heutige Tschechische Republik ein Teil der damaligen Österreichischen Monarchie.
[31] Veselá, Hrušáková, Schelle, Zezulová, Padrnos, Štefancová, Eurolex Bohemia 2005, S. 67.
[32] Rezeptionsnorm (manchmal genannt „Rezeptionsgesetz") Nr. 11/1918 Slg.

c) Familiengesetz Nr. 265/1949 Slg. aus dem Jahr 1949

Im Jahr 1949 kam es zur Ausgliederung des Familienrechts aus dem Zivilkodex. Das Familienrecht wurde in einem selbständigen Gesetz (Familiengesetz) geregelt[33], obwohl es formal weiter als ein Teil des Zivilrechts angesehen wurde. Im Familiengesetz Nr. 265/1949 Slg. wurden die Rechte und Beziehungen zwischen Eltern und Kindern im zweiten „Hauptstück" (Abschnitt) geregelt[34]. Die „väterliche Monopolstellung", die im ABGB festgelegt war, wurde abgeschafft. An deren Stelle trat nun die „elterliche Macht" (rodičovská moc).

Der Inhalt der „elterlichen Macht" beinhaltet vor allem Rechte und Pflichten der Eltern, ihre Kinder zu vertreten, das Vermögen ihrer Kinder zu verwalten, aber auch jegliches Handeln der Kinder zu lenken[35]. Diese „elterliche Macht" war das Recht beider Eltern unabhängig davon, ob sie miteinander verheiratet waren oder nicht. Gleichzeitig wurde auch der „Status" des nichtehelichen Kindes abgeschafft, was der erste, aber auch der wichtigste Schritt zur Gleichstellung von ehelichen und nichtehelichen Kindern im tschechischen Familienrecht war.

d) Familiengesetz Nr. 94/1963 Slg. aus dem Jahr 1963 (FaG)

Das Familiengesetz aus dem Jahr 1963[36] (FaG) ersetzte den Ausdruck „elterliche Macht" durch den Ausdruck „Rechte und Pflichten der Eltern". Diese terminologische Änderung bedeutet, dass das Kind seit dieser Zeit formal ein Subjekt in der Eltern–Kind-Beziehung ist, mit gleichen bzw. vergleichbaren Rechten, wie seine Eltern. Die Rechte des Kindes entsprechen den Pflichten der Eltern und umgekehrt.

Der Hintergrund der beschriebenen Änderung war neben der Gleichstellung der Subjekte auch die Anpassung an die Deklaration der Rechte des Kindes aus dem

---

[33] Das Familiengesetz Nr. 265/1949 Slg.
[34] „Hauptstück" auf Tschechisch: Hlava druhá. (Übersetzung des Justizministeriums der Tschechischen Republik).
[35] Vgl. zweites Hauptstück des Familiengesetzes Nr. 265/1949 Slg.
[36] Das Familiengesetz Nr. 94/1963 Slg. (gilt mit einigen Änderungen bis heute).

Jahr 1959[37]. Neu wurden in das Gesetz die Rechte und Verpflichtungen des mit im Haushalt lebenden Ehepartners des Elternteils aufgenommen[38].

e) Bemerkenswerte Änderungen des Familiengesetzes

Das Jahr 1995 brachte eine weitere wichtige Änderung des FaG. Die Entscheidung des tschechischen Verfassungsgerichtes Nr. 72/1995 Slg. löschte § 46 FaG, aufgrund dessen ein Kind in dringlichen Fällen durch eine vorläufige Entscheidung des Verwaltungsorgans[39] einer Familie abgenommen werden konnte. Das Verfassungsgericht sah darin eine Verletzung des Art. 32 Abs. 4 Listiny základních práv a svobod (Charta der Grundrechte und Grundfreiheiten - LZPS)[40], welcher regelt, dass Kinder den Eltern nur durch eine gerichtliche Entscheidung abgenommen werden dürfen.

Weitere wichtige Änderungen im FaG brachte die so genannte „große Novelle" Nr. 91/1998 Slg. Das war die erste deutlich spürbare Reaktion des Gesetzes (im Rahmen des Familienrechts) auf die gesellschaftlichen Änderungen seit dem Fall des kommunistischen Regimes. Unter anderem wurde der Begriff der „elterlichen Verantwortung" eingeführt. Es ist ein „Dachbegriff" für die meisten Rechte und Pflichten[41] der Eltern gegenüber ihren Kindern.

Durch die Novelle Nr. 360/1999 Slg. wurden in das FaG §§ 45a bis 45d FaG (Pflegschaft) eingeführt. Die nach dem Jahr 2000 eingeführten Novellen des FaG haben für das Sorge- und Umgangsrecht nur eine geringe Bedeutung. Sie betreffen in geringem Umfang die so genannten „Erziehungsmaßnahmen" und das Pflegschaftsrecht und passen sich terminologisch und inhaltlich an das Gesetz über den „sozial - rechtlichen Schutz der Kinder" an[42].

---

[37] Radvanová, Zuklínová, Praha 1999, S. 93.
[38] Heutiger § 33 FaG.
[39] Ursprünglich „Národní výbor", später „Obecní úřad" – auf Deutsch die Gemeinde (Gemeindeverwaltung).
[40] Listina základních práv a svobod Nr. 2/1993 Slg. (Charta der Grundrechte und Grundfreiheiten).
[41] Die Unterhaltspflicht wurde nach wie vor separat geregelt.
[42] Zákon o sociálně právní ochraně dětí Nr. 359/1999 Slg. (Gesetz über den sozial- rechtlichen Schutz der Kinder)

f) Gesetzentwurf des neuen Zivilkodex – NOZ in der Fassung vom Januar 2009

Nach langjähriger Vorbereitung der Rekodifizierung des Zivilrechts wurde im Januar 2009[43] der Gesetzentwurf des neuen Zivilkodex – NOZ (weiter auch nur Gesetzentwurf)[44] von der tschechischen Regierung angenommen und dem tschechischen Parlament zur Verabschiedung vorgelegt. Dieser sieht eine Inkorporierung des Familienrechts in den zweiten Teil des Zivilkodex (§§ 594 – 915 NOZ) vor.

Die Regelungen, die sich mit der Eltern-Kind-Beziehung beschäftigen (§§ 798 ff. NOZ), sind nicht nur neu und übersichtlich gegliedert, sondern bringen auch inhaltliche Änderungen mit sich, welche die Stellung des Kindes im Eltern-Kind-Verhältnis verbessern sollen. Bemerkenswert ist unter anderem die Neudefinierung der elterlichen Verantwortung in § 800 NOZ, welche nunmehr als Pflicht und Recht der Eltern zu verstehen ist, und die Neugliederung der einzelnen Teilbereiche der elterlichen Verantwortung[45]. Der Kindesunterhalt soll dagegen nicht mehr zum Bestandteil der elterlichen Verantwortung gehören[46].

---

[43] http://obcanskyzakonik.justice.cz/cz/obecne-o-zakoniku.html
[44] http://obcanskyzakonik.justice.cz/tinymce-storage/files/Vladni_navrh_obcanskeho_zakoniku_LRV_090430_final_s%20obsahem.pdf
[45] Vgl. Kapitel: Definition der elterlichen Verantwortung, S. 51.
[46] Vgl. Kapitel: Kindesunterhalt (nicht mehr Bestandteil der elterlichen Verantwortung), S. 53.

II. Elterliche Sorge bzw. elterliche Verantwortung

A. Begriff

Der Begriff der „elterlichen Sorge"[47] wurde in Deutschland durch das SorgeRG eingeführt, da die frühere Bezeichnung „elterliche Gewalt" nicht mehr zeitgemäß schien[48]. Mit der Einführung des neuen Begriffs soll das Wesen der Eltern-Kind-Beziehung deutlicher und allgemein verständlicher als „Elternverantwortung" zum Ausdruck gebracht werden[49].

Bei der Suche nach dem Ausdruck „elterliche Sorge" im tschechischen Familiengesetz (weiter auch nur FaG) bleibt man erfolglos. Das FaG benutzt hingegen einen anderen Begriff, und zwar „elterliche Verantwortung"[50]. Man suchte nach einer Bezeichnung, welche zeitgemäßer ist und welcher die Eltern-Kind-Beziehung von allen Überresten der früheren Herrschaftsstellung der Eltern[51], zumindest sprachlich, befreit. Bei der Suche nach dem richtigen Begriff war man außerdem durch das Übereinkommen über die Rechte des Kindes aus dem Jahr 1989 (weiter auch nur Übereinkommen)[52] beeinflusst, da man bei der Neudefinierung des Sorgerechts einen Begriff haben wollte, welcher dem in Art. 5 und Art. 18 des Übereinkommens verwendeten englischen Begriff „responsibility" am besten entspricht[53]. Weiterhin weist diese Begriffswahl darauf hin, dass die Eltern in der Eltern-Kind-Beziehung nicht nur die Sorge für ihre Kinder tragen, sondern auch die Verantwortung. Anders formuliert, sind die Eltern in der Eltern-Kind-Beziehung die Träger der Rechte und der Pflichten. Sie sind nicht nur Inhaber der gesetzlich zugesprochenen Rechte, sondern sind gleichzeitig

---

[47] Vgl. Überschrift zu Titel 5 im Buch 4, Abschnitt 2, des BGB (§ 1626 BGB).

[48] Staudinger/Peschel-Gutzeit 2007. Vorbem 4 zu §§ 1626 ff. u RKEG; Komentář/Hrušáková, 4. Aufl. 2009, § 31 S. 120.

[49] Beschlussempfehlung und Bericht des Rechtsausschusses des Deutschen Bundestages, BT-Drucks 8/2788 S. 36.

[50] Vgl. Überschrift zum ersten Hauptstück des zweiten Teiles des FaG.

[51] Nová, Právo a rodina 7/2008, 19.

[52] BGBl. II S. 990 ff.;
http://www.bmfsfj.de/Kategorien/Publikationen/Publikationen,did=3836.html.

[53] Holub, 8. Aufl. 2007, § 31 S. 93; Vgl. Art. 5 des Übereinkommens über die Rechte des Kindes aus dem Jahr 1989.

verpflichtet, diese Elternrechte auszuüben und den elterlichen Pflichten nachzukommen. Sie dürfen vor allem in den Fällen nicht untätig bleiben, in denen das Kindeswohl eine Handlung bzw. eine Tätigkeit erfordert[54].

Fraglich bleibt, was nun der tatsächliche Unterschied zwischen den Bezeichnungen „elterliche Sorge" und „elterliche Verantwortung" ist. Kann man beide Begriffe gleichsetzen, bzw. handelt es sich nur um eine sprachliche Nuancierung. Dies ist zu verneinen. Die „elterliche Verantwortung" ist ein Begriff, der inhaltlich breiter auszulegen ist als die „elterliche Sorge". Sie umfasst nicht nur die Personen- und Vermögenssorge sowie das Umgangsrecht, sondern auch die Pflicht, den Kindesunterhalt zu leisten[55]. Der Unterschied ist also nicht nur terminologisch, sondern auch systematisch. Beiden Begriffen ist allerdings gemein, dass sie die elterlichen Rechte und Pflichten zu einem komplexen Pflichtrecht zusammenfassen[56].

B. Grundsätze und Rechtsnatur

Die Grundsätze und die Rechtsnatur der „elterlichen Sorge" bzw. der „elterlichen Verantwortung" sind in § 1626 BGB bzw. in § 31 FaG verankert. In beiden Fällen gilt, dass es sich um ein absolutes, subjektives und höchstpersönliches Recht der Eltern handelt.

1. Absolutes und subjektives Recht

Das Sorgerecht bzw. die elterliche Verantwortung hat (was den Geltungsbereich angeht) zwei Ebenen, die Innen- und Außenebene. Im Innenverhältnis, also der Eltern-Kind-Ebene, sind die Elternrechte durch die Pflichten bestimmt. Im Außenverhältnis gilt das Elternrecht als ein absolutes Recht, welches gegen jeden Dritten wirkt[57]. Es darf von dritter Seite weder gestört, noch in Frage gestellt

---

[54] Komentář/Hrušáková, 4. Aufl. 2009, § 31 S. 121.
[55] Vgl. Kapitel: Unterhalt für das minderjährige Kind, S. 48.
[56] Bamberger/Veit 2008, § 1626 Rn. 1.1.
[57] Schlüter, 13. Aufl. 2009, Rn. 352.

werden. Der Inhaber der elterlichen Sorge kann sich gegen Eingriffe Dritter in seine Rechtsstellung verwehren.

Die Subjektivität dieses Elternrechts wird von den Kindesinteressen mitbestimmt. Deshalb soll an dieser Stelle noch einmal betont werden, dass das Sorgerecht als ein „Pflichtrecht" dem Kind gegenüber aufgefasst werden muss[58]. Die Kindesinteressen sind aber nicht als Schranken zu verstehen, sondern die elterliche Sorge ist eine, auch zum Zwecke der Pflichterfüllung verliehene Rechtsmacht, die auch aus der Pflicht zu legitimieren ist. Damit bestimmt die Pflicht den Inhalt des Rechts, nicht nur seine Grenzen[59]. Dadurch sollte dem Kind das Recht auf pflichtgemäße Ausübung der elterlichen Sorge garantiert werden. Der Garantieträger und Wächter dieser kindeswohlgerechten Ausübung der elterlichen Sorge ist der Staat[60]. Die oben genannte absolute Außenwirkung gegenüber Dritten ist dadurch nicht in Frage gestellt.

2. Höchstpersönliches Recht

Das Sorgerecht bzw. die elterliche Verantwortung ist ein höchstpersönliches Recht, welches grundsätzlich den Eltern oder einem Elternteil zusteht. In seiner Substanz entsteht das Sorgerecht (bzw. die elterliche Verantwortung) kraft Gesetzes oder gerichtlicher Entscheidung, in Deutschland außerdem noch kraft einer Sorgeerklärung[61]. Es ist als solches weder abtretbar, noch vererblich[62] bzw. verzichtbar[63], was auch aus der Natur der elterlichen Sorge als ein Pflichtrecht folgt. Der erwähnte Grundsatz der Unverzichtbarkeit gilt jedoch nicht lückenlos, da das geltende Recht auch Ausnahmen des Grundsatzes vorsieht (z.B. die Einwilligung der Eltern zur Kindesannahme i.S.v. § 1747 BGB oder die Übertragung der elterlichen Sorge von der allein sorgenden Mutter auf den Vater i.S.v. § 1672 Abs. 1 S 1 BGB).

---

[58] Erman/Michalski 2008, § 1626 Rn. 1 und 3; Palandt/Diederichsen 2010, § 1626 Rn. 2; Komentář/Hrušáková, 4. Aufl. 2009, § 31 S. 121; Nová, Právo a rodina 7/2008, 19.
[59] Staudinger/Peschel-Gutzeit 2007, § 1626 Rn. 19.
[60] Prestien, FPR 2005, 101 ff.; Hohmann-Dennhardt, FPR 2008, 477.
[61] Schwab, 17. Aufl. 2009, Rn. 598, 604 ff.
[62] Coester-Waltjen 2005, S. 764; OLG München JFG 14, 37, 38.
[63] KG, FamRZ 1955, 295; BayObLG, FamRZ 1976, 232; Palandt/Diederichsen 2010, § 1626 Rn. 2.

Die Übertragbarkeit dieses höchstpersönlichen Rechts ist komplizierter. In Deutschland vertritt Petschel-Gutzeit die Meinung, dass das Sorgerecht in seiner Substanz unübertragbar ist[64]. Ihrer Meinung nach folgt dies aus der Natur der elterlichen Sorge und mittelbar aus §§ 1672, 1671 BGB, wonach selbst bei Trennung bzw. Scheidung der Eltern die elterliche Sorge nur durch Richterspruch und nicht durch Elternvereinbarung wirksam geregelt werden kann. Eine andere Meinung vertreten Diederichsen und Schwer[65]. Schwer führt für seine Argumentation § 1630 Abs. 3 BGB als Beispiel an, welcher die elterliche Sorge bei Pflegerbestellung oder Familienpflege behandelt. Auch in diesem Fall sei eine gerichtliche Entscheidung für die Übertragung der elterlichen Sorge notwendig, doch sie erfolge lediglich auf Antrag der Eltern bzw. mit deren Zustimmung (beim Antrag von Pflegepersonen)[66]. Man kann diesen Fall als eine freiwillige Übertragung unter besonderen Voraussetzungen betrachten. Als weiteres Beispiel für die freiwillige Übertragung mit Voraussetzungen führt Schwer § 1671 Abs. 2 Nr. 1 BGB an. Diederichsen widmet sich mehr der Übertragung der tatsächlichen Ausübung der elterlichen Sorge[67]. Diese wird im täglichen Leben an Krippen, Schulen, Internaten, Großeltern, sonstige Verwandte usw. übertragen[68]. Dabei handelt es sich aber nicht um eine volle Übertragung des Sorgerechts, sondern um eine zeitbeschränkte Teilübertragung der Ausübung der elterlichen Sorge. Die Tatsache, dass sich das Kind in der Schule, im Internat, oder bei Großeltern befindet, mindert nicht die Substanz des Rechts seiner Eltern, sondern nur dessen volle Ausübung. In diesen Fällen erfolgt faktisch nur eine begrenzte Übertragung des Sorgerechts. Es sind weiterhin die Eltern, die allein oder mit dem Kind zusammen bestimmen, in welche Schule das Kind geht, die das passende Internat suchen oder festlegen, wie lange sich das Kind bei den Großeltern aufhalten darf.

Die Rechtslage in der Tschechischen Republik ist im Grundsatz ähnlich. Es gibt jedoch ein paar erwähnenswerte Unterschiede. Eine Ehe kann beispielsweise nicht geschieden werden, bevor eine gerichtliche Regelung über die Ausübung

---

[64] Staudinger/Peschel-Gutzeit 2007, § 1626 Rn. 24.
[65] Palandt/Diederichsen 2010, § 1626 Rn. 2; JurisPK-BGB/Schwer 2009, § 1626 Rn. 9.
[66] § 1630 Abs.3 BGB.
[67] Palandt/Diederichsen 2010, § 1626 Rn. 2.
[68] Hoffmann, ZKJ 2009, 156.

der elterlichen Verantwortung getroffen worden ist[69]. Diese gerichtliche Regelung über die Ausübung der elterlichen Verantwortung kann auf einer vorgetragenen Einigung der Eltern basieren[70]. Im Rahmen einer solchen Einigung, kann es in manchen Fällen dazu kommen, dass zumindest ein Teil der elterlichen Verantwortung (z.B. die tägliche Personensorge) von einem Elternteil auf den anderen übertragen wird[71]. Die Übertragung der tatsächlichen Ausübung der elterlichen Verantwortung bzw. eines Teiles davon an Krippen, Schulen, Internate, Großeltern, Verwandte, Tagesmutter usw.[72] entspricht der Handhabung in Deutschland[73].

C. Geltungsbereich

Die elterliche Sorge, wie auch die elterliche Verantwortung der rechtlichen Eltern erstreckt sich auf alle minderjährigen Kinder (sowohl auf Kinder, deren Eltern bei der Geburt verheiratet waren, als auch auf die, deren Eltern bei der Geburt nicht verheiratet waren, wie auch auf Kinder aus nichtigen bzw. aufgehobenen Ehen) einschließlich Adoptivkinder. Die Eltern-Kind-Beziehung ist eine zweiseitige Beziehung zwischen Eltern und Kind. Unter dem Begriff „Eltern" versteht man grundsätzlich den Vater und die Mutter, aus deren Verbindung das Kind hervorgegangen ist[74].

Das „Rechtsinstitut" der „Elternschaft" ist also ein Grundstein der Regelung der elterlichen Sorge bzw. elterlichen Verantwortung, welches durch Gesetz mit Rechten und Pflichten verbunden ist. Es ist heutzutage nicht mehr nur der Vater, dem eine besondere Rechtsposition im Verhältnis zum Kind verliehen ist[75], sondern beide Eltern, deren Rechte grundsätzlich gleich sind. Um diese Gleichheit zu unterstreichen, benutzen die Rechtsordnungen in den beiden hier miteinander

---

[69] § 26 Abs. 1 FaG.
[70] §§ 26 Abs. 3, 49 und 50 Abs.1 FaG.
[71] § 26 Abs. 3 FaG.
[72] Bayerová, Právo a rodina 7/2009, 16.
[73] Vgl. vorhergehenden Absatz.
[74] Staudinger/Peschel-Gutzeit 2007, § 1626 Rn. 32.
[75] § 1626 ff. a.F. BGB; Erman/Michalski 2008, Vor § 1626 Rn. 7 ff.; § 147 ff. ABGB; Komentář/Hrušáková, 4. Aufl. 2009, § 31 S. 120.

verglichenen Ländern das Wort „Eltern" und nicht „Vater und Mutter". Hätte man statt des Wortes „Eltern" die Worte „Vater und Mutter" benutzt, wäre es strittig, ob man nicht besser „Mutter und Vater" schreiben sollte. Die Tatsache, dass der Vater an erster Stelle genannt ist, könnte ihm bei der sprachlichen Auslegung, rein theoretisch, eine leicht bessere Stellung zukommen lassen. Aus diesem Grund kann man die Wahl des Begriffs „Eltern" als einen geschickten Zug bezeichnen, um derartige Diskussionen zu vermeiden.

D. Beginn

Die elterliche Sorge bzw. Verantwortung haben die Eltern gegenüber dem minderjährigen Kind[76]. Nach deutschem Recht fängt sie grundsätzlich mit der Vollendung der Geburt an[77].

In der geltenden Fassung des FaG findet man keine genaue Angabe zum Beginn der elterlichen Verantwortung, deshalb fängt diese grundsätzlich mit der Geburt des Kindes an[78]. Im Gesetzentwurf wird in § 800 NOZ als Beginn der elterlichen Verantwortung die Geburt des Kindes nunmehr eindeutig bestimmt[79].

Die Frage nach dem Beginn der elterlichen Sorge (elterlichen Verantwortung) ist jedoch etwas komplizierter. Obwohl man die Vollendung der Geburt als Beginn der elterlichen Sorge bezeichnet (weil man die Zeit zwischen Zeugung und Geburt grundsätzlich außer Betracht lässt[80]), können aus dem Sorgerecht bzw. der elterlichen Verantwortung bestimmte Pflichten und Rechte schon vor der Geburt (in Deutschland bekannt als sog. Fürsorge) des Kindes wahrgenommen werden[81]. Ein Beispiel dafür ergibt sich in Deutschland mittelbar aus § 1923 Abs. 2 BGB, wonach bei einem Erbfall das ungeborene Kind wie ein geborenes behandelt wird. Seine Rechte müssen auch faktisch ausgeübt werden können,

---

[76] Komentář/Hrušáková, 4. Aufl. 2009, § 31 S. 121.
[77] Erman/Michalski 2008, § 1626 Rn. 5; MünchKomm/Huber 2008, § 1626 Rn. 19; Staudinger/Peschel-Gutzeit 2007, § 1626 Rn. 35.
[78] Nová, Právo a rodina 7/2008, 21.
[79] http://obcanskyzakonik.justice.cz/tinymce-storage/files/Vladni_navrh_obcanskeho_zakoniku_LRV_090430_final_s%20obsahem.pdf
[80] Staudinger/Peschel-Gutzeit 2007, § 1626 Rn. 35.
[81] § 1912 Abs. 2 BGB.

und zwar grundsätzlich durch einen oder beide Elternteile. Als andere Beispiele kann man die Vaterschaftsanerkennung bei nicht miteinander verheirateten Eltern i.S.v. § 1594 Abs. 4 BGB. Eine solche Ausübung der elterlichen Sorge wird in der Literatur als „Vorwirkung" der elterlichen Sorge bezeichnet[82]. Andererseits ist es laut Rechtsprechung unzulässig, einen Sorgerechtsantrag für ein ungeborenes Kind zu stellen[83], obwohl eine Sorgeerklärung i.S.v. § 1626a Abs. 1 Nr. 1 BGB bereits vor der Geburt abgegeben werden kann[84]. Auch in der Tschechischen Republik stößt man auf dieses Thema. Aus § 7 Abs. 1 S 2 OZ ergibt sich, dass einem ungeborenen Kind die Rechtsfähigkeit (rechtliche Subjektivität) zugewiesen wird[85]. Somit kann das ungeborene Kind ein Subjekt von bestimmten Rechten und Pflichten sein[86]. Wenn es darauf ankommt, diese Rechte vor seiner Geburt in bestimmter Weise wahrzunehmen, sind es die Eltern bzw. ein Elternteil, die bzw. der diese Wahrnehmung übernehmen (übernimmt). So kann z.B. die unverheiratete Mutter den Kindesunterhalt i.S.v. § 95 Abs. 2 FaG schon vor der Geburt des Kindes verlangen.

Es gibt in den beiden miteinander verglichenen Ländern noch einen weiteren Fall, in dem der Beginn der elterlichen Sorge bzw. Verantwortung ausdrücklich geregelt wird. Dabei handelt es sich um die Annahme eines Kindes (Adoption). Durch eine Adoption verbindet die elterliche Sorge bzw. Verantwortung das angenommene Kind und den Annehmenden. In solchen Fällen beginnt die elterliche Sorge mit der Zustellung des Annahmebeschlusses an den Annehmenden[87] und die elterliche Verantwortung mit der Rechtskraft der gerichtlichen Entscheidung über die Annahme des Kindes[88].

---

[82] Erman/Michalski 2008, § 1626 Rn. 5; Staudinger/Peschel-Gutzeit 2007, § 1626 Rn. 37.
[83] AG Lüdenscheid, FamRZ 2005 S. 51.
[84] Palandt/Diederichsen 2010, § 1626b Rn. 2.
[85] § 7 Abs.1 S 2 OZ - Občanský zákoník Nr. 40/1964 Slg. (tschechisches BGB) sagt zur Rechtsfähigkeit (rechtlichen Subjektivität) von natürlichen Personen folgendes: Diese Rechtsfähigkeit hat auch ein gezeugtes Kind, falls es lebendig geboren wird.
[86] Nová, Právo a rodina 7/2008, 20.
[87] Staudinger/Peschel-Gutzeit 2007, § 1626 Rn. 36.
[88] Komentář/Hrušáková, 4. Aufl. 2009, § 72 S. 356, 357.

E. Inhalt

Wie bereits erwähnt, ist der Inhalt der „elterlichen Sorge" und der „elterlichen Verantwortung" nicht ganz identisch. Der Begriff „elterliche Verantwortung" ist breiter zu verstehen, weshalb der Inhalt beider Begriffe separat behandelt wird. Die elterliche Sorge bzw. Verantwortung als ein Eltern-Kind-Verhältnis entsteht aufgrund eines objektiven Tatbestands und zwar durch die Geburt des Kindes[89].

1. Elterliche Sorge: Überblick über die Rechtslage in Deutschland

a) Begrenzung des natürlichen Rechts der Eltern und Wächterrolle des Staates

Die Normen, welche sich mit der elterlichen Sorge befassen, definieren den Inhalt und den Geltungsbereich der Eltern-Kind-Beziehung. Gleichzeitig bringen diese Normen die staatliche Anerkennung des vorgegebenen „natürlichen Rechts", das eigene Kind zu pflegen, zu erziehen und zu vertreten, zum Ausdruck[90].

Die Definition der Eltern-Kind-Beziehung, die staatliche Anerkennung des den Eltern vorgegebenen natürlichen Rechts, wie auch die Verteilung der einzelnen Pflichten und Rechte zwischen Eltern und Kind sind dadurch begrenzt, dass die sorgerechtlichen Regelungen dem Kind eine gewaltfreie Erziehung i.S.v. § 1631 Abs. 2 i.V.m. § 1666 BGB garantieren sollen, denn der Staat übernimmt auf diesem Gebiet die sog. Wächterrolle[91]. Somit soll unter anderem verhindert werden, dass gegen Kinder Gewalt angewendet wird[92]. Aus den zitierten Regelungen ist außerdem herauszulesen, dass es bei einer gewaltfreien Erziehung um mehr geht als nur um einen Erziehungsstil, von dem die Eltern im Einzelfall Abstand nehmen sollen[93]. Es wird darunter auch verstanden, dass Eltern Dritte nicht damit

---

[89] Näheres zum Beginn der elterlichen Sorge bzw. elterlichen Verantwortung im Kapitel: Beginn, S. 19.
[90] Staudinger/Peschel-Gutzeit 2007, § 1626 Rn. 6.
[91] Coester 2005, S. 748; Hohmann-Dennhardt, FPR 2008, 477; Peschel-Gutzeit, FPR 2000, 231.
[92] BT-Drucks 13/4899, 153; BT-Drucks 14/1247, 3; BT-Drucks 14/3781, 6 ff.
[93] Palandt/Diederichsen 2010, § 1631 Rn. 5.

beauftragen, Kinder körperlich oder seelisch zu verletzen oder solche Handlungen dulden.

b) Definition und Allgemeines

Eine allgemeine Definition des Sorgerechts ist in § 1626 Abs. 1 S 1 BGB zu finden. Diese besagt, dass die elterliche Sorge eine Pflicht und ein Recht der Eltern ist, für ein minderjähriges Kind zu sorgen. Diese Pflicht und dieses Recht umfassen nach § 1626 Abs. 1 S 2 BGB die Sorge für die Person des Kindes (die sog. Personensorge) und für das Vermögen des Kindes (die sog. Vermögenssorge). Personensorge und Vermögenssorge bilden somit die „Tragsäulen" der elterlichen Sorge und teilen sie gleichzeitig in zwei Bereiche.

Beide Bereiche berühren und überschneiden sich. Sie können deshalb nie völlig isoliert voneinander behandelt werden. Im Gesetz selbst gibt es jedoch einige Stellen, an denen Personensorge und Vermögenssorge separat behandelt werden (z.b. §§ 1633, 1666 Abs. 4, 1673 Abs. 2 BGB). Außerdem können manche Gerichtsentscheidungen im Rahmen der elterlichen Sorge die beiden Bereiche voneinander trennen (z.b. §§ 1671 Abs. 1, 1672 Abs. 1, 1666 Abs. 2 BGB).

Das Ausmaß der elterlichen Sorge ist dynamisch, denn den Eltern wird in § 1626 Abs. 2 BGB auferlegt, das Kind schrittweise auf ein verantwortungsvolle Handeln und auf die Selbständigkeit im späteren Leben vorzubereiten, damit es die Verantwortung für sich selbst im Zeitpunkt der Volljährigkeit übernehmen kann.

(1) Personensorge

Die Personensorge wird inhaltlich durch § 1631 Abs. 1 BGB definiert. Die Personensorge umfasst insbesondere die Pflicht und das Recht, das Kind zu pflegen, zu erziehen, zu beaufsichtigen und seinen Aufenthalt zu bestimmen. Weiterhin umfasst sie ein Herausgaberecht gegen jeden, der das Kind den Eltern oder einem Elternteil widerrechtlich vorenthält[94], und das Recht, den Umgang

---

[94] Köster 1997, S. 10

des Kindes auch mit Wirkung für und gegen Dritte zu bestimmen[95]. Sie steht insoweit den Eltern gemeinsam zu[96]. Die Personensorge wird weiter in die gesetzliche Vertretung und die tatsächliche Sorge aufgeteilt.

Bei der Betrachtung des § 1631 Abs.1 BGB fällt auf, dass das Gesetz bei der Definierung der einzelnen Bereiche der elterlichen Sorge als Pflicht und Recht konsequent ist. Wie in § 1626 Abs. 1 S. 1 BGB und auch in § 1631 Abs.1 BGB stellt es das Wort „Pflicht" vor das Wort „Recht", um jeden Zweifel auszuschließen, dass das Sorgerecht in erster Linie eine Verpflichtung und erst dann eine Berechtigung für einen Elternteil bedeutet.

Die beabsichtigte Aufgabe der Personensorge ist es, der Förderung der Entwicklung des Kindes und der Erziehung zu einer eigenverantwortlichen und gesellschaftsfähigen Persönlichkeit zu dienen[97]. Die Kernbegriffe in diesem Prozess sind „Pflege", „Erziehung", „Beaufsichtigung" und „Aufenthaltsbestimmungsrecht".

(a) Teilbereiche der Personensorge

(i) Pflege

Die „Pflege" ist die Sorge für das Wohlbefinden und die physische Existenz. Damit ist vor allem die allgemeine Sorge für die Person des Kindes, sein körperliches Wohl und seine geistige und charakterliche Entwicklung gemeint[98]. Traditionell gliedert und definiert man den Begriff „Pflege" in körperliche Befindlichkeiten wie Ernährung, Hygiene, Gesundheit und Bekleidung[99], aber auch in Unterhaltsgewährung und Geltendmachung von Unterhaltsansprüchen des Kindes gegenüber Dritten.

Mit der Pflege der Gesundheit des Kindes hängen die Entscheidungen über ärztliche Behandlungen und sonstige medizinische Maßnahmen zusammen, einschließlich der Entscheidungen über die Durchführung der, von der Impfkommission empfohlenen, Impfungen, der Teilnahme an den empfohlenen ärztlichen

---

[95] § 1632 Abs. 1,2 BGB.
[96] Erman/Michalski 2008, § 1631 Rn. 2; Bamberger/Veit 2008, § 1631 Rn. 2.
[97] § 1 Abs. 1 KJHG.
[98] Staudinger/Salgo 2007, § 1631 Rn. 22.
[99] Staudinger/Salgo 2007, § 1631 Rn. 22.

Vorsorgeuntersuchungen[100], der Organentnahme nach dem Transplantationsgesetz[101], der Untersuchung von Körpermaterial des Kindes für eine DNA-Analyse[102], wie auch die Entscheidung über die Beendigung lebenserhaltender Maßnahmen[103], nicht aber die Entscheidung über die Sterilisation[104].

(ii) Erziehung

Die „Erziehung" ist die Sorge für die sittliche, geistige, intellektuelle und seelische Entwicklung des Kindes[105]. Somit ist die Erziehung eines der wichtigsten Elemente[106] der Personensorge. Der Einfluss auf die geistige, intellektuelle, seelische und sittliche Entwicklung des Kindes durch entsprechende psychische Beeinflussung[107] und Lenkung führt dazu, dass das Kind seine Fähigkeiten und Anlagen erkennen und ausüben kann. Das Kind wird durch eine solche permanente Beeinflussung und Lenkung, welche zu der Entwicklung seiner Persönlichkeit führt, schrittweise auf das Leben vorbereitet. Es soll mit der Zeit in der Lage sein, seine Bedürfnisse unter Kontrolle zu halten und seine Persönlichkeit im partnerschaftlichen Zusammenleben mit anderen Menschen fortzuentwickeln sowie seine Fähigkeiten durch selbständig getroffene Entscheidungen innerhalb der Rechts- und Lebensordnung der Gesellschaft zu entfalten[108]. Es soll fähig sein, die Verantwortung für selbst getroffene Einzelentscheidungen zu tragen, verschiedene Eindrücke zu verarbeiten und zu verstehen. Während dieses Prozesses muss gewährleistet werden, dass ungünstige Einflüsse von ihm ferngehalten werden. Auch das geistige und leibliche Wohl des Kindes darf nicht vernachlässigt werden. Eine gewisse Garantie, dass die Eltern ihre Personensorge richtig ausüben, bietet die gegenseitige Überwachung der Eltern, welche in § 1627 BGB verankert ist[109].

---

[100] Staudinger/Salgo 2007, § 1631 Rn. 22.
[101] Hk – BGB/Kemper, § 1631 Rn. 3; Bamberger/Veit 2008, § 1626 Rn. 23.
[102] Rittner/Rittner, NJW 2002, 1745, 1746.
[103] OLG Hamm, FamRZ 2007, 2098 ff.; BVerfG, FamRZ 2007, 2046.
[104] § 1631c BGB.
[105] Erman/Michalski 2008, § 1631 Rn. 7.
[106] Staudinger/Peschel-Gutzeit 2007, § 1626 Rn. 57.
[107] Dethloff, 29. Aufl. 2009, § 13, Rn. 67.
[108] Palandt/Diederichsen 2010, § 1631 Rn. 2.
[109] Erman/Michalski 2008, § 1627 Rn. 5 und § 1631 Rn. 2.

(iii) Beaufsichtigung

Der Zweck der „Beaufsichtigung" des Kindes ist, das Kind vor Gefahren und Schäden zu bewahren, die es sich selbst zufügen kann oder die ihm von Dritten zugefügt werden können, sowie Dritte vor Gefahren und Schäden zu schützen, die vom Kind ausgehen können[110]. Die Pflicht der Beaufsichtigung trifft grundsätzlich beide Elternteile, sowie die Stiefeltern[111], den Lebenspartner[112] bzw. die Pflegeeltern, soweit sie im Rahmen des so genannten „kleinen Sorgerechts"[113] die Befugnis zur Mitentscheidung in Angelegenheiten des täglichen Lebens haben[114]. Die Pflicht und das Recht zur Beaufsichtigung kann vom gesetzlichen Inhaber auch auf eine dritte Person übertragen werden, wobei es die Pflicht des Inhabers ist, zu prüfen, ob die dritte Person, welcher das Kind zur Aufsicht überlassen werden soll, eine zuverlässige Person ist, bzw. ob ihr Anweisungen, z.B. im Hinblick auf die Gewohnheiten des Kindes gegeben werden müssen. Der Umfang der Aufsichtspflicht variiert naturgemäß mit dem Alter (bei Kleinkindern ist die Rede von einer dauerhaften Aufsichtspflicht i.S.v. regelmäßigen Kontrollen in etwa halbstündigen Zeitabständen[115]), der körperlichen sowie geistigen Entwicklung des Kindes und der örtlichen Situation[116]. Die Beaufsichtigung erfasst auch den Kindergartenbesuch, Schulbesuch wie auch die Freizeit des Kindes, wobei es insbesondere darauf ankommt, dass das Kind nicht in Umgang mit gefährlichen Gegenständen gerät (z.B. mit Waffen[117], mit gefährlichem Spielzeug[118], Medikamenten, Feuerzeugen[119]), nicht alleine am Straßenverkehr teilnimmt bzw. im Straßenverkehr ordnungsgemäß gesichert ist, oder in Umgang mit dritten Personen kommt, deren Verhalten eine negative Auswirkung auf das Kind hat bzw. das Sexualleben des Kindes negativ beeinflussen (z.B. durch Drogen- oder Alkoholkonsum, sexuellen Missbrauch i.S.v. §§ 174 bis 176b StGB wie auch andere strafrechtlich relevante Handlungen).

---

[110] Bamberger/Veit 2008, § 1631 Rn. 6.
[111] § 1687b BGB.
[112] § 9 LPartG.
[113] Löhnig, FPR 2008, 157.
[114] § 1688 BGB; Coester-Waltjen 2005, S. 762.
[115] OLG München, FamRZ 1997, 740 ff.; BGH, FamRZ 1997, 799 ff.
[116] BGH, FamRZ 1997, 799ff.
[117] OLG Nürnberg, FamRZ 1963, 367.
[118] OLG Düsseldorf, FamRZ 1998, 234.
[119] BGH, FamRZ 1996, 600.

(iv) Aufenthaltsbestimmung

Das Aufenthaltsbestimmungsrecht im Gegensatz zur „Bestimmung des Wohnsitzes"[120] bezieht sich auf die Wahl und Bestimmung des Ortes, an dem sich das
Kind tatsächlich aufhalten soll[121]. Hierunter fällt vor allem die Auswahl des
Wohnortes und der Wohnung[122], die Bestimmung über den Aufenthalt bei Dritten, wie z.b. bei den Großeltern, bei Verwandten, in der Tagespflege, in einem
Kinderheim, sowie die Auswahl eines Internats, eines Kurortes oder eines Kran-
kenhauses[123]. Gleichzeitig fällt darunter aber auch die Untersagung, sich an einem bestimmten Ort aufzuhalten[124].

Sowohl Erlaubnis, als auch Untersagung des Aufenthalts (positive oder negative
Bestimmung des Aufenthaltsortes) erfolgt in der Regel stillschweigend durch
Versorgung in der Familie oder an dem gewählten anderem Ort, außer in den
Fällen, in welchen die Unterbringung des Kindes mit einem Freiheitsentzug verbunden ist, da eine solche Maßnahme die Zustimmung des Familiengerichts
i.S.v. § 1631b S. 1 BGB erfordert. Leben die Eltern aber nicht nur vorübergehend getrennt, müssen sie in gegenseitigem Einvernehmen den gewöhnlichen
Aufenthalt des Kindes bestimmen, denn hierbei handelt es sich um eine Angelegenheit von erheblicher Bedeutung für das Kind[125]. Über den täglichen Aufenthalt entscheidet dann laut § 1687 Abs. 2 S 2 BGB der Elternteil, bei dem das
Kind aufgrund des gegenseitigen Einvernehmens oder aufgrund der gerichtlichen Entscheidung lebt. Obliegt die elterliche Sorge nur einem Elternteil (aus
welchem Grund auch immer), so übt nur dieser das Aufenthaltsbestimmungsrecht aus[126].

Eine gewisse Begrenzung des Aufenthaltsbestimmungsrechts stellt das Umgangsrecht dar. Solange sich das Kind beim Umgangsberechtigten befindet, ist
das Aufenthaltsbestimmungsrecht des Sorgeberechtigten zwangsläufig einge-

---

[120] § 11 BGB.
[121] Staudinger/Salgo 2007, § 1631 Rn. 50.
[122] Palandt/Diederichsen 2010, § 1631 Rn. 4; Bamberger/Veit 2008, § 1631 Rn. 11.
[123] Erman/Michalski 2008, § 1631 Rn. 13; Bamberger/Veit 2008, § 1631 Rn. 11 und 11.2;
Palandt/Diederichsen 2010, § 1631 Rn. 4.
[124] Staudinger/Salgo 2007, § 1631 Rn. 52.
[125] § 1687 Abs. 1 S 1 BGB.
[126] Erman/Michalski 2008, § 1631 Rn. 13.

schränkt, denn während der bestimmten Umgangszeit steht dieses Pflichtrecht dem Umgangsberechtigten zu[127].

Was die Durchsetzung des Aufenthaltbestimmungsrechts betrifft, ist § 1632 Abs. 1 BGB anzuwenden. In dieser Regelung ist der Herausgabeanspruch verankert, welcher auf dem Recht zur Aufenthaltsbestimmung beruht[128].

Wie bereits erwähnt wurde, ist das Aufenthaltsbestimmungsrecht im Sinne des Wohnorts von der Bestimmung des Wohnsitzes bzw. Bestimmung des Fortbestands des Wohnsitzes[129] zu unterscheiden. Für die Bestimmung des Wohnsitzes ist § 11 BGB maßgeblich. Nach dieser Regelung teilt das Kind grundsätzlich den Wohnsitz der Eltern. Das ist eine Kernaussage, die aber von einem weiteren Faktor abhängig und auch variabel ist. Diesen Faktor bildet die elterliche Sorge. Sind beide Eltern sorgeberechtigt und leben sie zusammen, teilt das Kind den gemeinsamen Wohnsitz. Haben die Eltern einen doppelten Wohnsitz, erstreckt sich dieser auch auf das Kind[130]. Dies gilt auch für den Fall, dass gemeinsam sorgeberechtigte Eltern getrennt leben, solang keine Entscheidung gemäß § 1671 BGB getroffen wurde[131].

Anders sieht es aus, wenn nur ein Elternteil sorgeberechtigt ist, denn nach § 11 S 1 H 2 BGB teilt das Kind den Wohnsitz nicht mit dem Elternteil, dem das Recht fehlt, für die Person des Kindes zu sorgen. Diese Formulierung erscheint jedoch etwas unglücklich, denn unter diese Regelung fallen drei unterschiedliche Konstellationen. Zum einen sind es Kinder von Eltern, die bei der Geburt des Kindes nicht miteinander verheiratet waren und weder eine Sorgeerklärung abgegeben, noch später einander geheiratet haben, zweitens jene Kinder von Eltern, denen die alleinige elterliche Sorge nach der Trennung oder Scheidung i.S.v. §§ 1671, 1672 BGB übertragen wurde, und drittens Kinder, deren Eltern die alleinige elterliche Sorge nach dem Tod bzw. der Todeserklärung i.S.v. §§ 1680, 1681 BGB des anderen Elternteil erhalten haben. Unglücklich ist diese Formulierung deshalb, weil bei den ersten beiden Konstellationen (besonders jedoch bei der ersten) die Eltern zwar nicht beide sorgeberechtigt sind, jedoch zusammen wohnen und deshalb auch den gleichen Wohnsitz haben können.

---

[127] Staudinger/Salgo 2007, § 1631 Rn. 64.
[128] MünchKomm/Huber 2008, § 1631 Rn. 15
[129] OLG Oldenburg, FamRZ 1996, 235.
[130] Palandt/Diederichsen 2010, § 11 Rn. 3.
[131] OLG Brandenburg, FamRZ, 2003, 1559.

Somit teilt das Kind den Wohnsitz mit dem Elternteil, dem das Recht für die Sorge um die Person des Kindes nicht zusteht, was nicht dem Wortlaut des § 11 S 1 H 2 BGB entspricht. Eine treffendere Formulierung des § 11 S 1 H 2 BGB wäre deshalb: Steht das Recht für die Person des Kindes zu sorgen nur einem Elternteil zu, teilt das Kind den Wohnsitz mit diesem Elternteil.

Für den Fall, dass keiner der beiden Elternteile der Inhaber der elterlichen Sorge ist, sieht § 11 S 2 BGB vor, dass der Wohnsitz des Kindes nach dem Wohnsitz der Person bestimmt wird, die an Stelle der Eltern Inhaber der elterlichen Sorge ist.

(b) Konkreter Inhalt der Personensorge

Die Personensorge kann man theoretisch in zwei Gruppen unterteilen, denn sie umfasst erstens alle persönlichen Angelegenheiten des Kindes und zweitens die gesetzliche Vertretung des Kindes. Die Grenzen zwischen den beiden Gruppen sind fließend und eine Abgrenzung ist daher schwierig.

Man kann sich deshalb die Frage stellen, ob und inwieweit eine solche Unterteilung überhaupt wichtig ist. Dies ist zu bejahen, denn eine solche Unterteilung spielt z.B. dann eine wichtige Rolle, wenn das minderjährige Kind heiratet[132]. In einem solchem Fall beschränkt sich die Personensorge auf die Vertretung in den persönlichen Angelegenheiten[133]. Weitere Beispiele sind vor allem die beschränkte Geschäftsfähigkeit eines Elternteils i.S.v. § 1673 Abs.2 BGB, die Entziehung der Vertretungsmacht i.S.v. § 1629 Abs.2 S 3 i.V.m. § 1796 BGB, das gesetzliche Vertretungsverbot i.S.v. § 1629 Abs.2 S 1 i.V.m. § 1795 BGB, die Entziehung eines Teiles der elterlichen Sorge durch das Familiengericht i.S.v. § 1666 Abs. 3 Nr. 6 BGB, sowie die Übertragung eines Teiles der elterlichen Sorge durch das Familiengericht gemäß § 1672 BGB, bei Pflegerbestellung i.S.v. § 1630 Abs.1,3 BGB usw.

---

[132] § 1633 BGB.
[133] § 1633 BGB.

(i) Angelegenheiten der tatsächlichen Sorge

Obwohl die meisten Pflichtrechte der Eltern, welche man unter die Angelegenheiten der tatsächlichen Sorge gliedert, bei den meisten Eltern-Kind-Beziehungen sehr ähnlich ausfallen, kann es im Einzelfall zu verschiedenen Variationen kommen. Deshalb kann auch die nachfolgende Aufzählung der Pflichtrechte der tatsächlichen Sorge nur beispielhaft und nicht abschließend sein.

Als erstes Beispiel der tatsächlichen Sorge kann die Bestimmung des Vornamens des Kindes und die Schreibweise (zusammengeschrieben, mit oder ohne Bindestrich) angeführt werden[134]. Die Eltern sind bei der Bestimmung des Vornamens insoweit frei, solange sie den Grundsatz der Geschlechtsoffenkundigkeit einhalten[135]. Es ist jedoch zulässig, z.B. einem Jungen den Zusatznamen „Maria"[136] oder den Namen „Emanuele" als alleinigen Vornamen[137] zu geben. Auch ein im Ausland wirksam erteilter ungewöhnlicher[138] oder geschlechtsneutraler Vorname wird anerkannt[139].

Die Festlegung des Geburtsnamens (Familiennamens) ist in § 1616 ff. BGB geregelt. Es gilt der Grundsatz, dass das Kind den Ehenamen seiner Eltern als Geburtsnamen erhält[140]. Im Falle, dass die Eltern keinen Ehenamen führen, ist zu unterscheiden, ob beide sorgeberechtigt sind. Sind sie es, haben sie den Geburtsnamen durch eine Erklärung binnen eines Monats nach der Geburt zu bestimmen[141], ansonsten überträgt das Familiengericht das Bestimmungsrecht an einen Elternteil[142]. Im Falle, dass nur ein Elternteil sorgeberechtigt ist, erhält das Kind den Namen, den dieser Elternteil zum Zeitpunkt der Geburt des Kindes führt[143].

Zu den weiteren Pflichtrechten der tatsächlichen Sorge gehören die tatsächliche Erziehung des Kindes i.S.v.1631 BGB, die Bestimmung des Aufenthaltes i.S.v. § 1631 Abs.1 BGB, das Herausgaberecht i.S.v. § 1632 Abs.1 BGB, die Bestim-

---

[134] Erman/Michalski 2008, § 1616 Rn. 14 bis 23.
[135] Palandt/Diederichsen 2010, Einführung vor § 1616 Rn. 10.
[136] Bay ObLG, FamRZ 1986, 197.
[137] AG Frankfurt, StAZ 2006, 171.
[138] KG StAZ 2007, 204.
[139] Palandt/Diederichsen 2010, Einführung vor § 1616 Rn. 10.
[140] § 1616 BGB.
[141] Zur nachträglichen gemeinsamen Sorge bzw. Namensänderung der Eltern vgl. § 1617b BGB ff.
[142] § 1617 Abs. 1 S 1 und Abs. 2 S 1 BGB.
[143] § 1617a Abs. 1 BGB.

mung der Konfession (bis zum 12. Lebensjahr, danach darf das Kind nicht zu einem Bekenntniswechsel gezwungen werden und ab dem 14. Lebensjahr bestimmt es über sein religiöses Bekenntnis selbst)[144], die Anmeldung zur Schule (im Rahmen der Schulpflicht), die Wahl einer bestimmten Schule inklusive der Überwachung des Schulbesuchs, die Wahl von Sportaktivitäten, des Musikunterrichts, die Ausübung von anderen Hobbys, die Gewährung und Organisation des Umgangs des Kindes mit Eltern und anderen Bezugspersonen i.S.v. §§ 1626 Abs. 3 und 1684 ff. BGB, die Veranlassung ärztlicher Maßnahmen (z.b. verschiedener Untersuchungen, Heilbehandlung)[145], sowie die Einwilligung in ärztliche Eingriffe z.B. in eine Operation[146] und die Entscheidung über Impfungen, wobei es in Deutschland mittlerweile keinen Impfzwang mehr gibt[147]. Trotz allem ist die Entscheidung, ob und wo das Kind geimpft werden soll, als eine Entscheidung von erheblicher Bedeutung einzustufen, und es bedarf deshalb bei Uneinigkeit der Eltern darüber einer gerichtlichen Regelung der Elternkompetenz i.S.v. § 1628 BGB[148]. Dagegen wird die Entscheidung über eine Organentnahme (Organspende) bei einem lebenden minderjährigen Kind nicht als ein Akt der Personensorge eingestuft[149] und ist letztendlich vom Gesetz her unzulässig[150].

Bei einem zweckdienlichen ärztlichen Eingriff, beispielsweise einer Bluttransfusion, besteht eine Pflicht zur Einwilligung bzw. Zustimmung des Inhabers (der Inhaber, wenn es beide Elternteile sind) der elterlichen Sorge in den ärztlichen Eingriff[151]. So müssen beispielsweise auch „Zeugen Jehovas" einer Bluttransfusion zustimmen, obwohl dies nicht ihren Glaubensgrundsätzen entspricht[152].

Weiterhin umfasst die tatsächliche Sorge den Schutz ungestörter sexueller Entwicklung[153], die Einwilligung in den Schwangerschaftsabbruch der minderjährigen Tochter mit fehlender Einsichtsfähigkeit[154], die Geltendmachung von Un-

---

[144] §§ 1 und 3RKEG vom 15.7.1921.
[145] Belling, FuR 1990, 68.
[146] Kern, NJW 1994, 755.
[147] Palandt/Diederichsen 2010, § 1626 Rn. 10.
[148] KG, FamRZ 2006, 142; Motzer, FamRZ 2006, 74.
[149] Walter, FamRZ 1998, 203.
[150] § 8 Abs. 1 S1 Nr. 1 a) und b) TPG.
[151] Staudinger/Peschel-Gutzeit 2007, § 1629 Rn. 127.
[152] BayObLG, FamRZ 1976, 43, 46, OLG Hamm, FamRZ 1968, 221.
[153] BGH, FamRZ 1984, 883 ff.
[154] Zorn 2008, Rn. 281, 284; Moritz ZfJ 1999, 92.

terhaltsansprüchen des Kindes, die Bestimmung über die Verwendung des Arbeitsverdienstes des minderjährigen Kindes, sowie die Einwilligung in einen Vaterschaftstest[155], wobei, wie eingangs aufgeführt, diese Aufzählung nicht abschließend ist.

(ii) Vertretung in persönlichen Angelegenheiten

Die Vertretung des Kindes in persönlichen Angelegenheiten als Teilbereich der elterlichen Sorge ist in § 1629 BGB verankert. Diese rechtliche Befugnis des Inhabers der elterlichen Sorge beruht auf der Geschäftsunfähigkeit bzw. auf der beschränkten Geschäftsfähigkeit des Kindes[156], welche bis zum Eintritt der Volljährigkeit (Vollendung des 18. Lebensjahr) dauert[157], denn das Kind kann bestimmte Rechtshandlungen, insbesondere bestimmte Rechtsgeschäfte und andere amtsähnliche Handlungen[158], nicht alleine wirksam vornehmen[159].

Was den Umfang der gesetzlichen Vertretungsvollmacht betrifft, fallen unter die Vertretung in persönlichen Angelegenheiten vor allem die Bestimmung des Wohnsitzes i.S.v. §§ 8 und 11 BGB, der Erwerb und Verlust der Staatsangehörigkeit (§§ 3, 5, 19 StAG), die behördliche Anmeldung bei Meldebehörden, beim Standesamt und in der Schule, die Mitwirkung bei der Einbenennung[160] und der Berufswahl des Kindes, die Einwilligung in das Verlöbnis des minderjährigen Kindes[161], die Einwilligung zur Eheschließung des minderjährigen Kindes i.S.v. § 1303 Abs.3 BGB, die Zustimmung zur Vaterschaftsanerkennung i.S.v. §§ 1592, 1596 Abs. 1 S 2 BGB, sowie die Einwilligung in die Beendigung von lebenserhaltenden Maßnahmen[162], der Antrag auf Befreiung oder Zurückstellung vom Wehrdienst i.S.v. § 12 Abs. 2, 4 WehrpflG, die Verlegung des Musterungstermins i.S.v. § 3 Abs.2 Musterungsverordnung[163], die Vertretung des Kindes in Prozessen, die persönliche Angelegenheiten betreffen, die Aus-

---

[155] Huber, FamRZ 2006, 1425 und Muscheler/Bloch, FPR 2002, 339.
[156] § 104 Nr. 1 und § 106 BGB.
[157] § 2 BGB.
[158] Familiensachen/van Els 2009, § 1629 Rn. 1.
[159] PWW/Ziegler 2010, § 1629 Rn. 2.
[160] § 1618 Abs.1 BGB
[161] LG Saarbrücken, FamRZ 1970, 319.
[162] OLG Brandenburg, NJW 2000, 2361.
[163] § 19 Abs. 3 WehrpflG.

übung prozessualer Weigerungsrechte und das Recht einen gerichtlichen Vergleich im Namen des Kindes zu schließen, die Ermächtigung des Kindes, in Dienst und Arbeit zu treten und ein Erwerbsgeschäft zu beginnen[164], wie auch die Entscheidung über den Ort der Bestattung, die Bestattungsart und die Gestaltung der Grabstätte, wobei auch diese Aufzählung[165] der elterlichen Pflichtrechte nicht als abschließend betrachtet werden darf.

(2) Vermögenssorge

In § 1626 Abs.1 BGB ist bestimmt, dass neben der Personensorge die Vermögenssorge das weitere Grundelement der elterlichen Sorge bildet.

Die inhaltliche Definition findet man in § 1638 Abs.1 BGB. Sie unterscheidet sich stilistisch von der gesetzlichen Definition der Personensorge (positive Inhaltsdefinition[166]). Bei der Vermögenssorge handelt sich hingegen um eine negative Inhaltsdefinition, denn in § 1638 Abs.1 BGB wird nicht bestimmt, worauf sich die Vermögenssorge erstreckt, sondern worauf sie sich nicht erstreckt. Dieser Weg wurde eingeschlagen, um den Willen eines Erblassers bzw. eines sonstigen Zuwendenden zu achten. Wenn man umgekehrt eine Gemeinsamkeit der Vermögenssorge und der Personensorge sucht, kommt man zum Ergebnis, dass ihre Aufteilungen insofern gleich sind, in dem sich die Vermögenssorge in die tatsächliche Vermögenssorge und die Vertretung in Vermögensangelegenheiten aufteilen lässt. Ähnlich der Personensorge spielt diese Teilung hier aber nur eine geringe Rolle.

Wenn man an dieser Stelle entgegen der Gesetzeslage eine positive Definition der Vermögenssorge präsentieren will, lässt sich feststellen, dass die Vermögenssorge alle tatsächlichen und rechtlichen Maßnahmen (einschließlich der Vertretung) umfasst, die darauf gerichtet sind, das Kindesvermögen ordnungsgemäß zu verwalten, zu erhalten und zu vermehren[167], wobei man unter Erhal-

---

[164] §§ 112, 113 BGB.
[165] Einige Pflichtrechte wie z.B. die Bestimmung des Wohnsitzes oder die Einwilligung zur Eheschließung und Zustimmung zur Vaterschaftsanerkenntnis werden an anderen Stellen dieser Arbeit in anderen Zusammenhängen konkreter und ausführlicher erläutert (Vgl. Kapitel: Aufenthaltsbestimmung, S. 26 und Kapitel: Rechtliche Elternschaft, S. 86 ff).
[166] § 1631 Abs. 1 BGB.
[167] Wörlen 2008, Rn. 388.

tung auch die Vermeidung von Schulden versteht[168]. Über Gegenstände des Kindesvermögens können die Eltern im Namen des Kindes, aber auch im eigenen Namen verfügen. Kraft ihres Verwaltungsrechts haben sie die, zum Kindesvermögen gehörenden, Sachen in Besitz zu nehmen[169]. Auch die Rechte, die zum verwalteten Vermögen gehören, können sie im Namen des Kindes geltend machen und damit das Kind verpflichten und berechtigen[170]. Sie können außerdem kraft ihres Verwaltungsrechts im eigenen Namen die Erfüllung der von ihnen verwalteten Masse verlangen[171]. Im Falle eines Rechtsstreites treten sie als Vertreter des Kindes auf, was sie aber nicht hindert, sich zur gegenseitigen Prozessführung zu ermächtigen.

Hier stellt sich die Frage, was zum Kindesvermögen, das von den Eltern als Inhaber der Vermögenssorge verwaltet wird, zählt. Zum Kindesvermögen gehören vor allem der Grundbesitz, Wertpapiere, Geldanlagen, Kontoguthaben, Renten[172] sowie daraus entstandene Einkünfte[173]. Weiterhin gehören dazu Einkünfte aus der Arbeit, bzw. aus dem nach § 112 BGB gestatteten selbständigen Erwerbsgeschäft, außer die Eltern stimmten i.S.v. § 112 BGB zu, dass diese Einkünfte durch das Kind verwaltet werden dürfen[174]. Die dem Kind gemäß § 110 BGB überlassenen Mittel, wie auch Guthaben aus Lohnkonten, sind, sofern die Eltern der Eröffnung und Verfügung darüber i.S.v. § 113 BGB zugestimmt haben, verwaltungsfrei[175]. Die Vermögensverwaltung als solche ist grundsätzlich unentgeltlich, was aber laut Diederichsen nicht bei der Verwaltung eines vom Kind geerbten Erwerbsgeschäfts gilt[176]. Laut Peschel-Gutzeit kann dies nicht so eindeutig dargelegt werden, da der BGH diese Frage, ob die Verwaltung eines vom Kind geerbten Erwerbsgeschäfts entgeltlich ist oder nicht, in seiner Entscheidung offen ließ[177]. Man kann von einem Elternteil, der die Verwaltung eines Erwerbsgeschäftes des Kindes übernommen hat, nicht erwarten, dass er dies

---

[168] Palandt/Diederichsen 2010, § 1626 Rn. 20.
[169] BGH, FamRZ 1989, 945; Hk-BGB/Kemper 2009, § 1626 Rn. 9.
[170] Jauernig/Berger 2009, § 1626 Rn. 3.
[171] Erman/Michalski 2008, § 1626 Rn. 17.
[172] OLG Hamm, FamRZ 1974, 31 ff.
[173] Zorn 2008, Rn. 250.
[174] Bamberger/Veit 2008, § 1626 Rn. 28;Erman/Michalski 2008, § 1626 Rn. 17; Palandt/Diederichsen 2010, § 1626 Rn. 19.
[175] Palandt/Diederichsen 2010, § 1626 Rn. 19.
[176] Palandt/Diederichsen 2010, § 1626 Rn. 17.
[177] Staudinger/Peschel-Gutzeit 2007, § 1626 Rn. 65; BGH, NJW 1972, 574.

unentgeltlich tut (soweit das Entgelt nicht die auf dem Markt übliche Höhe übersteigt). Würde dieses Erwerbsgeschäft von einem angestellten Verwalter bzw. Geschäftsführer geführt, so stünde diesem auch eine Entlohnung zu. Es ist kein Grund ersichtlich, warum der Inhaber der Vermögenssorge schlechter gestellt werden sollte, nur weil er ein Elternteil ist.

Nun stellt sich weiter die Frage, ob und unter welchen Voraussetzungen die Eltern das Kindesvermögen für eigene Zwecke verwenden können. Wie schon erwähnt wurde, geht das Kindesvermögen in den Besitz der Eltern über. Doch bei einer Nutzung des Kindesvermögens für eigene Zwecke sind die Eltern zu einem Ersatz verpflichtet[178]. Bei einer Nutzung verliert das Vermögen wegen der Abnutzung grundsätzlich an Wert. Eine kostenlose Nutzung des Kindesvermögens durch die Eltern ist deswegen nicht vorgesehen, da es de facto zur Minderung des Kindesvermögens führen würde. Anders sieht es bei der Verwendung der Einkünfte aus dem Kindesvermögen aus. Dazu schafft § 1649 BGB entsprechende Kriterien. Die Einkünfte gehören in erster Linie zum Kindesvermögen und sind weiterhin ordnungsgemäß zu verwalten. In zweiter Linie sind sie dann zur Unterhaltung des Kindes zu verwenden und erst dann, wenn die Einkünfte weder für die Verwaltung noch für den Unterhalt des Kindes benötigt werden, können sie in dritter Linie für den Unterhalt der Eltern oder der minderjährigen unverheirateten Geschwister des Kindes verwendet werden[179].

Die Verwaltungsbefugnis der Eltern hat noch weitere Begrenzungen. Die Eltern können in Vertretung des Kindes grundsätzlich keine Schenkungen machen[180]. In wichtigen Verfügungs- und Verpflichtungsgeschäften[181], wie auch bei der Veräußerung einzelner Gegenstände bzw. bei deren Überlassung zur Kindesverwaltung[182] brauchen sie eine Genehmigung des Familiengerichts[183]. Diese Genehmigung brauchen sie auch, wenn sie i.S.v. § 1645 BGB ein neues Erwerbsgeschäft im Namen des Kindes beginnen möchten. Bei dem Erwerb einer oder mehrerer beweglicher Sachen mit den Mitteln des Kindes geht i.S.v. § 1646 BGB mit dem Erwerb das Eigentum auf das Kind über (dingliche Surrogation),

---

[178] Erman/Michalski 2008, § 1626 Rn. 17.
[179] § 1649 Abs. 2 BGB; Schwab, 17. Aufl. 2009, Rn. 684.
[180] § 1641 BGB.
[181] § 1643 BGB.
[182] § 1644 BGB.
[183] Zimmermann, FPR 2009, 7.

obwohl es nicht unbedingt im Besitz der Sache ist (insbesondere bei einem Erwerb von Wertpapieren).

2. Elterliche Verantwortung: Überblick über die Rechtslage in der Tschechischen Republik

a) Begrenzung des natürliches Rechts der Eltern und Wächterrolle des Staates

Das tschechische Familiengesetz setzt mit den Regelungen der elterlichen Verantwortung gewisse Schranken des natürlichen Rechts der Eltern in der Eltern-Kind-Beziehung das eigene Kind zu pflegen, erziehen und zu vertreten, um allen Beteiligten ihren Zuständigkeitsbereich deutlich zu machen. Diese gesetzlich definierte Begrenzung bildet dann den Maßstab, an dem Konfliktsituationen sowie mögliche Übergriffe und Missbrauch der gesetzlich eingeräumten Rechte und Pflichten beurteilt werden. Kommt es zu einer Kollision bzw. zu einem Übergriff, einer Misshandlung, zu einer anderen Überschreitung der Rechte oder einer Nichterfüllung von Pflichten innerhalb dieser Festlegung, dann behält sich der Staat das Recht vor, mit einer gerichtlichen Entscheidung in die Eltern-Kind-Beziehung einzugreifen, um die Rolle des Wächters wahrzunehmen. Dies ergibt sich aus Art. 32 Abs. 1 S 2 LZPS[184] i.V.m. § 44 FaG.

Die Wächterrolle des Staates bedeutet, die ordentliche und gewaltfreie Erziehung der Kinder, welche ihrer seelischen, psychischen und physischen Entwicklung dient, zu gewährleisten, denn das minderjährige Kind kann sich nicht alleine wehren, weil es (je nach Alter) noch nicht in der Lage ist, seine Interessen zu realisieren und wichtige Entscheidungen zu treffen[185].

---

[184] Art. 32 Abs. 1 S 2 LZPS lautet: Der besondere Schutz der Kinder und Minderjährigen ist gewährleistet.
[185] Komentář/Hrušáková, 4. Aufl. 2009, § 31 S. 121.

b) Definition und Allgemeines

Die elterliche Verantwortung ist (seit der so genannten großen Novelle im Jahr 1998)[186] in den §§ 31 ff. FaG verankert. In § 31 Abs.1 FaG ist der Inhalt der elterlichen Verantwortung als Summe von Rechten und Pflichten bei der Versorgung und Vertretung der minderjährigen Kinder wie auch der Verwaltung des Kindesvermögens definiert. Aus dieser Inhaltsdefinition ist ersichtlich, dass auch das tschechische Gesetz das Institut der elterlichen Verantwortung als Summe von Rechten und Pflichten sieht[187].

Im Unterschied zur deutschen Darstellung der elterlichen Sorge stellt das tschechische Gesetz bei der Definierung der elterlichen Verantwortung das Wort „Recht" vor das Wort „Pflicht"[188]. Die Reihenfolge der Nennung der beiden Begriffe ist nicht unwichtig, denn es könnte sich hierbei um einen gewissen Rest der früheren Herrschaftsstellung der Eltern gegenüber ihren Kindern handeln. Die Tatsache, dass das Gesetz die Rechte vor die Pflichten stellt, könnte die Chance erhöhen, dass die Kinder nicht als gleichwertige Rechtspartner der Eltern in der Eltern-Kind-Beziehung wahrgenommen werden.

Mit dieser Problematik hat sich in der tschechischen Rechtslehre bislang niemand ausführlich auseinandergesetzt, insbesondere nicht die am häufigsten herangezogenen Kommentare von Holub und Hrušáková[189]. Holub widmet sich relativ ausführlich der Wahl des Begriffes „Elterliche Verantwortung", welcher die Rechte und Pflichten der Eltern abdeckt. Ob die Rechte oder die Verpflichtungen der Eltern an erster Stelle stehen sollen, wird nicht erwähnt[190]. Auch Hrušáková befasst sich nicht mit dieser Thematik, sondern es bleibt in ihrem Kommentar bei der schlichten Aussage, dass die elterlichen Rechte und Pflichten zwei Seiten einer Münze sind[191]. Ob die Kinder gleichwertige Partner der Eltern in der Eltern-Kind-Beziehung sind und als solche auch betrachtet werden sollen, erfährt man ebenfalls von dieser Autorin nicht.

---

[186] zák. č. 91/1998 Slg. – die so genannte große Novelle des FaG.

[187] Radvanová, Právo a rodina 4/2001, 1.

[188] § 31 Abs. 1 FaG mit §§ 1626 Abs.1 aber auch 1631 Abs. 1 BGB.

[189] Bemerkung des Autors: In der Tschechischen Republik gibt es nicht viele fundierte Kommentare des Familiengesetzes und die Qualität derer, die seit Jahren auf dem Markt sind, entwickelt sich kaum.

[190] Holub, 8. Aufl. 2007, § 31 S. 93.

[191] Komentář/Hrušáková, 4. Aufl. 2009, § 31 S. 121.

Die bestehende Situation soll der Gesetzentwurf ändern, denn in § 798 Abs. 1 NOZ findet sich eine allgemeine Definition über die Eltern-Kind-Beziehung. Diese Definition lautet: „Eltern und Kind haben gegenseitig Pflichten und Rechte" („Rodiče a dítě mají vůči sobě navzájem povinnosti a práva"). Neben der erwähnten gesetzlichen Definition über die Eltern-Kind-Beziehung (§ 798 Abs. 1 NOZ) stellt auch die in § 800 NOZ verankerte Legaldefinition der elterlichen Verantwortung das Wort „Pflichten" vor das Wort „Rechte", indem sie sagt, „die elterliche Verantwortung beinhaltet Pflichten und Rechte..." („Rodičovská odpovědnost zahrnuje povinnosti a práva rodičů..."). Dies bedeutet nicht eine Kürzung der elterlichen Rechte, sondern soll den Eltern bewusst machen, dass das Rechtsinstitut der elterlichen Verantwortung für das Kind und seine positive Entwicklung dienen soll und nicht den Eltern und ihren persönlichen Interessen. Das Ausmaß der elterlichen Verantwortung ändert sich mit dem Alter des Kindes[192] und ist deshalb dynamisch. Laut Patáková passt sich die elterliche Verantwortung, (welche ihrer Aussage nach eine gewisse Mischung von Rechten und Pflichten darstellt) mit zunehmendem Alter des Kindes an die zunehmende Selbstverantwortung und Unabhängigkeit des Kindes an[193].

In § 31 Abs. 1 FaG wird die elterliche Verantwortung in § 31 Abs. 1 FaG inhaltlich aufgeteilt und zwar in die Versorgung von minderjährigen Kindern, die insbesondere die Pflege ihrer Gesundheit, ihrer körperlichen, gefühlsmäßigen, intellektuellen und moralischen Entwicklung umfasst, die Vertretung von minderjährigen Kindern und die Verwaltung ihres Vermögens[194].

(1) Versorgung des Kindes (tatsächliche Personensorge)

(a) Teilbereiche der Versorgung des Kindes

Die in § 31 Abs. 1 lit. a) FaG verankerte Versorgung (péče) von minderjährigen Kindern (weiter nur Versorgung)[195] entspricht der tatsächlichen Personensorge

---

[192] Nová, Právo a rodina 7/2008, 22.
[193] Patáková, MU 2000 S. 5.
[194] § 31 Abs. 1 FaG.
[195] Das tschechische Wort „péče" kann mit „Versorgung", aber auch mit „Pflege" übersetzt werden, wobei die Übersetzung des Tschechischen Justizministeriums (weiter nur Übersetzung) an dieser Stelle den Begriff Versorgung verwendet.

im deutschen Recht. Das tschechische Familiengesetz nennt in der nicht abschließenden Aufzählung in § 31 Abs. 1 lit. a) FaG die Aufgaben der Versorgung, die ihm am wichtigsten sind und die bei der Ausübung der Versorgung auf jeden Fall im Mittelpunkt stehen müssen. Dazu zählt sowohl die Gesundheitspflege des Kindes als auch dessen körperliche, gefühlsmäßige, intellektuelle und moralische Entwicklung[196].

Im Vergleich mit dem deutschen Pendant fehlt in dieser Aufzählung unter anderem ein ganz wichtiges Element der Versorgung, nämlich die „Erziehung". Dass diese auch zur Versorgung des Kindes zählt, lässt sich an anderen Stellen des FaG ableiten (z.B. § 26 Abs. 2, 5 FaG, § 32 Abs.1 und § 33 Abs. 1 FaG)[197], an denen das Gesetz eindeutig von der elterlichen Erziehung spricht. Es handelt sich hier um eine gewisse Ungenauigkeit des tschechischen Familiengesetzes, denn es benutzt zwei Begriffe (Pflege und Erziehung) und vermischt diese teilweise, obwohl die Bezeichnung „Pflege" breiter zu verstehen ist, als „Erziehung"[198].

Nun stellt sich die Frage, wie man die elterliche „Erziehung" definieren kann. Patáková beschreibt sie als zielstrebige Entwicklung der menschlichen Fähigkeiten, deren Ergebnis ein in Vernunft, Gefühl und Moral reifer Mensch ist, der selbständig und verantwortlich handeln kann[199]. In der „Allgemeinen Enzyklopädie" wird die Erziehung als ein gezielter, systematischer und organisierter Einflussprozess auf ein Individuum verstanden, welcher eine Formung seiner geistigen und physischen Entwicklung mit sich bringt[200]. In § 26 Abs. 5 FaG findet man eine unklare, aber trotzdem hilfreiche Andeutung einer gesetzlichen Definition der „elterlichen Erziehung", in welcher diese in drei Ebenen gegliedert wird. Die erste Ebene bildet die gefühlsmäßige Erziehung, die zweite die intellektuelle Erziehung und die letzte die moralische, wobei man diese Ebenen kaum voneinander trennen kann.

---

[196] § 31 Abs. 1 lit. a) FaG.
[197] § 26 Abs. 2 FaG lautet: Sind beide Elternteile zur Erziehung des Kindes fähig und sind sie an ihr interessiert...; § 26 Abs. 5 FaG lautet: Das Gericht berücksichtigt grundsätzlich, wer von den Elternteilen neben der regelmäßigen Versorgung des Kindes bislang für seine gefühlsmäßige, intellektuelle und moralische Erziehung gesorgt hat; § 32 Abs. 1 FaG lautet: Die entscheidende Aufgabe bei der Erziehung der Kinder haben die Eltern; § 33 Abs. 1 FaG lautet: An der Erziehung des Kindes ist auch der Ehemann beteiligt...
[198] § 31 Abs. 1 a) FaG.
[199] Patáková, MU 2000 S. 28, 29.
[200] Diderot, Praha 1999, S. 349.

Die Erziehung als solche erfolgt auf verschiedenen Wegen, so z.B. durch Vorbild[201] oder durch Beeinflussung, Lenkung bzw. Überwachung[202] des Kindesverhaltens, welche sowohl mit der Unterstützung von positiven Eigenschaften als auch mit der Untersagung von Unarten verbunden ist. Um all diese Facetten der Erziehung umsetzen zu können, ist es notwendig, das Kind bei sich zu haben bzw. bestimmen zu können, wo sich das Kind aufhält (Aufenthaltsbestimmungsrecht)[203].

Vom Aufenthaltsbestimmungsrecht, wie man es vom deutschen § 1631 Abs. 1 BGB kennt[204], ist im tschechischen FaG ebenfalls keine direkte Rede und dieser Terminus taucht hier auch nicht auf. Das tschechische FaG spricht immer nur von elterlicher Verantwortung bzw. von der Erziehung. Die Tatsache, dass die Eltern ihre Kinder bei sich haben und, insoweit sie im Besitz der elterlichen Verantwortung sind, über den Aufenthalt und den Wohnsitz des Kindes bestimmen können, wird als selbstverständlich betrachtet.

Gleichzeitig ist es den Eltern überlassen, ob sie die Erziehung des Kindes alleine durchführen oder Teilbereiche der Erziehung anderen Personen bzw. Institutionen übertragen (am häufigsten sind es die Großeltern, die Schule, der Kindergarten oder der Trainer beim Sport usw.). Die Überlassung der Erziehung an eine dritte Person bzw. eine Institution befreit sie aber nicht von der Verantwortung für die Erziehung. Diese bleibt weiterhin bei den Eltern[205].

Bei der Wahl der erzieherischen Maßnahmen sind sie durch § 31 Abs. 2 S 2 FaG an die Wahrnehmung der Würde und Gesundheit des Kindes, wie auch seiner körperlichen, gefühlsmäßigen, intellektuellen und moralischen Entwicklung gebunden[206]. Sinn und Zweck dieser Begrenzung der erzieherischen Maßnahmen ist der Schutz der Kinder vor schlechter Behandlung, Missbrauch und Ausübung von Gewalt, was außerdem auch im Art. 19 des Übereinkommens[207] verankert ist.

---

[201] § 32 Abs. 2 FaG.
[202] § 31 Abs. 2 S 1 FaG.
[203] Hrušáková, Králíčková, MU 2006, S. 224, 225.
[204] § 1631 Abs. 1 BGB.
[205] Grossová, MU 2005/2006 S. 36.
[206] § 31 Abs. 2 S 2 FaG.
[207] BGBl. II S. 990 ff.;
http://www.bmfsfj.de/Kategorien/Publikationen/Publikationen,did=3836.html.

Die Eltern sollen im Rahmen der Erziehung bzw. Pflege insoweit tätig sein, solange das Kind seine Entscheidungen nicht alleine treffen kann. Sie sind dabei verpflichtet, die Entwicklung, sowie auch das Verlangen und die Wünsche des Kindes zu berücksichtigen[208].

(b) Konkreter Inhalt der Versorgung der minderjährigen Kinder

Der Inhalt der Versorgung der minderjährigen Kinder bzw. deren Erziehung besteht aus einigen Teilbefugnissen bzw. Ermächtigungen, ohne welche die Eltern ihre Erziehung und Versorgung nicht wahrnehmen können.

Die erste Teilbefugnis ist das bereits angesprochene Aufenthaltsbestimmungsrecht, ohne welches die Eltern alle anderen Befugnisse kaum wahrnehmen können. Die nächste Teilbefugnis ist die Lenkung des Verhaltens i.S.v. § 31 Abs. 2 FaG, wobei die Eltern ihre Lenkung dem Entwicklungsstand des Kindes anpassen müssen[209]. Ein dreijähriges Kind braucht eine andere Lenkung als ein vierzehnjähriges. Diese Lenkung dient vor allem dazu, den Kindern ein positives Verhalten beizubringen und ihnen zu helfen, den Einfluss der Gesellschaft (Kinderkrippe, Kindergarten, Schule, Sport, Vereine, Freunde) zu verarbeiten. Diese Einflüsse sind nicht immer positiv und umso wichtiger ist die Aufarbeitung durch die Eltern.

Eine weitere Befugnis der Eltern (als gesetzliche Vertreter des Kindes) stellt die religiöse Lenkung des Kindes[210] i.S.v. § 2 Abs. 2 zák. č. 3/2002 Slg. dar[211]. Dieses Gesetz benutzt das Wort „usměrňovat" (lenken) bzw. die Wortgruppe „mohou usměrňovat" (lenken können), um jeden Eindruck einer unbeabsichtigten Herrschaftsposition der Eltern gegenüber ihren Kindern auszuschließen. In der alten Fassung des Gesetzes über Kirchen und religiöse Gemeinschaften wurde noch die Formulierung verwendet, dass über die religiöse Erziehung der Kinder,

---

[208] § 31 Abs. 2 S 1 und Abs. 3 FaG.
[209] Nová, Právo a rodina 7/2008, 22.
[210] Nová, Právo a rodina 9/2008, 22.
[211] zák. č. 3/2002 Slg. – Gesetz über die Freiheit des religiösen Bekenntnisses und der Stellung der Kirchen und religiösen Gesellschaften (Gesetz über Kirchen und religiöse Gesellschaften). § 2 Abs. zák. č. 3/2002 Slg lautet: Das Recht der minderjährigen Kinder auf Religionsfreiheit bzw. das Recht religionslos zu sein wird gewährleistet. Die gesetzlichen Vertreter der minderjährigen Kinder können die Ausübung dieses Rechts auf die Art und Weise lenken, die der Entwicklung und den Fähigkeiten des Kindes entspricht.

welche das fünfzehnte Lebensjahr noch nicht erreicht haben, die Eltern bestimmen[212]. Die neue Formulierung entspricht mehr der heutigen Auffassung, die Befugnisse der Eltern hinsichtlich der Versorgung und Erziehung, den Entwicklungstand des Kindes anzupassen[213] und das Kind nicht mehr als passives Objekt der elterlichen „Macht" zu sehen[214].

Die nächste Befugnis und Verpflichtung ist die Beaufsichtigung des Kindes, vor allem in den ersten Lebensjahren. Bei der Verletzung dieser Pflicht kann eine Schadensersatzpflicht der Eltern gegenüber Dritten i.S.v. § 422 OZ in Frage kommen[215].

Zu den weiteren Befugnissen der Eltern gehören unter Berücksichtigung der §§ 18, 62 und 63 des MatrZ[216] die Bestimmung des Vornamens und des Familiennamens. In § 38 FaG wird festgelegt, dass die Kinder den gemeinsamen Familiennamen der Eltern übernehmen oder den durch die Vereinbarung bei der Eheschließung bestimmten Familiennamen eines Elternteils erhalten[217]. Wenn der Nachname des Kindes nicht auf diese Weise bestimmt werden konnte, müssen sich die Kindeseltern auf einen Namen einigen. Kommen sie nicht zu einem einvernehmlichen Ergebnis bzw. sind die Kindeseltern nicht bekannt, bestimmt das Gericht den Namen des Kindes[218].

Zu den Befugnissen der Eltern gehören ferner die Beaufsichtigung und die Kontrolle über die persönliche Hygiene des Kindes sowie die Mitwirkung bei der Schulwahl bzw. Wahl der Ausbildungsstelle (dabei sind Umstände zu berücksichtigen, wie das Anspruchsniveau der Schule, die Möglichkeit später eine entsprechende Beschäftigung zu finden, die Finanzlage usw.)[219], sowie die Beeinflussung bei der Wahl der Hobbys, Musikinstrumente, wie auch die Veranlassung ärztlicher Maßnahmen und Eingriffe.

Die Veranlassung von ärztlichen Maßnahmen und Eingriffen als Befugnis der elterlichen Versorgung[220] in Zusammenhang mit der Religionsfreiheit rief in den

---

[212] § 3 zák. č. 308/1991 Slg. – früheres Gesetz über Kirchen und religiöse Gemeinschaften.

[213] § 31 Abs. 2 S 1 und Abs. 3 FaG.

[214] Nová, Právo a rodina 7/2008, 20.

[215] OZ - Občanský zákoník, zák. č. 40/1964 Slg. (tschechisches BGB)

[216] MatrZ – tschechisches Matrikelgesetz, zák. č. 301/2000 Slg.

[217] § 38 Abs. 1 FaG.

[218] § 38 Abs. 3 FaG.

[219] Patáková, MU 2000 S. 31.

[220] Nová, Právo a rodina 8/2008, 18.

letzten Jahren in der Tschechischen Republik eine breite Diskussion hervor. Der Grund dafür war der Fall eines sechsjährigen Kindes, dessen Eltern der Religionsgruppe der „Zeugen Jehovas" angehören, deren Lehre keine Bluttransfusion zulässt. Das Kind benötigte jedoch unbedingt eine Bluttransfusion und Chemotherapie, um überleben zu können[221]. Da die Eltern aber rigoros dagegen waren, meldeten die Ärzte diese Situation dem OSPOD, nach dessen Antrag das zuständige Gericht gemäß § 76a Abs. 1 und 3 o.s.ř. (tschechisches ZPO)[222] i.V.m. § 37 und § 44 Abs. 2 FaG das Kind in die Versorgung des Kinder-Fakultätskrankenhauses (Universitätsklinikum) übergab und dadurch den Ärzten den Weg eröffnete, das minderjährige Kind auch gegen den Willen seiner Eltern zu behandeln. Die Eltern legten gegen diese Entscheidung Berufung ein, jedoch ohne Erfolg, da das Berufungsgericht die Entscheidung des Gerichtes der ersten Instanz bestätigte. Der Fall kam bis vor das tschechische Verfassungsgericht, welches die Rechtmäßigkeit und die Verfassungskonformität dieses Eingriffs in die Elternrechte und die Religionsfreiheit beurteilen sollte. Das Verfassungsgericht entschied diesen Fall mit diesem Leitsatz: „Lehnen die Eltern eine Behandlung (Heilungstherapie) eines minderjährigen Kindes, welches sich in unmittelbarer Lebensgefahr befindet, ab, stellt eine einstweilige Verfügung nach § 76a o.s.ř., laut welchem das minderjährige Kind in die Versorgung einer zuständigen Heilinstitution überstellt wird, keine Verletzung der in Art. 32 Abs. 4 LZPS[223] verankerten elterlichen Rechte dar[224]. In Betrachtung der Dringlichkeit des Eingriffes kann in dem einstweiligen Verfahren grundsätzlich die Streitigkeit der Eltern mit der Heilinstitution über die Zweckdienlichkeit der gewählten Thera-

---

[221] Novotná, Právo a rodina 3/2005, 6.

[222] o.s.ř. - zák. č. 99/1963 Slg.

§ 76a Abs. 1 o.s.ř lautet: Gerät ein minderjähriges Kind in eine Situation, in der es ohne jegliche Hilfe ist, oder ist sein Leben oder Wohlentwicklung ernsthaft gefährdet oder gestört, verordnet der Senatsvorsitzende (der Richter) durch eine einstweilige Verfügung die Übergabe des Kindes in die Versorgung einer Person, die er in dem Beschluss bestimmt.

§ 76a Abs. 3 o.s.ř lautet: Bei der Anordnung der einstweiligen Verfügung nach Abs. 1 braucht das minderjährige Kind keine Vertretung; hat das minderjährige Kind keinen gesetzlichen Vertreter oder kann es der gesetzliche Vertreter nicht in dem Verfahren vertreten, bestimmt das nach § 88 lit. c) zuständige Gericht einen Vormund unmittelbar nach der Durchführung der einstweiligen Verordnung.

[223] Art. 32 Abs.4 S.1 LZPS lautet: Pflege der Kinder und ihre Erziehung ist das Recht der Eltern; die Kinder haben das Recht auf die elterliche Erziehung und Pflege.

[224] III.ÚS 459/03 vom 20.08.2004, Soudní rozhledy 2004, 407 ff.

pie nicht gelöst werden"[225]. Mit dieser Entscheidung bekräftigt das tschechische VerfG die Wächterrolle des Staates und hebt hervor, dass das Kindeswohl im Mittelpunkt stehen muss.

(2) Vertretung von minderjährigen Kindern (Vertretung in persönlichen Angelegenheiten)

Wie bereits erwähnt wurde, besteht der zweite Bereich der elterlichen Verant-wortung (laut der gesetzlichen Gliederung in § 31 Abs. 1 FaG) in der Vertretung der minderjährigen Kinder. Näher definiert ist die Vertretung des minderjähri-gen Kindes in § 36 FaG, welcher das Recht bzw. die Berechtigung und die Pflicht der Eltern erläutert, für ihre Kinder die Rechtshandlungen zu tätigen, für welche ihre Kinder noch nicht voll geschäftsfähig sind[226].

Die Geschäftsfähigkeit einer natürlichen Person ist im tschechischen Recht als Fähigkeit einer natürlichen Person, mit eigener Rechtshandlung Rechte zu erwerben und Pflichten zu übernehmen, definiert[227]. Die volle Geschäftsfähig-keit tritt mit der Volljährigkeit (Erreichung des 18. Lebensjahres) ein[228]. Die Volljährigkeit kann eine natürliche Person, die mindestens 16 Jahre alt ist, auch durch eine Eheschließung erreichen[229]. Vor der Erreichung der Volljährigkeit ist die Geschäftsfähigkeit beschränkt. In Angelegenheiten, die dem Kind, seinem Alter und der Entwicklung entsprechend zugetraut werden können, darf das minderjährige Kind allein und in eigenem Namen tätig werden[230]. Bis auf zwei Ausnahmen wird das tschechische Familiengesetz nicht konkreter. Einmal ist es im Falle einer Adoption, zu welcher gemäß § 67 Abs. 2 FaG die Zustimmung des Elternteils notwendig ist, unabhängig von der Volljährigkeit[231]. Der zweite Fall findet sich im OZ (das tschechische BGB) im Bereich des Erbrechts. Ge-mäß § 476d Abs. 2 kann ein Minderjähriger, der sein 15. Lebensjahr erreicht hat, seinen letzten Willen in Form eines notariellen Eintrages selber abgeben. In

---

[225] III.ÚS 459/03 vom 20.08.2004, Soudní rozhledy 2004, 407 ff.
[226] Knecht, MU 2002, S. 41.
[227] § 8 Abs. 1 S 1 OZ - Občanský zákoník Nr. 40/1964 Slg. (tschechisches BGB).
[228] § 8 Abs. 1 S 2 OZ - Občanský zákoník Nr. 40/1964 Slg. (tschechisches BGB).
[229] § 8 Abs. 2 OZ - Občanský zákoník Nr. 40/1964 Slg. (tschechisches BGB).
[230] Hrušáková, Králíčková, MU 2006, S. 227.
[231] § 67 Abs. 2 FaG.

allen anderen Fällen wird der Entwicklungsstand des Kindes als Maßstab für die Handlungen im eigenen Namen und mit eigener Verantwortung herangezogen. Grundsätzlich muss die Vertretung des Kindes aber von den Eltern wahrgenommen werden, wenn es vor einem Amt, einer Institution oder vor dem Gericht seine Rechte und Pflichten wahrnehmen will oder soll. Als Beispiel kann der Erwerb oder Verlust der Staatsangehörigkeit, die Anmeldung beim Einwohnermeldeamt oder die Vertretung vor Gericht, inklusive dem Abschluss von Gerichtsvergleichen (z.b. Klage auf Unterhalt des Kindes, erbrechtliche Streitigkeiten, Urheberrechte) genannt werden.

Das Vertretungsrecht der Eltern ist nicht unbegrenzt. Diese Grenze verdeutlicht § 37 FaG, indem besagt wird, dass die Eltern Rechtshandlungen für ihr Kind dann nicht tätigen dürfen, wenn eine Kollision der Interessen des Kindes mit ihren eigenen Interessen vorliegt. In einem solchen Fall wird vom Gericht i.S.v. § 37 Abs. 2 S 1 FaG ein Pfleger bzw. ein Prozesspfleger bestellt, welcher die Interessen des Kindes objektiv vertritt.

Bei der elterlichen Vertretung des Kindes in persönlichen Angelegenheiten ist geregelt (anders als in Deutschland), dass zur Eheschließung eines minderjährigen Kindes die Zustimmung des zuständigen Gerichts eingeholt werden muss, während eine Zustimmung der Eltern nicht notwendig ist[232]. Auch für eine Vaterschaftsanerkennung ist die Zustimmung der Eltern des minderjährigen Kindes keine Voraussetzung[233]. Das tschechische Recht stellt hier eine andere Bedingung als das deutsche, nämlich die, eine solche Anerkennung des minderjährigen Kindes vor Gericht abzugeben, um mögliche Zweifel oder eine Beeinflussung erkennen und ausschließen zu können[234]. Im Hinblick auf den Leitsatz, dass das minderjährige Kind die Angelegenheiten, die seinem Alter und Entwicklungsstand entsprechen, allein und in eigenem Namen entscheiden kann, müsste bei der Vaterschaftsanerkennung vor Gericht eigentlich eine Überprü-

---

[232] § 13 Abs. 1 S 2 FaG, welcher lautet: Ausnahmsweise, falls es im Einklang mit gesellschaftlichen Zielen steht, kann das Gericht aus wichtigen Gründen eine Eheschließung eines Minderjährigen, der das sechzehnte Lebensjahr vollendet hat, erlauben.

[233] R 48/1984; Komentář/Hrušáková, 4. Aufl. 2009, § 52 S. 256.

[234] § 52 Abs. 2 FaG, welcher lautet: Die Erklärung des minderjährigen Elternteils über die Vaterschaft muss immer vor dem Gericht abgegeben werden.

fung des Entwicklungstandes stattfinden. Das ist aber laut Hrušáková nicht notwendig, obwohl die Rechtsprechung hier nicht eindeutig ist[235].

(3) Vermögensverwaltung (Vermögenssorge)

In § 31 Abs. 1 lit. c) ist der nächste Bereich der elterlichen Verantwortung (die Verwaltung des Vermögens des minderjährigen Kindes) verankert. Das Gesetz benutzt in diesem Zusammenhang den Begriff „Vermögen", um klarzustellen, dass es sich nicht nur um den Besitz des Kindes handelt, sondern um das komplette Vermögen inklusive Forderungen und Verbindlichkeiten, die mit dem Besitz des Kindes verbunden sind[236].

Vor der so genannten großen Novelle des Familienrechts im Jahr 1998[237] war die Vermögenssorge im tschechischen Familienrecht nur sehr sporadisch geregelt. Die alte Fassung des Familiengesetzes beinhaltete, was die Vermögenssorge betrifft, nur eine Regelung über die Pflicht der Eltern, das Kindesvermögen zu verwalten, ohne genauere Angaben bzw. Regeln, welche eine gewisse „gesetzliche Minimalgrenze" darstellen würden. So fehlte in der alten Fassung z.B. die Regelung, welche die Eltern verpflichtet, dem Kind bei der Übergabe des verwalteten Vermögens eine Aufstellung über die Vermögensverwaltung vorzulegen oder wie mit dem Ertrag aus dem Kindesvermögen umzugehen ist. Diese Unvollständigkeit der alten Fassung des Familiengesetzes hing noch mit der kommunistischen Herrschaft in der früheren Tschechoslowakei zusammen. In dieser Zeit hatten minderjährige Kinder im Prinzip kein- oder ein sehr geringes Vermögen. Deshalb war es nicht notwendig, dessen Verwaltung gesetzlich präzise zu regeln bzw. dieser Verwaltung inhaltliche Grenzen zu setzen.

Die heutige Fassung des FaG sieht vor, dass das Vermögen der minderjährigen Kinder grundsätzlich von ihren Eltern verwaltet wird[238]. In § 37a Abs. 1 FaG

---

[235] R 48/1984 (IC Aspi 2807 JUD) – einer der Leitsätze lautet: „Die Vaterschaft kann durch eine übereinstimmende Erklärung der minderjährigen Eltern gemäß § 52 Abs. 1 FaG festgestellt werden, insoweit eine solche Erklärung der geistigen und moralischen Entwicklung des Minderjährigen und seinem Alter angemessen ist und insoweit der minderjährige Elternteil im Stande ist, die Bedeutung einer solchen Erklärung zu beurteilen.
[236] Hrušáková, Králíčková, MU 2006, S. 229.
[237] zák. č. 91/1998 Slg. – die so genannte große Novelle des FaG.
[238] § 37a Abs. 1 FaG und § 28 OZ.

45

werden die Eltern verpflichtet, diese Verwaltung nach dem Grundsatz der „Sorgfalt eines ordnungsgemäßen Vermögensverwalters" zu tätigen[239]. Dies ist jedoch nur der Leitsatz, welcher durch einzelne Bestimmungen und Begrenzungen ergänzt wird. Zu diesen Begrenzungen zählen die bereits angesprochenen Regelungen, welche besagen, wie die Eltern mit den Erträgen des Vermögens umgehen sollen. Diese Erträge sind i. S. v. § 37a Abs. 2 S 1 FaG zuerst für den Unterhalt des Kindes und erst dann in angemessener Weise für die Bedürfnisse der Familie zu verwenden, woraus sich mittelbar herauslesen lässt, dass es der Zweck des Gesetzes ist, das Vermögen des minderjährigen Kindes in erster Linie nicht zu vermehren, sondern zu erhalten[240]. Die Unterhaltpflichtigen dürfen das Grundvermögen nur dann angreifen, wenn sonst unverschuldet ein grobes Missverhältnis zwischen ihren und den Lebensverhältnissen des Kindes entstehen würde[241]. Bei der Übergabe des verwalteten Vermögens, welche erst nach dem Eintritt der Volljährigkeit des Kindes stattfindet, müssen die Eltern eine Abrechnung über die von ihnen unternommene Verwaltung des Vermögens vorlegen, soweit es das Kind verlangt[242]. Das Kind kann von ihnen Schadensersatz bzw. Herausgabe wegen ungerechtfertigter Bereicherung verlangen, wenn diese Tatsache zutrifft, bzw. wenn sie die Pflicht der ordnungsgemäßen Vermögensverwaltung i.S.v. § 37a Abs. 1 FaG. verletzt haben sollten[243]. Die einschlägige Literatur ergänzt die Aufzählung der Begrenzungen bei der Vermögensverwaltung durch die Eltern noch, indem sie besagt, dass die Eltern mit dem verwalteten Vermögen kein Risiko eingehen dürfen und die Erhaltung des Kindesvermögens immer als Ziel vor Augen haben sollen[244].

Für die Rechtsgeschäfte über das Vermögen des Kindes brauchen die Eltern gemäß § 28 OZ eine gerichtliche Genehmigung, außer es handelt sich um eine laufende Angelegenheit[245]. Als laufende Angelegenheit stuft man vor allem Ver-

---

[239] § 37a Abs. 1 FaG.
[240] Grossová, MU 2005/2006 S. 61.
[241] § 37a Abs. 2 S 2 FaG.
[242] § 37a Abs. 3 FaG
[243] § 37a Abs. 3 S 3 FaG.
[244] Holub, 8. Aufl. 2007, § 37a S. 112.
[245] § 28 OZ lautet: Falls die gesetzliche Vertreter verpflichtet sind das Vermögen desjenigen, den sie vertreten zu verwalten und handelt es sich nicht um eine laufende Angelegenheit, brauchen sie zur Vermögensverfügung eine gerichtliche Genehmigung.

sicherungszahlungen, Wartungszahlungen sowie regelmäßige und wiederholbare Einkäufe usw. ein.

Des Weiteren sollen die Eltern im Rahmen der Vermögensverwaltung alle Gegenstände, deren Eigentümer das Kind ist, pflegen, insbesondere alle wertvollen Gegenstände. Sie sollen alle möglichen Einnahmen verwalten (Zinsen, Mieteinnahmen, bezahlte Schulden, Dividenden, Einnahmen aus Versicherungen, Urhebervergütungen usw.), das Geld sorgfältig anlegen, Aktien richtig verwalten, gegen mögliche Schuldner vorgehen, aber auch alle im Zusammenhang mit dem Kindesvermögen stehende Verpflichtungen tätigen (z.B. Versicherungen, Steuern und Gebühren bezahlen und Kredite zurückzahlen)[246]. Beim Eintritt der Volljährigkeit sind die Eltern verpflichtet, dem Kind das verwaltete Vermögen zu übergeben[247].

Eine weitere gesetzliche Begrenzung der elterlichen Vermögensverwaltung regelt § 37b Abs. 1 S 1 FaG. Er besagt, dass in den Fällen, in welchen die vermögensrechtlichen Interessen des Kindes gefährdet sein könnten, das Gericht zum erhöhten Schutz des Vermögens einen Vermögensverwalter bestellt. Als Vermögensverwalter wird grundsätzlich eine natürliche Person bestellt, die voll geschäftsfähig ist und durch ihren Lebenswandel eine ordnungsgemäße Vermögensverwaltung im Sinne des Kindes sicherstellen kann und mit der Ernennung zum Vermögensverwalter einverstanden ist[248]. Sollte das Gericht keine passende natürliche Person finden, dann bestellt es in der Regel ein Organ des sozialrechtlichen Schutzes[249].

Bei der Ernennung eines Vermögensverwalters wird vom Gericht der Umfang des Vermögens festgestellt. Weiterhin bestimmt das Gericht, wie mit bestimmten Teilen des Vermögens gewirtschaftet werden darf bzw. welcher Teil des Vermögens unangetastet bleiben muss[250]. Auch der vom Gericht bestellte Vermögensverwalter muss nach dem Grundsatz der Sorgfalt eines ordnungsgemäßen Vermögensverwalters handeln. Er darf bei seiner Tätigkeit keine Geschäfte eingehen, die mit einem hohen Risiko verbunden sind. Seine Tätigkeit unterliegt

---

[246] Radvanová, Zuklínová, Praha 1999, S. 117, 118.
[247] § 37a Abs. 3 S 1
[248] § 37b Abs. 1 S 2 FaG.
[249] § 37b Abs. 2 FaG.
[250] § 37b Abs. 3 FaG.

der gerichtlichen Aufsicht, denn er muss dem Gericht regelmäßig Berichte vorlegen[251].

(4) Unterhalt für das minderjährige Kind

Einen weiteren Gegenstand der elterlichen Verantwortung stellt die Verpflichtung der Eltern dar, Unterhalt für das minderjährige Kind zu leisten. Wie bereits erwähnt wurde, ist der Inhalt der elterlichen Verantwortung im tschechischen Recht breiter als der Inhalt der elterlichen Sorge nach deutschem Recht, denn er beinhaltet auch die Unterhaltspflicht der Eltern gegenüber ihren Kindern[252]. Dies ergibt sich mittelbar auch aus § 44 Abs. 5 FaG, welcher besagt, dass im Falle eines Entzuges bzw. einer Aussetzung der elterlichen Sorge i.S.v. § 44 FaG die Unterhaltspflicht der Eltern gegenüber ihren Kindern unberührt bleibt.

Die Einbeziehung der Unterhaltspflicht unter den Begriff der elterlichen Verantwortung hat den Vorteil, dass die elterliche Pflicht, Kindesunterhalt zu leisten, nicht als eine separate bzw. eine besondere Verpflichtung im Gesetz steht. Dennoch ist diese Einbeziehung nicht ganz unproblematisch. Sie deckt sich zwar mit der in § 31 Abs. 1 FaG verankerten allgemeinen Definition der elterlichen Verantwortung, welche die elterliche Verantwortung als eine Summe von Rechten und Pflichten definiert, lässt sich aber nicht unter einen der in § 31 Abs. 1 FaG genannten Bereiche untergliedern, da sie eine andere Art von Elternpflicht darstellt. Aus diesem Grund wurde bei der Gliederung des Gesetzes die elterliche Unterhaltspflicht gegenüber Kindern nicht in den Abschnitt, in dem die elterliche Verantwortung geregelt ist, eingegliedert, sondern zusammen mit anderen Arten des gesetzlichen Unterhalts im Abschnitt Unterhaltspflicht geregelt[253].

Die Unterhaltspflicht der Eltern gegenüber ihren Kindern besteht gemäß § 85 Abs. 1 FaG solange, bis die Kinder fähig sind, sich selbst zu unterhalten[254]. Die Höhe des Unterhaltes richtet sich neben dem Bedarf auch nach der Bedürftigkeit

---

[251] § 37b Abs. 5 FaG.
[252] Grossová, MU 2005/2006 S. 21; Nová, Právo a rodina 8/2008, 18.
[253] Vgl. Dritter Teil (Unterhaltsleistungen), erstes Hauptstück (Gegenseitige Unterhaltspflicht der Eltern und Kinder) des FaG.
[254] Nová, Právo a rodina 8/2008, 18.

des Kindes, der Leistungsfähigkeit der Eltern und ihrem Lebensniveau bzw. Lebensstandard, da es Ziel der gesetzlichen Regelung ist, dass die Kinder den gleichen Lebensstandard genießen können wie ihre Eltern. Deshalb gibt es in der Tschechischen Republik keine Unterhaltstabellen. Das Lebensniveau bzw. der Lebensstandard ergibt sich aus den Gesamteinkünften, wobei auch die Fähigkeit und Möglichkeit, ein höheres Einkommen zu erzielen, berücksichtigt wird (die sog. Potentialität) sowie die Vermögensverhältnisse[255].

Da es nicht Aufgabe dieser Arbeit ist, die elterliche Unterhaltspflicht in der Tschechischen Republik zu analysieren, bleibt es bei dieser kurzen Übersicht der elterlichen Pflicht, dem Kind Unterhalt zu leisten.

c) Die Eltern-Kind-Beziehung und die damit verbundenen Pflichten und Rechte nach dem Gesetzentwurf des neuen tschechischen Zivilkodex (NOZ)

Wie bereits erwähnt, bringt der Gesetzentwurf im Bereich der Regeln, die sich mit der Eltern-Kind-Beziehung beschäftigen, eine effizientere und übersichtlichere Aufteilung der Pflichten und Rechte mit sich, was der Präzision des Gesetzes dient.

Der gesetzliche Inhalt der elterlichen Verantwortung wird in gewissem Maße eingeengt, denn der Kindesunterhalt soll nicht mehr zum Bestandteil der elterlichen Verantwortung gehören[256]. Andererseits widmet sich der Gesetzentwurf auch einigen Regelungen, welche bislang keinen Platz im geltenden FaG gefunden haben und deshalb in der Praxis nur mit Hilfe der Analogie bzw. teleologischen Auslegung des FaG abgedeckt werden können (inhaltliche Füllung).

Die Regelungen, welche die Eltern-Kind-Beziehung behandeln, findet man im zweiten Buch (Familienrecht – Rodinné právo), im zweiten Hauptstück (Verwandtschaft – Příbuzenství) im zweiten Teil (Eltern und Kind – Rodiče a dítě) des Gesetzentwurfs. Der zweite Teil (Eltern und Kind) ist in weitere Unterabschnitte unterteilt. Mit dem Thema elterliche Verantwortung[257] beschäftigen sich

---

[255] § 96 Abs. 1 FaG.

[256] Vgl. Kapitel: Kindesunterhalt (nicht mehr Bestandteil der elterlichen Verantwortung), S. 53.

[257] Die Regelungen, welche das Umgangsrecht betreffen werden an einer weiteren Stelle dieser Arbeit behandelt, S. 249 ff.

die ersten drei Unterabschnitte (Allgemeine Bestimmungen, Vorname und Name des Kindes und elterliche Verantwortung), wobei der dritte Unterabschnitt (die elterliche Verantwortung), durch einzelne Überschriften in mehrere Themenbereiche untergegliedert ist.

Die folgenden Absätze sollen die neuen Regelungen vorstellen, wobei vor allem die Änderungen gegenüber dem geltenden Recht hervorgehoben und kurz kommentiert werden.

(1) Allgemeine Bestimmungen

Der erste Unterabschnitt „Allgemeine Bestimmungen" (§§ 798 – 801 NOZ) des zweiten Teiles des Gesetzentwurfs gibt der Eltern-Kind-Beziehung einen gewissen rechtlichen Rahmen (§ 798 NOZ), welcher aus drei Komponenten aufgebaut ist: Erstens wird in aller Deutlichkeit darauf hingewiesen, dass die Eltern-Kind-Beziehung eine Summe von gegenseitigen Pflichten und Rechten ist, wobei neuerdings das Wort „Pflicht" vor dem Wort „Recht" steht und von „gegenseitigen" Pflichten und Rechten die Rede ist[258]. Zweitens wird festgelegt, dass weder die Eltern noch das Kind auf diese Summe von Pflichten und Rechten verzichten können[259]. Drittens wird auch der Sinn und Zweck der elterlichen Pflichten und Rechte gegenüber ihrem Kind in § 798 Abs. 2 NOZ festgehalten. Laut dieser Norm müssen die angesprochenen Pflichten und Rechte der Eltern der Sicherstellung des moralischen und materiellen Nutzens bzw. des Wohls (morální a hmotný prospěch) des Kindes dienen. Damit wird deutlich gemacht, dass die aus der Eltern-Kind-Beziehung resultierenden und durch das Gesetz anerkannten und garantierten elterlichen Pflichten und Rechte nicht zu einer Herrschaftsstellung der Eltern gegenüber dem Kind führen bzw. zur Durchsetzung ihres Willens oder ihrer Wünsche dienen, sondern das Kind unterstützen sollen.

Die angesprochene Verankerung des Sinns und Zwecks der elterlichen Pflichten und Rechte in § 798 Abs. 2 NOZ soll laut der veröffentlichten Gesetzesbegründung (weiter nur Gesetzesbegründung)[260] der Klarstellung für die Erziehung der

---

[258] § 31 Abs. 1 FaG.
[259] § 798 Abs. 1 S 2 NOZ.
[260] Fundstelle der Gesetzesbegründung zum NOZ: http://obcanskyzakonik.justice.cz/tinymce-storage/files/Duvodova_zprava_OZ_LRV_090430_final.pdf

Eltern wie auch der korrekten Auslegung der einzelnen Regelungen der elterlichen Verantwortung dienen. Üben die Eltern die elterlichen Pflichten und Rechte nicht im moralischen und materiellen Nutzen des Kindes aus, handelt es sich
um ein rechtswidriges Verhalten bzw. um einen Rechtsmissbrauch. In einem
solchen Fall ist eine entsprechende Sanktionierung der Eltern möglich, welche
bis zum Entzug der elterlichen Verantwortung reichen kann[261].

In § 799 NOZ werden Pflichten und Rechte geregelt, die einen Statuscharakter
aufweisen[262]. Von einem Statuscharakter spricht man aus dem Grund, da es sich
um elterliche Pflichten und Rechte, welche mit der Persönlichkeit und Person
des Kindes (osobnostní a osobní povahy) zusammenhängen, handelt. Sie beginnen mit der Geburt des Kindes (außer es handelt sich um das Recht der Vaterschaftsanerkennung) und enden mit dem Zeitpunkt der Erreichung der Volljährigkeit (nabytí zletilosti) des Kindes, da man davon ausgehen kann, dass eine
volljährige Person die volle Verantwortung für sich übernehmen kann. Es gibt
jedoch zwei Ausnahmen von dieser Regel, nach welcher die elterliche Verantwortung mit der Erreichung der Volljährigkeit endet. Die erste Ausnahme stellt
der Fall dar, dass das Kind von den Eltern zur Adoption freigegeben wurde, die
zweite der Entzug der elterlichen Verantwortung. In solchen Fällen endet die
elterliche Verantwortung zum Zeitpunkt der Rechtskraft der Entscheidung über
die Adoption gemäß § 739 Abs. 1 i.V.m. § 776 Abs. 1 NOZ bzw. zum Zeitpunkt
der Rechtskraft der Entscheidung über den Entzug der elterlichen Verantwortung gemäß § 813 i.V.m. § 815 NOZ.

(a) Definition der elterlichen Verantwortung

Den allgemeinen Bestimmungen wurde auch eine Legaldefinition in Form einer
Inhaltsdefinition der elterlichen Verantwortung angefügt (§§ 800 NOZ), welche
die Befugnisse und Kompetenzen der Eltern aufzählt. Im Vergleich zur heutigen
Fassung des FaG ist die neue Legaldefinition grundlegend anders konzipiert. Sie
teilt die elterliche Verantwortung in mehrere Teilbereiche auf.

---

[261] Gesetzesbegründung zum NOZ: Zu §§ 798 – 801 S. 197.
[262] Gesetzesbegründung zum NOZ: Zu §§ 798 – 801 S. 198.

Um diesen Unterschied deutlich darstellen zu können, sei an dieser Stelle nochmals daran erinnert, dass die elterliche Verantwortung laut geltender Fassung des FaG (§ 31 Abs. 1 FaG) in drei Teilbereiche aufteilt wird: 1. „Versorgung von minderjährigen Kindern" (die insbesondere die Pflege ihrer Gesundheit und ihrer körperlichen, gefühlsmäßigen, intellektuellen und moralischen Entwicklung umfasst), 2. „Vertretung der minderjährigen Kinder" und 3. „Verwaltung ihres Vermögens". Die in § 800 NOZ formulierte Legaldefinition teilt dem gegenüber die Pflichten und Rechte der Eltern in sechs Teilbereiche auf: 1. „Versorgung des Kindes und dessen Schutz" (péče o dítě a jeho ochrana), 2. „Aufrechterhaltung des persönlichen Umgangs mit dem Kind" (udržování osobního styku s dítětem), 3. „Sicherstellung seiner Erziehung und Ausbildung" (zajišťování jeho výchovy a vzdělání), 4. „Bestimmung seines Wohnsitzes" (určení místa bydliště), 5. „Vertretung des Kindes" (zastupování) und 6. „Verwaltung seines Vermögens" (spravování jeho jmění). Es gibt also drei Teilbereiche mehr als in der geltenden Fassung.

Betrachtet man die einzelnen Teilbereiche genauer, so sieht man, dass die Teilbereiche „Aufrechterhaltung des persönlichen Umgangs mit dem Kind", „Sicherstellung seiner Erziehung und Ausbildung" und „Bestimmung seines Wohnsitzes" in diesem Gesetzentwurf erstmals direkt genannt werden. Damit wird innerhalb des Verantwortungsbereichs der Eltern in gewissem Maße ein anderer Schwerpunkt gesetzt[263], denn bislang waren diese Teilbereiche dem Bereich „Versorgung des minderjährigen Kindes" untergliedert. Nachdem es sich aber um Bereiche handelt, welche heute als „Kernbereiche" zu verstehen sind, ist eine solche Neustrukturierung des Textes im Gesetzentwurf gut nachvollziehbar und vertretbar.

An der neuen Legaldefinition[264] ist außerdem zu begrüßen, dass sie die Pflichten der Eltern an die erste Stelle stellt und damit hervorhebt, dass das Kind in der Eltern-Kind-Beziehung als Subjekt eine besondere und schutzwürdige Position hat[265] und nicht mehr als ein bloßes Objekt des elterlichen Schutzes zu sehen ist[266], was aus der heutigen Fassung nicht eindeutig ersichtlich ist.

---

[263] Gesetzesbegründung zum NOZ: Zu §§ 798 – 801 S. 199.

[264] § 800 NOZ.

[265] Ergibt sich eindeutig aus Art. 32 Abs. 2 S 2 LZPS welcher lautet: Der besonderer Schutz der Kinder und Minderjähriger ist gewährleistet.

[266] Gesetzesbegründung zum NOZ: Zu §§ 798 – 801 S. 199.

(b) Kindesunterhalt (nicht mehr Bestandteil der elterlichen Verantwortung)

Im Vergleich zur heutigen Fassung des FaG bringt der § 801 NOZ auch eine weitere bemerkenswerte Änderung mit sich: Laut dieser Norm ist die Unterhaltspflicht der Eltern gegenüber ihren Kindern und das Recht der Kinder auf die Unterhaltsleistung der Eltern (Kindesunterhalt) nicht mehr Bestandteil der elterlichen Verantwortung, wie es bislang der Fall war[267]. Zukünftig ist diese Pflicht der Eltern daher als eine zusätzliche Verpflichtung zu verstehen, die sich aus der Elternschaft ergibt, da sie mit dem Eltern–Kind–Status zusammenhängt und an die elterliche Verantwortung gekoppelt ist.

Ein Grund für eine solche Ausgliederung der Unterhaltsverpflichtung der Eltern aus der elterlichen Verantwortung ist die unterschiedliche Dauer der beiden Elemente (elterliche Verantwortung und Unterhaltspflicht). Darauf weist auch der Gesetzentwurf in § 801 NOZ hin, in welchem geregelt wird, dass die Dauer (trvání) der Unterhaltspflicht weder von der Volljährigkeit noch von der vollen Geschäftsfähigkeit des Kindes abhängig gemacht werden kann.

(2) Name des Kindes

Die Regelungen §§ 802 – 807 NOZ widmen sich der Pflicht und dem Recht der Eltern, den Vornamen und Namen eines Kindes zu bestimmen. Es handelt sich um eine Pflicht und ein Recht mit einem Statuscharakter und kommt grundsätzlich den Eltern zu[268].

Die Anordnung dieses Pflichtrechts im zweiten Unterabschnitt des dritten Abschnittes (vor den anderen Pflichten und Rechten der Eltern, welche erst im dritten Unterabschnitt des dritten Abschnittes kodifiziert sind) ist verständlich, da es sich um ein Recht handelt, von dem man (vor allem bei der Bestimmung des Vornamens des Kindes) gleich zu Lebensbeginn des Kindes Gebrauch macht, was bei den anderen aus der Eltern-Kind-Beziehung resultierenden Rechten nicht immer der Fall ist (wie z.B. Bestimmung der Schule).

---

[267] § 44 Abs. 5 FaG.
[268] § 806 NOZ welcher lautet: Falls keiner der Eltern bekannt ist, bestimmt das Gericht von Amts wegen den Vornamen und Namen des Kindes.

Gemäß § 802 Abs. 1 NOZ bestimmen Eltern, die miteinander verheiratet sind, bereits bei der Eheschließung den Nachnamen der Kinder, die sie gemeinsamen bekommen. Sind die Eltern nicht miteinander verheiratet und fehlt eine solche Bestimmung, müssen sie sich auf einen ihrer Nachnamen, welchen das Kind bekommen soll, einigen, sonst wird dieser durch das Gericht bestimmt[269]. Eine andere Situation liegt vor, wenn nur ein Elternteil des Kindes bekannt ist. In diesem Fall erhält das Kind automatisch den Nachnamen des bekannten Elternteils[270].

In den darauf folgenden Paragrafen (§§ 804 – 806 NOZ) werden dann die Nachnamensänderung und die damit verbundenen Anforderungen des Kindes, dessen Vater unbekannt ist, im Falle einer Eheschließung der Mutter behandelt[271].

(3) Elterliche Verantwortung

Der nächste Unterabschnitt, welcher die Überschrift „Elterliche Verantwortung" trägt, erläutert nicht nur, wer als Inhaber der elterlichen Verantwortung zu bezeichnen ist, sondern auch, unter welchen Voraussetzungen und von wem die Inhaberschaft der elterlichen Verantwortung modifiziert werden kann. Die darauf folgenden Regelungen widmen sich dann den einzelnen Teilbereichen der elterlichen Verantwortung.

Wenn man die einzelnen Regelungen der elterlichen Verantwortung mit den einschlägigen Regelungen des FaG vergleicht, kann man feststellen, dass der Gesetzentwurf das FaG hinsichtlich der Ausformulierung und Präzision deutlich übertrifft, was aber an manchen Stellen zu unnötigen Wiederholungen führt. Ein Beispiel dafür ist § 807 S 1 und 2 NOZ. Im ersten Satz steht: „Elterliche Verantwortung obliegt beiden Eltern gleichermaßen." Im zweiten Satz dann: „Es hat sie jeder Elternteil, außer dass...". Warum in zwei aufeinander folgenden Sätzen das Gleiche gesagt wird, ist nicht ganz nachvollziehbar.

---

[269] § 802 Abs. 2 S 1 NOZ.
[270] § 803 S 1 NOZ.
[271] § 804 NOZ regelt die Möglichkeit, dass das Kind, dessen Vater nicht bekannt ist und seine Mutter heiratet, den Namen übernimmt, welcher für die gemeinsamen Kinder der Ehepartner bestimmt wurde. § 805 NOZ regelt das Äußerungsrecht des Kindes zur Namensänderung gemäß § 804 NOZ.

Relativ viele Regelungen der elterlichen Verantwortung wurden in den Gesetzentwurf vom FaG übernommen, was wegen der Kontinuität und Verständlichkeit als solches zu begrüßen ist. Man hat jedoch manche neue Regelungen auf
das Übernommene nicht richtig abgestimmt wie z.B. §§ 801 und 811 Abs. 2
NOZ, denn § 801 NOZ lautet: „Die Unterhaltspflicht und das Recht auf Unterhalt sind nicht Bestandteil der elterlichen Verantwortung..." und in § 811 Abs. 2
NOZ heißt es dann: „Die Aussetzung der Ausübung der elterlichen Pflichten
und Rechte hat keinen Einfluss auf die Erfüllung der Unterhaltsleistungen für
das Kind". Wenn die Unterhaltspflicht nicht mehr Bestandteil der elterlichen
Verantwortung ist, ist es überflüssig, im Rahmen der elterlichen Verantwortung
zu regeln, dass die ausgesetzte Ausübung der elterlichen Verantwortung keinen
Einfluss auf andere Pflichten hat, denn diese ergeben sich in Zukunft aus der
rechtlichen Elternschaft. Ob diese überflüssige Regelung durch Unaufmerksam-
keit entstanden ist oder bewusst zur Herstellung zusätzlicher Rechtssicherheit,
Klarheit und zur Vermeidung von Streitigkeiten im Gesetzentwurf ihren Platz
fand, ist im Moment nicht nachvollziehbar.

(a) Versorgung des Kindes (Personensorge)

In den §§ 822 – 828 NOZ wird die „Versorgung des Kindes und dessen
Schutz" - „péče o dítě a jeho ochrana" (weiter auch nur Personensorge) geregelt.
Die gesetzliche Überschrift („Versorgung des Kindes und dessen Schutz") dieses Teilbereichs der elterlichen Verantwortung deckt sich mit der, in der Definition der elterlichen Versorgung beinhalteten Aufteilung der elterlichen Verantwortung (§ 800 NOZ)[272], was zu einer besseren Übersichtlichkeit und Orientie-
rung im Gesetzentwurf beiträgt.
Gleich in der ersten Regelung dieses Bereiches, also in § 822 Abs. 1 NOZ, werden die Eltern daran erinnert, dass sie die komplette Wahrnehmung der Personensorge unter dem Aspekt des Kindesinteresse[273] und unter Berücksichtigung
des Entwicklungsstandes des Kindes auszuüben haben[274]. Das heißt, das Kind

---

[272] Vgl. dazu Kapitel: Definition der elterlichen Verantwortung, S. 51.
[273] Kovářová, Právo a rodina 3/2008, 20.
[274] § 822 Abs. 1 NOZ lautet: Die Elterliche Verantwortung betreffend die Person des Kindes
üben die Eltern in einer Art und Weise, die dem Entwicklungstand des Kindes entspricht, aus.

soll schrittweise in die einzelnen Entscheidungen mit einbezogen werden, womit auch die Pflicht zusammen hängt, dem Kind den entsprechenden Zugang zu Informationen zu verschaffen bzw. es selbst (möglichst objektiv) zu informieren.

(i) Inkonsequenz in der Systematik des Gesetzentwurfes

Bevor konkret über den gesetzlichen Inhalt der Versorgung des Kindes zu sprechen ist, ist es an dieser Stelle wichtig, eine gewisse Lücke in der Systematik des Gesetzentwurfes aufzuzeigen. In der bereits mehrmals angesprochenen Legaldefinition in § 800 NOZ wird die elterliche Verantwortung auf sechs Teilbereiche (Versorgung des Kindes und dessen Schutz, Aufrechterhaltung des persönlichen Umgangs mit dem Kind, Sicherstellung seiner Erziehung und Ausbildung, Bestimmung seines Wohnsitzes, Vertretung des Kindes und Verwaltung seines Vermögens) aufgeteilt[275], weshalb man erwarten könnte, dass diese Teilbereiche der elterlichen Verantwortung auch der gesetzlichen Gliederung entsprechen und einzeln behandelt werden. Dies ist aber nicht der Fall, da im Rahmen der „Versorgung des Kindes und dessen Schutz" auch die „Sicherstellung seiner Erziehung und Ausbildung", wie auch die „Bestimmung seines Wohnsitzes" behandelt wird.

Es stellt sich an dieser Stelle die Frage, ob diese Inkonsequenz beabsichtigt war, bzw. welchen Zweck sie verfolgt. In der Gesetzesbegründung findet man darauf keine direkte Antwort. Man erfährt nur, dass die Legaldefinition des Gesetzentwurfs (wörtlich) ausführlicher ausfallen soll, als die bisherige, in § 31 Abs. 1 FaG beinhaltete Aufteilung der elterlichen Verantwortung und deswegen auch diese Teilbereiche (Erziehung und Ausbildung, wie auch Bestimmung des Wohnsitzes des Kindes), welche man bislang als ein Teil der Versorgung des Kindes (péče o dítě) behandelt hat, explizit genannt werden sollen[276]. Gerade wenn man diese Absicht verfolgt, sollte man aber konsequent bleiben und diesen Vorsatz in der Systematik des Gesetzentwurfes fortführen. Dies tun die Verfasser des Gesetzentwurfes an dieser Stelle nicht. Sie machen auf die genannten Teilbereiche aufmerksam, nennen diese wörtlich in der Legaldefinition (§ 800

---

[275] Vgl. dazu Kapitel: Definition der elterlichen Verantwortung, S. 51.
[276] Gesetzesbegründung zum NOZ: Zu §§ 798 – 801 S. 199.

NOZ), führen sie aber bei der inhaltlichen Behandlung nicht aus. Einzige Ausnahme stellt der Teilbereich „Aufrechterhaltung des persönlichen Umgangs mit dem Kind" dar, welcher bislang auch unter der „Versorgung des Kindes" behandelt wurde. Dieser Teilbereich hat im Gesetzentwurf eine eigene Überschrift und konsequenterweise eine, der Legaldefinition entsprechenden, Positionierung erhalten.

(ii) Inhalt der Personensorge

Die Pflicht und das Recht, ein Kind zu versorgen, stellen vielfältige Anforderungen an die Eltern. Beinhaltet sind die physische Betreuung (die Pflege der physischen und materiellen Bedürfnisse des Kindes wie auch die materielle Sicherstellung seiner Existenz), die Behütung und Versorgung des Kindes. Da soziales Verhalten und Intelligenz des Kindes sich in der Entwicklung befinden, braucht es eine gewisse Lenkung und Kontrolle von Seiten der Eltern[277], um eine stabile Persönlichkeit zu entwickeln.

Da die Ausübung der Personensorge ein höchstpersönliches Recht der Eltern ist, sind sie auch die einzigen, die bestimmen können, ob sie die Ausübung der Personensorge alleine wahrnehmen oder diese bzw. einen Teil davon einem Dritten (unabhängig davon, ob es sich um eine Privatperson oder eine Institution handelt) übergeben (eine Ausnahme bildet ein Gerichturteil im Rahmen einer Entscheidung über die elterliche Verantwortung). Eine solche Übergabe mildert jedoch weder den Umfang noch den Bestand der elterlichen Verantwortung[278].

α) Entscheidung über die schulische Ausbildung und Berufswahl des Kindes

Einen wichtigen inhaltlichen Gesichtspunkt der Personensorge stellt die Entscheidung der Eltern über die schulische Ausbildung und Berufswahl des Kindes dar, wobei die Eltern die Fähigkeiten wie auch die Begabung des Kindes in solchen Entscheidungen zu berücksichtigen haben[279]. Es besteht die Pflicht, das

---

[277] Gesetzesbegründung zum NOZ: Zu § 822 S. 205.
[278] § 823 NOZ.
[279] § 822 Abs. 2 NOZ.

Kind unter Berücksichtigung seines Alters in diese Entscheidungen einzubeziehen, wobei diese Pflicht vor allem bei der Berufswahl ernsthaft wahrzunehmen ist. Diese Verpflichtung der Eltern ermöglicht es dem Kind, sich gegen Entscheidungen der Eltern zu wehren, welche nur von deren Willen (manchmal sogar von einem Wunsch oder Traum) getrieben sind und dabei den Willen, wie auch die Fähigkeiten und das Talent des Kindes ignorieren[280]. Hiermit signalisiert das Gesetz deutlich, dass die Zeiten der „patria potestas"[281] endgültig vorbei sind.

β) Aufenthaltsbestimmungsrecht und Herausgaberecht der Eltern

In den §§ 823 und 824 NOZ werden zwei neue Rechte der Eltern bzw. der sorgberechtigten Person geregelt, welche die geltende Fassung des FaG nicht explizit anspricht: das Aufenthaltsbestimmungsrecht und das Herausgaberecht. Derzeit werden diese Rechte nur vom Institut der elterlichen Verantwortung per Auslegung abgeleitet, was aber in der Praxis oft mit Komplikationen verbunden ist[282].

In § 824 NOZ wird das Herausgaberecht der Eltern geregelt, obwohl der Gesetzentwurf diesen Terminus nicht direkt erwähnt. Das Herausgaberecht der Eltern kann man letztendlich auch als Teil des Aufenthaltsbestimmungsrechts der Eltern verstehen (als dessen spezielle bzw. abgeleitete Funktion). Wer erwartet, dass der Gesetzentwurf zumindest den Terminus „Aufenthaltsbestimmungsrecht" benutzt, wird jedoch enttäuscht sein. Auch hier wird das Recht als solches nur beschrieben und nicht direkt unter diesem Namen verankert[283].

Wenn man beide Normen betrachtet, wird in § 823 NOZ das Recht der Eltern festgelegt, ihr Kind in Obhut bzw. zur Versorgung an eine dritte Peron zu geben, ohne dabei die Personensorge zu verlieren. Das ist ein indirekter Ausdruck des Aufenthaltsbestimmungsrechts, da die Eltern anhand der Übergabe des Kindes

---

[280] Gesetzesbegründung zum NOZ: Zu § 822 S. 204, 205.
[281] Vgl. dazu Kapitel: Historische Entwicklung, S. 4 ff.
[282] Gesetzesbegründung zum NOZ: Zu § 824 S. 205.
[283] Vorsicht: Das Aufenthaltbestimmungsrecht nicht mit der in der Legaldefinition der elterlichen Verantwortung (§ 800 NOZ) verankerten Bestimmung des Wohnsitzes des Kindes verwechseln.

an einen Dritten de facto bestimmen, dass sich das Kind bei dieser Person auch aufhalten kann und wie lange dieser Aufenthalt dauern wird.

Das Herausgaberecht (§ 824 NOZ) richtet sich gegen eine Person, welche das Kind rechtswidrig bei sich behält[284]. Gebrauch von diesem Recht können beide Elternteile machen, aber auch die Person, bei der sich das Kind anhand der Regelung des § 823 NOZ aufhält. Das Herausgaberecht richtet sich in der Tat nicht nur gegen Dritte, sondern kann sich auch gegen einzelne Elternteile richten. Als Beispiel für eine solche Anwendung des Herausgaberechts gegen den anderen Elternteil ist die Situation, wenn die Eltern nicht zusammen leben und die Versorgung des Kindes vom Gericht nur einem Elternteil zugesprochen wurde, wobei der andere Elternteil das Kind gegen die Anordnung des Gerichtes oder über die Zeit, die vereinbart bzw. gerichtlich festgelegt wurde (z.B. beim Umgang mit dem Kind), bei sich hält. Diese direkte gesetzliche Definierung des Herausgaberechts gegenüber einem anderen Elternteil in § 824 Abs. 1 NOZ deutet auf die Konsequenz bei der Verankerung der neu festgehaltenen Rechte und soll in Zukunft der einheitlichen Auslegung dieses Rechts dienen[285].

γ) Erziehung und tatsächliche Personensorge

In § 826 Abs. 1 NOZ wird die einzigartige und maßgebende Rolle der Eltern bei der Erziehung des Kindes beschrieben[286]. Bei der Wahrnehmung dieser Aufgabe haben sie das Recht des Kindes auf gewaltfreie Erziehung zu respektieren. Dieses Recht des Kindes ist ein Novum des Gesetzentwurfes und zeigt erneut, dass der Gesetzentwurf in der Eltern-Kind-Beziehung die Rechte des Kindes betont und die Rechte der Eltern eher in den Hintergrund stellt, was im geltendem FaG genau umgekehrt ist. Für diese Konsequenz muss man den Verfassern des Gesetzentwurfes ein Kompliment aussprechen.

Nun stellt sich die Frage, ob der Gesetzentwurf irgendwelche Voraussetzungen bzw. Forderungen an die Eltern im Rahmen der Erziehung stellt. Diese Frage ist zu bejahen. In § 826 Abs. 2 NOZ werden die Eltern verpflichtet, bei der Erzie-

---

[284] § 824 NOZ.
[285] Gesetzesbegründung zum NOZ: Zu § 824 S. 305.
[286] § 826 NOZ lautet: Die Eltern haben die entscheidende Aufgabe bei der Erziehung des Kindes.

hung ihrer Kinder nur solche Erziehungsmaßnahmen anzuwenden, welche den konkreten Umständen entsprechen, wobei sie in keiner Weise die Gesundheit des Kindes wie auch seine Entwicklung und Würde berühren dürfen. Im Vergleich zur geltenden Fassung des FaG (§ 31 Abs. 2 und § 32 FaG) bringen diese Voraussetzungen keine größeren Veränderungen mit sich. Sie wurden lediglich leicht umformuliert.

Das Recht des Partners, der mit dem Elternteil, welcher das Kind versorgt, in häuslicher Gemeinschaft lebt, sich an der Erziehung des Kindes mitbeteiligen zu dürfen (also das so genannte kleine Sorgerecht), wurde de facto in § 827 NOZ von § 33 FaG übernommen, wie auch die Pflicht des Kindes, im Haushalt zu helfen und sich nach Möglichkeiten und Bedarf an der Deckung der Haushaltskosten zu beteiligen[287].

(b) Vertretung des Kindes

Die Vertretung des Kindes hat im Rahmen der elterlichen Verantwortung eine besondere Stellung, da diese Regelungen einen ganz anderen Sinn und Zweck haben und dadurch auch einen anderen Bereich des Lebens abdecken als die bisher behandelten Regelungen des Gesetzentwurfs (sie sind in manchen Bereichen mit den Regelungen über die Verwaltung des Kindesvermögens vergleichbar)[288].

Sinn und Zweck der Regelungen über die Vertretung des Kindes ist es, das Kind, welches noch nicht die volle Geschäftsfähigkeit erlangt hat, in der juristischen Welt zu vertreten und trotz der beschränkten Geschäftsfähigkeit juristisch relevante Schritte wahrnehmen bzw. tätigen zu lassen und zwar unabhängig davon, ob es sich um materielle oder persönliche Schritte handelt[289]. Sie sind ebenfalls im dritten Unterabschnitt des Gesetzentwurfs (§§ 808 – 836 NOZ) festgeschrieben und bringen im Vergleich zum geltenden Recht einige Änderungen und Neuerungen mit sich.

Schon bei der Definierung der „Vertretung des Kindes", bei welcher die Eltern ein Kind in Rechtshandlungen vertreten, für welche es noch nicht geschäftsfähig

---

[287] §§ 828 NOZ und § 31 Abs. 4 FaG.
[288] Gesetzesbegründung zum NOZ: Zu §§ 834, 835 S. 207, 208.
[289] Gesetzesbegründung zum NOZ: Zu §§ 834, 835 S. 207.

ist, findet man einen Unterschied zur geltenden Fassung des FaG. In § 36 steht, dass „die Eltern die Kinder bei Rechtshandlungen, für die die Kinder noch nicht voll geschäftsfähig sind, vertreten" (eine gewisse automatische Berechtigung der Eltern). In § 834 NOZ steht dagegen: „die Eltern haben die Pflicht und das Recht, das Kind bei rechtlichen Handlungen, zu denen das Kind nicht geschäftsfähig ist, zu vertreten". Wenn man beide Definitionen miteinander vergleicht, kommt man zwar inhaltlich zum gleichen Ergebnis, doch auch hier wollen die Verfasser des Gesetzentwurfes konsequent bleiben und betonen, dass auch die Vertretung des Kindes als ein Teil der elterlichen Verantwortung in erster Linie als Pflicht zu betrachten ist und nicht nur als eine Berechtigung, was aus der geltenden Fassung nicht ersichtlich ist.

Komplett neu geregelt wird die Aussage, dass die Eltern das Kind gemeinsam vertreten, wobei jeder von ihnen alleine handeln kann[290]. Sollten sich aber die Eltern über die Art bzw. über eine konkrete Handlung der Ausübung der Vertretung des Kindes nicht einigen können, ist es gemäß § 835 NOZ die Aufgabe des Gerichtes, zu entscheiden, welcher von beiden Elternteilen das Kind vertreten soll. Das Gericht trifft dabei nicht nur die Entscheidung, wem die Vertretung des Kindes anvertraut wird, sondern entscheidet gleichzeitig, wie dieser Elternteil bei der Vertretung des Kindes vorgehen soll, bzw. welche juristischen Handlungen er tätigen soll[291]. Damit wird eine relevante Gesetzeslücke geschlossen, da es zwischen Eltern (unabhängig davon, ob sie miteinander verheiratet waren oder nicht) immer wieder zu grundlegenden Meinungsverschiedenheiten kommt, wie die Vertretung des Kindes gestaltet werden soll.

Was eine mögliche Kollision der Interessen des Kindes und denen seiner Eltern, bzw. des Kindes und anderer Kinder der gleichen Eltern bei der Ausübung der Vertretung des Kindes betrifft, bringt der Gesetzentwurf keine Änderung zum geltenden Recht[292].

Umso mehr tritt die in § 836 Abs.1 NOZ neu kodifizierte Möglichkeit in den Vordergrund, nach der die Eltern einen „Vertrag über die Vertretung des Kindes" in rechtlichen Handlungen (smlouvu o zastoupení) mit einer dritten Person abschließen können, die entweder Fachkenntnisse hat oder die für die Vertre-

---

[290] § 834 Abs. 2 NOZ.
[291] Gesetzesbegründung zum NOZ: Zu §§ 834, 835 S. 208.
[292] § 37 FaG und § 834 Abs. 3 NOZ.

tung des Kindes in anderer Weise geeignet ist[293]. Dies ist ein positiver Schritt. Der Gesetzentwurf geht aber noch weiter, indem er in § 836 Abs. 2 NOZ auch dem Kind die Möglichkeit gibt, einen solchen Vertrag über seine Vertretung abzuschließen[294]. Diese Regelung soll es dem Kind ermöglichen, selbst zu bestimmen, wer es vertritt, in dem ihm die Befugnis zugesprochen wird, einen Vertretungsvertrag abzuschließen[295]. Man muss sich fragen, ob ein solches Recht des Kindes nicht zu weit geht, da diese Regelung (§ 836 Abs. 2 NOZ) einen Spielraum für den Missbrauch der Kindesnaivität und fehlenden Lebenserfahrung durch die vom Kind bestellte Person eröffnet.

Die Verfasser des Gesetzentwurfes waren sich dieser Falle bewusst und schufen deshalb noch den § 836 Abs. 3 NOZ, in dem festgelegt wird, dass im Falle von Meinungsverschiedenheiten zwischen dem bestellten Vertreter und den Kindeseltern (sie verlieren ja gemäß § 836 Abs. 2 NOZ nicht den Status des gesetzlichen Vertreters des Kindes)[296] das Gericht unter Berücksichtigung des Kindeswohl die Sache zu entscheiden hat. Diese Kontroll- und Schlichtfunktion des Gerichtes soll das Kind vor unüberlegten bzw. für das Wohl des Kindes schädlichen Schritten des Vertreters ausreichend schützen[297].

(c) Vermögensverwaltung

Die Vermögensverwaltung ist in den §§ 837 – 846 NOZ geregelt. Gleich in § 837 Abs. 1 NOZ, der in die Thematik der Vermögensverwaltung einleitet, wird verankert, dass die Vermögensverwaltung die Pflicht und das Recht der Eltern ist (die geltende Fassung des FaG dagegen spricht bei der Vermögensverwaltung nur von Verpflichtung der Eltern[298]), was zum wiederholten Male zeigt, wie konsequent der Gesetzentwurf jeden einzelnen Teilbereich der elterlichen Verantwortung als Pflicht und Recht definiert. Im Hinblick auf die heutige aus dieser Sicht mangelhafte Fassung des FaG und die daraus resultierenden

---

[293] § 836 Abs. 1 NOZ.
[294] § 836 Abs. 2 NOZ lautet: Schließt das Kind den Vertrag über die Vertretung, hat dies keinen Einfluss auf die gesetzliche elterliche Vertretung des Kindes.
[295] Gesetzesbegründung zum NOZ: Zu § 836 S. 208.
[296] § 836 Abs. 2 NOZ.
[297] Gesetzesbegründung zum NOZ: Zu § 836 S. 208.
[298] § 37a Abs. 1 FaG.

Ansichten ist es zwar nachvollziehbar, jedoch schon fast überflüssig, da die komplette elterliche Verantwortung deutlich als Pflicht und Recht in § 800 NOZ definiert wurde. Deshalb wäre es nicht nötig gewesen, dieses Grundprinzip in allen Teilbereichen zu wiederholen.

Es gibt eine wichtige Formulierung, die bei der Vermögensverwaltung eine maßgebende Funktion spielt, nämlich die Verpflichtung der Eltern, die Vermögensverwaltung mit der „Sorgfalt eines ordnungsgemäßen Vermögensverwalters" durchzuführen, was von ihnen letztendlich auch die geltende Fassung des FaG verlangt[299]. Nun wird aber diese eher theoretische Verpflichtung, das Vermögen des Kindes mit der „Sorgfalt eines ordnungsgemäßen Vermögensverwalters" zu verwalten, im Gesetzentwurf erweitert und konkretisiert, in dem man die Eltern verpflichtet, über die Geldmittel des Kindes verlässlich (sorgfältig) zu verfügen[300]. Aus der Gesetzesbegründung kann man zusätzlich erfahren, dass die Verfasser mit der verlässlichen bzw. sorgfältigen Verfügung eine sichere Anlage im Blick haben, wobei sie als Beispiel ausdrücklich eine Bank nennen[301]. Dies bringt deutlich zum Ausdruck, dass Risikogeschäfte und Risikoanlagen unerwünscht sind, denn das Geld soll sicher investiert werden, um Erträge zu bringen. Eine Verletzung dieser Pflichten ist laut § 837 Abs. 3 NOZ mit einem Schadensersatzanspruch verbunden[302], wobei die Eltern für einen solchen Schaden gemeinsam und mit ungeteilter Hand haften.

Auch die Schlichterrolle des Gerichts im Falle einer fehlenden Einigung der Eltern über wesentliche Angelegenheiten der Vermögensverwaltung wurde in § 838 NOZ neu verankert.

(i) Rechtliche Handlungen, die das Vermögen des Kindes betreffen

Nach geltendem Recht (§ 28 OZ) brauchen die Eltern als gesetzliche Vertreter des Kindes für juristische Handlungen mit dem Vermögen des Kindes eine ge-

---

[299] § 37a Abs. 1 FaG und § 837 Abs. 1 S 1 NOZ.
[300] § 837 Abs. 1 S 2 NOZ lautet: Mit den Geldmitteln, welche voraussichtlich für die Deckung der mit dem Vermögen des Kindes zusammenhängenden Ausgaben nicht benötigt werden, müssen die Eltern verlässlich (sorgfältig) verfügen.
[301] Vgl. Gesetzesbegründung zum NOZ: Zu §§ 837, 838 S. 208.
[302] In der geltenden Fassung (§ 37a Abs. 3 S 3 FaG) ist hingegen nur ein Verweis auf das Schadensersatzrecht des Kindes zu finden.

richtliche Genehmigung, außer es handelt sich um eine laufende Angelegenheit[303]. Diese Bedingung kennt auch der Gesetzentwurf. Sie soll jetzt jedoch unter „Vermögensverwaltung der Eltern" im Rahmen der familienrechtlichen
Normen eingegliedert werden.

Die Neueinordnung dieser gesetzlichen Bedingung ist aber nicht der einzige Unterschied zwischen dem Gesetzentwurf und der geltenden Fassung des FaG. In
§ 839 Abs. 2 NOZ des Gesetzentwurfes findet man zusätzlich eine nicht abschließende Aufzählung der Angelegenheiten, die nicht als laufende Angelegenheiten des täglichen Lebens zu bezeichnen sind, da dieser unbestimmte Begriff
in der Vergangenheit zu unterschiedlichen Auslegungen und Interpretationen
führte[304]. Nun wird klargestellt, dass die Eltern eine gerichtliche Genehmigung
vor allem für den Erwerb und andere Rechtsgeschäfte mit einer Immobilie bzw.
mit einem Teil der Immobilie brauchen, sowie für Belastungen des Kindesvermögens, für den Erwerb, die Ablehnung oder die Zuwendung eines Geschenkes
oder eines Erbes bzw. eines Vermächtnisses, wie auch zum Abschluss eines
Vertrages über eine langfristige und abermalige Leistung, zum Abschluss eines
Kreditvertrags bzw. eines ähnlichen Vertrags und zum Abschluss eines Mietver-
trags[305].

Abschließend wird in § 839 Abs. 3 NOZ darauf hingewiesen, dass alle juristischen Handlungen der Eltern, die i.S.v. § 839 Abs. 1 und 2 NOZ eine gerichtliche Genehmigung benötigen, unbeachtet bleiben (nepřihlíží se k nim)[306].

(ii) Erwerb und Gewinn aus dem Vermögen des Kindes

Der Gesetzentwurf bringt in § 841 NOZ eine weitere Neuregelung, laut welcher
dem Kind der Erwerb zusteht, welchen die Eltern mit Hilfe des Kindesvermögens erzielt haben[307]. Es ist wichtig, darauf hinzuweisen, dass man unter dem

---

[303] § 28 OZ lautet: Falls die gesetzlichen Vertreter verpflichtet sind das Vermögen desjenigen,
den sie vertreten, zu verwalten und es sich nicht um eine laufende Angelegenheit handelt,
brauchen sie zur Vermögensverfügung eine gerichtliche Genehmigung.
[304] Gesetzesbegründung zum NOZ: Zu § 839 S. 209.
[305] § 839 Abs. 2 NOZ.
[306] § 839 Abs. 3 NOZ.
[307] § 840 NOZ lautet: Was die Eltern dank der Benutzung des Kindesvermögen erzielen, erwirbt das Kind.

Begriff „Erwerb" auch einen Verlust versteht (z.B. bei Aktien, die an Wert verloren haben), wobei bei einem Verlust geprüft werden kann, ob die Eltern bei der Vermögensverwaltung mit der „Sorgfalt eines ordnungsgemäßen Vermögensverwalters" gehandelt haben oder nicht[308].

Diese Regelung des § 840 NOZ soll unter anderem auch der Rechtssicherheit dienen, indem die Inhaberverhältnisse von Anfang an klargestellt werden, was letztendlich auch dem Schutz Dritter dienen kann, die so wissen, wer Inhaber welcher Sache bzw. Rechte ist und wer die daraus resultierende Vermehrung des Vermögens, wie auch die Gewinne bzw. andere Vergünstigungen inne hat oder nutznießen kann.

α) Nutzen des Gewinns aus dem Kindesvermögen

Nach dem die Inhaberschaft des Erwerbs bzw. des Gewinns aus dem Kindesvermögen gesetzlich geregelt ist, stellt sich die Frage, welchen Spielraum der Gesetzentwurf den Eltern bei der Nutzung bzw. Verwendung der erwirtschaften Gewinne einräumt, welchen das Kind aus dem Vermögen, aus einem Arbeitsverhältnis oder anderer Erwerbstätigkeit erzielt.

Gemäß § 841 Abs. 1 S 1 NOZ ist der Gewinn, welcher nicht zur Verwaltung des Kindesvermögen benötigt wird, in erster Linie als Beitrag zum Kindesunterhalt zu nutzen. Falls danach noch ein Rest des Gewinns vorhanden ist, kann dieser für den Unterhalt der Eltern bzw. für den Unterhalt der minderjährigen Geschwister, welche mit dem Kind im gleichen Haushalt wohnen, genutzt werden[309], falls es nicht aus wichtigen Gründen notwendig ist, diesen Restgewinn für die Zeit nach dem Erwerb der vollen Geschäftsfähigkeit des Kindes zu erhalten (ein neues Kriterium des Gesetzentwurfes z.B. wegen einer besonderen Individualität des Kindes, wegen einer Krankheit oder aus anderen Gründen).

---

[308] Gesetzesbegründung zum NOZ: Zu § 840 S. 209.
[309] Gesetzesbegründung zum NOZ: Zu § 841 S. 210.

β) Nutzen der Vermögenssubstanz

Eine andere, strengere Regelung als bei der Nutzung des Gewinns aus dem Kindesvermögen gilt für die Nutzung der Vermögenssubstanz. Gemäß § 841 Abs. 2 NOZ gelten für die Nutzung (Verbrauch) der Vermögenssubstanz des Kindes drei Kriterien: Erstens muss die Nutzung des Vermögens für den Unterhalt der Eltern oder der Geschwister bestimmt sein, zweitens muss eine durch die Eltern unverschuldete Entstehung eines groben Missverhältnisses zwischen den Lebensverhältnissen der unterhaltspflichtigen Eltern und den Verhältnissen des Kindes vorliegen und drittens bedarf es der gerichtlichen Zustimmung für eine solche Nutzung bzw. einen solchen Verbrauch des Kindesvermögens. Im Vergleich zur geltenden Fassung (§ 37a Abs. 2 FaG), laut welcher die Eltern das Vermögen für sich bzw. für die Bedürfnisse der Familie ohne gerichtliche Zustimmung dann nützen können, wenn „unverschuldet ein grobes Missverhältnis zwischen ihren und den Lebensverhältnissen des Kindes entstehen würde", stellt das Kriterium der „gerichtlichen Zustimmung" einen strengeren Maßstab an die Eltern dar und soll gleichzeitig zur besseren Kontrolle der Eltern beim Umgang mit der Vermögenssubstanz ihres Kindes führen. Auch in dieser Regelung spiegelt sich der Vorsatz, das Kind und alle seine Rechte in rekodifiziertem Familienrecht stärker zu schützen.

(iii) Ende (Erlöschen) der elterlichen Vermögensverwaltung

Die Pflicht und das Recht der Eltern zur Vermögensverwaltung erlöschen entweder zum Zeitpunkt der Konkurseröffnung über das Vermögen des Elternteils (der Eltern)[310] oder mit der Erreichung der vollen Geschäftsfähigkeit des Kindes (nabytí plné svéprávnosti)[311].

Der zuerst genannte Grund (Zeitpunkt der Konkursanmeldung bzw. Konkurseröffnung über das Vermögen des Elternteils) richtet sich nach dem Grundsatz, dass eine Person, die nicht im Stande ist, das eigene Vermögen zu verwalten, grundsätzlich die Voraussetzung nicht erfüllen wird, das Vermögen des Kindes, welches einen besonderen gesetzlichen Schutzstatus verdient, ordnungsgemäß

---

[310] § 842 Abs. 1 NOZ.
[311] § 843 Abs. 1 NOZ.

verwalten zu können. Das Erlöschen dieser Pflichten und Rechte des Elternteil passiert „ex lege" zum Zweck der Schnelligkeit und Unmittelbarkeit, da im Falle einer Entscheidung über das Erlöschen dieser Pflichten und Rechte zu viel Zeit verloren gehen könnte[312]. Übt der Elternteil die Vermögensverwaltung trotzdem weiter aus, sind diese juristischen Handlungen irrelevant und nichtig.

Man stellt sich die Frage, ob in diesem Fall auch die dreijährige Frist gilt (wie im Konkursrecht), und der Elternteil drei Jahre nach dem Konkursabschluss die Pflichten und Rechte der Vermögensverwaltung wieder erwerben kann. Der Gesetzentwurf gibt Antwort darauf in § 842 Abs. 2 S 1 NOZ, indem er regelt, dass nach der dreijährigen Frist der Elternteil bzw. der Vermögensverwalter einen Antrag beim Gericht auf eine solche „Wiedererwerbung" der elterlichen Pflichten und Rechte stellen kann, welches darüber, im Hinblick auf die Interessen des Kindes, entscheidet[313]. Es handelt sich also nicht um eine automatische Wiederbelebung der elterlichen Vermögensverwaltung, sondern um einen überlegten und gerichtlich kontrollierten Erwerb des erloschenen Vermögensverwaltungsrechts des betroffenen Elternteils.

(iv) Übergabe und Übernahme des Vermögens

Mit dem Eintritt der vollen Geschäftsfähigkeit des Kindes erwirbt das Kind die rechtliche Fähigkeit, sich alleine um seine Vermögensverwaltung zu kümmern. Das ist auch der Zeitpunkt, zu dem ihm die Eltern das Vermögen (faktische Übergabe der Sachen, Rechte, Guthaben, Forderungen, Berechtigungen usw.) bzw. die Verwaltung seines Vermögens (die Verwaltung einer vermieteten Immobilie oder die Übergabe der Verwaltung einer Sache, welche das Kind bereits im Besitz hat usw.), welche sie bis zu diesem Zeitpunkt wahrgenommen haben, übergeben[314].

Neben der Übergabe des Vermögens (der Vermögensverwaltung) sind sie zusätzlich verpflichtet, dem Kind auf Verlangen binnen sechs Monaten (ab dem Tag des Erwerbs der vollen Geschäftsfähigkeit) eine Aufrechnung über ihre Vermögensverwaltung aufzustellen, wobei sie von dieser Pflicht allein vom, zu

---

[312] Gesetzesbegründung zum NOZ: Zu § 842 S. 210.
[313] § 842 Abs. 2 S 2 NOZ.
[314] § 843 Abs. 1 S 1 NOZ.

diesem Zeitpunkt schon voll geschäftsfähigen Kind, befreit werden können, indem es eine solche Aufrechnung nicht verlangt. Damit verkürzt sich im Gesetzentwurf der Zeitraum für die Aufrechnung von bisher einem Jahr auf sechs Monate[315].

Eine weitere bemerkenswerte Änderung im Vergleich zum geltenden Recht betrifft den neu kodifizierten Anspruch der Eltern auf den Ersatz der durch die Vormögensverwaltung entstandenen Auslagen[316], wie auch das Recht auf eine angemessene Vergütung für die Vermögensverwaltung, wenn diese wegen der Weitläufigkeit und Vielfalt umständlich (schwierig) war und der Ertrag des Vermögens dies ermöglicht[317]. Die Vergütung können die Eltern gemäß § 844 Abs. 2 NOZ bereits während der Vermögensverwaltung beim Gericht beantragen, wenn die Vermögensverwaltung beträchtlich umständlich ist und dabei ersichtlich ist, dass die Eltern ihre Aufgabe ordentlich ausführen. Es liegt im Ermessen des Gerichts, dem Antrag zuzustimmen und die Vergütung wie auch die Art ihrer Auszahlung (z.B. einmalig, jährlich, monatlich) zu bestimmen[318]. Abschließend muss man sagen, dass die gesetzliche Verankerung dieser Ansprüche der Eltern vor allem im Hinblick auf den Grundsatz der Gerechtigkeit und Gleichbehandlung zu begrüßen ist, da laut geltendem Recht diese Ansprüche explizit nur dem vom Gericht bestellten Vermögensverwalter zustehen[319]. Es besteht kein objektiver Grund, warum die Eltern, welche die Vermögensverwaltung ausüben, schlechter gestellt sein sollen, als ein vom Gericht bestellter Vermögensverwalter. Man darf nicht vergessen, dass eine Vermögensverwaltung grundsätzlich nur dann stattfinden kann, wenn überhaupt ein Vermögen vorhanden ist. Dabei kann es sich um ein umfangreiches und vielfältiges Vermögen handeln, dessen Verwaltung dann mit einem erheblichen Zeitaufwand und Arbeit verbunden ist. Wenn Eltern so viel Zeit und Mühe investieren, sollten sie gleich behandelt (belohnt bzw. entschädigt) werden, wie ein vom Gericht bestellter Vermögensverwalter.

---

[315] § 37a Abs. 3 S 2 FaG und § 843 Abs. 1 NOZ.
[316] § 843 Abs. 2 NOZ.
[317] § 844 Abs. 1 NOZ.
[318] Gesetzesbegründung zum NOZ: Zu §§ 843 bis 845 S. 211.
[319] § 37b Abs. 7 FaG.

3. Zusammenfassung der Unterschiede der beiden Rechtssysteme

In diesem Abschnitt sollen einige bemerkenswerte Unterschiede in den beiden Rechtssystemen einschließlich der im Gesetzentwurf geplanten Änderungen in der Tschechischen Republik kurz zusammengefasst werden.

a) Begriffswahl

Der erste Unterschied, welcher sich gleich beim ersten Blick auf die miteinander verglichenen Normen bemerkbar macht und der letztendlich auch zu inhaltlichen Unterschieden führt, besteht bereits in der Begriffswahl der beiden Rechtssysteme, wobei dieser Unterschied nicht nur bei der Wahl des Grundbegriffs vorkommt, sondern an mehreren Stellen.

(1) Grundbegriff

Schon bei der Wahl des Grundbegriffs gehen die miteinander verglichenen Rechtssysteme auseinander. Das BGB spricht von der „elterlichen Sorge", das tschechische Familiengesetz von der „elterlichen Verantwortung".

Aus sprachlicher Sicht sind beide Begriffe vertretbar und ihre Wahl auch verständlich, da die Eltern inhaltlich sowohl mit Sorge als auch mit Verantwortung beauftragt sind. Der Begriff der „elterlichen Verantwortung" erscheint hierbei geeigneter, da er umfassender ist.

Nach der geltenden Fassung des FaG ist der Begriff „elterliche Verantwortung" breiter auszulegen, weil diese auch die Pflicht der Eltern, den Kindesunterhalt zu leisten, beinhaltet, obwohl dies aus der thematischen Einordnung im FaG nicht sofort ersichtlich ist. Dies soll sich aber in Zukunft ändern, da der Gesetzentwurf nicht mehr die Eingliederung der Unterhaltspflicht unter die elterliche Verantwortung i.S.v. § 801 NOZ vorsieht, was letztendlich eine gewisse inhaltliche Annäherung beider Begriffe bedeutet.

(2) *Weitere Begriffsunterschiede*

Die miteinander verglichenen Gesetze (BGB und FaG) gehen im Rahmen der elterlichen Sorge (Verantwortung) bei der Begriffswahl auch an weiteren Stellen auseinander. Als bestes Beispiel dafür kann man die Begriffe „Pflege" und „Versorgung des Kindes" nennen wobei man aber berücksichtigen muss, dass der Begriff Versorgung des Kindes viel breiter auszulegen ist als der Begriff Pflege, weil dieser auch die Erziehung, Beaufsichtigung und Aufenthaltbestimmung des Kindes abdeckt.

Das nächste Beispiel der unterschiedlichen Begriffswahl stellen die Begriffe „Vermögenssorge" und „Vermögensverwaltung" dar, wobei diese inhaltlich das Gleiche meinen.

b) Wahrnehmung der elterlichen Sorge und der elterlichen Verantwortung

Die Wahrnehmung der elterlichen Sorge und der elterlichen Verantwortung unterscheidet sich durch einen unterschiedlichen Aufbau. In § 1626 Abs. 1 BGB, welcher die Grundsätze der elterlichen Sorge beinhaltet, ist die elterliche Sorge als „Pflicht und Recht der Eltern definiert, für das minderjährige Kind zu sorgen", wobei die Reihenfolge der Wörter „Pflicht" und „Recht" in diesem Fall maßgebend ist, weil sie zum Ausdruck bringt, dass es sich nicht in erster Linie um eine Berechtigung der Eltern handelt, sondern um eine vertrauensvolle Aufgabe, welche die Eltern vor allem verpflichtet und auch Forderungen an sie stellen soll.

Das tschechische Familiengesetz definiert dagegen die elterliche Verantwortung in § 31 Abs. 1 FaG als „Summe von Rechten und Pflichten", was bei einer strikten sprachlichen Gesetzesauslegung zur Folge hätte, das Kind zu einem Objekt zu degradieren, obwohl gerade dies vom Gesetz nicht beabsichtigt war[320]. Dies soll sich dank § 800 NOZ ändern, da die neue Legaldefinition der elterlichen Verantwortung das Wort „Pflicht" vor das Wort „Recht" stellt und dies auch in einzelnen Teilbereichen der elterlichen Verantwortung immer wieder wiederholt wird, was überflüssig ist, da die einzelnen Teilbereiche unbestritten ein Teil der

---

[320] Komentář/Hrušáková, 4. Aufl. 2009, § 31 S. 121.

elterlichen Verantwortung sind. Wenn es also in der Legaldefinition der elterlichen Verantwortung einmal verankert ist, müsste es nicht in jeder Teilberechtigung der elterlichen Verantwortung wiederholt werden. Nachdem es sich aber um eine so wichtige Änderung gegenüber dem geltenden Recht handelt, haben sich die Verfasser des Gesetzentwurfes mit dem Ziel noch größerer Klarheit für diese Wiederholung als eine Art der Betonung entschieden (superfluum non nocet). An dem Wechsel der Positionen beider Wörter (Pflicht und Recht für Recht und Pflicht) lässt sich nämlich viel deutlicher erkennen, dass in der Eltern-Kind-Beziehung die Kinder den gleichen Rang wie ihre Eltern haben sollen (beide sind Subjekte der Eltern-Kind-Beziehung)[321], bzw. dass das Gesetz den Kindern sogar einen gewissen Vorrang einräumt, weil sie unter einem besonderen Schutz des Staates stehen[322], denn sie sind nicht in der Lage, sich gegen eine mögliche Diskriminierung bzw. Schlechterstellung von Seiten ihrer Eltern zu wehren. Diese Grundidee ist in der heutigen Fassung des FaG nicht vergleichbar deutlich enthalten.

c) Aufteilung und Systematik der elterlichen Sorge (Verantwortung)

Bei der Aufteilung der elterlichen Sorge und der elterlichen Verantwortung in einzelne Teilbereiche ist eine konzeptionelle und systematische Unterscheidung zu beobachten. Das BGB teilt die elterliche Sorge in § 1626 Abs. 1 BGB in zwei große Teilbereiche auf und zwar in die Personensorge und die Vermögenssorge, wobei die Personensorge in § 1631 Abs. 1 BGB noch einmal inhaltlich in Pflege, Erziehung, Beaufsichtigung und Aufenthaltbestimmung des Kindes unterteilt wird.

Das tschechische Familiengesetz teilt die elterliche Verantwortung in § 31 Abs. 1 FaG dagegen in drei Teilbereiche auf: die Versorgung von minderjährigen Kindern, ihre Vertretung und die Verwaltung ihres Vermögens. Der sich im Legislativprozess befindliche Gesetzentwurf kennt sogar sechs Teilbereiche: die Versorgung des Kindes und dessen Schutz, die Aufrechterhaltung des persönli-

---

[321] Grossová, MU 2005/2006 S. 11.
[322] Art. 32 Abs. 2 S 2 LZPS lautet: Der Besonderer Schutz der Kinder und Minderjähriger ist gewährleistet.

chen Umgangs mit dem Kind, die Sicherstellung seiner Erziehung und Ausbildung, die Bestimmung seines Wohnsitzes, die Vertretung des Kindes und die Verwaltung seines Vermögens[323].

Wenn man die einzelnen Teilbereiche der beiden Rechtssysteme miteinander vergleicht, kann man feststellen, dass sich der deutsche Teilbereich „Vermögenssorge" mit dem tschechischen Teilbereich „Verwaltung des Vermögens" inhaltlich deckt. Die Konzeption der Personensorge welche in Deutschland noch weiter untergliedert wird, entspricht nicht der tschechischen Gliederung, welche an Stelle der Personensorge zwei Teilbereiche (Versorgung und Vertretung des Kindes) auflistet und der Gesetzentwurf sogar fünf (Versorgung, Vertretung, Umgang, Wohnsitzbestimmung und Erziehung und Ausbildung), wobei sich die Aufteilung im Gesetzentwurf an die Untergliederung der Personensorge in § 1631 Abs. 1 BGB deutlich genähert hat. Welche Art der Aufteilung (die deutsche oder die tschechische) letztendlich vorteilhafter ist, lässt sich objektiv nur schlecht bewerten.

Einen systematischen Unterschied ist an dieser Stelle jedoch etwas hervorzuheben. Der Blick in das BGB verrät, dass die Vertretung des Kindes zwar in § 1629 Abs. 1 BGB geregelt ist, in dem diese Norm darauf hinweist, dass die elterliche Sorge auch die Vertretung des Kindes umfasst[324]. Sie „Vertretung des Kindes" stellt ein so wichtiges Aufgabengebiet (Pflicht und Recht) der Eltern dar, welches eine besonders bemerkenswerte Auswirkung auf das Kind und sein Leben haben kann, dass es verdienen würde, als ein eigener Teilbereich der elterlichen Sorge in der systematischen Gliederung der elterlichen Sorge erwähnt (definiert) zu werden, wie es das tschechische Recht in der jetzigen Fassung wie auch im Gesetzentwurf macht[325]. Zusätzlich ist es bei einer strikten Einhaltung der in § 1626 Abs. 1 BGB (Personensorge) i.V.m. § 1631 Abs. 1 BGB festgeschriebenen inhaltlichen Gliederung nicht auf den ersten Blick ersichtlich, unter welchen Bereich der systematischen Untergliederung (Pflege, Erziehung, Beaufsichtigung oder Aufenthaltsbestimmung) die Vertretung des Kindes fällt bzw. welcher Bereich sie beinhaltet. Aus diesem Grund bietet hier das tschechische Recht eine effizientere und konsequentere Lösung.

---

[323] § 774 v. F. OZ.
[324] § 1629 Abs. 1 BGB.
[325] § 31 Abs. 1 FaG und § 800 NOZ

d) Inhaltliche Unterschiede

Wie bereits angedeutet wurde, gibt es zwischen den miteinander verglichenen Rechtssystemen nicht nur Unterschiede in der Begriffswahl, Systematik und Wahrnehmung der elterlichen Rechten und Pflichten, sondern auch einige inhaltliche Unterschiede innerhalb der einzelnen Teilbereiche der elterlichen Sorge bzw. elterlichen Verantwortung.

(1) Personensorge und Versorgung des Kindes

Die Personensorge, welche im geltenden FaG der so genannten Versorgung des Kindes (péče) entspricht, weist nicht nur inhaltliche Unterschiede, sondern auch Unterschiede im systematischen Aufbau dieses Teilbereichs auf.

Um an dieser Stelle einen konkreten inhaltlichen Unterschied zu nennen, kann man die unterschiedliche Bestimmung des Geburtsnamens bzw. Familiennamens[326] des Kindes bei einer Uneinigkeit der Eltern erwähnen. Wenn sich sorgeberechtigte Eltern, welche keinen Ehenamen führen, nicht auf den Geburtsnamen des Kindes einigen können, in dem sie den Geburtsnamen anhand der entsprechenden Erklärung bestimmen[327], überträgt das FamG gemäß § 1617 Abs. 2 BGB das Bestimmungsrecht des Geburtsnamens einem Elternteil. Das tschechische Recht verhält sich anders. Gemäß § 38 Abs. 3 FaG bestimmt bei Uneinigkeit der Eltern über den Familiennamen (Geburtsnamen) des Kindes das Gericht nicht darüber, welcher der beide sorgeberechtigten Elternteile den Familiennamen des Kindes bestimmen soll, sondern bestimmt den Namen selbst und greift damit etwas tiefer in die elterliche Souveränität bzw. in die Rechte der Eltern ein, wobei ein solcher Eingriff, wie aus dem deutschen Recht ersichtlich ist, nicht notwendig ist.

Was den systematischen Aufbau der Personensorge bzw. der Versorgung des Kindes angeht, wird diese in Deutschland anhand von § 1631 Abs. 1 BGB in drei inhaltliche Elemente aufgeteilt: Pflege, Erziehung und das Aufenthaltsbestimmungsrecht der Eltern. Das tschechische Recht dagegen untergliedert die

---

[326] FaG unterscheidet nicht zwischen Geburtsnamen und Familiennamen und arbeitet lediglich mit dem Begriff „příjmení" – Familiennamen.
[327] § 1617 Abs. 1 BGB.

Versorgung des Kindes nicht, sondern widmet sich mehr der Definierung des Begriffs „péče", welchen man erstens als Vorsorgung aber zweitens auch als Pflege zu verstehen (wahrzunehmen) hat[328].

(a) Aufteilung der Personensorge

(i) Pflege

Der Begriff „Pflege", seine Wahrnehmung und sein Ausmaß werden im BGB nicht näher definiert. Das tschechische Familiengesetz dagegen definiert die Pflege in § 31 Abs. 1 a) FaG als eine gesundheitliche, körperliche, gefühlsmäßige, intellektuelle und moralische Entwicklung des Kindes[329] und setzt damit einen Leitfaden für die Auslegung des Begriffes.

Die im Gesetzentwurf vorgenommene Umstrukturierung der einzelnen Teilbereiche der elterlichen Verantwortung geht in diesem Fall etwas zu Lasten der angesprochenen Definition der Pflege, da diese hier nicht mehr vorhanden ist.

Es wäre in diesem Fall sinnvoller gewesen, die Definition auch im Gesetzentwurf beizubehalten und sie nur an die neue Aufteilung der elterlichen Verantwortung anzupassen.

(ii) Erziehung

Wie bereits erwähnt wurde, stellt die Erziehung des Kindes i.S.v. § 1631 Abs. 1 BGB einen weiteren Teilbereich der Personensorge dar[330]. Das tschechische Recht verhält sich in diesem Fall anders und stuft die Erziehung nicht als einen eigenen Teilbereich der elterlichen Verantwortung ein.

Bei einer Betrachtung des Inhaltes der Pflege in § 31 Abs.1 lit. a) FaG kann man herauslesen, dass der Begriff „Pflege" den Begriff „Erziehung" mit beinhaltet, bzw. dass die Erziehung der Pflege untergeordnet ist. Dass es wirklich so ist, lässt sich z.B. aus § 31 Abs. 2 S 2, § 32 Abs.1 und § 33 FaG ableiten, da in die-

---

[328] Vorsicht, das tschechische Wort „péče" kann man als Versorgung aber auch als Pflege übersetzen, wobei die Übersetzung an dieser Stelle den Begriff Versorgung verwendet.

[329] Die in § 31 Abs. 1 a) FaG angeführte Aufzählung ist nicht abschließend.

[330] § 1631 BGB.

74

sen Regelungen der Begriff „Erziehung" in der Weise benutzt wird, dass verständlich wird, dass die „Erziehung" des Kindes mit unter die „Pflege" des Kindes fällt.

(iii) Aufenthaltsbestimmung

Das Aufenthaltsbestimmungsrecht ist i. S. v. § 1631 Abs. 1 BGB der dritte Teilbereich der Personensorge. Eine entsprechende Regelung kennt das FaG nicht. Deshalb stellt sich nun die Frage, ob diese Tatsache eine Gesetzeslücke im tschechischen FaG [331] darstellt.

Für das tschechische Familiengesetz scheint es eine Selbstverständlichkeit zu sein, dass die Person bzw. Personen, die das Kind vom Gesetz her betreuen, oder die aufgrund einer gerichtlichen Entscheidung das minderjährige Kind in Pflege bekommen haben, auch bestimmen, wo sich das Kind aufhält, da sie sonst ihre Rechte und Pflichten nicht ausüben könnten. Auch der Gesetzentwurf widmet sich dem Aufenthaltsbestimmungsrecht nicht in vollem Umfang, denn in § 800 NOZ wird nur von der Bestimmung des Wohnsitzes gesprochen, nicht aber über das Aufenthaltsbestimmungsrecht als solches. Zum Zweck größerer Klarheit sollte man bei der Rekodifizierung das gesamte Aufenthaltsbestimmungsrecht inklusive der Bestimmung des Wohnsitzes in den Gesetzentwurf einarbeiten.

(b) Art der Ausübung der Personensorge

(i) Kindeswohlprinzip

Die Eltern werden vom Familiengesetz gleich in der einführenden Regelung (§ 31 FaG), die man auch als gewisse Kernregelung der elterliche Verantwortung bezeichnen könnte, dazu verpflichtet, die elterliche Verantwortung immer im Interesse des Kindes auszuüben[332]. Eine vergleichbare und in gewissem Ma-

---

[331] Vgl. Kapitel: Versorgung des Kindes (tatsächliche Personensorge), S. 37.
[332] § 31 Abs. 2 FaG.

ße noch deutlichere Formulierung dieser Anforderung findet man auch im Gesetzentwurf[333].

Dem Interesse des Kindes entspricht im deutschen Familienrecht der Kindeswohlmaßstab. In Hinblick auf die einführende Regelung der elterlichen Sorge (§ 1626 BGB) stellt man fest, dass hier das Kindeswohlprinzip als Maßstab nur indirekt verankert ist[334]. Umso deutlicher ergibt sich aus § 1627 BGB, dass diese direkte Verpflichtung an die Eltern bei der gesamten Ausübung des Sorgerechts als Maßstab anzuwenden ist. Die Platzierung dieser Verpflichtung, lässt einen darüber nachdenken, ob es nicht sinnvoller gewesen wäre, den Eltern diese Pflicht gleich in § 1626 BGB deutlich zu machen um damit deren Wichtigkeit zu betonen. Nachdem die Formulierung dieser Verpflichtung jedoch ziemlich eindeutig ist, spielt die Platzierung eher eine sekundäre Rolle.

(ii) Recht auf gewaltfreie Erziehung

Was das Recht des Kindes auf eine gewaltfreie Erziehung angeht, verfolgen beide miteinander verglichenen Rechtsordnungen das gleiche Ziel, wobei die deutsche gesetzliche Formulierung („Kinder haben ein Recht auf gewaltfreie Erziehung"[335]) etwas klarer und eindeutiger erscheint, als die tschechische, welche besagt, dass die Erziehungsmaßnahmen der Eltern angemessen sein müssen, wobei sie weder die Würde des Kindes, noch seine Gesundheit oder körperliche, gefühlsmäßige, intellektuelle und moralische Entwicklung gefährden sollen[336], woraus man ableiten kann, dass dies die indirekte Verankerung des Rechts auf gewaltfreie Erziehung ist. Hierbei muss man hervorheben, dass dadurch bei der nicht abschließenden Aufzählung nicht nur die körperlichen Bestrafungen, seelischen Verletzungen und entwürdigenden Maßnahmen wie in § 1631 Abs. 2 BGB genannt werden[337], sondern auch Gesundheit, Gefühle, Intellekt und moralische Entwicklung ihren Platz in der Aufzählung bekommen haben.

---

[333] § 817 Abs. 1 NOZ lautet: Die elterliche Verantwortung üben die Eltern Bezug nehmend auf die Interesse des Kindes aus.
[334] § 1626 BGB.
[335] § 1631 Abs. 2 BGB.
[336] § 31 Abs. 2 S 2 FaG.
[337] Auch die in § 1631 Abs. 2 BGB beinhaltete Aufzählung ist nicht abschließend.

Eine ähnliche Formulierung wie in § 31 Abs. 2 FaG findet man auch in § 826 Abs. 2 NOZ, welcher besagt, dass Erziehungsmaßnahmen nur in der Form und in dem Maß genutzt werden können, wie sie weder die Gesundheit noch die Entwicklung gefährden und die Würde des Kindes nicht berühren, womit die Aufzählung zwar deutlich magerer wurde, sich andererseits aber dem deutschen Recht annähert.

(iii) Lenkung als eine Art der Erziehung

Bei der Spezifizierung der Ausübung der elterlichen Verantwortung in § 31 Abs. 2 S 1 verwendet das FaG unter anderem den Begriff „Lenkung der Handlungen des Kindes" (řídit jeho jednání dítěte), welchen das BGB im Zusammenhang mit der elterlichen Sorge nicht benutzt. Die Lenkung der Handlungen des Kindes kann man als eine Maßnahme verstehen, welche das Kind und sein Wesen während seiner Entwicklung formt[338], wobei der Leitweg von den Eltern mitbestimmt und geprägt wird.

Der Begriff „Lenkung der Handlungen des Kindes" beschreibt sehr treffend einen wichtigen Teil der elterlichen Verantwortung und daraus resultierende elterliche Tätigkeiten vor allem während der Beratung zur Berufswahl, bei der Auswahl der Schule und bei Sportaktivitäten. Aber auch das elterliche Vorbild[339] oder sonstige Handlungen der Eltern spielen eine Rolle, wobei diese Art der elterlichen Tätigkeiten mit zunehmendem Alter des Kindes an Wichtigkeit gewinnen, weil die Eltern gemäß § 31 Abs. 3 FaG die Kinder im Hinblick auf ihren Entwicklungstand nicht nur besser informieren, sondern sie in die Entscheidungen der elterlichen Verantwortung mit einbeziehen sollen. Diese Rechte des Kindes (informiert zu sein und seine Meinung und seinen Willen äußern zu dürfen) werden durch die Lenkung noch am besten wahrgenommen. Zusätzlich weist dieser Begriff die Eltern darauf hin, dass ihr bestimmender Ton während der Entwicklung des Kindes in einen beratenden Ton wechseln muss.

Im Gesetzentwurf wird aber dieser gelungener Begriff, im Zusammenhang mit der elterlichen Verantwortung nicht mehr benutzt.

---

[338] Nová, Právo a rodina 9/2008, 22.
[339] Nová, Právo a rodina 9/2008, 22.

(c) Vertretung des Kindes

(i) Eheschließung und Vaterschaftsanerkennung

Weitere Unterschiede zwischen den miteinander verglichenen Rechtssystemen findet man innerhalb der verschiedenen Situationen, in denen die Eltern die Vertretung des Kindes in persönlichen Angelegenheiten ausüben. Als Beispiel kann man an dieser Stelle z.b. die Notwendigkeit der Zustimmung der Eltern bei der Eheschließung eines minderjährigen Kindes[340] und die elterliche Zustimmung bei der Vaterschaftsanerkennung eines minderjährigen Vaters[341] nach dem deutschen Recht erwähnen.

Nach tschechischem Recht spielt in diesen Fällen nicht die elterliche (wie in Deutschland) sondern die gerichtliche Zustimmung die Hauptrolle[342]. Die tschechische Rechtsordnung räumt den Gerichten im Rahmen der Ausübung der staatlichen Aufsicht in diesen Fällen mehr Macht ein als die deutsche, woran sich wahrscheinlich in absehbarer Zukunft nichts ändern wird, da es auch im Gesetzentwurf ausschließlich das Gericht bleiben soll, das eine frühzeitige Eheschließung erlauben kann[343] bzw. entscheidet, ob ein unmündiger Mann die Zustimmung bei einer Vaterschaftsanerkennung alleine abgeben kann oder für ihn ein Pfleger handeln soll[344].

Es stellt sich die Frage, ob es sich hierbei noch um ein Überbleibsel des sozialistischen Wertesystems handelt oder ob man bei der Verfassung des Gesetzes die Befürchtung hatte, dass Eltern in solchen Fällen zu ihrem eigenen Vorteil bzw. berechnend reagieren würden, weil ihnen z.B. der Lebenspartner des Kindes nicht zusagt oder weil sie die Befürchtung haben, dass die Leistungen in der Schule abnehmen könnten oder es die Schule wegen einer potentiellen Schwangerschaft sogar abbrechen könnte.

Bei der Vaterschaftsanerkennung ist die Situation noch ein wenig komplizierter als bei der Eheschließung, denn hier treffen im Prinzip zwei Kinderrechte (Kindesinteressen) aufeinander: Erstens das Interesse des Kindes, welches die Vaterschaftsanerkennung abgeben soll (eine Vaterschaftsanerkennung kann wegen

---

[340] § 1303 Abs. 3 BGB.
[341] § 1596 Abs. 2 BGB.
[342] §§ 13 Abs. 1 S 2 und 52 Abs. 2 FaG.
[343] § 611 Abs. 2 NOZ.
[344] § 721 NOZ.

der damit verbundenen Pflichten für den Minderjährigen von Nachteil sein) und zweitens das Recht eines Kindes (vor der Geburt das Recht des Nasciturus), einen rechtlichen Vater zu haben, unabhängig davon, in welchem Umfang diesem später die Ausübung der elterlichen Verantwortung zusteht. Das Gesetz geht davon aus (ohne die Eltern grundsätzlich als voreingenommen einstufen zu wollen), dass ein Gericht als neutrale Institution in solchen sehr schwierigen Fällen objektiver entscheiden kann, als die Kindeseltern, welche oft nur subjektive und kurzfristige Interessen vor Augen haben könnten.

(ii) Sterilisation

An dieser Stelle sollen kurz die unterschiedlichen Ansichten zu dem in § 1631c BGB verankerten Verbot der Sterilisation thematisiert werden, welches besagt, dass die Eltern nicht zur Einwilligung in eine Sterilisation befugt sind. Hiermit wird das absolute Verbot der Sterilisation von minderjährigen Kindern zum Ausdruck gebracht[345].

Das tschechische Recht schließt dagegen die Sterilisation von minderjährigen Kindern nicht grundsätzlich aus. Die Regelung zur Sterilisation findet man in § 27 zák. č. 20/1966 Slg.o péči o zdraví lidu (Gesetz über die Gesundheitsversorgung)[346] und in der dazu vom tschechischen Gesundheitsministerium herausgegebenen Ausführungsvorschrift Nr. P-252.3-19.11.71. vom 17. Dezember 1971. In § 7 S 1 der Ausführungsvorschrift Nr. P-252.3-19.11.71. wird geregelt, dass die Zustimmung der Eltern zur Sterilisation eines minderjährigen Kindes erforderlich ist[347]. Inwieweit eine Sterilisation bei minderjährigen Kindern überhaupt nötig sein sollte, wäre eher ein Thema für eine breite gesellschaftlich-ethische Diskussion, weil die Sterilisation eines minderjährigen Kindes einen enormen Eingriff darstellt, welcher nur in dringenden Notfällen durchgeführt werden sollte. Da dieser Eingriff das Kind nicht nur körperlich, sondern auch psychisch belastet bzw. belasten kann, scheint die deutsche Regelung sinnvoller

---

[345] Vgl. RegE in BT-Drucks. 11/4528, S 76 ff. und 107.

[346] zák. č. 20/1966 Slg.o péči o zdraví lidu (Gesetz über die Gesundheitsversorgung).

[347] § 7 S 1 der Ausführungsvorschrift Nr. P-252.3-19.11.71. vom 17. Dezember 1971 lautet: Zum Antrag auf die Durchführung der Sterilisation bei minderjährigen Kindern und bei Personen mit eingeschränkter Geschäftsfähigkeit ist eine Zustimmung des gesetzlichen Vertreters erforderlich.

zu sein als die tschechische. Diese zeigt dagegen eine Schwäche des staatlichen Schutzes der Kinderrechte auf, da das Kind in diesem Fall völlig der Elternmacht ausgeliefert ist. In Hinblick auf den zuvor angesprochenen sorgfältigen Schutz des Kindes im Rahmen der Eheschließung bzw. Vaterschaftsanerkennung, wo das Gericht die Hauptrolle spielt, ist die Vorgehensweise bei der Sterilisation inkonzeptionell, unkonsequent und unbegreiflich.

(2) Vermögenssorge (Vermögensverwaltung)

Auch im Bereich der Vermögenssorge findet man einige bemerkenswerte Unterschiede zwischen den beiden Rechtssystemen. Im tschechischen Recht fehlt z.B. die Beschränkung aus §§ 1638, 1639 BGB, welche bei einer Erbschaft oder Zuwendung dem Willen möglicher Erblasser bzw. Zuwendender entspricht, nicht die Eltern das Vermögen verwalten zu lassen (bzw. eine Verwaltung laut ihren Anordnungen durchzuführen). Diese decken in der Praxis jene Fälle ab, in denen sich die Eltern mit dem Erblasser bzw. Zuwendenden nicht verstehen, bzw. der Erblasser oder Zuwendende nur wenig Vertrauen in die Verwaltungsfähigkeit der Eltern hat (aus welchen Gründen auch immer) und er deshalb dagegen ist, dass die Eltern das Vermögen, welches das Kind von ihm bekommt, verwalten. Eine entsprechende Regelung findet man im Bereich der Vermögensverwaltung nicht. Wenn man aber den Blick auf das Erbrecht richtet, zeigt sich, dass gemäß § 478 S 1 OZ alle Bedingungen, welche dem Testament beigefügt sind, keine Wirkung haben[348], wobei das geltende Recht (weder OZ noch FaG) keine Ausnahme zulässt. Diese Unzulässigkeit der testamentarischen Bedingungen soll sich dank dem Gesetzentwurf in der Tschechischen Republik künftig deutlich ändern. Nachdem aber diese Änderungen relativ komplex sind und nicht im Rahmen des Familienrechts sondern des Erbrechts geregelt sind (dritter Hauptstück des Gesetzentwurfes - §§ 1335 ff. NOZ), werden sie an dieser Stelle nicht näher behandelt.

---

[348] § 478 S 1 OZ lautet: Jedwede Bedingungen, welche dem Testament beigefügt worden sind, haben keine Rechtsfolgen.

(a) Schenkungsverbot

Das in § 1641 BGB verankerte Schenkungsverbot ist im tschechischen FaG nicht explizit geregelt. Eine gewisse Parallele stellt der § 37a Abs. 2 FaG dar, welcher die Beschränkungen und den Umgang mit dem Vermögen des Kindes und den daraus stammenden Erträgen regelt[349]. Laut dieser Beschränkungen können die Erträge des Kindesvermögens nur für seinen Unterhalt oder höchstens für den Unterhalt und die Bedürfnisse seiner Familie herangezogen werden. Das Grundvermögen darf danach nur beim Entstehen eines groben Missverhältnisses zwischen den Lebensverhältnissen der Unterhaltspflichtigen (grundsätzlich die Eltern) und dem Kind angegriffen werden, was der deutschen Billigkeitsregelung in § 1649 Abs. 2 BGB entspricht. Daraus ergibt sich, dass die Eltern aus dem Vermögen bzw. den Erträgen hieraus keine Schenkungen machen dürfen, da dies die gesetzliche Beschränkung des § 37a Abs. 2 FaG übergehen würde.

Der Gesetzentwurf ändert das bisherige Fehlen einer konkreten Regelung des Schenkungsverbots, indem er in § 839 Abs. 2 c) NOZ an die Voraussetzungen einer Schenkung aus dem Kindesvermögen einführt. Nach dieser Regelung, welche man auch als eine allgemeine Handlungsbeschränkung der Eltern bei der Verwaltung des Kindesvermögens einstufen kann, dürfen die Eltern aus dem Vermögen des Kindes nur eine Schenkung machen, welche einen „vernachlässigbaren Wert" nicht übersteigt. Sollte sie diesen Wert übersteigen, kann diese nur nach der Zustimmung des Gerichtes unternommen werden.

(b) Weitere Voraussetzungen und Hinweise zur Vermögensverwaltung

Im Vergleich zum deutschen Recht, welches den Eltern, die als Vermögensverwalter fungieren, deutliche Anweisungen gibt und Beschränkungen auferlegt, wie sie mit dem Geld des Kindes umgehen können[350] oder unter welchen Vor-

---

[349] § 37a Abs. 2 FaG.
[350] § 1642 BGB.

aussetzungen sie neue Erwerbsgeschäfte schließen dürfen, ist das tschechische FaG als lückenhaft zu bezeichnen, da es zu diesem Thema schweigt[351].

Der größte Teil dieser Gesetzeslücke soll durch die vorbereitete Regelung des § 839 NOZ in Zukunft abgeschafft werden, da dieser Paragraf den Eltern sowohl Anweisungen gibt wie auch Schranken bei der Vermögensverwaltung aufzeigt. Nun sollen die Eltern z.b. für die juristischen Handlungen mit dem Kindesvermögen, welche nicht als laufende Angelegenheiten zu bezeichnen sind oder die einen vernachlässigbaren Wert übersteigen, eine Zustimmung des Gerichtes einholen müssen.

Die im Gesetzentwurf neu geschaffenen Schranken lösen jedoch nicht die ganze Problematik, weil z.b. weiterhin unklar bleibt, in wieweit diese Handlungsbeschränkungen auch im Hinblick auf die Leitung eines Betriebes im Namen des Kindes greift, da in diesem Falle viele Handlungen als laufende Angelegenheit bezeichnet werden können und die Gerichte außerdem durch eine permanente Zustimmungspflicht unter Umständen überfordert wären und sogar eventuell Gutachten von Sachverständigern einholen müssten, da manche Entscheidungen ihre Fachkenntnisse weit übertreffen würden. Außerdem ist eine gerichtliche Zustimmung mit einem gewissen Zeitaufwand verbunden, was z.B. beim Kauf einer Immobilie[352] eine entscheidende Rolle spielen kann. Bis das Gericht über die Zulässigkeit des Immobilienkaufes entschieden hat (der Gesetzentwurf räumt keine Entscheidungsfrist ein), kann die Immobilie längst verkauft sein, weil es beispielsweise der Verkäufer wegen finanzieller Engpässe eilig hatte. Hätte es ein Profitkauf sein können, wäre eine solche Regelung total unflexibel und könnte sogar zu Schadenersatzklagen gegen den Staat führen, da sie möglicherweise einen nachweisbaren Profit verhindert haben könnte, was sicherlich nicht Sinn und Zweck ist. Man muss aber abwarten, wie sich die Schrankenregelung des § 839 NOZ in der Praxis bewährt, bzw. wie die Rechtssprechung mit ihr in der Praxis umgeht.

---

[351] Das geltende FaG setzt den Kindeseltern (als Vermögensverwalter) bislang keine faktischen gesetzlichen Grenzen bzw. zumindest gewisse Anweisungen, wie sie sich bei Geldgeschäften, beim Abschluss von neuen Erwerbsgeschäften oder bei unternehmerischen Geschäften im Namen des Kindes zu verhalten haben.

[352] § 839 Abs. 2 a) NOZ.

e) Ergebnis und Schlussfolgerung

Im Ergebnis kann man sagen, dass das deutsche Recht um einiges präziser und systematischer aufgeteilt ist und vor allem mehr Situationen berücksichtigt, die man in der täglichen Praxis regeln muss. Das tschechische Familienrecht scheint an einigen Stellen etwas lückenhafter, unpräziser und zu allgemein, wobei es auch Bereiche gibt, die zum Teil sehr innovativ, präzise und detailliert geregelt sind, wie z.b. die Definition der Pflege oder der Begriff der elterlichen Lenkung.

Dank der Tatsache, dass einige Bereiche der elterlichen Verantwortung im FaG eher vage und allgemein beschrieben sind, gibt es zwar der Rechtsprechung genug Spielraum, die einzelnen Fälle entsprechend zu werten, dies kann jedoch zu sehr unterschiedlichen Entscheidungen führen, vor allem im Hinblick darauf, dass es im Vergleich mit Deutschland nur sehr wenige und zum Teil nicht aktuelle Urteile gibt, welche diese Problematik behandeln und offiziell veröffentlicht wurden. Der Blick in die bekanntesten Kommentare (Holub und Hrušáková)[353] kann diese Behauptung nur bezeugen.

Der Gesetzentwurf wird einen großen Teil der aufgezeigten Unklarheiten und Lücken des Familiengesetztes klären, jedoch führt er auch dazu, dass manche gelungenen Passagen wie die bereits erwähnte Definition der Pflege oder der Begriff der elterlichen Lenkung wegfallen. Was die Verfasser dazu veranlasst hat, kann weder aus dem Gesetzentwurf noch aus der Gesetzesbegründung herausgelesen werden. Unnötig erscheinen manche Wiederholungen, wie z.B. die mehrmals erwähnte Tatsache, dass die elterliche Verantwortung Pflicht und Recht ist, was bei der Hauptdefinition der gesamten elterlichen Verantwortung genügt hätte, da die einzelnen Teilbereiche nur Teile des Ganzen sind. Man hätte eher die Definition der Pflege beibehalten sollen, welche einen Orientierungspunkt bei der Auslegung der elterlichen Verantwortung darstellt.

In der Gesamtsicht kann man jedoch sagen, dass der Gesetzentwurf der Annäherung der miteinander verglichenen Rechtssystemen dient, wobei auch weiterhin einige bemerkenswerte Unterschiede bleiben, wie z.B. die unterschiedliche Begriffswahl, die systematische Aufteilung der elterlichen Sorge bzw. elterlichen Verantwortung und andere[354].

---

[353] Holub, 8. Aufl. 2007, § 26 ff.; Komentář/Hrušáková, 4. Aufl. 2009, § 26 ff.
[354] Vgl. Kapitel: Zusammenfassung der Unterschiede der beiden Rechtssysteme, S. 69.

F. Inhaber des Sorgerechts bzw. der elterlichen Verantwortung und die damit verbundenen Sorgerechtsmodelle

Diese Thematik wird in den miteinander verglichenen Rechtssystemen von Grund auf unterschiedlich geregelt. Auf die Frage, wer als grundsätzlicher Inhaber des Sorgerechts bzw. der elterlichen Verantwortung zu bezeichnen ist, findet man keine gemeinsame Antwort. Aus dem § 34 Abs. 1 FaG ergibt sich, dass als grundsätzliche Inhaber der elterlichen Verantwortung in der Tschechischen Republik die Eltern zu bezeichnen sind, woran sich gemäß § 807 S 1 und 2 NOZ auch nach Verabschiedung und Inkrafttreten des Gesetzentwurfs nichts ändern wird.

Um die gleiche Frage nach dem deutschen Recht beantworten zu können, muss zusätzlich überprüft werden, ob die Eltern bei der Geburt des gemeinsamen Kindes miteinander verheiratet waren oder nicht[355]. Waren sie bei der Geburt des Kindes miteinander verheiratet, können grundsätzlich beide als Inhaber des gemeinsamen Sorgerechts bezeichnet werden. Waren sie aber bei der Geburt des Kindes nicht miteinander verheiratet, ist grundsätzlich die Mutter als alleinige Sorgerechtsinhaberin zu bezeichnen, es sei denn, die Eltern haben Sorgeerklärungen gemäß § 1626a Abs. 1 Nr. 1 BGB abgegeben. Das Sorgerecht der Mutter entfällt, wenn dem Antrag gemäß § 1672 Abs. 1 BGB mit ihrer Zustimmung entsprochen wurde, wenn sie gestorben ist oder für tot erklärt wurde[356], wenn ihre Sorge ruht[357], oder wenn sie an der tatsächlichen Ausübung des Sorgerechts verhindert ist[358].

Aufgrund dieser elementaren Unterschiede in den miteinander verglichenen Rechtssystemen wird auch diese Thematik separat behandelt.

---

[355] § 1626a BGB.
[356] §§ 1677, 1680, 1681 BGB.
[357] §§ 1673, 1674 BGB.
[358] § 1678 BGB.

1. Deutschland

Bis zu der im Jahr 1998 in Kraft getretenen Kindschaftsrechtsreform wurde im Rahmen des Sorgerechts eine systematische Unterscheidung zwischen Kindern vorgenommen, welche während einer Ehe geboren wurden, und Kindern, die außerhalb einer Ehe geboren wurden[359]. Für die ehelichen Kinder galten §§ 1626ff. BGB a.f. und für die nichtehelichen §§ 1705ff BGB a.f. Diese Zweiteilung der sorgerechtlichen Zuordnung wurde dank der erwähnten Kindschaftsrechtsreform abgeschafft und damit ein grundsätzlich einheitliches Sorgerecht eingeführt[360]. Jedoch findet man auch in der aktuellen Fassung des BGB einige Sonderregelungen für Kinder, deren Eltern bei der Geburt des Kindes nicht miteinander verheiratet sind[361].

Der Grund dafür, warum man im Rahmen eines einheitlichen Sorgerechts, in dem man grundsätzlich alle Kinder gleichbehandeln möchte, Sonderregelungen schafft, liegt in den unterschiedlichen Varianten des Zusammenlebens der Eltern mit ihren Kindern oder besser gesagt den verschiedenen Varianten ihrer häuslichen Gemeinschaft. Die unterschiedlichen Varianten des Zusammenlebens der Eltern und ihrer Kinder bringen letztendlich unterschiedliche Ausgangspositionen für die Ausgestaltung des Sorgerechts mit sich. Die erste Ausgangsposition bilden die Eltern, welche miteinander verheiratet sind. Bei ihnen kann man grundsätzlich davon ausgehen, dass sie zusammenleben und die Ausübung der elterlichen Rechte und Pflichten gemeinsam wahrnehmen[362]. Einen Gegensatz dazu bilden jene Eltern, die zum Zeitpunkt der Geburt des gemeinsamen Kindes nicht miteinander verheiratet waren (im Jahr 2008 wurden in Deutschland immerhin 32,1% aller neugeborenen Kinder außerhalb eine Ehe geboren)[363]. Diese vertreten deshalb die andere Ausgangsposition, weil man bei ihnen nicht grundsätzlich davon ausgehen kann, dass sie zusammenleben, obwohl es in der heuti-

---

[359] Schlüter, 13. Aufl. 2009, Rn. 343.
[360] Coester, FamRZ 2004, 87, 88.
[361] Zu diesen Sonderregelungen zählen: §§ 1626a – 1626e, § 1672, § 1678 und § 1680 Abs. 2, 3 BGB.
[362] Staudinger/Coester 2007, § 1626a Rn. 1.
[363] Statistisches Bundesamt: Bevölkerung und Erwerbstätigkeit, Eheschließungen, Geborene und Gestorbene. Wiesbaden 2009, Tabelle 2 und 3.

gen Zeit immer mehr Paare gibt (seit dem Jahr 1996 ein Anstieg um 34%)[364], die langfristig miteinander leben, ohne den Bund der Ehe eingehen zu wollen (in Deutschland gab es im Jahr 2007 gut 2,4 Millionen nichteheliche Lebensgemeinschaften, in denen Frau und Mann zusammenlebten; 28% davon zogen mindestens ein minderjähriges Kind auf und bei 4% lebten volljährige Kinder im Haushalt)[365].

Wenn man die Funktion dieser Sonderregelungen betrachtet, könnte man sagen, dass sie in gewissem Maße den angesprochenen unterschiedlichen Ausgangspositionen entsprechen. Sie regeln, wer unter welchen Umständen der Inhaber der elterlichen Sorge ist, da eine automatische gemeinsame Sorge für beide Eltern, unabhängig davon, ob sie bei der Geburt des Kindes miteinander verheiratet waren, zusammen- oder getrennt leben, nicht in Betracht kommt[366].

a) Gesetzliche Voraussetzungen bezüglich der Inhaber der elterlichen Sorge

An dieser Stelle werden zwei gesetzliche Voraussetzungen angesprochen, welche für die Inhaberschaft und die Ausübung der elterlichen Sorge von erheblicher Bedeutung sind. Zu diesen Voraussetzungen zählen die so genannte „rechtliche Elternschaft" und die „volle Geschäftsfähigkeit" der einzelnen Elternteile.

(1) Rechtliche Elternschaft

Der § 1626 Abs. 1 BGB unterstellt als Voraussetzung der Inhaberschaft der elterlichen Sorge die sog. „rechtliche Elternschaft", was sich indirekt aus der Formulierung „Die Eltern…" ergibt. Die rechtliche Elternschaft kann man weiter auf die rechtliche Mutterschaft und rechtliche Vaterschaft aufteilen.

---

[364] Mitteilung des Statistisches Bundesamtes in Deutschland Nr. 307 vom 25.08.2008; Quelle: http://www.destatis.de/jetspeed/portal/cms/Sites/destatis/Internet/DE/Presse/pm/2008/08/PD0 8__307__122,templateId=renderPrint.psml.

[365] Mitteilung des Statistisches Bundesamtes in Deutschland Nr. 307 vom 25.08.2008; Quelle: http://www.destatis.de/jetspeed/portal/cms/Sites/destatis/Internet/DE/Presse/pm/2008/08/PD0 8__307__122,templateId=renderPrint.psml.

[366] Coester-Waltjen, JURA 1998, 439.

Die rechtliche Mutterschaft und Vaterschaft wird mit Hilfe der Abstammungs-regelungen festgelegt. Gemäß § 1591 BGB ist die Mutter des Kindes jene Frau, die es geboren hat (also die rechtliche Mutter). Die Feststellung der rechtlichen Vaterschaft ist etwas vielfältiger und wird gemäß § 1592 Nr. 2 gegebenenfalls mit § 1599 Abs. 2 oder § 1592 Nr. 3 BGB) festgestellt.

(2) Geschäftsfähigkeit der Elternteile

(a) Geschäftsfähigkeit als Voraussetzung der Ausübung der elterlichen Sorge

Die gesetzliche Voraussetzung „volle Geschäftsfähigkeit" bildet nicht die Vor-aussetzung der Inhaberschaft der elterlichen Sorge, sondern eine Voraussetzung der uneingeschränkten Ausübung der elterlichen Sorge. Dies ergibt sich aus § 1673 Abs. 1 BGB, welcher besagt, dass die elterliche Sorge eines Elternteils, der geschäftsunfähig ist[367], ruht. Sie ist also vorhanden[368], darf nur nicht ausge-übt werden, denn sie stellt ein rechtliches Hindernis dar[369]. Mit dieser gesetzli-chen Voraussetzung soll gewährleistet werden, dass eine Person, welche die Sorgeverantwortung für eine andere Person (in diesem Fall für ein Kind) über-nimmt, die volle rechtliche Handlungsfähigkeit besitzt[370].

(b) Beschränkte Geschäftsfähigkeit der minderjährigen Eltern

Was eine beschränkte Geschäftsfähigkeit eines Elternteils für die Ausübung der elterlichen Verantwortung für rechtliche Folgen mit sich bringt, wird in § 1673 Abs. 2 BGB geregelt. Nach der Aufhebung von § 114 BGB durch das Betreu-ungsgesetz[371] gibt es eine beschränkte Geschäftsfähigkeit nur noch bei Minder-jährigen[372]. Der minderjährige und somit beschränkt geschäftsfähige Elternteil

---

[367] Zur Geschäftsunfähigkeit § 104 BGB.
[368] Dickerhof-Borello, FuR 1998, 157, 163.
[369] Vgl. die Überschrift des § 1673 BGB.
[370] Bamberger/Veit 2008, § 1673 Rn. 1.
[371] BGBl 1990 I, 2002.
[372] § 106 BGB.

ist Inhaber der elterlichen Sorge, aber die Ausübung der daraus resultierenden Pflichtrechte ist insoweit begrenzt, als er nur die Ausübung der tatsächlichen Personensorge neben dem gesetzlichen Vertreter des Kindes wahrnehmen kann[373]. Hinsichtlich der Vermögenssorge und der gesamten Vertretung des Kindes (in Angelegenheiten der Personen- und Vermögenssorge) ruht das Sorgerecht für die Dauer der Minderjährigkeit[374].

Einen Erwerb der Volljährigkeit und somit der vollen Geschäftsfähigkeit vor dem Eintritt der Vollendung des achtzehnten Lebensjahres sieht das deutsche Recht indes nicht vor[375].

b) Inhaber der elterlichen Sorge

Als grundsätzliche Inhaber des Sorgerechts sind die Eltern des Kindes zu bezeichnen, wobei man unterscheiden muss, ob sie bei der Geburt des Kindes miteinander verheiratet waren oder nicht. Sind sie bei seiner Geburt miteinander verheiratet, so steht beiden Eltern automatisch die gemeinsame elterliche Sorge für dieses Kind zu[376]. Dies ergibt der Rückschluss aus § 1626a Abs. 1 BGB, welcher besagt, dass den Eltern, die bei der Geburt des Kindes nicht miteinander verheiratet waren, die gemeinsame Sorge dann gemeinsam zusteht, wenn sie eine Sorgeerklärung abgeben oder einander heiraten. Aus den Worten „...dann gemeinsam zu..." wie auch aus der zweiten Modalität des § 1626a Abs.1 Nr. 2 BGB „...einander heiraten..." ergibt sich die Absicht des Gesetzes, den Eltern, die zum Zeitpunkt der Geburt des gemeinsamen Kindes miteinander verheiratet waren, das gemeinsame Sorgerecht zuzusprechen.

Obwohl man die Absicht des Gesetzes kaum missverstehen kann, hätte man eine solche Kernaussage eindeutiger formulieren können. Eine glücklichere Formulierung wäre: „Das gemeinsame Sorgerecht besteht auch bei Eltern, die bei der Geburt des Kindes nicht miteinander verheiratet sind, wenn sie...".

Aus § 1626a BGB ergibt sich, dass die Rechtslage anders aussieht, wenn die Eltern des gemeinsamen Kindes bei seiner Geburt nicht miteinander verheiratet

---

[373] § 1673 Abs. 2 S 1 BGB; Erman/Michalski 2008, § 1673 Rn. 4.

[374] Bamberger/Veit 2008, § 1673 Rn. 3.

[375] Vgl. dazu Kapitel: Früherer Erwerb der vollen Geschäftsfähigkeit, S. 140.

[376] Palandt/Diederichsen 2010, § 1626 Rn. 6 und § 1626a Rn. 1.

waren[377]. In diesem Fall sieht das Gesetz keine grundsätzliche gemeinsame Sorge vor, da diese Ausgangsposition ein viel zu breites Spektrum von verschiedensten Fällen umfasst – z.b. eine langjährige stabile Lebensgemeinschaft; einen Seitensprung eines verheirateten Mannes; eine allein stehende Frau, welche nach einem so genannten „One – Night – Stand" Mutter geworden ist; eine Frau, die von ihrem Partner verlassen wurde, weil sie eine von ihm gewünschte Abtreibung ablehnte, eine Frau die vergewaltigt wurde. Dieser Vielfalt von völlig unterschiedlichen Fallgruppen war sich auch der Gesetzesverfasser bewusst und schlägt deshalb in solchen Fällen folgende Modalitäten der Ausgestaltung des Sorgerechts vor:

Als erste Modalität für den Fall, dass die Eltern zum Zeitpunkt der Geburt des gemeinsamen Kindes nicht miteinander verheiratet waren, schlägt er den Eltern vor, sich über die Ausübung des Sorgerechts zu einigen. Die Einigung wird formell durch die Abgabe von Sorgeerklärungen zum Ausdruck gebracht, wobei ihre Voraussetzungen[378], wie auch ihre Art[379] und Form[380] gesetzlich geregelt sind[381]. Die zweite Modalität sieht vor, dass die nicht miteinander verheirateten Eltern nach der Geburt des Kindes die Ehe eingehen, was zur Erreichung eines gemeinsamen Sorgerechts führt. Die dritte Modalität kommt dann vor, wenn weder die erste noch die zweite Modalität greifen. In solchen Fällen sieht das Gesetz vor, dass es die Mutter alleine ist, der das Sorgerecht zusteht[382].

Es gibt noch eine weitere Modalität des Sorgerechts der Eltern, die zum Zeitpunkt der Geburt des gemeinsamen Kindes nicht miteinander verheirateten waren. Sie verkörpert das alleinige Sorgerecht des Vaters, das nur anhand einer gerichtlichen Entscheidung erzielt werden kann. Dazu ist aber entweder ein Antrag erforderlich, dem die Mutter zustimmt[383], oder das Ruhen der elterlichen Sorge[384] bzw. der Tod[385] der Mutter, welcher das alleinige Sorgerecht gemäß § 1626a Abs. 2 BGB zustand, wobei in solchen Fällen vom Gericht überprüft

---

[377] § 1626a BGB.
[378] § 1626b BGB; Coester-Waltjen, JURA 1998 S. 439.
[379] § 1626c BGB.
[380] § 1626d BGB.
[381] näher dazu in Kapitel: 6.1.1.a) Voraussetzungen der Sorgeerklärung.
[382] Palandt/Diederichsen 2010, § 1626a Rn. 1.
[383] § 1672 Abs. 1 BGB.
[384] § 1678 Abs. 2 BGB.
[385] § 1680 Abs. 2 BGB.

wird, ob die Übertragung des alleinigen Sorgerechts auf den Vater dem Wohl des Kindes dient.

c) Sorgeerklärung

(1) Einführung und Zweck der Regelung

Wenn man die alte Fassung der sorgerechtlichen Regelungen vor der Kindschaftsrechtsreform, die 1998 in Kraft trat, mit der heutigen Fassung der im BGB verankerten sorgerechtlichen Regelungen vergleicht, kann man sagen, dass sich vor allem die Rechte des mit der Kindesmutter nicht verheirateten Vaters stark verbessert haben[386]. Zu dieser Verbesserung kann man auch das Institut der Sorgeerklärung zählen, welches ebenfalls durch das KindRG eingeführt wurde. Eine Sorgeerklärung kann als ein einseitiges Rechtsgeschäft, anhand einer höchstpersönlichen, formgebundenen, bedingungsfeindlichen und nicht empfangsbedürftigen Abgabe der Willenserklärung definiert werden[387]. Sie kann gemeinschaftlich oder einzeln vor einem Notar oder einer Urkundsperson des Jugendamtes abgegeben werden und ist nach § 1626d Abs. 1 BGB öffentlich zu beurkunden[388].

Der Zweck der Einführung war, es den unverheirateten Eltern zu ermöglichen, eine gemeinsame Sorge zu erhalten, was nach altem Recht (vor dem KindRG) nicht möglich war[389]. Nun können sie aber gemäß § 1626a Abs. 1 Nr. 1 BGB erklären, dass sie die Sorge für ihr Kind gemeinsam übernehmen wollen. Dieses Modell beruht auf einem Regelungskonzept, das unter Kindeswohlgesichtspunkten den Konsens der Eltern über die gemeinsame Sorgetragung zu deren Voraussetzung macht, gleichzeitig aber die Elternautonomie stärkt[390]. Dabei bleibt außer Betracht, ob sie zusammenleben oder nicht. Die wichtigste Voraussetzung ist der Konsens oder besser gesagt der gemeinsame Wille der Eltern, die Sorge gemeinsam auszuüben.

---

[386] Altrogge, FPR 2008, 154.
[387] Palandt/Diederichsen 2010, § 1626a Rn. 2.
[388] Altrogge, FPR 2008, 154.
[389] Erman/Michalski 2008, § 1626a Rn. 1.
[390] BVerfG, FamRZ 2003, 285, 289.

Weiterhin ist zu beachten, dass der in der Sorgeerklärung enthaltene Wunsch der Eltern, die Sorge gemeinsam übernehmen zu wollen, die „komplette elterliche Sorge" betrifft und sich deshalb nicht, auch nicht übereinstimmend, nur auf einen Teil der elterlichen Sorge (wie z.B. auf die Vermögenssorge) erstrecken kann[391].

(2) Voraussetzungen der Sorgeerklärung

Die gesetzlichen Voraussetzungen, aber auch Modalitäten des Sorgeerklärungsinstituts sind in den §§ 1626b bis 1626e BGB verankert. Schon beim ersten Blick auf diese Paragrafen lässt sich feststellen, dass eine wichtige ausdrückliche gesetzliche Voraussetzung, die man erwarten könnte, nämlich das Kindeswohl, fehlt. Es ist ohne Bedeutung, ob eine Sorgeerklärung mit dem Kindeswohl vereinbar ist oder nicht[392], da es keiner gerichtlichen Prüfung bedarf[393]. Weder dem Jugendamt noch dem Notar als beurkundender Person wurde eine Kompetenz zur diesbezüglichen Prüfung gegeben[394]. Nur im Nachhinein wird durch das Familiengericht unter den Voraussetzungen der §§ 1666 und 1671 BGB überprüft, welches dann im Falle einer Kindeswohlgefährdung eine andere Sorgerechtsregelung treffen kann[395].

Die gesetzlich verankerten Voraussetzungen einer Sorgeerklärung sind in § 1626a Abs. 1 Nr. 1 wie auch in §§ 1626b bis 1626e BGB aufgelistet. Wenn man sie der Wichtigkeit nach aufreihen möchte, würde an erster Stelle der bereits ausführlich angesprochene Wille der Eltern stehen, die elterliche Sorge gemeinsam auszuüben. Dieser Wille muss öffentlich beurkundet werden.

Das Gesetz sieht weitere Voraussetzungen einer wirksamen Sorgeerklärung vor:

---

[391] Johannsen/Henrich/Jaeger 2003, § 1626a Rn. 4.
[392] Juris PK-BGB/Schwer 2009, § 1626a Rn. 7.
[393] Altrogge, FPR 2008, 155; MünchKomm/Huber 2008, § 1626a Rn. 17; Bamberger/Veit 2008, § 1626a Rn. 10.
[394] Bamberger/Veit 2008, § 1626a Rn. 10.
[395] KG Berlin, FPR 2003, 603, 604.

(a) Bedingungslos, unbefristet und persönlich

Die Sorgeerklärung (der Ausdruck des elterlichen Willens zur gemeinsamen Sorge) muss bedingungslos sein[396] und darf nicht von einem Ereignis abhängig gemacht werden[397]. Die Bedingungslosigkeit ist jedoch nicht absolut. Eine Ausnahme bildet die sog. „rechtliche Bedingung" welche in § 1626c Abs. 2 BGB (Zustimmung des gesetzlichen Vertreters bei minderjährigen Elternteilen)[398] gesetzlich vorgesehen wurde.

Neben der Bedingungslosigkeit sind auch noch Zeitbestimmungen wie z.b. Befristungen (egal ob mit aufschiebender oder auflösender Wirkung) unzulässig[399]. Der Elternteil muss sich im Klaren sein, dass er die Verantwortung für das Wohlergehen des Kindes nicht nur für eine gewisse Zeit übernimmt[400], sondern dass es sich um eine generelle Übernahme handelt.

Nachdem eine Sorgeerklärung die persönlichen Beziehungen zwischen den Eltern und ihrem Kind erheblich berührt und außerdem höchstpersönliche Pflichten und Verantwortung schafft[401] (die man mit Verpflichtungen vergleichen kann, die aus einer Eheschließung resultieren), kann man nicht von der Tatsache überrascht sein, dass das Gesetz nur die persönliche Abgabe einer Sorgeerklärung akzeptiert[402]. Damit gliedert es die Sorgeerklärung unter die Rechtsgeschäfte ein, welche keine Stellvertretung zulassen[403].

(b) Geschäftsfähigkeit

Bei der Abgabe der Sorgeerklärung spielt die Geschäftsfähigkeit[404] der Elternteile eine der Hauptrollen und geht Hand in Hand mit dem Willen der Eltern, die Sorge zusammen auszuüben. Hand in Hand aus dem Grund, dass der Wille einer natürlichen Person (in diesem Fall der Wille eines Elternteils), die nicht ge-

---

[396] § 1626b Abs. 1 BGB.
[397] Palandt/Diederichsen 2010, § 1626b Rn. 1.
[398] Hk-BGB/Kemper 2009, § 1626d Rn. 4.
[399] § 1626b Abs. 1 BGB.
[400] Erman/Michalski 2008, § 1626b Rn. 1.
[401] Staudinger/Coester 2007, § 1626c Rn. 2.
[402] § 1626c Abs. 1. BGB.
[403] § 1311 S 1 BGB – Eheschließung, oder § 2064 BGB Testamentserrichtung.
[404] § 104 BGB.

schäftsfähig ist, keine rechtliche Wirkung mit sich bringt[405]. Eine Sorgeerklärung einer geschäftsunfähigen Person ist deshalb nichtig[406].

(i) Beschränkte Geschäftsfähigkeit

Nun stellt sich die Frage, ob ein minderjähriger Elternteil, dessen Geschäftsfähigkeit ex lege beschränkt ist, eine Sorgeerklärung abgeben kann und wenn dies der Fall ist, unter welchen Voraussetzungen. Gemäß § 1626c Abs. 1 S 1 BGB darf ein beschränkt geschäftsfähiger Elternteil eine Sorgeerklärung nur mit der Zustimmung seines gesetzlichen Vertreters abgeben. Ohne eine solche Zustimmung ist die Sorgeerklärung nichtig[407].

Die Anforderungen an die Zustimmung entsprechen den Anforderungen an die Sorgeerklärung. Deshalb muss die Zustimmungserklärung persönlich abgegeben werden, öffentlich beurkundet werden und darf weder Bedingungen noch Befristungen beinhalten[408]. Die Nichteinhaltung dieser Anforderungen führt zur Unwirksamkeit der Zustimmung[409]. Weitere Konditionen zur Erteilung bzw. Nichterteilung der Zustimmung sieht das Gesetz aber nicht vor. Deshalb kann in der Praxis die Erteilung der Zustimmung aus verschiedensten Gründen verweigert werden: Minimalisierung der Konflikte mit dem anderen Elternteil, Fernhaltung von missliebigen „Schwiegersöhnen"[410], Beibehaltung des Einflusses auf den minderjährigen Elternteil und gleichzeitig auf das Enkelkind, Macht zu behalten, die Gewährleistung eines sorgenfreien Lebens für den minderjährigen Vater, damit er seine sorgerechtliche Verantwortung nicht übernehmen muss, usw.

Für den Fall, dass die Zustimmungserklärung vom gesetzlichen Vertreter gegen den Willen des beschränkt geschäftsfähigen Elternteils versagt wird, räumt das Gesetz dem Elternteil die Möglichkeit ein, die gerichtliche Ersetzung der Zustimmung zu beantragen[411]. Dabei ist auch eine doppelseitige Ersetzung der Zu-

---

[405] Dickerhof-Borello, FuR 1998, 157 ff.
[406] § 105 Abs. 1 BGB.
[407] § 105 Abs. 1 BGB.
[408] Bamberger/Veit 2008, § 1626c Rn. 4.
[409] § 1626e i.V.m. §§ 1626b bis 1626d BGB.
[410] Staudinger/Coester 2007, § 1626c Rn. 12.
[411] § 1626c Abs. 2 S 3 BGB.

stimmung bei minderjährigen Eltern denkbar[412]. Der Prüfungsmaßstab dieser gerichtlichen Ersetzung der Zustimmung ist das Wohl des Antragstellers (das Wohl des minderjährigen Elternteils). Die Abgabe der Sorgeerklärung darf nicht seinem Wohl widersprechen[413]. Präziser ausgedrückt, das durch die Zustimmungsersetzung erreichte gemeinsame Sorgerecht darf nicht dem Wohl des minderjährigen Elternteils widersprechen.

Michael Coester verweist zutreffend darauf hin, dass durch diese gesetzliche Regelung (die gerichtliche Zustimmung nur am Wohl des minderjährigen Elternteils zu messen) andere wichtige Aspekte, welche mit dieser Entscheidung sehr eng verbunden und kaum abtrennbar sind, völlig in den Hintergrund verschoben werden, nämlich das Wohl des anderen Elternteils, das des gemeinsamen Kindes wie auch das der jungen Familie[414]. Sie spielen bei der Entscheidung eine zweitrangige Rolle. Im Endeffekt kann es dazu führen, dass ein Kindeswohl (nämlich das des minderjährigen Elternteils) ein anderes (nämlich das des gemeinsamen Kindes) verdrängt bzw. überstimmt.

An dieser Stelle ist es wichtig, an die unterschiedlichen Ausgangspositionen der gerichtlichen Zustimmung (die Ersetzung der Zustimmung) zu erinnern. Die unverheiratete Mutter hat ja schon Kraft Gesetzes das Sorgerecht. Bei ihr geht es letztlich darum, ob sie die Ausübung des Sorgerechts[415] mit dem Vater teilen soll oder nicht. Wenn ja, dann ist die Zustimmung bzw. Ersetzung der Zustimmung notwendig. Beim Vater geht es hingegen darum, das Mitsorgerecht überhaupt zu bekommen. Vor der Erteilung der Zustimmung bzw. der Ersetzung der Zustimmung ist beim minderjährigen Vater eine persönliche Überforderung durch die Sorgebelastung oder die konkret zu belegende Gefahr einer Haftung nach § 1664 BGB zu bedenken, wie auch eine Verstrickung in eine strafrechtliche Haftung[416]. Bei der minderjährigen Mutter sind diese Aspekte dank des automatischen Sorgerechts ausgeschlossen. In ihrem Fall wird darauf abgestellt, ob nicht ein hohes Risiko besteht, dass der Vater negative Einflüsse auf das Kind haben wird und inwieweit bei einem gemeinsamen Sorgerecht eine konstruktive

---

[412] Staudinger/Coester 2007, § 1626c Rn. 9.

[413] § 1626c Abs. 2 S 3 BGB.

[414] Staudinger/Coester 2007, § 1626c Rn. 10.

[415] § 1627 BGB.

[416] Staudinger/Coester 2007, § 1626c Rn. 11.

„Zusammenarbeit" mit dem Vater vorstellbar ist, um mögliche Konflikte, welche die Psyche der Mutter und damit des Kindes belasten würden, zu vermeiden.

(ii) Fehlende Geschäftsfähigkeit

Fraglich ist, ob auch geschäftsunfähige Eltern eine Sorgerklärung abgeben können, bzw. unter welchen Voraussetzungen. Fraglich ist dies aus dem Grund, dass man dazu keine direkte Antwort im Gesetz finden kann, was in der Literatur (anders als bei der beschränkten Geschäftsfähigkeit) zu komplett gegensätzlichen Meinungen führt.

Laut Diederichsen ist eine Sorgeerklärung, welche von geschäftsunfähigen Eltern abgegeben wurde, als nichtig zu betrachten[417]. Als Begründung nimmt er sich §§ 105 Abs. 1 i.S.v. 104 Nr. 2 BGB zur Hilfe, wonach eine Sorgeerklärung, welche eine typische Willenserklärung ist, als nichtig eingestuft werden muss, wenn sie von einem Geschäftsunfähigen abgegeben worden ist[418].

Michalski dagegen vertritt die Meinung, dass eine von geschäftsunfähigen Elternteilen abgegebene Sorgeerklärung wohl wirksam ist, da das Gesetz als Maßstab der Wirksamkeit in § 1626e BGB nur die Erfordernisse, welche in §§ 1626a bis 1626d BGB genannt sind, vorgibt. Nachdem aber der geschäftsunfähige Elternteil sein Sorgerecht sowieso nicht tatsächlich ausüben kann[419], droht dem Kindeswohl keine Gefahr[420].

In der Literatur findet man noch eine dritte Auffassung, welche mit dieser Analogie arbeitet. Laut dieser Fassung, die von Barbara Veit vertreten wird, ist ein Rückgriff auf § 104 BGB (wie von Diederichsen vorgeschlagen) nicht möglich, da er durch die Fassung des § 1626e BGB versperrt ist[421]. Auch die strikte Normenauslegung von Michalski ist ihrer Meinung nach bedenklich[422]. Man kann ihren Bedenken ein Stück weit folgen, dass eine solche strikte Normenauslegung von Michalski im Ergebnis dazu führen würde, dass geschäftsunfähige Eltern durch das Gesetz weniger beschränkt wären als Eltern mit beschränkter Ge-

---

[417] Palandt/Diederichsen 2010, § 1626c Rn. 1.
[418] § 105 Abs. 1 BGB.
[419] § 1673 Abs. 1 i.V.m. § 1675 BGB.
[420] Erman/Michalski 2008, § 1626e Rn. 2.
[421] Bamberger/Veit 2008, § 1626c Rn. 5.
[422] Bamberger/Veit 2008, § 1626c Rn. 5.

schäftsfähigkeit, was kaum die Absicht des Gesetzes sein kann und deshalb der teleologischen Auslegung widerspricht. Dieser Problematik ist sich Michalski bewusst und spricht sie selbst in seiner Kommentierung zu § 1626e BGB an[423]. Laut Veit liegt es deshalb nahe, die Parallele zur Anerkennungserklärung (§§ 1594 bis 1596 BGB) zu ziehen, demnach könnte der gesetzliche Vertreter die Sorgeerklärung abgeben, er bedürfte aber der Genehmigung des Familiengerichts.

Im Hinblick auf §§ 1673 Abs. 1 und 1675 BGB kann man sagen, dass es sich an dieser Stelle vor allem um eine wissenschaftliche Diskussion handelt, die in der Praxis relativ wenig Relevanz hat. Eines ist auf jeden Fall unstrittig und zwar, dass das Gesetz an dieser Stelle nicht ganz präzise ist und deshalb eine gewisse Gesetzeslücke beinhaltet. Bei einer teleologischen Auslegung der §§ 1626c bis 1626e BGB kann man im Prinzip ausschließen, dass die Sorgeerklärung als gültig zu betrachten ist, obwohl eine strikte sprachliche Auslegung ihre Gültigkeit zulassen würde. Eine Analogie zur Annerkennungserklärung scheint immer noch am sinnvollsten zu sein. Tatsache ist, dass eine vom gesetzlichen Vertreter abgegebene und vom Familiengericht genehmigte Sorgeerklärung de facto nur eine „Bereitschaftserklärung" ist, da das Sorgerecht in der Tat wegen der Geschäftsunfähigkeit sowieso nicht ausgeübt werden kann.

(c) Rechtliche Elternschaft

Aus § 1626a Abs. 1 Nr. 1 BGB ergibt sich die nächste Voraussetzung einer wirksamen Sorgeerklärung, nämlich die „rechtliche Elternschaft"[424]. Eine biologische Elternschaft genügt nämlich nicht[425].

Die Begriffe rechtliche und biologische Elternschaft sind auf die Abstammungsregelungen der §§ 1591 ff. BGB zurückzuführen. In diesen Normen wird definiert, wer und unter welchen Umständen als Mutter und Vater eines Kindes (rechtliche Eltern) zu bezeichnen ist. Die rechtlichen Eltern sind nicht immer die biologischen (leiblichen) Eltern des Kindes, deshalb erfolgt diese begriffliche Unterschei-

---

[423] Erman/Michalski 2008, § 1626e Rn. 2.
[424] OLG Stuttgart, FamRZ 2008, 539.
[425] PWW/Ziegler 2010, § 1626c Rn. 1; Palandt/Diederichsen 2010, § 1626a Rn. 3.

dung. Nachdem § 1626a Abs. 1 Nr. 1 BGB von Eltern spricht, sind damit die rechtlichen Eltern gemeint. Ihre Elternschaft muss also im Sinne von § 1591 (Mutterschaft) und § 1592 Nr. 2, 3 (Vaterschaft) BGB rechtlich etabliert sein[426]. Dies gilt auch für eine pränatale Sorgeerklärung[427]. Ist diese Voraussetzung nicht gegeben, ist eine vor der Etablierung der rechtlichen Elternschaft abgegebene Sorgeerklärung bis zur Erreichung der rechtlichen Elternschaft schwebend unwirksam[428].

Nun stellt sich aber die Frage, ob und unter welchen Voraussetzungen eine Sorgeerklärung eines biologischen Vaters in Frage kommt, wenn die Mutter mit einem anderen Mann verheiratet ist. Nach § 1592 Nr. 1 BGB ist in einem solchen Fall der Ehemann der rechtliche Vater des Kindes. Wenn der biologische Vater trotz dieser Ausgangslage eine wirksame Sorgeerklärung abgeben möchte, muss er zuerst durch Anfechtung die Vaterschaft des Ehemannes beseitigen (falls die Elternschaft nicht bereits von anderen Anfechtungsberechtigten[429] angefochten wurde), um anschließend die rechtliche Vaterschaft für das Kind zu erlangen. Sollte er die Sorgeerklärung vor der Erreichung der rechtlichen Vaterschaft abgeben, ist diese laut Coester bis zum Zeitpunkt der Feststellung seiner Vaterschaft schwebend unwirksam[430]. Diese Auffassung teilt auch der BGH, indem er sagt, dass eine noch bestehende Ehe der Mutter kein Hindernis für den biologischen Vater bildet, eine Sorgeerklärung nach § 1626a Abs. 1 Nr. 1 BGB abzugeben, wenn das Kind bei der Anhängigkeit des Scheidungsantrags noch nicht geboren war und er gemäß § 1599 Abs. 2 BGB die Vaterschaft mit der Zustimmung des Noch-Ehemannes anerkannt hat[431].

(d) Form

Auch die Form der Sorgeerklärung wird gesetzlich geregelt, und zwar in § 1626d Abs. 1 BGB. Diese Norm schreibt vor, dass die Sorgeerklärung wie auch die Zustimmung zur Sorgeerklärung bei einem beschränkt geschäftsfähigen

---

[426] MünchKomm/Huber 2008, § 1626a Rn. 14.
[427] Staudinger/Coester 2007, § 1626a Rn. 40.
[428] Staudinger/Coester 2007, § 1626a Rn. 40.
[429] § 1600 BGB.
[430] Staudinger/Coester 2007, § 1626b Rn. 11.
[431] BGH, NJW 2004, 1595.

Elternteil[432] öffentlich beurkundet werden müssen. Dafür gibt es folgende Gründe: Erstens findet bei der öffentlichen Beurkundung in der Regel eine gewisse Belehrung der Eltern durch die Urkundsperson (Notar[433], Jugendamt[434] sowie die deutschen Auslandsvertretungen[435], nicht aber Standesbeamte) statt, zweitens führt die öffentliche Beurkundung gleichzeitig zu einer Beweissicherung über die sorgerechtlichen Verhältnisse eines bestimmten Kindes.

(i) Belehrung der Eltern durch die Urkundsperson

Die Belehrung der Eltern durch die beurkundende Person hat die Funktion, den Eltern alle damit verbundenen Folgen, Pflichte und Rechte zu erläutern, welche mit der Abgabe der Sorgeerklärung verbunden sind, um zu verhindern, dass ihnen einzelne Folgen unbewusst bleiben, wie z.B. die Tatsache, dass künftige Änderungen der Sorgeberechtigung nur über § 1671 BGB (also auf Antrag beim Familiengericht) möglich sein werden. Ein Belehrungsgespräch soll jedoch nicht einseitig geführt werden, in dem nur auf die Risiken und Pflichten hingewiesen wird, da es nicht Sinn und Zweck der Belehrung sein darf, die Eltern von einer Sorgeerklärung abzuschrecken. Das wäre funktionswidrig[436]. Viel mehr soll eine gründliche Belehrung die Eltern, welche noch Zweifel an ihren Fähigkeiten bzw. an den Fähigkeiten des anderen Elternteils haben, dazu zu bewegen, einen solchen Schritt noch einmal zu überdenken oder zu unterlassen[437]. Die beurkundende Person sollte die Eltern auf jeden Fall darauf hinweisen, dass einer wirksamen Sorgeerklärung eine Vaterschaftsanerkennung bzw. Vaterschaftsfeststellung vorausgehen soll. Sie ist aber nicht berechtigt, die Beurkundung vom Nachweis einer solchen Vaterschaftsanerkennung bzw. Vaterschaftsfeststellung

---

[432] Vgl. Kapitel: Beschränkte Geschäftsfähigkeit, S. 93.
[433] § 20 Abs. 1 BNotO.
[434] § 59 Abs. 1 S 1 Nr. 8 SGB VIII, § 59 Abs. 3 SGB VIII.
[435] Falls der gewöhnliche Aufenthalt des Kindes im Geltungsbereich des MSA liegt und das Kind ausschließlich die deutsche Staatsangehörigkeit hat, nicht aber der Standesbeamte – Vgl. Art. 3 Abs.2 EGBG und Art.3 MSA.
[436] Staudinger/Coester 2007, § 1626d Rn. 5.
[437] BT – Drucks 13/4899, 94.

abhängig zu machen[438], da sie dazu keine ausdrückliche gesetzliche Befugnis hat.

(ii) Beweissicherung über die sorgerechtlichen Verhältnisse

Die öffentliche Beurkundung hat noch einen weiteren Vorteil. Man kann anhand einer Sorgeerklärung die sorgerechtlichen Verhältnisse der unverheirateten Eltern feststellen, was zu einer gewissen Beweissicherung (Klarstellung) führt. Für die Beurkundung der Sorgeerklärung ist jeder Notar[439] und jedes Jugendamt zuständig und zwar unabhängig vom tatsächlichen Aufenthalt der Eltern bzw. des Kindes.

Die beurkundende Stelle steht unter der in § 1626d Abs. 2 BGB verankerten Mitteilungspflicht. Laut dieser Mitteilungspflicht hat die beurkundende Stelle dem für den Geburtsort des Kindes zuständigen Jugendamt die Abgabe der Sorgeerklärung bzw. der Zustimmung zur Sorgeerklärung im Sinne von § 1626c Abs. 2 BGB unverzüglich (ohne schuldhaftes Zögern) mitzuteilen[440]. Dieses Jugendamt führt dann ein Register über die abgegebenen, aber auch gemäß § 1626c Abs. 2 S 3 BGB ersetzten Sorgeerklärungen. Falls die Eltern zur Vertretung des Kindes eine schriftliche Bescheinigung über ihr Sorgerecht brauchen, können sie sich an das zuständige Jugendamt wenden, welches ihnen eine solche Bescheinigung ausstellt[441]. Anderenfalls wird eine solche aber auch dann ausgestellt, wenn die alleinsorgeberechtigte Mutter eine Bescheinigung braucht, dass sie zum Zeitpunkt der Auskunftserteilung die einzige Sorgeberechtigte ist (der so genannte Negativtest)[442], um sich mit der Bescheinigung im allgemeinen Rechtsverkehr ausweisen zu können[443].

---

[438] Zimmermann DNotZ 1998, 404, 417.
[439] § 20 Abs. 1 S 1 BNotO.
[440] Bamberger/Veit 2008, § 1626d Rn. 2.
[441] § 58a SGB VIII.
[442] Bamberger/Veit 2008, § 1626d Rn. 3.
[443] § 58a Abs. 2 SGB VIII.

(e) Keine vorangehende gerichtliche Entscheidung

Eine weitere Voraussetzung einer wirksamen Sorgeerklärung bildet die Forderung, dass der Abgabe der Sorgeerklärung keine gerichtliche Entscheidung gemäß §§ 1671, 1672, 1696 i.V.m. 1626b Abs. 3 oder 1666 BGB vorgeht, die bereits die sorgerechtlichen Verhältnisse regelt[444].

Sinn und Zweck dieser Aufforderung ist es, den gerichtlichen Sorgeentscheidungen, die auch das Kindeswohl prüfen, einen Vorrang vor Sorgeerklärungen zu geben, wo keine Kindeswohlprüfung stattfindet[445]. Andernfalls würde eine nachträgliche Sorgeerklärung die frühere gerichtliche Entscheidung wirkungslos machen, was dem Kindeswohl durch den eventuellen ständigen Wechsel der Verantwortung nicht dienen würde[446].

(3) Inhalt der Sorgeerklärung

Nachdem einzelne Aspekte der Sorgeerklärung an verschiedenen Stellen bereits diskutiert wurden, sollen sie nun im Gesamtzusammenhang betrachtet werden.

Der Inhalt einer Sorgeerklärung ist gesetzlich vorgegeben. Die erste Vorgabe findet man in § 1626a Abs. 1 Nr.1 BGB, welcher besagt, dass die Sorgeerklärung den Willen beider Elternteile, die Sorge für ihr Kind gemeinsam übernehmen zu wollen, zum Ausdruck bringen muss. Eine bestimmte gesetzliche Formulierung ist jedoch nicht vorgeschrieben[447]. Das heißt aber nicht, dass eine generelle bzw. bloße Absichtserklärung reicht[448].

Das Gesetz schreibt nicht vor, dass die Sorgeerklärungen gleichzeitig abgegeben werden müssen[449]. Das heißt, dass die Eltern ihre Sorgeerklärungen getrennt, zu verschiedenen Zeitpunkten und sogar vor unterschiedlichen Beurkundungspersonen (verschiedenen Notaren bzw. Jugendämtern) abgeben können[450]. Dies bringt gewisse Komplikationen mit sich, da es erforderlich ist, dass die einzel-

---

[444] § 1626b, Abs. 3 BGB; MünchKomm/Huber 2008, § 1626a Rn. 15.
[445] Vgl. Kapitel: Voraussetzungen der Sorgeerklärung, S. 91.
[446] Erman/Michalski 2008, § 1626b Rn. 3.
[447] Staudinger/Coester 2007, § 1626a Rn. 55.
[448] Palandt/Diederichsen 2010, § 1626a Rn. 2.
[449] Schwab, DnotZ 1998, 437, 450.
[450] MünchKomm/Huber 2008, § 1626a Rn. 10; Bamberger/Veit 2008, § 1626a Rn. 5.2.

nen Sorgeerklärungen inhaltlich übereinstimmen[451]. Das heißt aber nicht, dass sie gleichlautend sein müssen[452]. Entscheidend ist nur die inhaltliche Übereinstimmung, wobei der objektive Erklärungswert maßgeblich ist[453].

Aus der einzelnen Sorgeerklärung muss aus Gründen der Sicherheit im Rechtsverkehr deutlich erkenntlich sein, auf welches Kind sich die gemeinsame Sorge beziehen soll[454], da sich Sorgeerklärungen auch auf mehrere Kinder beziehen können[455]. Jedes Kind muss deshalb namentlich benannt werden. Laut herrschender Meinung besteht aber kein Zwang zur einheitlichen Regelung für alle gemeinsamen Kinder im Rahmen der Sorgeerklärung[456]. Dies kann im Endergebnis dazu führen, dass es für Kinder, die in einer Familie leben oder sogar gleiche Eltern haben, unterschiedliche Sorgerechtsstrukturen gelten[457].

(a) Teilbarkeit des Sorgerechts

Wenn es also möglich ist, dass die gleichen Eltern bei einem gemeinsamen Kind das Sorgerecht miteinander teilen und bei einem anderem Kind nicht, stellt sich die Frage, ob es dann auch möglich ist, dass sich die Eltern anhand einer partiellen Sorgeerklärung nur einen Teil (z.B. das Aufenthaltsbestimmungsrecht, die Vermögenssorge oder nur die Vertretung in persönlichen Angelegenheiten) der elterlichen Sorge („Teilsorge") teilen und der Restbereich der elterlichen Sorge weiterhin allein bei der Mutter verbleibt. Diese Frage ist umstritten und auch der BGH ließ sie offen[458].

Laut herrschender Meinung ist eine Sorgeerklärung nur über die umfassende gemeinsame Sorge möglich[459]. Als Hauptargument für die Unzulässigkeit der partiellen Sorgeerklärung dient der Wortlaut des § 1626a Abs. 1 Nr.1 BGB in

---

[451] Bamberger/Veit 2008, § 1626a Rn. 6.
[452] MünchKomm/Huber 2008, § 1626a Rn. 10.
[453] Staudinger/Coester 2007, § 1626a Rn. 56.
[454] Schwab, DnotZ 1998, 437, 450.
[455] Staudinger/Coester 2007, § 1626a Rn. 57.
[456] Palandt/Diederichsen 2010, § 1626a Rn. 2; Staudinger/Coester 2007, § 1626a Rn. 57, 58; Bamberger/Veit 2008, § 1626a Rn. 6.
[457] Bamberger/Veit 2008, § 1626a Rn. 6.
[458] BGH, NJW 2001, 2472 ff.
[459] Erman/Michalski 2008, § 1626a Rn. 3; MünchKomm/Huber 2008, § 1626a Rn. 6; Palandt/Diederichsen 2010, § 1626a Rn. 4; Bamberger/Veit 2008, § 1626a Rn. 6; Jauernig/Berger 2009, § 1626a-1626e Rn. 6.

Verbindung mit § 1626 Abs. 1 BGB aus welchem sich ergibt, dass die durch das Sorgerecht erworbene elterliche Sorge unteilbar und umfassend ist[460]. Als Zusatzargument wird noch angefügt, dass aus der Tatsache, dass das Gesetz in § 1626a Abs. 1 Nr. 1 BGB eine partielle Sorgeerklärung nicht vorsieht, abgeleitet werden muss, dass das Gesetz eine solche Sorgeerklärung nicht zulassen wollte[461].

Eine Minderheit sieht aber in den beiden zitierten Paragrafen (§ 1626a Abs. 1 Nr.1 i.V.m. § 1626 Abs. 1 BGB) kein Hindernis für eine partielle Sorgeerklärung[462]. Als Hauptargument für diese Mindermeinung dient der Verweis auf § 1672 BGB, welcher es den Eltern ermöglicht, einvernehmlich die gerichtliche Übertragung eines Teils der elterlichen Sorge von der Mutter auf den Vater zu beantragen[463] und für den so übertragenen Teil anschließend die gemeinsame Sorge zu erwirken[464]. Wenn das Gesetz die Teilsorge in diesem Fall zulässt, sollte man den Eltern diese Möglichkeit bei der primären Verteilung des Sorgerechts im Rahmen des § 1626a BGB auch ermöglichen[465].

Es ist und bleibt eine strittige Frage, da beide Argumente stichhaltig dargelegt sind. Es könnte an dieser Stelle sinnvoll sein, noch einmal Sinn und Zweck des rechtlichen Instituts der Sorgeerklärung zu hinterfragen. Das Institut der Sorgeerklärung ermöglicht es unverheirateten Eltern, die elterliche Sorge gemeinsam zu übernehmen, indem man die bisherige ausschließliche Zuständigkeit der Mutter (das alleinige Sorgerecht der Mutter gemäß § 1626a Abs. 2 BGB) zwischen beiden Eltern aufteilt. Wie diese es aufteilen, sollte im Rahmen der Elternautonomie ihnen überlassen werden. Außerdem kann man bei Eltern, die sich auf eine Sorgeerklärung geeinigt haben, davon ausgehen, dass sie sich in der Regel auch über die konkrete Aufteilung des Sorgerechts im täglichen Leben einigen. Wie dies gestaltet wird und ob dabei manche Teilbereiche des Sorgerechts nur von einem Elternteil wahrgenommen werden, wird später grundsätzlich nicht überprüft. Man fragt sich, warum in diesem Fall offiziell eine andere Abmachung festgehalten werden muss als die tatsächliche Praxis, und warum man die

---

[460] Palandt/Diederichsen 2010, § 1626a Rn. 4; Erman/Michalski 2008, § 1626a Rn. 3; Bamberger/Veit 2008, § 1626a Rn. 6; MünchKomm/Huber 2008, § 1626a Rn. 6.
[461] MünchKomm/Huber 2008, § 1626a Rn. 8.
[462] Zimmermann, DnotZ 1998, 404, 419.
[463] § 1672 Abs. 1 BGB.
[464] § 1672 Abs. 2 BGB.
[465] Zimmermann, DnotZ 1998, 404, 419.

Eltern nicht einfach das vereinbaren lässt (partielle Sorgeerklärung), auf was sie sich einigen können und wollen. Deshalb wäre eine zusätzliche Einführung der partiellen Sorgeerklärung sinnvoll und vor allem für die Paare, die nicht zusammenleben, auch flexibler[466] als eine umfassende Sorgeerklärung, welche i.d.R. mit dem höheren Risiko einer eventuellen gerichtlichen Modifizierung gemäß § 1671 BGB verbunden sein kann, da sich die gemeinsame Sorge auf alle Bereiche des Sorgerechts und nicht nur auf einen Teil erstreckt.

(b) Vereinbarungen im Rahmen der Sorgeerklärung

Wenn man sich ausführlich mit dem Inhalt der Sorgeerklärung auseinandersetzt, muss man an dieser Stelle die zusätzlichen Vereinbarungen, welche im Rahmen der Sorgeerklärung getroffen werden können, zumindest kurz ansprechen. Zu typischen zusätzlichen Vereinbarungen zählen vor allem Vereinbarungen über die künftige Wahrnehmung der elterlichen Sorge[467] bzw. sogar ein abgesprochener Sorgeplan.

Solche zusätzliche Vereinbarungen dürfen nicht Bestandteil der Sorgerechtserklärung sein[468], können aber Bestandteil der Urkunde sein, welche die Sorgerechtserklärung beinhaltet[469]. Die im Sorgeplan enthaltenen Vereinbarungen sind zulässig[470]. Dank der formellen Trennung gegenüber der Sorgeerklärung haben solche Vereinbarungen aber eine andere rechtliche Qualität, da es sich um eine Vereinbarung inter partes handelt, die keine konstitutive Wirkung auf die Sorgekompetenz hat. Ihre mögliche Nichtigkeit, Mängel oder spätere Änderung hat deshalb auch keine Bedeutung auf die Wirksamkeit der Sorgeerklärung[471].

---

[466] MünchKomm/Huber 2008, § 1626a Rn. 8.
[467] Staudinger/Coester 2007, § 1626a Rn. 62.
[468] BT-Drucks 13/4899, 93.
[469] Bamberger/Veit 2008, § 1626a Rn. 6.
[470] Wirkung inter Partes – Schwab, DnotZ 1998, 437, 455.
[471] Staudinger/Coester 2007, § 1626a Rn. 62.

(4) Schutzfunktion der Sorgeerklärung und die daraus resultierende
Problematik

Die Sorgeregelung, wie sie heute konzipiert ist, hat eine gewisse Schutzfunkti-on. Diese Schutzfunktion besteht darin, dass die gemeinsame Sorge der unver-heirateten Eltern nicht gegen den Willen des anderen Elternteils erreicht werden kann. Man will damit die Gefahr verringern, dass Eltern, die sich nicht auf die gemeinsame Ausübung des Sorgerechts einigen können, Konflikte möglicher-weise auf dem Rücken des Kindes austragen. Dies würde für das Kind regelmä-ßig mit mehr Nachteilen als Vorteilen verbunden sein[472]. Diese Befürchtung wird von mehreren Studien unterstützt, die darauf hinweisen, dass durch eine mangelnde Kooperationsbereitschaft und ein hohes Konfliktpotential zwischen den Eltern schwere Belastungen für das Kind entstehen können[473]. Eine weitere langjährige Studie weist zusätzlich darauf hin, dass es für die Kinder keine Rolle spielt, ob beide Eltern das gemeinsame Sorgerecht ausüben oder nur ein Eltern-teil der Inhaber der alleinigen Sorge ist[474]. Aus diesen Gründen wurde bei der Schaffung der Sorgeerklärung entschieden, dass einer der beiden Elternteile in gewissem Maße bevorzugt wird, und zwar die Mutter. Der Vater des Kindes kann die elterliche Sorge nicht gegen den Willen der Mutter erlangen, was bis heute kontrovers diskutiert wird.

Diese Diskussion wird auf zwei Ebenen geführt: Auf der ersten Ebene geht es darum, ob auch bei nicht miteinander verheirateten Eltern das automatische ge-meinsame Sorgerecht kraft Gesetzes nicht sinnvoller und gerechter wäre. Die zweite Ebene argumentiert auf der Basis des jetzigen Modells. Es geht dabei darum, ob man nicht dem Vater die Möglichkeit einräumen sollte, dass er auch gegen den Willen der Mutter an der Ausübung der elterlichen Sorge teilnehmen kann.

Jene Befürworter, die das bestehende Modell beibehalten wollen, berufen sich auf die stärkere natürliche Nähe des Kindes zur Mutter[475], die der Mutter von Natur aus gegebene Hauptverantwortung für das Wohl des Kindes[476], sowie die Tatsache, dass sich schon während der Schwangerschaft zwischen der Mutter

---

[472] BT – Druck 13/8511, 65 ff.
[473] Furstenberg/Cherlin 1993, S. 112 ff.; Macobby/Mnookin, FamRZ 1995, 1, 11.
[474] Wallerstein/Lewis/Blakeslee 2002, S. 228 ff.
[475] OLG Hamm, KindPrax 1999, 97.
[476] BGH, FamRZ 2001, 907, 909.

und ihrem Kind neben der biologischen Verbundenheit eine Beziehung entwickelt, die sich nach der Geburt fortsetzt[477]. Das Hauptargument bleibt jedoch das bereits erwähnte Risiko des höheren Konfliktpotentials zwischen den Eltern und die damit verbundenen Auswirkungen auf das Kind.

(5) Verfassungsmäßigkeit der Regelung

Eines der Hauptargumente, welches gegen das heutige Modell der Sorgeerklärung angeführt wird, ist die Tatsache, dass der Vater zwar den Elternstatus i.S.v. Art. 6 Abs. 2 S 1 GG durch die Anerkennung[478] oder gerichtliche Feststellung[479] der Vaterschaft erreichen, aber die daraus resultierenden Rechte (in diesem Fall die elterliche Sorge) nicht ausüben kann. Er ist de facto schlechter gestellt als die Mutter, obwohl das Grundgesetz in Bezug auf die Pflege und Erziehung der Kinder von einem „Recht der Eltern" und nicht von einem „Recht der Mutter" spricht[480]. Genau aus diesem Grund wurde die heutige Fassung des § 1626a Abs. 1 und 2 BGB anhand einer Verfassungsbeschwerde vom Bundesverfassungsgericht gründlich überprüft.

Das Verfassungsgericht kam zu dem Entschluss, dass die heutige Fassung des § 1626a BGB verfassungskonform ist. Dies wurde unter anderem damit begründet, dass es zwar richtig ist, dass grundsätzlich beide Eltern die Träger des Elternrechts sind, zu berücksichtigen ist jedoch, dass alle Eltern in den Schutzbereich des Art. 6 Abs. 2 GG einbezogen sind. Die Einbeziehung aller Eltern in den Schutzbereich dieser Grundrechtsnorm bedeutet nicht, dass „allen Müttern und Vätern die gleichen Rechte im Verhältnis zu ihrem Kind eingeräumt werden müssen". Deshalb verstößt es nicht gegen das im Art. 6 Abs. 2 GG verankerte Elternrecht des mit der Mutter nicht verheirateten Vaters, dass sein Kind zunächst rechtlich allein der Mutter zugeordnet und ihr die Personensorge übertragen wird[481].

---

[477] BVerfG, FamRZ 2003, 285, 288.
[478] §§ 1592 Nr.2, 1594, 1599 Abs. 2 BGB.
[479] §§ 1592 Nr. 3, 1600d BGB.
[480] Art. 6 Abs. 2 GG.
[481] BVerfG, FamRZ 2003, 287.

Bei der Überprüfung der Verfassungskonformität ist noch ein weiterer Aspekt zu berücksichtigen: nämlich das Kindeswohl. Nach Ansicht der Verfassungsrichter verlangt das Kindeswohl danach, dass ein Kind ab seiner Geburt eine Person für rechtsverbindliche Handlungen hat. Angesichts der Unterschiedlichkeit der Lebensverhältnisse, in die außerhalb der Ehe geborenen Kinder hineingeboren werden, ist es gerechtfertigt, ein Kind bei seiner Geburt sorgerechtlich grundsätzlich der Mutter und nicht dem Vater oder beiden Elternteilen gemeinsam zuzuordnen, gerade wegen der biologischen Verbundenheit, die sich bereits vor der Geburt entwickelt hat und danach fortsetzt. Eine Beziehung zwischen der Mutter und dem Kind besteht bereits, die zum Vater müsste erst aufgebaut werden[482]. Die Mutter ist, so das Bundesverfassungsgericht, die einzige sichere Bezugsperson, die das Kind bei seiner Geburt vorfindet. Mit dieser Aussage wird die Frage beantwortet, ob es richtig ist, dass ein außerhalb der Ehe geborenes Kind grundsätzlich der Mutter zugeordnet wird.

Nun stellt sich die Frage, ob die Tatsache, dass das Gesetz die Erreichung der gemeinsamen Sorge bei unverheirateten Eltern an ihre Kooperationsbereitschaft (ihren Konsens) knüpft, der sich in Form einer Sorgeerklärung zeigt, auch verfassungskonform ist. Die Tatsache, dass der Vater die elterliche Sorge ohne Zustimmung der Mutter nicht erreichen kann, indem die Mutter de facto ein gewisses „Vetorecht"[483] hat, welches dem Vater den Weg versperrt, die elterliche Sorge auch gegen den Willen der Mutter zu erreichen[484], erscheint fragwürdig. Auch in diesem Fall greift das Verfassungsgericht als Argument für die Verfassungskonformität des § 1626a BGB (inklusive des Instituts der Sorgeerklärung) auf das Kindeswohl als Maßstab zurück. Jede Übernahme der elterlichen Verantwortung bedarf zweier Elemente: dem Aufbau einer persönlichen Beziehung zum Kind durch jeden Elternteil und ein Mindestmaß an Übereinstimmung zwischen den Eltern[485]. Wenn die Eltern weder bereit noch in der Lage sind, dieses Mindestmaß zu erfüllen, kann eine gemeinsame Sorge dem Kindeswohl widersprechen. Eine gegen den Willen eines Elternteils erzwungene gemeinsame Sorge wird regelmäßig mit mehr Nachteilen als Vorteilen für das Kind verbunden sein. Die aus der gemeinsamen Sorge resultierenden Konflikte können die Be-

---

[482] BVerfG, FamRZ 2003, 288.
[483] MünchKomm/Huber 2008, § 1626a Rn. 39
[484] Finger, FamRZ 2000, 1204, 1206.
[485] BVerfG, FamRZ 1995, 789; BVerfG, FamRZ 2003, 289.

ziehungsfähigkeit des Kindes beeinträchtigen und seine positive Entwicklung gefährden[486].

Bei Eltern, die zusammen leben, die beide bereit und in der Lage sind, die Elternverantwortung zu übernehmen, kann man in der Regel davon ausgehen, dass sie die elterliche Verantwortung auch gemeinsam übernehmen und diese Übernahme durch die Abgabe der Sorgeerklärung auch rechtlich absichern. Die dafür vorausgesetzte Kooperationsbereitschaft haben sie ja schon durch die gemeinsame tatsächliche Sorge für das Kind zum Ausdruck gebracht[487].

Jenen Eltern, die nicht zusammen leben, ist es überlassen, ob sie den Willen und die Kooperationsbereitschaft, welche für die gemeinsame Übernahme des Sorgerechts notwendig ist, zeigen. Sollte dies der Fall sein, können auch sie sich durch die Sorgeerklärung rechtlich absichern. Wie die Rechtspraxis zeigt, ist dies jedoch nicht immer der Fall. Ein Beispiel dafür ist der sog. Fall „Zaunegger gegen Deutschland", bei dem sich die unverheiratete Mutter weigerte, der Sorgeerklärung zuzustimmen, obwohl der Vater die elterliche Sorge bzw. ihre Einzelteile über Jahre tatsächlich ausgeübt hatte (zunächst rund drei Jahre während des gemeinsamen Haushalts und danach dann drei weitere Jahre, in denen die Tochter mit dem Einverständnis der Mutter bei ihm lebte)[488]. Das deutsche Recht gibt dem Vater keinen rechtlichen Weg, wie er das Vetorecht der Mutter einschränken, zumindest aber gerichtlich überprüfen lassen könnte. Dieser Ausschluss einer gerichtlichen Einzelfallprüfung stuft der EGMR i.S.v. Art. 14 i.V.m. Art. 8 EMRK als diskriminierend ein[489]. Das Problem ist dabei nicht die Tatsache, dass der unverheiratete Vater nicht automatisch sorgeberechtigt ist, sondern die unterschiedliche Behandlung des unverheirateten nicht sorgeberechtigten Vaters mit einem verheirateten bzw. geschiedenen Vater und sogar zum unverheirateten Vater, dem die gemeinsame Sorge aufgrund einer gemeinsamen Sorgeerklärung zusteht. Die Genannten können die Ausgestaltung der elterlichen Sorge gerichtlich überprüfen lassen, der unverheiratete nicht sorgeberechtigte Vater, dem die elterliche Sorge aufgrund des Vetorechts der Mutter ver-

---

[486] BVerfG, FamRZ 2003, 289.
[487] BVerfG, FamRZ 2003, 285, 288, 290.
[488] EGMR, Zaunegger v. Germany, 22028/04 vom 3.12.2009; Quelle für englisches Original des Urteils:
http://cmiskp.echr.coe.int/tkp197/view.asp?item=7&portal=hbkm&action=html&highlight=&sessionid=38794761&skin=hudoc-en
[489] EGMR, Zaunegger v. Germany, 22028/04 vom 3.12.2009.

schlossen bleibt, dagegen nicht. Für eine solche Ungleichbehandlung sieht der EGMR keine rechtliche Grundlage[490]. Diese Entscheidung kann nach sorgfältiger Überprüfung der gesamten Rechtslage (denn das angesprochene Urteil stellt eine Einzelfallentscheidung dar) dazu führen[491], dass man künftig eine gesetzliche Überprüfung des Vetorechts der Mutter in Betracht zieht bzw. sich auf die Suche nach anderen Lösungsvarianten für die angesprochene Problematik macht.

Beurteilt man das erwähnte Vetorecht der Mutter aus einer anderen Perspektive, kommt man zu dem Ergebnis, dass dieses „Vetorecht der Mutter" aus einem anderen Blickwinkel heraus sogar ein gewisses „Vetorecht des Vaters" ist. Es ist richtig, dass der Vater die elterliche Sorge ohne Zustimmung der Mutter nicht erreichen kann, was eine gewisse Diskriminierung des Vaters darstellt. Gleichzeitig muss aber auch gesagt werden, dass auch die Mutter alleine die gemeinsame Sorge nicht gegen den Willen des Vaters erzwingen und ihn in die Sorgeverantwortung einbeziehen kann[492]. Wenn der Vater die gemeinsame Sorge nicht will, bleibt die Mutter für das Kind alleine sorgerechtlich verantwortlich, weil ihr das Gesetz diese Position zuteilte, ohne dass sie sich (anders als der Vater) dieser Pflicht entziehen kann[493]. Es stellt sich nach alledem die Frage, warum die andere Seite dieser Medaille so selten als Argument vorgetragen und auch in der Literatur nur selten zu finden ist. Es gibt bestimmt auch einige alleinsorgeberechtigte Mütter, welche froh wären, die tägliche Last der elterlichen Sorge mit dem Vater teilen und ihn mit in die täglichen Verpflichtungen einbinden zu können, denn einmal in der Woche mit dem Kind im Rahmen des Umgangsrecht zu spielen, ins Kino oder in den Zoo zu gehen, ist für die betroffenen Väter viel angenehmer, als sich beispielsweise rund um die Uhr um ein erkranktes Kind kümmern oder mit ihm jeden Tag Hausaufgaben machen zu müssen[494].

---

[490] EGMR, Zaunegger v. Germany, 22028/04 vom 3.12.2009.
[491] Bundesministerium der Justiz beauftragte eine wissenschaftliche Untersuchung der Rechtslage. Das Ergebnis der Untersuchung soll Ende des Jahres 2010 vorliegen. Näher dazu in der Stellungnahme der Bundesjustizministerin vom 3.12.2009 zur Entscheidung Zaunegger versus Germany; Quelle:
http://www.bmj.bund.de/enid/350f95fcd71a30429eb2ffc8704d0aaf,c10daa706d635f6964092
d0936333930093a0979656172092d0932303039093a096d6f6e7468092d093132093a095f747
2636964092d0936333930/Pressestelle/Pressemitteilungen_58.html
[492] Coester, FamRZ 2007, 1143.
[493] BVerfG, FamRZ 2003, 289.
[494] Španhelová, Právo a rodina 5/2005, 2.

(6) Lösungsalternativen und daraus resultierende Probleme

Wie sich aus den bisherigen Abhandlungen ergibt, wird die gesetzliche Handhabung der elterlichen Sorge bei nicht miteinander verheirateten Eltern heutzutage aus verschiedenen Richtungen kritisiert (so von einem Teil der Literatur[495], von einigen Vätern und nunmehr auch durch den EGMR[496]). Im Mittelpunkt der Kritik steht jedoch nicht die grundsätzliche Zuordnung des außerhalb der Ehe geborenen Kindes zur Mutter. Im Vordergrund steht vielmehr das bereits angesprochene „Vetorecht der Mutter" zur gemeinsamen Sorge, welche, so lange nicht die Engriffsschwelle des § 1666 BGB erreicht ist, das Schicksal des Kindes alleine in ihren Händen hat[497]. Man fragt sich, welche alternativen Lösungen an Stelle der geltenden Fassung des § 1626a BGB in Frage kommen könnten.

Eine davon wäre, den unverheirateten Eltern die gemeinsame Sorge ex lege zuzusprechen. Beide Eltern hätten dann kraft Gesetzes die gleichen Rechte und wären vom Gesetz dazu verpflichtet, Kompromisse zu treffen. Es existiert außerdem jetzt schon eine abweichende Meinung, welche die Prämisse verfolgt, dass die Eltern zum Konsens im Interesse des Kindeswohls verpflichtet sind[498]. Man muss sich aber die Frage stellen, ob dieses Modell im täglichen Leben tatsächlich realisierbar wäre. Man könnte sich dies beispielsweise bei Eltern vorstellen, die zusammenleben, weil diese im Regelfall die tatsächliche Sorge täglich zusammen ausüben. Bei Schaffung der heutigen Regelung wollte man die gemeinsame Sorge der unverheirateten Eltern nicht an ein Zusammenleben der Eltern knüpfen[499]. In diesem Fall der gemeinsamen Sorge wäre zunächst zu prüfen, ob die Eltern des außerhalb der Ehe geborenen Kindes bei seiner Geburt tatsächlich zusammenleben und ob dieses Zusammenleben eine tragfähige, auf Dauer angelegte Basis für eine gemeinsame Sorge bieten kann[500]. Eine solche Zukunftsprognose kann jedoch keiner liefern. Sie nur von dem Zusammenleben der Eltern zum Zeitpunkt der Geburt ableiten zu wollen wäre unzuverlässig. Im Endeffekt kann man sagen, dass es viel effektiver ist, die geltende Regelung der

---

[495] Rauscher, 2008 Rn. 973; MünchKomm/Huber 2008, § 1626a Rn. 39; Staudinger/Coester 2007, § 1626a Rn. 33, 34; Richter, FPR 2004, 484 ff.
[496] EGMR, Zaunegger v. Germany, 22028/04 vom 3.12.2009.
[497] MünchKomm/Huber 2008, § 1626a Rn. 41.
[498] OLG Naumburg, FamRZ 2002, 564.
[499] Breithaupt, FPR 2004, 488.
[500] BVerfG, FamRZ 2003, 288.

Sorgeerklärung, welche den Eltern auch eine gewisse Autonomie verschafft, beizubehalten.

Noch schwieriger umzusetzen wäre diese Lösungsalternative bei jenen Eltern, die weder verheiratet sind noch zusammenleben. Bei ihnen kann man nicht einmal voraussetzen, dass sie zueinander ein zumindest neutrales und konfliktfreies Verhältnis haben, welches ein gewisses Fundament für eine Kooperationsbereitschaft in Bezug auf das gemeinsame Sorgerecht darstellt. Man muss sich in einem solchen Fall auch die Grundsatzfrage stellen, ob eine gemeinsame Sorge ex lege in diesem Fall überhaupt nützlich sein könnte. Letztendlich kann sich um das Kind wirklich effektiv nur derjenige Elternteil kümmern, bei dem das Kind lebt. Man fragt sich aber, wer entscheiden soll, bei wem das Kind lebt, wenn eine Kooperationsbereitschaft nicht vorausgesetzt werden kann. Außerdem muss man berücksichtigen, dass jeder Konflikt, der sich aus der gemeinsamen Sorge zwischen den Eltern entwickelt, das Kind belasten würde und höchstwahrscheinlich auch in den Konflikt einbeziehen würde. Aus dem Gesagten spürt man, dass auch diese Lösungsvariante keine würdige Alternative zur heutigen Regelung darstellt. Es kann und darf nicht der Sinn einer Regelung sein, welche in erster Linie dem Schutz des Kindes dienen soll, das Kind unnötigen Konflikten auszusetzen, auch wenn diese Befürchtungen nicht immer und in vollem Umfang eintreten mögen. Dass sie aber nicht nur ein billiges Argument sind, zeigt unter anderem die tschechische Rechtspraxis[501].

Auch die von Rauscher vorgeschlagene Lösung kann nur zum Teil überzeugen. Er vertritt die Meinung, dass die fehlende Möglichkeit, die Sorgeerklärung der Mutter zu ersetzen, ein sorgerechtliches Verweigerungsmonopol der Mutter darstellt, welches „...jedenfalls verfassungswidrig..." ist. Man könnte seiner Meinung nach § 1671 BGB als Vorlage nehmen, nach der die Mutter, die nicht kompromissbereit wäre, das Risiko eingehen müsste, ihre elterliche Sorge komplett zu verlieren[502]. Es ist richtig, zu beanstanden, dass das Gesetz keine Möglichkeit einräumt, den Willen der Mutter zu ersetzen. Eine Alternativlösung muss jedoch in allererster Linie garantieren, dass das Kindeswohl und sein Schutz nicht zu kurz kommen, denn das ist und bleibt der primäre Zweck der

---

[501] Vgl. Kapitel: Einblick in die Rechtspraxis, S. 144.
[502] Rauscher, 2008 Rn. 973.

sorgerechtlichen Regelungen[503]. Wenn eine Mutter dem Risiko ausgesetzt wird, ihre elterliche Sorge zu verlieren, kann dies nur dazu führen, dass die Mutter in aller Regel der gemeinsamen Sorge nur gezwungenermaßen zustimmen dürfte. Eine solche mehr oder weniger erzwungene Zustimmung würde damit jedoch nicht aus Einsicht und tiefer Überzeugung gegeben werden, vielmehr wird dadurch riskiert, dass die Mutter möglicherweise verbittert resigniert. Dieser Groll könnte sich auch auf das Kindeswohl negativ auswirken. Hiermit haben wir jetzt einen Punkt erreicht, an dem die Lösungsalternative am stärksten störend wirkt: Es fehlt nämlich die ernsthafte Auseinandersetzung damit, was eine solche Alternative für das Kind bringen würde bzw. ob das Kind dadurch sogar beeinträchtigt sein könnte. Es stellt sich daher die Frage, welche positiven Elemente und welche Vorteile eine derart erzwungene gemeinsame Sorge für das Kind mit sich bringt. Dass eine erzwungene gemeinsame Sorge die Kooperationsbereitschaft der Eltern fördert, ist offensichtliche eine naive Erwartungshaltung. Kooperationsbereitschaft kann kaum erzwungen werden. Die Schlussfolgerung aus dieser Lösungsvariante ist deshalb, dass sie keine echten Vorteile für das Kind bietet. Viel mehr ist zu befürchten, dass eine solche Lösung nur mehr Konfliktpotential zwischen den Eltern mit sich bringen würde, da man von Eltern, die sich nicht einmal freiwillig darauf verständigen können, die elterliche Sorge gemeinsam auszuüben, nicht ernsthaft erwarten kann, dass sie sich über die daraus resultierenden Pflichte und Rechte (vor allem über das Aufenthaltsrecht usw.) einigen werden.

(7) De lege ferenda

Wenn man die geltende Fassung des § 1626a BGB den verschiedenen Lösungsalternativen gegenüberstellt, kommt man zum Ergebnis, dass es doch Möglichkeiten gibt, wie man die geltende Fassung etwas verbessern könnte. Diese Verbesserung würde die Dominanz der unverheirateten Mutter (im Vergleich zur passiven Rolle des Vaters) etwas relativieren, ohne dabei das Kindeswohl und den Schutz des Kindes zu schwächen, was bei den erwähnten Lösungsalternativen immer wieder der Fall ist.

---

[503] EGMR, Zaunegger v. Germany, 22028/04 vom 3.12.2009.

(a) Alleinige Sorgeerklärung des Vaters

Eine solche Verbesserung der passiven Rolle des Vaters, welcher laut der geltenden Fassung des BGB nur eine minimale Chance hat, das Sorgerecht ohne die Kooperation der Mutter zu erhalten[504], könnte man in dem Fall erzielen, in dem man dem unverheirateten Vater die Möglichkeit gibt, die Sorgeerklärung alleine abzugeben. Eine gegenseitige Sorgeerklärung wäre nicht mehr erforderlich.

Die Mutter müsste dann der Sorgeerklärung zustimmen oder begründen, warum sie ihre Zustimmung verweigert. Im Falle einer Verweigerung müsste dann das Familiengericht ihre Begründung im Hinblick auf das Kindeswohl überprüfen (die vom EGMR verlangte Einzelfallprüfung)[505]. Wenn dabei festgestellt werden würde, dass im gegebenen Fall eine gemeinsame Sorge für das Kind vorteilhafter wäre (wenn dies dem Kindeswohl dienen würde) als die alleinige Sorge der Mutter, dann könnte das Gericht die Zustimmung ersetzen.

Bei der Schaffung der entsprechenden gesetzlichen Grundlage müsste man sicher stellen, dass der Maßstab einer gerichtlichen Entscheidung über die Verweigerungsgründe der Mutter zur gemeinsamen Sorge nicht das Recht des Vaters auf die Ausübung des Sorgerechts ist, sondern das Kindeswohl. Andernfalls wäre eine solche Gesetzesänderung aus der Sicht des Kindes eventuell kontraproduktiv.

(b) Abgabe der Sorgeerklärung vor der Zeugung des Kindes

Die nächste Lösungsvariante de lege ferenda hängt mit dem Zeitpunkt der Abgabe der Sorgeerklärung zusammen. Laut der heutigen Auslegung des § 1626b Abs. 2 BGB[506] ist die Abgabe der Sorgeerklärung ab der Zeugung[507] bis zum achtzehnten Lebensjahr des Kindes möglich. Wenn die Eltern die Sorgeerklärungen bereits vor der Geburt des Kindes abgeben, führt es (unter Berücksichtigung aller für eine wirksame Sorgeerklärung nötigen Voraussetzungen)[508] dazu,

---

[504] §§ 1666, 1678 Abs. 2, 1680 Abs. 3 mit 2 S 2.
[505] EGMR, Zaunegger v. Germany, 22028/04 vom 3.12.2009.
[506] Staudinger/Coester 2007, § 1626a Rn. 55.
[507] Staudinger/Coester 2007, § 1626e Rn. 2.
[508] Vgl. Kapitel: Voraussetzungen der Sorgeerklärung S. 91.

dass das Kind bereits mit der Geburt (ohne ein Zwischenstadium der Alleinsorge der Mutter) unter der gemeinsamen Sorge seiner Eltern steht[509].

De lege ferenda wäre die folgende Änderung des § 1626b Abs. 2 BGB sinnvoll: „Die Sorgeerklärung kann schon vor der Zeugung des gemeinsamen Kindes abgegeben werden". Diese scheinbar minimale Änderung hätte eine große Wirkung. Die Worte „vor der Zeugung des gemeinsamen Kindes" statt „vor der Geburt" würden die Väter aus der passiven Rolle herausholen. Sie wären dadurch vor dem Risiko geschützt, dass die Partnerin, mit der sie befreundet aber nicht verheiratet sind, vor der Schwangerschaft eine gemeinsame Sorge verspricht, wenn es aber so weit ist, ihr Versprechen nicht einhält. Die Partner hätten dadurch die Möglichkeit, eine gemeinsame Sorge und daraus resultierende Pflichten und Rechte rechtzeitig zu besprechen. Durch diese Gespräche würden auch beide Seiten merken, in wie weit der andere Partner für eine Kooperation bereit ist, womit man aber nicht ausschließen kann, dass einer der Partner diese Haltung später aus irgendeinem Grund ändern wird.

Man muss sich gleichzeitig die Frage stellen, was diese Änderung für das Institut der Vaterschaftsanerkennung bedeuten würde, die mit der Elternschaft als solcher sehr eng verbunden ist. Man müsste überlegen, ob es notwendig wäre, gesetzlich festzulegen, dass in solchen Fällen das gemeinsame Sorgerecht von der Vaterschaftsanerkennung abhängig ist, oder ob sich aus der teleologischen Auslegung des Gesetzes automatisch ergibt, dass die gemeinsame Sorge nur in Verbindung mit der Vaterschaftsanerkennung für das besagte Kind erlangt werden kann. Es wäre sinnvoll, dem § 1626b BGB einen zusätzlichen Absatz (oder vielleicht nur einen zusätzlichen Satz in § 1626b Abs. 2 BGB) hinzufügen, welcher regeln würde, dass die abgegebene Sorgeerklärung bis zur Vaterschaftsanerkennung schwebend unwirksam ist und erst ab dem Zeitpunkt der Vaterschaftsanerkennung bzw. Vaterschaftsfeststellung volle Wirksamkeit bekommt.

Nun stellt sich die Frage, ob es rechtlich möglich ist, eine Sorgeerklärung über ein Kind abzugeben, welches noch nicht einmal gezeugt ist. Veit vertritt die Meinung, dass ein non conceptus nicht ein Gegenstand einer Sorgeerklärung sein kann, da sonst eine solche Erklärung unter einer unzulässigen Bedingung (Eintritt der Empfängnis) stünde[510]. Es ist zwar richtig zu behaupten, dass die

---

[509] Palandt/Diederichsen 2010, § 1626b Rn. 2.
[510] § 1626b. Abs. 1 BGB.

Ungewissheit des Eintrittes einer Empfängnis eine Bedingung darstellt, jedoch keine Bedingung aus § 1626b Abs. 1 BGB. Wie Veit selbst richtig an einer anderen Stelle ihres Kommentars sagt, bezieht sich die Bedingungslosigkeit des § 1626b Abs. 1 BGB auf das Kindeswohl, damit keine Ungewissheit hinsichtlich der Betreuungs- und Vertretungskompetenz vorkommt[511]. Eine Sorgeerklärung vor dem Eintritt der Empfängnis bringt jedoch keine Ungewissheit hinsichtlich der Betreuungs- und Vertretungskompetenz mit sich, gefährdet auch das Kindeswohl nicht und bringt auch keine weiteren erkennbaren Probleme mit sich. Die einzige Schwierigkeit, wenn man es als solche bezeichnen will, ist die Möglichkeit, dass - wenn die erklärenden Partner kein gemeinsames Kind bekommen, bzw. vorher heiraten - die aus der Sorgeerklärung resultierenden Wirkungen nie zum Tagen kommen können.

Auch Coester ist der Meinung, dass sich eine Sorgeerklärung auf ein „bestimmtes Kind" beziehen muss. Er stützt seine Meinung auf das Argument, dass eine pauschale Erklärung über alle gemeinsamen Kinder aus Gründen der Klarheit im Rechtsverkehr unzulässig ist[512]. Im gleichen Atemzug sagt er aber, dass eine pränatale Sorgeerklärung, die für ein Kind abgegeben wurde, sich auch auf unerwartete Mehrlinge bezieht, da es dem mutmaßlichen Willen der Eltern wie auch dem Kindeswohl entspricht[513]. Die Sorgeerklärung, wie auch ihre Wirksamkeit, wird nicht nur daran gemessen, ob sie nur für ein bestimmtes Kind abgegeben wurde, sondern auch an dem „mutmaßlichen" Willen der Eltern und an dem Kindeswohl. Dass er eine Sorgeerklärung ablehnt, welche den „ausdrücklichen" (und nicht nur einen „mutmaßlichen") Willen beinhaltet, die gemeinsame Sorge auf alle gemeinsamen Kinder zu erstrecken, erscheint widersprüchlich. Am Kindeswohl, welches Coester bei unerwarteten Mehrlingen als weiteres Kriterium anführt, kann es nicht liegen.

Die erforderliche Diskussion zu diesem Thema endet an diesem Punkt nicht, sondern geht weiter. Man muss sich die Frage stellen, ob man ein Recht (bzw. ein „Zukunftsrecht") bezüglich „etwas" haben kann, das nicht existiert und von dem unklar ist, ob es überhaupt jemals existieren wird. Eine gewisse Hilfe bei der Suche nach einer Antwort gibt das Familienrecht selbst. Eine Eheschließung

---

[511] Bamberger/Veit 2008, § 1626b Rn. 3.
[512] Staudinger/Coester 2007, § 1626a Rn. 57, § 1626b Rn. 9.
[513] Staudinger/Coester 2007, § 1626b Rn. 9.

hat ja im Prinzip die gleiche Wirkung wie die angesprochene „allgemeine" oder sagen wir „pauschale" Sorgeerklärung über alle zukünftigen gemeinsamen Kinder (unabhängig davon, ob sie schon gezeugt sind oder nicht). Durch die Eingehung der Ehe „erhalten" die Eltern automatisch das gemeinsame Sorgerecht für alle Kinder, die während der Ehe geboren werden[514]. Auch hier muss das Kind im Zeitpunkt der Eheschließung noch nicht gezeugt worden sein. Das Recht auf das Sorgerecht besteht also schon vor der Zeugung, unabhängig davon, ob das Subjekt, auf das sich das Recht („Zukunftsrecht") bezieht, bereits besteht (Nasciturus), bestehen wird oder nie bestehen wird. An diesem Beispiel kann man sehen, dass das Familienrecht in der geltenden Fassung eine solche Lösung (nur in einer etwas anderen Form) bereits kennt und auf gewisse Weise auch zulässt.

Mit den Worten „gemeinsames Kind" in der neuen Formulierung des § 1626b Abs. 2 BGB („Die Sorgeerklärung kann schon vor der Zeugung des gemeinsamen Kindes abgegeben werden") würde man die mögliche Gefahr ausschließen, dass sich eine solche Sorgeerklärung auf alle Kinder, welche die Frau auf die Welt bringt, erstreckt. Davor wäre der Mann durch die bereits angesprochene Vaterschaftsanerkennung geschützt.

Bei der Abwägung aller positiven und negativen Aspekte einer solchen Änderung des § 1626b Abs. 2 BGB kommt man zum Ergebnis, dass sie relativ schnell durchführbar wäre und gerade den Männern, welche mit ihrer Partnerin Kinder planen und eine gewisse Sicherheit haben wollen, viel bringen würde. Die Position der Mutter wäre dadurch nicht geschwächt und vor allem das Kindeswohl wäre dadurch nicht beeinträchtigt, da es mit hoher Wahrscheinlichkeit manchen Paaren Konflikte ersparen würde bzw. sie davon abhalten würde, miteinander Kinder in die Welt zu setzen, ohne zu besprechen, was dies bedeutet und wer welche Verantwortung übernehmen wird.

(8) De lege lata (bei breiterer Gesetzesauslegung)

Wenn man zu dem Ergebnis kommt, dass eine Sorgeerklärung schon vor der Zeugung des Kindes hilfreich sein kann[515], fragt man sich, ob eine Gesetzesän-

---

[514] § 1626Abs. 1 S 1 und Umkehrschluss aus § 1626a Abs. 1 BGB.
[515] Vgl. Kapitel: Abgabe der Sorgeerklärung vor der Zeugung des Kindes, S. 112.

derung überhaupt notwendig ist oder ob diese Lösung nicht auch schon durch eine breitere Auslegung der geltenden Fassung der sorgerechtlichen Regelungen erzielt werden kann.

Die geltende Fassung des § 1626b Abs. 2 BGB besagt, dass die Sorgeerklärung schon vor der Geburt des Kindes abgegeben werden kann. Die Aussage „schon vor der Geburt" kann eng, aber auch breit ausgelegt werden, da das Gesetz keine genaue zeitliche Anfangsgrenze setzt, ab wann man die Sorgeerklärung frühestens abgeben kann. Dieses Fehlen eröffnet der Rechtsprechung den Spielraum für eine breite Auslegung.

Beim Blick in die Literatur entdeckt man ein mögliches Hindernis für den Vorschlag einer breiteren Auslegung der sorgerechtlichen Regelungen in der geltenden Fassung hinsichtlich der Abgabe einer Sorgeerklärung vor der Zeugung des Kindes. Es geht um die Feststellung der Elternschaft nach §§ 1591 ff. BGB, die z.B. Diederichsen zu den Wirksamkeitsvoraussetzungen einer Sorgeerklärung zählt[516]. Um feststellen zu können, ob diese Wirksamkeitsvoraussetzung vorliegt, ist zu prüfen, ob die Elternschaft schon vor der Zeugung feststeht bzw. festgestellt werden kann. Nachdem die gesetzliche Zuweisung der Mutterschaft grundsätzlich unproblematisch ist, könnte es bei der Feststellung der Vaterschaft Schwierigkeiten geben. Bei nicht miteinander verheirateten Eltern, die eine Sorgeerklärung zur Erreichung der gemeinsamen Sorge schon vor der Zeugung abgeben möchten, kann man in der Regel davon ausgehen, dass die Vaterschaft durch die Anerkennung festgestellt wird[517].

Deshalb stellt sich weiterhin die Frage, ob eine Anerkennung der Vaterschaft schon vor der Zeugung möglich ist. Gemäß § 1594 Abs. 4 BGB ist eine Anerkennung schon vor der Geburt zulässig. Eine zeitliche Anfangsgrenze wird jedoch nicht spezifiziert (ähnlich wie bei der Abgabe der Sorgeerklärung)[518]. Laut Diederichsen ist eine Anerkennung bei einer heterologen Insemination schon vor der Zeugung möglich[519]. Man könnte an dieser Stelle die Frage stellen, warum eine Abgabe der Sorgeerklärung vor der Zeugung nicht möglich sein sollte, wenn die juristische Praxis eine Anerkennung vor der Zeugung kennt und zulässt. Der Wortlaut des Gesetzes ist de facto identisch („die Sorgeerklärung kann

---

[516] Palandt/Diederichsen 2010, § 1626a Rn. 3.
[517] § 1592 Nr. 2 i.V.m. 1594 BGB.
[518] §§ 1594 Abs. 4 und 1626b Abs. 2 BGB.
[519] Palandt/Diederichsen 2010, § 1594 Rn. 9; Vgl. A. Roth: DNotZ 2003 S. 808.

schon vor der Geburt des Kindes abgegeben werden"[520] und „die Anerkennung ist schon vor der Geburt des Kindes zulässig"[521]).

Sollte dieser Vergleich (Sorgeerklärung und Vaterschaftsanerkennung) als Argument für die Zulassung der Sorgeerklärung vor der Zeugung noch nicht ausreichen, kann man zu der bereits erwähnten „Feststellung von Elternschaft"[522] (rechtliche Elternschaft[523]) zurückkehren, welche in der Literatur als Wirksamkeitsvoraussetzung der Sorgeerklärung eingestuft wird[524]. Die Praxis zeigt aber, dass die Beurkundungsstelle gemäß § 1626d Abs. 1 BGB keine Kontrolle der elterlichen Elternschaft durchführt[525]. Deshalb ist eine vor der Feststellung der rechtlichen Elternschaft abgegebene Sorgeerklärung bis zur Erreichung der rechtlichen Elternschaft schwebend unwirksam[526]. Nun stellt sich erneut die Frage, was einer breiten Auslegung der geltenden Fassung der sorgerechtlichen Regelungen, die eine Sorgeerklärung vor der Zeugung zulassen würde, im Weg steht. Sie kann ja bis zum Zeitpunkt der rechtlichen Elternschaft schwebend unwirksam bleiben und mit dem Zeitpunkt der Feststellung der rechtlichen Elternschaft volle Wirksamkeit erreichen.

d) Modelle der elterlichen Sorge

Wie bereits mehrmals erwähnt wurde, kennt das geltende Recht mehrere Sorgerechtsmodelle (gemeinsame Sorge, alleinige Sorge der Mutter, alleinige Sorge des Vaters). Maßgebend für die einzelnen Sorgerechtsmodelle ist die Ausgangsposition oder, anders formuliert, das rechtliche Verhältnis zwischen den Eltern. Prinzipiell gibt es zwei solche Ausgangspositionen: Die Eltern sind zum Zeitpunkt der Geburt des gemeinsamen Kindes miteinander verheiratet oder sie sind es nicht.

---

[520] § 1626b Abs. 2 BGB.
[521] § 1594 Abs. 4 BGB.
[522] Palandt/Diederichsen 2010, § 1626a Rn. 3.
[523] Staudinger/Coester 2007, § 1626a Rn. 40.
[524] Altrogge, FPR 2008, 154 ff; Palandt/Diederichsen 2010, § 1626a Rn. 3; Staudinger/Coester 2007, § 1626a Rn. 40.
[525] Zimmermann, DnotZ 1998, 404, 417.
[526] Staudinger/Coester 2007, § 1626a Rn. 40.

Wenn sie miteinander verheiratet sind, steht ihnen das Sorgerecht gemeinsam zu (gemeinsame Sorge). Sind sie es nicht, steht die elterliche Sorge grundsätzlich der Mutter alleine zu (Alleinsorge der Mutter)[527]. In dem zweiten Fall ist die Mutter als originäre Sorgerechtsinhaberin zu betrachten, da sie gemäß § 1591 BGB in aller Regel rechtlich feststeht, präsent ist und normalerweise auch sorgefähig ist. Ihr Sorgerecht tritt deshalb kraft Gesetzes bei der Geburt in Kraft. Das Kind benötigt ab dem Zeitpunkt der Geburt nicht nur Pflege, sondern auch eine rechtliche Vertretung (z.b. Namensbestimmung, Anmeldung beim Standesamt, Beantragung eines Kinderausweises, Verwaltung des Erbes und daraus entstandener Rechtsgeschäfte).

(1) Gemeinsame Sorge

Wie aus den bisherigen Kapiteln ersichtlich ist, ist das Modell der gemeinsamen Sorge kein „Privilegium" der miteinander verheirateten und geschiedenen Eltern, da auch die Eltern, welche zum Zeitpunkt der Geburt des gemeinsamen Kindes nicht miteinander verheiratet sind, in den „Genuss" dieses Sorgerechtsmodells kommen können. Das Gesetz sieht grundsätzlich drei Möglichkeiten vor, wie dies erreicht werden kann. Erstens durch die Abgabe der Sorgeerklärungen (§ 1626a Abs. 1 Nr. 1 BGB), zweitens wenn die Eltern später einander heiraten (§ 1626a Abs. 1 Nr. 2 BGB) und drittens durch den Antrag auf gemeinsame elterliche Sorge bei bisheriger Alleinsorge eines Elternteils (§ 1672 Abs. 2 BGB).

(a) Sorgeerklärungsmodell

Bei dem „Sorgeerklärungsmodell" beginnt die gemeinsame Sorge mit der Abgabe der beiden Sorgeerklärungen, welche aus der Sicht des Gesetzes zwei isolierte Teiltatbestände (da es sich um zwei einzelne Sorgeerklärungen handelt)

---

[527] § 1626a Abs.2 BGB.

sind, an deren Zusammentreffen und inhaltliche Übereinstimmung die gesetzliche Rechtsfolge anknüpft[528].

Für den Fall, dass die einzelnen Sorgeerklärungen nicht zur gleichen Zeit und nicht am gleichen Ort abgegeben werden, kann der Elternteil, der seine Sorgeerklärung bereits abgegeben hat, diese widerrufen bzw. ändern[529]. Dies kann er jedoch nur bis zu dem Zeitpunkt, zu dem der andere Elternteil seine Sorgeerklärung abgegeben hat[530], weil die Sorgeerklärungen ab dem Zeitpunkt der Abgabe der zweiten Sorgeerklärung bindend sind[531].

(b) Eingehung der Ehe

Auch die Eingehung der Ehe durch die Eltern führt zu deren gemeinsamer Sorge[532]. Demgemäß tritt an die Stelle der bisherigen Alleinsorge der Mutter (§ 1626a Abs. 2 BGB) bzw. an Stelle der nach § 1672 Abs. 1 BGB erlangten Alleinsorge des Vaters das gemeinsame Sorgerecht[533]. Die Rechtsfolge des § 1626a Abs. 1 Nr. 2 BGB (man beurteilt die sorgerechtliche Stellung der Eltern so, als wenn sie schon bei der Kindesgeburt miteinander verheiraten gewesen wären[534]) tritt jedoch nur dann ein, wenn bei der Eheschließung die Elternschaft beider Elternteile rechtlich festgestellt ist[535]. Dies ergibt sich mittelbar aus dem in § 1626a Abs. 1 BGB gewählten Wort „Eltern". Die angesprochene Rechtsfolge (gemeinsame Sorge) tritt jedoch nicht in vollem Umfang ein, wenn bei der Eingehung der Ehe bei einem Elternteil ein so genannter Disqualifikationsgrund vorliegt und zwar unabhängig davon, ob er auf der Seite des bisher sorgeberechtigten Elternteils vorliegt oder auf der Seite des neu hinzutretenden Elternteils.

Auf die Frage, welche Disqualifikationsgründe damit gemeint sind, kann man sagen, dass es sich grundsätzlich um Gründe handelt, die auf dem Gesetz beru-

---

[528] Staudinger/Coester 2007, § 1626a Rn. 53.
[529] Knittel, ZfJ 2000, 140.
[530] Palandt/Diederichsen 2010, § 1626a Rn. 4.
[531] Näher zu Sorgeerklärung – vgl. Kapitel: Sorgeerklärung S. 90 ff.
[532] § 1626a Abs. 1 Nr. 2 BGB.
[533] Coester-Waltjen, JURA 2005, 98.
[534] Staudinger/Coester 2007, § 1626a Rn. 15, 18.
[535] Vgl. dazu Kapitel: Gesetzliche Voraussetzungen an die Inhaber der elterlichen Verantwortung, S. 138.

hen. Zu diesen zählen vor allem die Geschäftsunfähigkeit[536] oder die tatsächliche Verhinderung[537]. In solchen Fällen wird das Sorgerecht nur insoweit wirksam, wie es nach dem Gesetz bei solchen Defiziten generell zulässig ist. Das heißt, dass der betroffene Elternteil zwar als Inhaber des Sorgerechts zu anzusehen ist, dieses aber nicht ausüben kann[538]. Die tatsächliche Ausübung des Sorgerechts liegt in einem solchen Fall deshalb nur bei dem anderen Elternteil.

(c) Antrag auf gemeinsame elterliche Sorge

Eine weitere Möglichkeit, welche zum Erreichen der gemeinsamen Sorge jener Eltern, die bei der Geburt des gemeinsamen Kindes nicht miteinander verheiratet waren, führen kann, stellt die Regelung des § 1672 Abs. 2 BGB dar. Diese Regelung beinhaltet einige gesetzliche Bedingungen bzw. Kriterien, deren Einhaltung für das Erreichen der gemeinsamen Sorge aufgrund einer positiven Entscheidung über den Antrag auf Erteilung der gemeinsamen elterlichen Sorge erforderlich ist.

Die erste Bedingung stellt die gerichtliche Entscheidung dar, anhand welcher dem, aufgrund des § 1626a Abs. 2 BGB bisher nicht sorgeberechtigtem Vater, die elterliche Sorge bzw. ein Teil der elterlichen Sorge übertragen wurde[539]. Die nächste Bedingung ist der Antrag eines Elternteils (sowohl des Vaters als auch der Mutter) an das Familiengericht auf die gemeinsame Sorge. Für einen solchen Antrag ist die Zustimmung des anderen Elternteils erforderlich, welche damit die nächste gesetzliche Bedingung darstellt. Die letzte, aber nicht weniger wichtige Bedingung stellt die gerichtliche Prüfung des Kindeswohls dar. Es handelt sich in diesem Fall um die so genannte negative Kindeswohlprüfung[540]. Die negative Kindeswohlprüfung, bei welcher die Änderung der elterlichen Sorge dem Wohl des Kindes nicht widersprechen darf, reicht in diesem Fall aus (gegenüber der positiven Kindeswohlprüfung des § 1672 Abs. 1 BGB), da das Kind einen weiteren Inhaber der elterlichen Sorge gewinnt. Außerdem bildet die bereits an-

---

[536] § 1673 Abs. 1 BGB.
[537] §§ 1674, 1678 Abs. 1 BGB.
[538] Staudinger/Coester 2007, § 1626a Rn. 21.
[539] § 1672 Abs. 1 BGB.
[540] Palandt/Diederichsen 2010, § 1672 Rn. 5.

gesprochene Bedingung der Zustimmung des anderen Elternteils eine gewisse Garantie, dass die Eltern fähig sind, zu Gunsten des Kindes miteinander zu kommunizieren und kooperieren, denn wie schon mehrmals betont wurde, stellt die Kooperationsbereitschaft eines der Hauptelemente der gemeinsamen elterlichen Sorge[541] aber auch die beste Voraussetzung für das Wohl des Kindes dar.

Die Nichterfüllung der angeführten Bedingungen führt dazu, dass der Antrag auf Erteilung der gemeinsamen elterlichen Sorge entweder als unzulässig (z.B. beim Fehlen der Zustimmung des anderen Elternteils) oder als unbegründet (falls dies dem Kindeswohl widersprechen sollte) zurückgewiesen wird[542].

(d) Wechselmodell

Das so genannte Wechselmodell stellt eine gewisse Alternative zum „klassischen Residenzmodell dar. In letzterem lebt das Kind überwiegend bei einem Elternteil[543]. Es hat also ein zuhause oder, anders ausgedrückt, einen einzigen Lebensmittelpunkt.

Das Wechselmodell könnte man als eine besondere Art der Ausübung der elterlichen Sorge charakterisieren, wobei die besondere Art der Ausübung in der wechselnden Versorgung des Kindes durch beide Elternteile liegt. Dies führt dazu, dass sich der Betreuungsschwerpunkt nicht ermitteln lässt[544].

Grundsätzlich gibt es zwei unterschiedliche Gestaltungsmöglichkeiten, wie ein solches Wechselmodell in der Praxis ausgeübt werden kann. Entweder lebt das Kind mal bei dem einen und mal bei dem anderem Elternteil (das „klassische Wechselmodell", manchmal auch Pendelmodell bzw. Doppelsitzmodell genannt) oder das Kind hat einen Lebensmittelpunkt, da es die ganze Zeit in einer Wohnung lebt (de facto ein Residenzmodell), und die Eltern kümmern sich abwechselnd für eine festgelegte Zeit in dieser Wohnung um das gemeinsame Kind. Ein solches Wechselmodell wird als auch als „Nestmodell"[545] bzw. „Vogelnestmodell"[546] bezeichnet.

---

[541] Veit 2005, S. 955 ff.
[542] Bamberger/Veit 2008, § 1672 Rn. 18.
[543] Gutjahr, FPR 2006, 301.
[544] OLG Koblenz, WF 547/08, juris.
[545] Bamberger/Veit 2008, § 1687 Rn. 3.

(i) Voraussetzungen des Wechselmodells

Die erste und damit auch wichtigste Voraussetzung für die Anwendung des Wechselmodells (da es ohne diese Voraussetzung nicht möglich wäre, das Wechselmodell zu verwirklichen) ist der Wille der Eltern, das Sorgerecht weiterhin zusammen auszuüben[547]. In diesem Fall können sie auf der Grundlage einer gegenseitigen Einigung das Wechselmodell ausüben, ohne sich eine staatliche Einwilligung holen bzw. fürchten zu müssen, dass der Staat in ihre Abmachung i.S.v. § 1666 BGB eingreift. Die Gerichte haben sich mit ihrer familiären Situation erst dann zu befassen, wenn ein Elternteil an der bisherigen Ausübung ihrer Regelung aus verschiedenen Gründen nicht mehr festhalten möchte[548].

Der Wille, die gemeinsame Sorge weiterhin gemeinsam auszuüben, ist außerdem auf ein gewisses Mindestmaß an Kompromissbereitschaft und Kooperationsbereitschaft der Eltern geknüpft, denn ohne sie wäre die Ausübung des Wechselmodells nur schwer vorstellbar[549], da die Mutter z.B. die Ansicht vertreten könnte, dass das Kind Klavierunterricht nehmen soll und es während ihrer Betreuungszeit auch dorthin bringt, der Vater hingegen aber lieber einen Fußballspieler haben möchte und mit dem Kind während seiner Betreuungszeit statt zum Klavierunterricht zum Fußballtraining geht.

Die weiteren Voraussetzungen bilden dann das Kindeswohl[550], wie auch der Wille des Kindes[551] (soweit ein Wechselmodell mit seinem Wohl vereinbar ist)[552], eine minimale Entfernung der Wohnorte der Eltern[553] und ein niedriges Konfliktpotential der Eltern[554].

---

[545] Staudinger/Coester 2007, § 1629 Rn. 328.
[546] Staudinger/Coester 2007, § 1629 Rn. 328.
[547] Jaeger, FPR 2005, 70, 72.
[548] Gutjahr, FPR 2006, 301.
[549] Eschweiler, FPR 2006, 306.
[550] OLG München, FamRZ 2007, 754.
[551] Luthin 2004, S. 246.
[552] BVerfG, FamRZ 1981, 124 ff.
[553] OLG Hamm, FamRZ 1999, 320, 321.
[554] OLG Dresden, FamRZ 2005, 125; OLG München, FamRZ 2007, 753.

(ii) Anwendung des Wechselmodells

Obwohl man oft als klassisches Beispiel für die Anwendung des Wechselmodells die sorgerechtliche Ausgestaltung nach der Scheidung anführt, ist das nicht die einzige Fallkonstellation, bei der es zur Anwendung eines Wechselmodells in der Praxis kommen kann. Wie bereits erwähnt wurde, ist eine gemeinsame elterliche Sorge kein Privileg der verheirateten Eltern. Zur Anwendung eines Wechselmodells kann es dann kommen, wenn sich die Eltern trennen, die bisher beide sorgeberechtigt waren, und zwar unabhängig davon, ob sie miteinander verheiratet waren oder nicht.

Das Weiterbestehen der gemeinsamen Sorge nach der Trennung der Eltern (statt der Alleinsorge eines Elternteils) wird oft im Hinblick auf das Kindeswohl als die bessere Lösungsalternative präsentiert, obwohl es dafür weder eine kinderpsychologisch noch familiensoziologisch gesicherte empirische Forschungsgrundlage gibt[555]. Vielmehr gibt es Hinweise dafür, dass das Weiterbestehen der gemeinsamen Sorge in „außerordentlich vielen Fällen" nicht der Überzeugung und dem Willen des betroffenen Elternteils entspricht, sondern eher durch tatsächliche Umstände erzwungen wurde[556].

(iii) Ausübung des Wechselmodells

Bei einem echten Wechselmodell wird das Kind hälftig (also in etwa gleich langen Phasen) von der Mutter und vom Vater betreut, wobei man nicht sagen kann, bei welchem der Elternteile der Schwerpunkt der elterlichen Sorge liegt[557]. Der Zeitraum, in dem sich das Kind bei den einzelnen Elternteilen aufhält, bzw. in dem sich diese wechselweise um das Kind kümmern (Nestmodell), kann besonders in Bezug auf das Alter des Kindes variieren.

---

[555] Kaiser, FPR 2008, 144.
[556] Flügge, FPR 2008, 135, 136.
[557] BGH, FamRZ 2006, 1015, 1016.

(iv) Vorteile und Nachteile des Modells

Damit tauchen einige Probleme auf, so z.B. die Schwierigkeit, festzulegen, welcher der beiden Elternteile den gewöhnlichen Aufenthalt festlegt bzw. wer die Alltagsangelegenheiten des Kindes übernehmen soll. Die in der Literatur oft vertretene Meinung besagt, dass Pflichten und Rechte der Eltern mit dem Kind wechseln, also dass der jeweils betreuende Elternteil diese übernimmt[558]. Diese Ansicht ist nicht unproblematisch und zeigt nicht nur die Grundprobleme des Wechselmodells auf, sondern weist auch auf mangelnde Konsequenz des Gesetzes hin, da es grundsätzlich nicht dazu kommen soll, den Eltern ein Wechselmodell anzubieten, ohne dabei festzulegen, welcher der beiden Elternteile im Zweifelsfall entscheiden soll, falls sich die Eltern nicht einigen können. Wenn man den oben geschilderten Fall (Klavierunterricht versus Fußball) wieder aufgreift, wird die Methode, dass die Entscheidungsbefugnis mit dem Kind hin und her wechselt, dazu führen, dass das Kind je nach Länge der Betreuungszeit des jeweiligen Elternteils (jede Woche, jeden Monat, jedes halbe Jahr) ein anderes Hobby ausüben wird. In solchen Zweifelsfällen könnte man versuchen, den § 1628 S 1 BGB als Lösung für diesen Fall heranzuziehen. Es stellt sich dann die Frage, anhand welchen Maßstabes das Gericht entscheiden soll, welchem Elternteil die Entscheidung darüber zustehen soll, ob das Kind zum Fußballtraining oder zum Klavierunterricht geht. Außerdem ist unklar, ob eine solche Entscheidung überhaupt das gesetzliche Kriterium der „Angelegenheit von erheblicher Bedeutung" erfüllen würde[559].

Dies ist jedoch nicht der einzige feststellbare Nachteil des Wechselmodells[560]. Der nächste ist der ständige Wechsel des Lebensmittelpunkts des Kindes, was für das Kind sehr belastend sein kann[561]. Das ist auch der Grund dafür, warum gerade ältere Kinder das Wechselmodell oft ablehnen[562], was hoch interessant ist, da es sich hierbei um Kinder handelt, welche sich schon eine eigene Meinung bilden können und die nicht mehr nur die unkritisch übernommene Mei-

---

[558] Kloster-Harz, FPR 2008, 131; Schwab/Motzer 5 Aufl. 2004, III. Rn. 51; Staudinger/Coester 2009, § 1671, Rn. 145.

[559] § 1628 S 1 BGB.

[560] Vgl. Kapitel: Vorteile und Nachteile des Modells im Abschnitt Tschechische Republik, S. 160, da die Nachteile de facto identisch sind.

[561] Staudinger/Coester 2009, § 1671 Rn. 145.

[562] Fichtner, Salzgeber, FPR 2006, 281; Limbach 1989, S. 43, 72 ff.

nung der Erwachsenen weitergeben. Sie sind auch nicht mehr so leicht beeinflussbar und lassen sich von einer Aussage wie z.B. „Es ist doch super, dass du mal bei Papa und mal bei Mama wohnen kannst" nicht mehr beeindrucken. Es steht doch außer Zweifel, dass das permanente Umziehen, welches mit einem ständigen Packen der Sachen verbunden ist, sogar einen Erwachsenen mit der Zeit erschöpfen würde. Sehr kritisch nimmt dazu Schellhammer Stellung, wenn er sagt, dass es nicht dem Kindeswohl entsprechen kann, ständig „wie ein Vagabund zwischen zwei Haushalten hin- und herzuziehen". Deshalb vertritt er die Ansicht, dass es besser ist, dass das Kind seinen ständigen Aufenthalt bei einem Elternteil hat[563]. Die Sensibilität der Kinder soll und darf nicht zu stark strapaziert werden. Auch das Argument, dass Kinder relativ problemlos sind und einiges leicht wegstecken können, stimmt nicht immer. Kinder merken und spüren ganz genau, was in ihrem Umfeld passiert, und es beschäftigt sie, obwohl sie es sich nicht immer gleich anmerken lassen bzw. es aus verschiedenen Gründen nicht zeigen wollen und aussprechen können.

Deshalb ist es wichtig, dass man alle möglicherweise negativen Auswirkungen eines Wechselmodells auf das Kind ernst nimmt[564], da es noch keine hinreichend gesicherten Erkenntnisse gibt[565], welche psychischen Auswirkungen die Praktizierung des Wechselmodells über längere Zeit auf die Entwicklung des Kindes hat bzw. haben kann.

Fraglich ist, ob all diese Nachteile allein durch den Vorteil, dass beide Eltern weiterhin das Kind versorgen, aufgewogen werden können. Die Alleinsorge mit gut funktionierendem Umgangsrecht ist dann möglicherweise die bessere Variante, da auch sie alle Vorteile, welche das Wechselmodell mit sich bringt (relativ enger Kontakt des Kindes mit dem nicht betreuenden Elternteil), bieten kann, ohne dass es derartige Unklarheiten gibt, welcher Elternteil die Alltagsangelegenheiten übernimmt und dabei die notwendigen Entscheidungen trifft. Auch reißt man das Kind nicht aus seinem Umfeld, sondern gibt ihm einen Lebensmittelpunkt und das Gefühl, zu Hause zu sein, was für es wichtig ist[566]. Aus all diesen Gründen ist es schwer vorstellbar, dass das Wechselmodell langfristige Erfolgschancen haben wird.

---

[563] Schellhammer, Familienrecht 2004 Rn. 1156.
[564] OLG Brandenburg, FamRZ 2003, 1949.
[565] Balloff, FPR 2006, 287.
[566] Unzner, FPR 2006, 277.

(2) Alleinsorge der Mutter

Mit Blick auf die in § 1626a Abs. 2 BGB beinhaltete Regelung könnte man sagen, dass die Alleinsorge der Mutter eine gewisse Restklausel darstellt. Sie tritt dann ein, wenn die Eltern bei der Geburt des Kindes nicht miteinander verheiratet waren und später weder einander heiraten noch eine Sorgeerklärung abgeben, da es kein originäres gemeinsames Sorgerecht für nicht miteinander verheiratete Eltern gibt. Selbst wenn die unverheiratete Mutter während der Geburt stirbt, erhält der Vater das Sorgerecht nicht automatisch. Es kann allenfalls durch einen Gerichtsentscheid auf ihn übertragen werden[567].

Der Sinn und Zweck einer solchen gesetzlichen Konstruktion ist es, zu vermeiden, dass eine gemeinsame Sorge der nicht miteinander verheirateten Eltern gegen den Willen eines Elternteils erreicht werden kann, weil man bei ihnen nicht automatisch davon ausgehen kann (anders als bei miteinander verheirateten Eltern), dass sie ein gewisses Maß an Einigkeit, Kooperationsfähigkeit und notwendiger Bereitschaft besitzen[568], was für eine erfolgreiche Ausübung einer gemeinsamen elterlichen Sorge notwendig wäre[569]. Deshalb traf man die Entscheidung, in solchen Fällen nur einen Elternteil mit der elterlichen Sorge auszustatten.

Man kann sich aber fragen, warum gerade die Mutter die begünstigte ist. Das hängt zum Teil auch damit zusammen, dass man bei der Überlegung, welchem Elternteil die Alleinsorge grundsätzlich anvertraut werden soll, auch darauf achtete, eine praktische und plausible Lösung zu finden. Nachdem die elterliche Sorge mit der Geburt des Kindes beginnt, und weil das Kind sofort nach der Geburt Pflege und rechtliche Vertretung braucht, bot es sich an, der Mutter die Alleinsorge anzuvertrauen, da es letztendlich sie ist, die das Kind auf die Welt bringt, wodurch sie auch von Anfang an beim Kind ist. Außerdem ist es die Mutter, die letztendlich schon von der Natur dazu präjudiziert wurde (zumindest deutlich besser als ein Mann), sich zumindest in der ersten Zeit um das neugeborene Kind zu kümmern.

---

[567] Löhnig 2001, Rn. 72.
[568] Coester, FPR 2005, 62.
[569] Wanitzek, FamRZ 2008, 933.

Die aus der gesetzlichen Konstruktion des § 1626a BGB resultierende einzigartige Position der unverheirateten Mutter im Rahmen der elterlichen Sorge[570], scheint jedoch für manche Väter und ihre Fürsprecher unangemessen und sogar verfassungswidrig zu sein[571], was dazu führte, dass sich auch das Verfassungsgericht mit der Position der unverheirateten Mutter beschäftigen musste. Das Ergebnis der verfassungsrechtlichen Untersuchung konnte aber die Besorgnisse der Kritiker nicht bestätigen[572]. In Zukunft ist jedoch eine gewisse Änderung der gesetzlichen Konstruktion der Alleinsorge vorstellbar[573].

(3) Alleinsorge des Vaters

Das nächste Sorgerechtsmodell stellt die „Alleinsorge des Vaters" dar. Das BGB hat dieses Modell nicht als Ausgangsmodell vorgesehen. Die Alleinsorge des Vaters ist daher im BGB nicht direkt erwähnt und nicht geregelt, wobei es einige gesetzliche Möglichkeiten gibt, dieses Modell der elterlichen Sorge zu erreichen.

(a) Alleinsorge des Vaters gemäß Antragstellung (§ 1671 und § 1672 BGB)

Der sozusagen klassische Weg, um die Alleinsorge des Vaters zu erreichen, ist der Antrag auf eine „entsprechende Entscheidung" gemäß § 1671 Abs. 1 bzw. § 1672 Abs. 1 BGB. Mit den Worten „auf entsprechende Entscheidung" wird ausgedrückt, dass ein solcher Antrag inhaltlich sehr unterschiedlich ausfallen kann. Es kann damit die alleinige Sorge des Vaters erreicht werden, aber auch eine so genannte „geteilte Sorge", manchmal auch „partielle Alleinsorge" genannt[574], welche im Prinzip ein weiteres Sorgerechtsmodell darstellt, in dem der eine Elternteil die Personensorge übernimmt und der andere Elternteil dann die Vermögenssorge.

---

[570] Vgl. dazu auch Kapitel: Sorgeerklärung, S. 90.
[571] Vgl. Kapitel: Verfassungsmäßigkeit der Regelung, S. 105.
[572] BVerfG, FamRZ 2003, 285 ff.
[573] Vgl. Kapitel: De lege ferenda, S. 111 ff.
[574] Schwab, 17. Aufl. 2009, Rn. 753.

Wenn man § 1671 BGB und § 1672 BGB miteinander vergleicht, sieht man, dass sie von Grund auf unterschiedlich sind, da sie auch zwei völlig unterschiedliche Ausgangssituationen behandeln: § 1671 BGB geht davon aus, dass beide Eltern Inhaber der elterlichen Sorgen waren, bei § 1672 BGB hingegen hatte die Mutter die Alleinsorge.

Waren die Eltern bisher beide sorgeberechtigt, ist zur Erlangung der Alleinsorge des Vaters entweder die Zustimmung der Mutter (außer das Kind, welches das 14. Lebensjahr vollendet hat, widerspricht der Zustimmung)[575] oder es ist das Kindeswohlinteresse für die Aufhebung der gemeinsamen Sorge[576] erforderlich. Bei der bisherigen Alleinsorge der Mutter sind dagegen die Zustimmung der Mutter und das Interesse des Kindeswohles für die Übertragung des Sorgerechts auf den Vater erforderlich[577].

Das Wort „oder" sowie das Wort „und" zwischen den beiden Bedingungen (die Zustimmung der Mutter und das Kindeswohlinteresse) deuten auf den Hauptunterschied hin, wonach im Fall des § 1671 Abs. 2 Nr. 1 BGB die Zustimmung der Mutter zur Erlangung der Alleinsorge des Vaters nicht dringend erforderlich ist, da sie durch das in § 1671 Abs. 2 Nr. 2 BGB beinhaltete Kindeswohlskriterium ersetzt werden kann. Dies ist dagegen im Falle des § 1672 Abs. 1 BGB nicht möglich, da die Bedingung der Zustimmung der Mutter hier eine Hürde bildet, die nicht umgangen werden kann.

Das Kindeswohlkriterium ist in diesen beiden Fällen etwas anders auszulegen. Der Kindeswohlmaßstab des § 1672 Abs. 1 S 2 BGB ist als „besonders strenger Prüfungsmaßstab" angesetzt, demgemäß es nicht genügt, dass die Erlangung der Alleinsorge des Vaters kindeswohlneutral wäre, sondern eine solche Übertragung der elterlichen Sorge auf den Vater für das Kind vorteilhaft sein muss. Bestehen daran Zweifel, dass die Alleinsorge des Vaters dem Kind Vorteile bringt, ist der Antrag auf die Alleinsorge des Vaters abzulehnen[578]. Im Übrigen sind die Kindeswohlkriterien dieselben wie bei der Kindeswohlprüfung nach § 1671 Abs. 2 Nr. 2 BGB[579].

---

[575] § 1671 Abs. 2 Nr. 1 BGB.
[576] § 1671 Abs. 2 Nr. 2 BGB.
[577] § 1672 Abs. 1 BGB.
[578] BT – Drucks 13/4899, 101.
[579] Bamberger/Veit 2008, § 1672 Rn. 6.

Nun stellt sich die Frage, welche Kriterien unter den Kindeswohlmaßstab des § 1671 Abs. 2 Nr. 2 BGB fallen, die zur Aufhebung der gemeinsamen Sorge und zur nachträglichen Zuweisung der Alleinsorge an den Vater führen. Als Beispiel kann man die Gewaltanwendung eines Elternteils gegenüber dem anderen Elternteil nennen[580], wie auch den Hass zwischen den Eltern[581] (nicht aber die tiefe bzw. heillose Zerstrittenheit der Eltern, denn diese besagt nach Ansicht des BGH nichts über die Unfähigkeit der Eltern, zu einer kindeswohlverträglichen Lösung zu gelangen[582]), das absolute Fehlen der Kommunikation zwischen ihnen[583], die wechselseitige Bezichtigung der Lüge[584], die Verletzung der Ehre von Seite des anderen Elternteils[585], die fehlende Tragfähigkeit der sozialen Beziehung der Eltern[586], wobei diese Aufzählung keineswegs als abschließend bezeichnet werden kann. Wenn man die aufgezählten Beispiele ansieht, fällt einem auf, dass es sich lediglich um verschiedene Arten des Fehlverhaltens zwischen den Eltern handelt, nicht aber um das Fehlverhalten eines Elternteils gegenüber dem Kind. Das ist richtig, denn ein Fehlverhalten eines Elternteils gegenüber dem Kind (egal ob es sich um Gewaltanwendung, Misshandlung[587], Vernachlässigung[588] bzw. eine andere für das Kindeswohl schädliches Verhalten handelt) fällt grundsätzlich unter die Regelung des § 1666 bzw. des § 1666a BGB[589].

(b) Weitere Möglichkeiten zur Erreichung der Alleinsorge des Vaters

Die bereits behandelte Antragstellung gemäß § 1671 Abs. 1 bzw. § 1672 Abs. 1 BGB bildet jedoch nicht den einzigen Weg, der zur Erreichung der Alleinsorge des Vaters führen kann. Alle Varianten sind jedoch mit weiteren speziellen gesetzlichen Bedingungen verbunden.

---

[580] Kindler, FPR 2008, 141.
[581] OLG Frankfurt, FamRZ 2004, 1311.
[582] BGH, NJW 2005, 2080, Vgl. OLG Köln, FamRZ 2009, 62.
[583] OLG Dresden, FamRZ 2002, 973.
[584] OLG Hamm, FamRZ 2007, 757, 758.
[585] OLG Frankfurt, OLGR 2007, 939.
[586] BVerfG, NJW – RR 2004, 577, 578.
[587] Vogel, FPR 2005, 66.
[588] Maywald, FPR 2003, 299 ff.
[589] Bamberger/Veit 2008, § 1671 Rn. 27.

(i) Fehlverhalten des sorgeberechtigten Elternteils gegenüber dem Kind

Die nächste gesetzliche Bedingung, die zur Aufhebung bzw. Beschränkung der Alleinsorge der Mutter und im nächsten Schritt zur Übertragung der elterlichen Sorge auf den Vater führen kann, stellt ein Fehlverhalten der Mutter gegenüber dem Kind i.S.v. § 1666 BGB dar[590], welches zur Kindeswohlgefährdung führt (z.B. die Gewaltanwendung gegen das Kind, die körperliche, geistige und seelische Misshandlung[591] des Kindes oder die Vernachlässigung der elterlichen Sorge, vor allem die Vernachlässigung der Pflege des Kindes und andere[592]).

Die a.F. des § 1666 BGB löste die interessante Diskussion darüber aus, ob die gerichtliche Maßnahme i.S.v. § 1666 Abs. 1 BGB a.F. zum Entzug der Ausübung der elterlichen Sorge oder zum Entzug der Substanz der elterlichen Sorge führt. Laut Michalski führte ein Fehlverhalten des Elternteils i.S.v. § 1666 Abs. 1 BGB a.F. zum Entzug der Ausübung der elterlichen Sorge, nicht aber zum Entzug der Substanz des Sorgerechts[593]. Eine andere Auffassung vertrat Veit, indem sie sagte, dass ein derartiges Fehlverhalten nicht nur zum Entzug der Ausübung des Sorgerechts führt, sondern auch der Substanz[594].

Mehr Licht in diese Diskussion brachte die neue Fassung des § 1666 BGB[595]. In § 1666 Abs. 3 Nr. 6 BGB wird zwar nicht vom Entzug der Ausübung der elterlichen Sorge, sondern nur vom Entzug der elterlichen Sorge gesprochen, was bei einer strengen sprachlichen Auslegung für die Ansicht sprechen würde, dass bei dem angesprochenen Entzug die elterliche Sorge auch in ihrer Substanz entzogen wird. Betrachtet man aber den § 1696 Abs. 2 BGB, wonach das Familiengericht die Maßnahmen nach §§ 1666 bis 1667 BGB aufzuheben hat, wenn eine Gefahr für das Kindeswohl nicht mehr besteht, kommt man erneut ins Grübeln. Bei länger andauernden Maßnahmen ist das Gericht hierbei aufgefordert, das weitere Bestehen der Berechtigung in angemessenen Zeitabständen (in der Regel nach drei Monaten) zu überprüfen und diese aufzuheben, falls keine Gefahr mehr für das Wohl des Kindes besteht.[596] Man stellt sich dann die Frage, wie das

---

[590] Palandt/Diederichsen 2010, § 1672 Rn. 1.

[591] Weinreich-Klein/Ziegler 2008, § 1666 Rn. 13.

[592] Näher dazu in Kapitel: Entziehung der elterlichen Sorge bzw. Verantwortung, S. 218 und 229.

[593] Erman/Michalski 2008, § 1666 Rn. 15.

[594] Bamberger/Veit 2008, § 1666 Rn. 23.

[595] Seier, FPR 2008, 483.

[596] Fellenberg, FPR 2008, 125ff; Veit, FPR 2008, 598 ff.

Gericht die Maßnahmen aufheben könnte, wenn es vorher nicht nur die Ausübung der elterlichen Sorge aberkannt hat, sondern auch die Substanz der elterlichen Sorge, denn hierdurch könnte es im Endergebnis zu einer Wiederbelebung oder sogar zu einer Neuerlangung der Substanz der elterlichen Sorge führen. Aus dieser Sicht erscheint weiterhin die Darlegung von Michalski, dass es sich beim Entzug der elterlichen Sorge i.S.v. § 1666 Abs. 3 Nr. 6 BGB nur um den Entzug der Ausübung der elterlichen Sorge und nicht um den Entzug der Substanz der elterlichen Sorge handelt, als richtig und nachvollziehbar. Festzuhalten ist aber, dass das Gesetz in § 1666 Abs. 3 Nr. 6 BGB nur von der „elterlichen Sorge" und nicht von der „Ausübung der elterlichen Sorge" spricht, was man i.V.m. § 1696 Abs. 2 BGB als einen konzeptionellen Fehlgriff des Gesetzes bezeichnen kann.

Diese Diskussion ändert letztendlich nichts an der gesetzlich vorgesehenen Möglichkeit, nach dem Entzug des Sorgerechts (im gegebenen Fall dem Entzug des Sorgerechts der Mutter) dem bisher nicht sorgeberechtigten Vater das Sorgerecht (bzw. einen Teil der elterlichen Sorge) anhand einer Entscheidung des Familiengerichts gemäß § 1680 Abs. 3 Var. 2 i.V.m. Abs. 2 S 2 BGB zuzusprechen[597]. Als Maßstab für die gerichtliche Entscheidung kommt die Kindeswohldienlichkeit, also die sog. positive Kindeswohlprüfung[598] in Frage.

(ii) Andere Disqualifikationsgründe auf Seiten des sorgeberechtigten Elternteils

Weitere Möglichkeiten, die zur Erlangung der Alleinsorge des Vaters führen können, sind die so genannten Disqualifikationsgründe auf Seiten der allein sorgenden Mutter. Dazu zählen vor allem der Tod bzw. die Todeserklärung der allein sorgenden Mutter und das Ruhen der elterlichen Sorge bei diesem Personenkreis, wobei die Tatsache, ob die elterliche Sorge aus rechtlichen oder tatsächlichen Gründen ruht, dabei keine Rolle spielt.

---

[597] MünchKomm/Olzen 2008, § 1666 Rn. 182.
[598] Staudinger/Coester 2007, § 1626 Rn. 52.

α) Tod bzw. Todeserklärung der allein sorgenden Mutter

Der Tod der nach § 1626a Abs. 2 BGB allein sorgenden Mutter gibt dem bisher nicht sorgeberechtigten Vater eine Chance auf die Erlangung der Alleinsorge (es besteht kein automatischer Wechsel des Sorgerechts auf den Vater), wobei es keine Rolle spielt, ob der Tod der Mutter nach § 1680 oder nach § 1677 BGB (Todeserklärung) beurteilt wird[599].

Die Übertragung des Sorgerechts[600] auf den Vater kann erst nach einem positiven Ergebnis einer positiven Kindeswohlprüfung (Kindeswohldienlichkeit) stattfinden, da unter anderem auch geprüft werden muss, ob der Vater als Bezugsperson des Kindes nicht völlig fehl am Platz ist[601]. Positiv für den Vater wird die Prüfung der Kindeswohldienlichkeit vor allem dann ausfallen, wenn festgestellt wird, dass er über einen längeren Zeitraum zwar nicht in rechtlicher, dafür aber in tatsächlicher Hinsicht die elterliche Sorge wahrgenommen hat[602]. Wenn die Mutter aufgrund der § 1671 Abs. 1 BGB allein sorgeberechtigt war, darf die Übertragung des Sorgerechts auf den Vater dem Wohl des Kindes nicht widersprechen[603].

β) Ruhen der elterlichen Sorge der allein sorgenden Mutter

Auch das Ruhen der elterlichen Sorge der allein sorgeberechtigten Mutter kann zur Erlangung der Alleinsorge des Vaters führen, wobei die Tatsache, ob das Ruhen der allein sorgenden Mutter auf rechtlichen oder tatsächlichen Gründen basiert, nicht entscheidend ist.

Die elterliche Sorge ruht gemäß § 1673 Abs. 1 i. S. v. § 104 Nr. 2 BGB aus rechtlichen Gründen, wenn der Inhaber (in diesem Fall die allein sorgende Mutter) geschäftsunfähig ist, wobei auch eine partielle Geschäftsunfähigkeit, die sich auf die elterliche Sorge bezieht, zum Ruhen der elterlichen Sorge genügt[604]. Ein Ruhen der elterlichen Sorge aus rechtlichen Gründen ergibt sich unmittelbar

---

[599] Rotax, FPR 2008, 151.
[600] Vgl. dazu Kapitel: Tod eines Elternteils, S. 242.
[601] Erman/Michalski 2008, § 1680 Rn. 4.
[602] BVerfG, FamRZ 2006, 385 ff; Jaeger, FPR 2007, 101ff.
[603] § 1680 Abs. 2 S 1 BGB.
[604] Staudinger/Coester 2007, § 1626 Rn. 49; Wellenhofer 2009, § 32 Rn. 26.

aus dem Gesetz. Anders ist es bei dem Ruhen aus tatsächlichen Gründen. Hier ist eine gerichtliche Feststellung erforderlich[605]. Zu tatsächlichen Gründen, die zum Ruhen der elterlichen Sorge der allein sorgenden Mutter führen, zählt man z.B. den unbekannten Aufenthalt, die Auswanderung, unheilbare psychische Erkrankungen[606] und einen Gefängnisaufenthalt[607].

Damit das Ruhen der bisher nach § 1626a Abs. 2 BGB allein sorgenden Mutter zur Übertragung des Sorgerechts auf den Vater führen kann, müssen gemäß § 1678 Abs. 2 BGB noch zwei weitere gesetzliche Voraussetzungen erfüllt sein, da diese Norm keinen automatischen Wechsel zur Alleinsorge des Vaters vorsieht. Erstens darf keine Aussicht bestehen, dass der Grund des Ruhens wegfallen wird und zweitens muss eine solche Übertragung dem Wohl des Kindes dienen[608]. Auch dabei handelt es sich also um eine positive Kindeswohlprüfung[609]. War die Mutter bisher dank § 1671 Abs. 1 BGB allein sorgeberechtigt und tritt jetzt bei ihr die Verhinderung bzw. das Ruhen der elterlichen Sorge ein, so wird die Übertragung der elterlichen Sorge auf den Vater von einer positiven Kindeswohlprüfung abhängig gemacht und nach § 1696 Abs. 1 BGB entschieden[610].

e) Kindeswille als gesetzliches Kriterium der gerichtlichen Entscheidung über die Ausgestaltung der elterlichen Sorge

Neben den, bei den einzelnen Sorgerechtsmodellen (und damit verbundenen Regelungen), bereits erwähnten gesetzlichen Kriterien[611] gibt es noch einen weiteren wichtigen Prüfstein, welcher bei einer gerichtlichen Entscheidung über die Ausgestaltung der elterlichen Sorge eine unübersehbare Rolle spielt oder zumindest spielen sollte, nämlich der Kindeswille.

Der Kindswille als mitbestimmender Faktor der gerichtlichen Entscheidung[612] über die Ausgestaltung der elterlichen Sorge ist zum Teil in den familienrechtli-

---

[605] Palandt/Diederichsen 2010, § 1678 Rn. 2.
[606] Ehringer, FPR 2005, 253.
[607] MünchKomm/Finger 2008, § 1678 Rn. 3; Palandt/Diederichsen 2010, § 1678 Rn. 10.
[608] § 1678 Abs. 2 BGB.
[609] Palandt/Diederichsen 2010, § 1678 Rn. 10.
[610] Palandt/Diederichsen 2010, § 1678 Rn. 11.
[611] Vgl. die Kapiteln, welche die einzelne Sorgerechtsmodelle behandeln, S. 117 ff.
[612] Motzer, FamRZ 2004, 1147.

chen Regelungen des BGB geregelt (§ 1626 Abs. 2 und § 1671 Abs. 2 Nr. 1 BGB), zum Teil aber auch im Gesetz über das Verfahren in Familiensachen und in den Angelegenheiten der freiwilligen Gerichtsbarkeit (§ 159 FamFG)[613]. In § 1626 Abs. 2 BGB wird der Kindeswille zwar nicht eindeutig erwähnt, bei näherer Betrachtung ist jedoch deutlich herauszulesen, dass vom Kindeswillen und seiner - mit zunehmendem Alter steigenden - Bedeutung die Rede ist. Auch der § 1671 Abs. 2 Nr. 1 BGB erwähnt das Wort „Wille" nicht, dennoch geht auch diese Norm ohne Zweifel vom Kindeswillen aus. Dem entgegen steht die Regelung des § 159 Abs. 2 FamFG, welche direkt vom „Willen des Kindes" spricht. Diese Regelung zählt man jedoch zum Prozessrecht. Welche Bedeutung ihr in der materiell – rechtlichen Konsequenz zukommt, ist den einzelnen gesetzlichen Bestimmungen zu entnehmen[614].

Im Prinzip kann man dem Kindeswillen im Rahmen der elterlichen Sorge eine besondere Bedeutung zumessen. Sie verkörpert zwei Funktionen: Erstens den verbalen Ausdruck von inneren Bindungen[615] und Sympathien, welche das Kind mit den einzelnen Elternteilen verbindet und zweitens einen Akt der Selbstbestimmung[616]. Ausschlaggebend werden die Äußerungen des Kindes und dessen eigene Entscheidungen allerdings erst mit zunehmendem Lebensalter[617].

(1) Kindeswille aus der Sicht des § 1671 Abs. 2 Nr. 1 BGB

Aus Sicht des § 1671 Abs. 2 Nr. 1 BGB äußert sich der Kindeswille in Form eines Widerspruchs gegen die angestrebte Übertragung der elterlichen Sorge bzw. eines Teiles der elterlichen Sorge auf den anderen Elternteil. Damit dieser Widerspruch auch eine rechtliche Wirkung bekommt, müssen noch zwei weitere gesetzliche Bedingungen erfüllt sein. Das Kind muss das 14. Lebensjahr vollendet haben oder älter und (i. S. v. § 107 BGB) geschäftsfähig sein, da ein Widerspruch eines geschäftsunfähigen Kindes unbeachtet bleiben muss.

---

[613] Coester-Waltjen, JURA 2009, 358 ff.
[614] Röchling, FPR 2008, 481 ff.
[615] Motzer, FamRZ 2004, 1146.
[616] BVerfG, FamRZ 2008, 1737; Wanitzek, FamRZ 2009, 1275; Bamberger/Veit 2008, § 1671 Rn. 49.
[617] MünchKomm/Finger 2008, § 1671 Rn. 47.

Nach herrschender Meinung bedeutet aber der Widerspruchs des Kindes nicht ein automatisches Vetorecht gegen die Übertragung[618], sondern es soll dazu führen, dass das zuständige Gericht sorgfältig prüft, welche Entscheidung für das Kind die beste ist, wobei nicht die Berechtigung des Widersprechens sondern das Kindeswohl maßgebend ist[619]. Andererseits ist der Kindeswillen nicht zu unterschätzen und kann auch nicht wirkungslos bleiben, da dem Gesetzeswortlaut zufolge das Kind für einen eng begrenzten Entscheidungssachverhalt unmittelbare Rechtswirkung verliehen bekommt, welche insoweit eine vorgezogene Teilmündigkeit (schon mit 14 Jahren) zur Ausübung eines Gestaltungsrechts begründet (allerdings begrenzt auf eine negative Gestaltung)[620]. Eine besondere Form oder ein bestimmter Zeitpunkt ist für den Widerspruch in § 1671 Abs. 2 Nr. 1 BGB nicht vorgesehen. Deshalb wird in der Regel eine Äußerung im Rahmen der Kindesanhörung gemäß § 159 Abs. 1 und 2 FamFG als ausreichend angenommen. Auf die Frage, wie das Familiengericht den Konflikt zwischen dem Elternantrag und dem Kindeswillen (Kindeswiderspruch) in der Regel lösen soll, gibt es keine einfache und eindeutige Antwort, da diese Entscheidung von mehreren Faktoren mitbestimmt wird. Das Kind kann beispielsweise widersprechen, weil es zwar mit der von den Eltern beantragten Regelung des Sorgerechts für seine Person zufrieden ist, nicht aber mit der Regelung für seine Geschwister. Andererseits können die Wünsche und Vorstellungen des Kindes auch unrealistisch und auf den Alltag nicht übertragbar sein[621]. Deshalb bleibt dem zuständigen Gericht letztendlich nichts anderes übrig, als die konkrete Lage sehr sorgfältig zu überprüfen und eine Entscheidung zu treffen, die den Interessen des Kindes bestmöglich entspricht[622].

Ein weiteres Problem liegt in der Inkonsequenz und Widersprüchlichkeit der sorgerechtlichen Regelungen innerhalb des § 1671 BGB. Einige Autoren kritisieren, dass diese Regelungen dem Kind zwar ein Anhörungsrecht (inklusive der Abgabe seiner Willenserklärung) ermöglichen, ihm aber nicht das Recht geben,

---

[618] Röchling, FPR 2008, 483.
[619] Erman/Michalski 2008, § 1671 Rn. 19; Palandt/Diederichsen 2010, § 1671 Rn. 13; MünchKomm/Finger 2008, § 1671 Rn. 65.
[620] Staudinger/Coester 2009, § 1671 Rn. 88, 94.
[621] Palandt/Diederichsen 2010, § 1671 Rn. 30.
[622] MünchKomm/Finger 2008, § 1671 Rn. 65; Büte FuR 2008, 53 ff.

einen Antrag gemäß § 1671 Abs. 1 BGB zu stellen[623]. Die Tatsache, dass es von der Elternseite nicht zur Antragstellung auf Alleinsorge kommt, muss keineswegs bedeuten, dass die Fortführung der gemeinsamen Sorge im Interesse des Kindes ist[624].

Das sind aber nicht das einzige Problem und die einzige Ungenauigkeit dieser Regelung. Genau so widersprüchlich ist die Tatsache, dass ein mindestens 14 Jahre altes Kind i.S.v. § 1671 Abs. 2 Nr. 1 BGB der beantragten Alleinsorge widersprechen kann, nicht aber der Fortführung der elterlichen Sorge bei getrennt lebenden Eltern. Auch hier muss die Fortführung der gemeinsamen Sorge im Interesse des Kindes sein[625].

Die beiden Unkonsequenzen dieser Regelung führen zur Privilegierung der Eltern in der Eltern-Kind-Beziehung aber indirekt auch zu einer Art Vorrecht der gemeinsamen Sorge gegenüber der Alleinsorge, weil es nur die Eltern sind (ein minimaler Kreis, aus dem sogar das Kind, dem die sorgerechtlichen Regelungen dienen sollen, ausgegrenzt wurde), denen die Handlungsfähigkeit zugesprochen wurde. Ob die gemeinsame Sorge bei getrennt lebenden Eltern aber grundsätzlich die bessere Lösung (es handelt sich ja um § 1671 BGB) ist und sie deshalb eine besondere Stellung im Gesetz bekam, ist eher strittig oder zumindest nicht in aller Deutlichkeit nachgewiesen worden.

(2) Kindeswille aus Sicht des § 159 FamFG

Gemäß § 159 Abs. 1 FamFG i.V.m. § 151 Nr. 1 FamFG hat das Gericht in einem Verfahren, welches die elterliche Sorge betrifft, das Kind persönlich anzuhören, wenn es das 14. Lebensjahr vollendet hat. Hat das Kind das 14. Lebensjahr noch nicht vollendet, ist es vom Gericht dann persönlich anzuhören, wenn die Neigungen, Bindungen oder der Wille des Kindes für die Entscheidung von Bedeutung sind oder wenn eine persönliche Anhörung aus sonstigen Gründen angezeigt ist[626].

---

[623] Bergmann/Gutdeutsch, FamRZ 1996, 1187, 1188; Coester, FuR 1996, 70, 74; Tauche, FuR 1996, 213, 216.
[624] Zenz, FPR 1998, 17, 18.
[625] Staudinger/Coester 2009, § 1671 Rn. 14.
[626] § 159 Abs. 2 FamFG.

Sinn und Zweck dieser Regelung ist es, dem zuständigen Gericht einen persönlichen Eindruck über den tatsächlichen Willen des Kindes und seine Vorstellungen[627] zu verschaffen, da dieser bei der Ausgestaltung des Sorgerechts (bei den einzelnen Sorgerechtsmodellen) nicht übersehen werden darf, sondern eine mitbestimmende Rolle spielen muss. Der Wortlaut „persönlich anzuhören" ist sehr ernst zu nehmen[628]. Der EGMR nimmt diese Verpflichtung so ernst, dass er von der letzten gerichtlichen Instanz, welche die tatsächliche Entscheidung treffen soll, verlangt, sich einen eigenen unmittelbaren Eindruck zu verschaffen und sich nicht auf die Vorinstanz zu verlassen[629].

Aus dem Wortlaut des § 159 Abs. 1 S 1 und Abs. 2 FamFG ist erkennbar, dass der geäußerte Wille des Kindes mit zunehmendem Alter und auch mit seiner fortschreitenden Entwicklung an Wichtigkeit gewinnt. Das vollendete 14. Lebensjahr ist als eine gesetzliche Obergrenze zu verstehen, ab wann der Kindeswille spätestens zu berücksichtigen ist. Der Wortlaut des § 159 Abs. 2 FamFG weißt jedoch eindeutig darauf hin, dass der Wille der jüngeren Kinder nicht ignoriert werden darf. Ein Kind kann in einem Sorgerechtsverfahren schon ab dem dritten Lebensjahr angehört werden[630], wobei z.B. die Nichtanhörung eines vierjährigen Kindes einen erheblichen Verfahrensmangel darstellen kann[631]. Auch Kleinkinder können ihre Gefühle, Neigungen, Bindungen, Hass usw. ausdrucksvoll zeigen. In der Rechtsprechung gibt es immer wieder Stimmen, welche behaupten, dass ein Kind vor Vollendung des zwölften Lebensjahrs keine relativ zuverlässige Entscheidungsgrundlage bietet[632], was aber nicht der Ansicht des BVerfG entspricht[633]. Ein Gericht, das eine Entscheidung treffen muss, hat ein Kind, welches das 14. Lebensjahr vollendet hat, immer persönlich anzuhören.

Mit der Anhörung des Kindes hängt die Informationspflicht des Gerichts zusammen. Diese verpflichtet das Gericht, das Kind über den Gegenstand, den Ablauf und den möglichen Ausgang des Verfahrens in einer geeigneten und seinem

---

[627] Schwab, 17. Aufl. 2009, Rn. 658 ff.
[628] § 159 Abs. 1 S 1 und Abs. 2 FamFG.
[629] EGMR, FamRZ 2006 S. 997.
[630] Staudinger/Coester 2009, § 1671 Rn. 14.
[631] MünchKomm/Finger 2008, § 1671 Rn. 48.
[632] OLG Brandenburg, FamRZ 2008, 1472, 1474.
[633] BVerfG, FamRZ 2007, 1876, siehe auch BVerfG, FamRZ 2007, 1626.

Alter entsprechenden Weise zu informieren, soweit dadurch nicht Nachteile für seine Entwicklung, Erziehung oder Gesundheit zu befürchten sind[634].

2. Tschechische Republik

Die Situation in der Tschechischen Republik sieht insofern anders aus, dass das tschechische Recht in der heutigen Fassung des FaG keine Sonderregelungen im Rahmen der elterlichen Verantwortung für Kinder vorsieht, deren Eltern bei der Geburt nicht miteinander verheiratet sind. Eine gewisse Ausnahme stellt § 50 FaG dar, welcher sich der Entscheidung widmet, wer die Erziehung des Kindes im Falle getrennt lebender Elternteile übernimmt und wie jeder Elternteil zum Unterhalt des Kindes beizutragen hat, wobei nicht maßgebend ist, ob sie verheiratet sind und nur getrennt leben oder gar nicht verheiratet sind. Für die getrennt lebenden Elternteile gelten im Übrigen die Regelungen, welche sich im Rahmen des Scheidungsrechts mit der Thematik der elterlichen Verantwortung befassen[635], wie auch die allgemeinen Regelungen über elterliche Verantwortung[636].

a) Gesetzliche Voraussetzungen bezüglich der Inhaber der elterlichen Verantwortung

Die Hauptvoraussetzungen der Inhaberschaft der elterlichen Verantwortung, welche das tschechische Recht in § 34 Abs. 2 S 1 FaG eindeutig kodifiziert, bilden erstens die „rechtliche Elternschaft" und zweitens die „volle Geschäftsfähigkeit" der Eltern.

---

[634] § 159 Abs. 4 S 1FamFG.
[635] § 50 Abs. 2 FaG.
[636] §§ 31 ff.

(1) Rechtliche Elternschaft

Als rechtliche Eltern des Kindes sind die Eltern zu bezeichnen, die im so genannten Matrikelbuch (dem Geburtsregister) eingetragen sind[637]. Vor der Eintragung muss die Mutterschaft und die Vaterschaft festgestellt werden. Gemäß § 50a FaG ist die Mutter des Kindes jene Frau, welche das Kind geboren hat. Der Vater des Kindes ist der Mann, dem eine der vier so genannten gesetzlichen Vaterschaftsvermutungen zusteht. Die so genannte erste Annahme der Vaterschaft steht gemäß § 51 Abs. 1 FaG dem Ehemann zu, die zweite dem Mann, dessen Vaterschaft durch eine übereinstimmende Erklärung vor dem Matrikelorgan[638] oder vor einem Gericht festgelegt wurde[639], die dritte dem Mann, dessen Vaterschaft durch das Gericht auf Antrag festgestellt wurde[640] und die vierte jenem Mann, welcher bei einer künstlichen Befruchtung seine Zustimmung erteilt hat[641]. Was die Diskussion über die nacheheliche Geburt angeht, wird diese in der Tschechischen Republik durch § 51 Abs.1 FaG ausgeschlossen, da in dieser Regelung eindeutig formuliert ist, dass ein Kind, welches innerhalb von 300 Tagen nach der Scheidung auf die Welt kommt, als Abkömmling der geschiedenen Ehegatten betrachtet wird. Die so genannte Trennungszeit (Trennungsjahr) spielt in diesem Fall keine Rolle.

(2) Geschäftsfähigkeit der Elternteile

Die andere wichtige Voraussetzung, um die elterliche Verantwortung wahrnehmen zu können, stellt die Geschäftsfähigkeit der einzelnen Elternteile dar[642], welche als solche in § 8 OZ geregelt wird[643]. Sie setzt eine gewisse psychische,

---

[637] Patáková, MU 2000 S. 11

[638] Matrikelorgan – Standesamtliches Organ, das das Geburtenregister (die so genannte Matrik) führt.

[639] § 52 Abs. 1 FaG.

[640] § 54 Abs. 1 und 2 FaG.

[641] § 54 Abs. 3 FaG.

[642] Nová, Právo a rodina 11/2008, 24.

[643] § 8 Abs. 1 OZ lautet: Die Fähigkeit einer natürlichen Person mit eigener Rechtshandlung Rechte erwerben und Pflichten zu übernehmen (Geschäftsfähigkeit) entsteht in vollem Umfang ab der Volljährigkeit.

geistige und moralische Reife voraus, wie auch die Fähigkeit, zu bestimmen und einen eigenen Willen zu bilden und ihn umzusetzen[644].

Das Familiengesetz verlangt von den Eltern die volle Geschäftsfähigkeit als eine Art Sicherheit, dass sie in der Lage sind, die Rechte und Pflichten der elterlichen Verantwortung zu übernehmen. In § 34 Abs. 2 FaG ist festgelegt, dass, falls ein Elternteil nicht voll geschäftsfähig sein sollte, die elterliche Verantwortung dem anderem Elternteil obliegt. Das heißt, dass – so wie in Deutschland - die volle Geschäftsfähigkeit nicht erst zur Ausübung der elterlichen Verantwortung bzw. eines Teiles der elterlichen Verantwortung (z.b. die Pflege des Kindes) notwendig ist, sondern zur Inhaberschaft der elterlichen Verantwortung als solches.

(a) Früherer Erwerb der vollen Geschäftsfähigkeit

Das tschechische Recht sieht vor, dass Minderjährige die volle Geschäftsfähigkeit vor dem Erreichen des 18. Lebensjahres, also vor Erreichung der „tatsächlichen Volljährigkeit" erwerben können. Dafür müssen zwei gesetzliche Voraussetzungen erfüllt werden. Die erste Voraussetzung bildet die Eheschließung, denn gemäß § 8 Abs. 2 OZ kann die Volljährigkeit und damit automatisch auch die volle Geschäftsfähigkeit vor dem 18. Lebensjahr durch eine Eheschließung erzielt werden. Die zweite Voraussetzung bildet die Erreichung des 16. Lebensjahres, denn § 13 Abs. 1 FaG besagt, dass die Ehe nicht von einem Minderjährigen geschlossen werden darf, wobei das Gericht aus wichtigen Gründen eine Eheschließung erlauben kann, wenn der Minderjährige älter als 16 Jahre ist. Handelt es sich bei dem Minderjährigen um einen Elternteil, beinhaltet ein solcher frühzeitiger Erwerb der vollen Geschäftsfähigkeit auch die Möglichkeit, die elterliche Verantwortung zu erlangen.

(b) Minderjährige und damit nicht voll geschäftsfähige Eltern

Eine gewisse Ausnahme von der Regelung, dass ohne volle Geschäftsfähigkeit ein Erhalt der elterlichen Verantwortung nicht möglich ist, bildet die gerichtli-

---

[644] Patáková, MU 2000 S. 11.

che Zusprechung eines Teiles der elterlichen Verantwortung an einen minderjährigen Elternteil. Gemäß § 34 Abs. 3 FaG[645] kann das Gericht einem minderjährigen (also nicht voll geschäftsfähigen) Elternteil die Versorgung des Kindes[646] zusprechen, wenn dieser das 16. Lebensjahr vollendet hat und die erforderlichen Voraussetzungen für die Ausübung der elterlichen Rechte und Pflichten besitzt. Bis zu diesem Gerichtsbeschluss ist der minderjährige Elternteil nicht Inhaber der elterlichen Verantwortung und hat auch keine Möglichkeit die daraus resultierenden Rechte und Pflichten offiziell wahrzunehmen.

Der Gesetzentwurf ist in § 810 Abs. 1 NOZ gegenüber dem minderjährigen und damit nicht voll geschäftsfähigen Elternteil großzügiger, da er dem nicht voll geschäftsfähigen Elternteil die Versorgung des Kindes automatisch zuspricht und nur die anderen Bereiche der elterlichen Verantwortung bis zur Erreichung der vollen Geschäftsfähigkeit aussetzt[647]. Eine solche Änderung ist zu begrüßen, denn es besteht kein Grund, warum ein nicht voll geschäftsfähiger Elternteil, welcher keine Ehe geschlossen hat und somit nicht die vorzeitige volle Geschäftsfähigkeit erzielt hat[648], automatisch an der kompletten Ausübung der elterlichen Verantwortung gehindert werden sollte[649]. Außerdem stellt die komplette Verhinderung der Ausübung der elterlichen Verantwortung eine noch deutlichere Schlechterstellung gegenüber jenen Elternteilen dar, die als Minderjährige eine Ehe geschlossen haben (und damit die vorzeitige volle Geschäftsfähigkeit erzielten), denn denen steht die komplette elterliche Verantwortung zu, wohingegen die Nichtverheirateten wegen dem angesprochenen gerichtlichen

---

[645] Vorsicht, die Übersetzung ist an dieser Stelle fehlerhaft und nicht konsequent, da in der Übersetzung von Sorgerecht die Rede ist, in der Originalsprache aber von „elterlicher Verantwortung im Sinne der Versorgung des minderjährigen Kindes" (rodičovská odpovědnost ve vztahu k péči o dítě). Vgl. mit der Aufteilung der elterlichen Verantwortung im 31 Abs. 1 FaG.

[646] § 31 Abs. 1 a) FaG.

[647] § 810 Abs. 1 NOZ lautet: Die Ausübung der elterlichen Verantwortung eines minderjährigen Elternteils, welcher anhand der Zuerkennung oder Heirat nicht die volle Geschäftsfähigkeit erlangte, bleibt ois zur Erlangung der vollen Geschäftsfähigkeit ausgesetzt; dies gilt nicht für die Versorgung des Kindes, außer das Gericht entscheidet aufgrund der Persönlichkeit des Elternteils, dass auch die Ausübung dieser Pflicht und dieses Rechts bis zur Erlangung der vollen Geschäftsfähigkeit ausgesetzt wird.

[648] Zum früheren Erwerb der vollen Geschäftsfähigkeit vgl. Kapitel: Früherer Erwerb der vollen Geschäftsfähigkeit, S. 140.

[649] Gesetzesbegründung zum NOZ: Zu § 810 und 811 S. 201.

Zuspruch nur die Versorgung des Kindes erreichen können[650]. Eine Eheschließung alleine kann doch eine solche Privilegierung der verheirateten Minderjährigen gegenüber den unverheirateten minderjährigen Eltern nicht rechtfertigen. Bei der Wahrnehmung und Ausübung der elterlichen Verantwortung geht es doch um die Reife des Elternteils wie auch um seine Fähigkeit und Bereitschaft, sich um das Kind zu kümmern. Dies erreicht man aber nicht durch die Eheschließung, weshalb die gesetzliche Privilegierung der minderjährigen verheirateten Elternteile nicht ganz nachvollziehbar ist.

Ein weiterer Grund, welcher für den Zuspruch zumindest eines Teiles der elterlichen Verantwortung an alle minderjährigen Elternteile, welche das 16. Lebensjahr erreichten, spricht, ist die Tatsache, dass gerade die ersten Lebensjahre hinsichtlich der Entwicklung von sozialen und psychischen Bindungen des Kindes extrem wichtig sind. Sie sollen, wenn sie sich dazu bereit erklären, das Kind pflegen, z.B. unter Aufsicht eines bestellten Pflegers oder eines gesetzlichen Vertreters. Gleichzeitig ist es aber auch richtig, dass sich der Staat eine Möglichkeit behält, bei minderjährigen Eltern, welche nicht in der Lage sind, die elterliche Verantwortung zu übernehmen, einzugreifen und die Breite der Ausübung der elterlichen Verantwortung einzuschränken, wie es der Gesetzentwurf vorsieht[651].

b) Inhaber der elterlichen Verantwortung

Die Absicht des tschechischen Gesetzes war es, alle Kinder gleich zu behandeln, unabhängig davon, ob sie während oder außerhalb der Ehe geboren sind, sowie die sorgerechtliche Gleichstellung von Mutter und Vater. Diese Gleichstellung ist in § 34 Abs. 1 FaG verankert. Er besagt, dass „die elterliche Verantwortung beiden Elternteilen obliegt". Nachdem das Gesetz dieser Kernaussage keine weiteren Angaben, Ausnahmen oder besondere Konditionen beifügt, wird angenommen, dass § 34 Abs. 1 FaG für alle Eltern gilt, egal ob verheiratet, unverheiratet oder geschieden.

---

[650] § 34 Abs. 3 FaG.
[651] § 810 Abs. 1 NOZ.

Objektiv betrachtet bringt diese Regelung einige Vorteile, mitunter aber auch viele Nachteile mit sich. Positiv ist, dass die geltenden sorgerechtlichen Normen auf den ersten Blick keine Diskriminierung beinhalten, sowohl zwischen den während und außerhalb der Ehe geborenen Kindern als auch zwischen Mutter und Vater. Auf der anderen Seite ist diese fast „künstliche Gleichstellung" in vielen Fällen nicht realistisch, weil sie die unterschiedlichen Ausgangssituationen übersieht. Man kann doch nicht grundsätzlich voraussetzen, dass die unverheirateten Eltern zusammen wohnen und sich deshalb die elterliche Verantwortung (egal, ob es um die tägliche Versorgung des Kindes, seine Erziehung oder die Vertretung und Vermögensverwaltung geht) teilen können, wie es bei verheirateten Eltern der Fall ist, die normalerweise im gleichen Haushalt mit dem Kind wohnen. Dieser Tatsache waren sich auch die Verfasser des Familiengesetzes bewusst und schufen deshalb den § 50 FaG.

(1) Systematik des Gesetzes

Im Rahmen der gesetzlichen Gleichstellung der während und außerhalb der Ehe geborenen Kinder hätte man erwartet, dass die Regelungen der elterlichen Verantwortung in einem eigenen Kapitel z.B. unter dem Namen „elterliche Verantwortung" kumuliert werden, um die Gleichstellung auch im Rahmen der Systematik des Gesetzes zu vervollständigen. Der Blick in das FaG zeigt aber, dass dies in der geltenden Fassung nicht der Fall ist[652]. Die Regelungen, welche die elterliche Verantwortung betreffen, sind innerhalb des Familiengesetzes in zwei Bereiche zersplittert. So kommt es dazu, dass man die für die elterliche Verantwortung relevanten Regelungen einmal im Scheidungsrecht[653] und einmal in dem Teil des Gesetzes, welcher die „Beziehungen zwischen Eltern und Kindern"[654] regelt, suchen muss. Positiv an der ganzen Sache ist nur die Tatsache, dass diese zwei Kapitel im Rahmen des Gesetzes hintereinander angeordnet sind. Wenn man aber ein Befürworter der absoluten Gleichstellung wäre, könnte

---

[652] Anders im Gesetzentwurf, welcher diesen Mangel abschafft, in dem er diese Regelungen im zweiten Teil des zweiten Hauptstücks des zweiten Buches unter der Überschrift Eltern und Kind behandelt.

[653] §§ 26 ff. FaG.

[654] Vgl. Überschrift des zweiten Teiles des FaG vor dem § 30 FaG.

man kritisieren, dass die Tatsache, dass ein Teil der Regelungen der elterlichen Verantwortung in das Scheidungsrecht eingegliedert ist, eine gewisse Diskriminierung der außerhalb der Ehe geborenen Kinder darstellt und somit der gewünschten Neutralität bzw. Gleichstellung widerspricht.

(2) Einblick in die Rechtspraxis

Wenn man die rechtliche Theorie an der alltäglichen Lebenspraxis messen will, so stellt man fest, dass nicht nur in Deutschland, sondern auch in der Tschechischen Republik die Zahl der außerhalb der Ehe geborenen Kinder von Jahr zu Jahr steigt. Nach den neuesten Angaben des Tschechischen Amtes für Statistik (Český statistický úřad) kamen im Jahr 2009 in der Tschechischen Republik 38,8%[655] der lebend geborenen Kinder außerhalb einer Ehe zur Welt. Im Jahr 1990 waren es 8,6%, im Jahr 2000 waren es 22%[656]. Aus der gleichen Statistik ergeben sich jedoch noch zwei weitere hochinteressante und beachtenswerte Informationen. So machten 29,4% der unverheirateten Mütter bei der Geburt keine Angaben zum Vater, was dazu führt, dass in der Geburtsurkunde nur der Name der Mutter steht und das Kind damit die Möglichkeit verliert, aus offiziellen Quellen den Namen des Vaters je zu erfahren. Die zweite wichtige Information ist, dass 28,4% aller während der Ehe erstgeborenen Kinder bereits vor der Trauung gezeugt wurden[657].

Nun stellt sich die Frage, was fast ein Drittel der unverheirateten Mütter dazu bringt, bei der Geburt ihres Kindes den Namen des Vaters nicht anzugeben. Das früher oft benutzte Argument, dass es aus finanzieller Sicht vorteilhafter ist, beim außerhalb der Ehe geborenen Kind den Namen des Vaters nicht anzugeben, ist mittlerweile überholt. Der tschechische Staat hat die Anforderungen an die Auszahlung von Sozialleistungen an allein stehende Mütter deutlich verschärft, da man vermutet hat, dass viele Mütter den Namen des Vaters nicht angeben, um später beim Sozialamt behaupten zu können, dass sie keinen Unterhalt vom Kindesvater beziehen und deshalb vom Staat höhere Sozialleistungen benötigen. Diese These gehört mittlerweile der Vergangenheit an, da im Mo-

---

[655] http://www.czso.cz/csu/csu.nsf/informace/coby031510.doc
[656] http://www.czso.cz/csu/csu.nsf/informace/coby091108.doc
[657] http://www.czso.cz/csu/csu.nsf/informace/coby091108.doc

ment allein stehende Mütter, welche keinen unterhaltleistenden Partner angeben, spätestens ab dem Beginn der Elternzeit finanziell benachteiligt sind[658].

Unbeantwortet bleibt, warum eine so große Zahl der unverheirateten Mütter den Namen des Vaters nicht angibt. Eine empirische Antwort gibt es darauf nicht. Eine mögliche Erklärung ist jedoch, dass der Kindesvater eine eigene Familie hat und deshalb anonym bleiben will. Er und die Kindesmutter haben eine inoffizielle Abmachung, welche unter Umständen sogar zu gewissen (inoffiziellen) Unterhaltsleistungen führt, die vor dem Staat nicht offiziell zugegeben werden. Diese Vermutung dürfte aber nur einen relativ kleinen Personenkreis betreffen. Vorstellbar ist dies vor allem bei besser positionierten oder allgemein bekannten Männern (Personen der Zeitgeschichte wie z.B. Politiker), welche anonym bleiben wollen, um ihre Karriere nicht zu gefährden.

Darüber, was mit den vielen anderen Frauen ist, welche nicht unter dieses Schema fallen, kann man nur rätseln, denn ihre Motivation bzw. der wahre Grund, welcher sie zu einer solchen ziemlich dramatischen Entscheidung treibt, bleibt im Dunkeln. Wenn man die verschiedenen Varianten, die in Frage kommen, durcharbeitet, kommt man zu der Einschätzung, dass die meisten Mütter mit einer solchen Entscheidung das Ziel verfolgen, die faktische alleinige elterliche Verantwortung gemäß § 34 Abs. 2 S 1 FaG zu erreichen. Diese Regelung sieht vor, dass im Falle, dass einer der Elternteile unbekannt ist, die elterliche Verantwortung automatisch dem anderen Elternteil obliegt[659]. Auch in dieser Tatsache bestätigt sich die Aussage (die an früherer Stelle bereits angedeutet worden ist), dass die heutige Fassung des tschechischen Familienrechts, welches keine Sonderregelungen für unverheiratete und allein stehende Mütter kennt, nicht unproblematisch ist. Anhand der angesprochenen Statistik und aus der Praxis wird deutlich, dass gerade die Frauen, deren Beziehung zum Kindesvater während der Schwangerschaft auseinander ging bzw. die von ihm nicht optimal behandelt wurden und die deshalb vielleicht Zweifel an seinem späteren Verhalten haben, die Entscheidung treffen, die alleinige elterliche Verantwortung erreichen zu wollen. Der für sie einfachste und im Prinzip auch einzige Weg ist (da sie sonst zur Erreichung der alleinigen elterlichen Verantwortung gemäß

---

[658] http://zpravy.idnes.cz/tretina-deti-v-cesku-je-nemanzelskych-d8e-/domaci.asp?c=A080908_074944_domaci_ipl
[659] § 34 Abs. 2 S 1 FaG lautet: Lebt ein Elternteil nicht mehr, ist er unbekannt oder nicht voll geschäftsfähig, obliegt die elterliche Verantwortung dem anderen Elternteil.

§ 44 Abs. 3 FaG vor dem Gericht nachweisen müssten, dass der Vater die Ausübung der elterlichen Verantwortung missbraucht oder in ernsthafter Weise vernachlässigt hat), den Namen des Vaters bei der Geburt nicht anzugeben. Viele Frauen versprechen sich davon die Vermeidung langjähriger sorgerechtlicher bzw. sogar umgangsrechtlicher Streitigkeiten.

In mehreren Gesprächen mit verschiedenen Rechtsanwälten, die sich auf das Familienrecht spezialisiert haben, erfuhr ich, dass sie ihren Mandantinnen (vorausgesetzt sie kommen noch vor der Geburt ihres Kindes) zu einem solchen Schritt oft sogar raten, dies aber nicht öffentlich präsentieren wollen. Gemäß § 54 FaG besteht zwar für den biologischen Vater die Möglichkeit, eine gerichtliche Feststellung seiner Vaterschaft zu beantragen, dies passiert aber erfahrungsgemäß wegen der damit verbundenen Unterhaltsverpflichtung nur selten. Wenn es sich die Frau finanziell leisten kann, wird sie also oft dahingehend beraten, diesen Weg einzuschlagen und anschließend zu hoffen, dass der biologische Vater wegen der Unterhaltsverpflichtung die gerichtliche Feststellung der Vaterschaft nicht beantragt. Es gibt aber auch Gegenmeinungen, welche besagen, dass die Frau, die den Namen des biologischen Vaters nicht angibt, das Risiko eingeht, dass er den Antrag auf Feststellung der Vaterschaft erst nach ein paar Jahren einreicht, da das Gesetz für einen solchen Antrag keine Frist setzen kann, denn sich manche Männer sind sich ihrer Vaterschaft unter Umständen einige Jahre lang nicht einmal bewusst. Dies kann nach der Meinung von Fachanwälten dazu führen, dass der Vaterschaftsfeststellungsantrag erst dann eingeht (obwohl ihm seine Vaterschaft bewusst ist), wenn das Kind größer ist und der Vater sich somit viele Jahre lang die Unterhaltsleistungen spart[660]. Es kommt dann auf den Einzelfall an, welche Rechte ihm das Gericht im Rahmen der elterlichen Verantwortung und des Umgangsrechts zuspricht. Ganz rechtlos wird er aber nach Meinung der Fachanwälte höchstwahrscheinlich nicht ausgehen.

Man muss sich angesichts dieser Tatsachen erneut fragen, wem ein solches „Versteckspiel" nützt und ob dies das Ziel des Gesetzes sein kann. Bei solchen fraglichen Situationen soll man auf das Kindeswohl zurückgreifen, da dieses im Bereich der sorgerechtlichen Regelungen die höchste Bemessungsgrundlage darstellen muss. Die Tatsache, dass in der Geburtsurkunde nur ein Elternteil

---

[660] Gemäß § 98 Abs. 1 FaG können Unterhaltsleistungen für minderjährige Kinder höchstens für drei Jahre zurückgerechnet werden.

steht bzw. dass das Kind Zugriff auf nur einen Elternteil hat und nicht einmal den Namen des anderen Elternteils kennt, dient dem Kindeswohl in der Regel nicht. Außerdem ist ein solches Endergebnis auch nicht das Ziel der geltenden Fassung des FaG. Andererseits muss man an dieser Stelle sagen, dass es der geltenden Fassung des FaG zuzuschreiben ist, das es zwar inhaltlich keine Sonderregelungen für nicht in einer Ehe geborene Kinder beinhaltet, was der Gleichstellung dienlich sein soll, dafür aber viele Kinder unter dieser Situation leiden müssen, weil eine funktionierende Beziehung (egal ob die Eltern nun miteinander verheiratet sind oder nicht) gegenüber einer zerbrochenen nicht mit gesetzlichen Regelungen künstlich gleichgestellt werden kann. Die Tatsache, dass betroffene Kinder de facto keine Möglichkeit haben, den Namen des biologischen Vaters zu erfahren, wenn ihnen der Elternteil, mit dem sie leben, diesen nicht freiwillig nennt z.B. aus Verbitterung, Angst vor der Suche und anschließenden Zuwendung des Kindes zum anderen Elternteil oder Hass, ist zumindest für mich erschreckend.

Man kann sich außerdem die Frage stellen, ob diese Situation den Vätern einen Vorteil bringt. Die Antwort kann nicht eindeutig beantwortet werden, weil es auf den Vater ankommt. Denen, die sich auf das Kind gefreut haben, hilft es nicht. Sie müssen ihre Vaterschaft gerichtlich feststellen lassen, was nicht immer reibungslos abläuft und mit großem Aufwand verbunden ist. Wenn aber ihre Vaterschaft feststeht und dem Gericht keine negativen Seiten des Vaters bekannt sind, bekommen sie grundsätzlich auch die elterliche Verantwortung zugesprochen. In wie weit sie diese dann ausüben können, muss das Gericht bestimmen. So lange die Mutter das gemeinsame Kind jedoch bislang ordentlich versorgt hat und das Kind zu ihr, ihren Familienmitgliedern, ihrer Umgebung, ihren Freunden, zur Schule usw. Bindungen aufgebaut hat, bleibt dem Kindesvater die elterliche Verantwortung de facto nur auf dem Papier, weil das Kind in solchen Fällen höchstwahrscheinlich weiterhin bei der Mutter in Erziehung bleibt und sie deshalb auch die meisten Entscheidungen alleine treffen wird. Was das Umgangsrecht angeht, kommt es darauf an, ob das Gericht darüber in dem gleichen Verfahren entscheidet oder nicht. Fällt das Gericht im Rahmen der gerichtlichen Feststellung der Vaterschaft gleichzeitig keine Entscheidung über die Ausgestaltung der elterlichen Verantwortung und über das Ausmaß des Besuchsrechts, muss sich der Vater bei einer fehlenden Kooperationsbereitschaft der Mutter zum Zweck der Festlegung und Ausgestaltung des Besuchsrechts erneut an das Gericht wenden.

Aus den bisherigen Ausführungen ist deutlich herauszulesen, dass die heutige Fassung des FaG kaum als nur positiv und vorteilhaft bezeichnet werden kann. Eine Verankerung der besonderen Vorschriften über die elterliche Verantwortung von nicht miteinander verheirateten Eltern inklusive der Regelungen über die Sorgeerklärung wäre deshalb eher wünschenswert. Sie würde zwar nicht alle angeführten Probleme lösen, aber vielleicht würde z.b. die Prozentzahl der Kinder ohne einen eingetragenen Vater etwas niedriger. Es ist verständlich, dass Frauen, die den Namen des Vaters wegen eines Doppellebens schützen bzw. Frauen, welche auf den biologischen Vater so einen Wut haben, dass sie ihm nicht einmal das Umgangsrecht gewähren wollen, bei der Geburt ihres Kindes weiterhin den Namen des Vaters nicht angeben werden. Die restlichen Frauen (und bestimmt auch einige Väter) würden eine Änderung aber sicher begrüßen. Wie sich dann die Statistiken weiter entwickeln werden, lässt sich allerdings nicht vorhersagen.

(3) Inhaber der elterlichen Verantwortung laut Gesetzentwurf

Nach § 807 S.1 NOZ steht die elterliche Verantwortung beiden Eltern zu, außer sie wurde einem Elternteil entzogen[661]. Damit sollen auch in Zukunft grundsätzlich beide Eltern die Inhaber der elterlichen Verantwortung bleiben, und zwar unabhängig von der konkreten Form und vom Ausmaß der Ausübung[662], aber auch unabhängig davon, ob sie miteinander verheiratet oder geschieden sind, einfach zusammen leben bzw. lebten, oder ob es Eltern sind, die nie eine richtige Beziehung führten.

Wie in der geltenden Fassung behandelt man diese grundverschiedenen Beziehungsverhältnisse gleich, was für mich nach wie vor nicht ganz nachvollziehbar ist. Die Neugestaltung des Gesetzentwurfs (neuer Kodex) wäre die ideale Gelegenheit, die Inhaberschaft der elterlichen Verantwortung neu zu gestalten, indem man die unterschiedlichen Beziehungen zwischen den Eltern mit berücksichtigt.

---

[661] § 807 Abs. 1 NOZ.
[662] Gesetzesbegründung zum NOZ: Zu § 807 S. 200.

Eine solche Mitberücksichtigung (Neugestaltung) könnte z.b. so aussehen, dass man die gemeinsame elterliche Verantwortung miteinander verheirateten Eltern zuspricht, sowie auch solchen Eltern, die eine bestimmte Zeit in einer häuslichen Gemeinschaft leben (z.b. zwei oder drei Jahre, da man davon ausgehen kann, dass innerhalb dieses Zeitraums ein enges Verhältnis zwischen dem Kind und beiden Eltern aufgebaut wurde). Dies lässt sich relativ leicht beim Einwohnermeldeamt überprüfen. Auch die Eltern, welche nicht zusammen leben bzw. nicht miteinander verheiratet sind, könnten die gemeinsame elterliche Verantwortung dank einer Sorgeerklärung erreichen. Als Vorlage für die Kodifizierung der Sorgeerklärung könnte z.b. das deutsche Modell dienen, wobei man es insofern modifizieren könnte, als man die erforderliche Erklärung der Mutter durch das Gericht ersetzen könnte, und zwar in den Fällen, in denen die gemeinsame elterliche Verantwortung dem Kindeswohl dienen würde. Ansonsten wäre die alleinstehende Mutter die alleinige Inhaberin der elterlichen Verantwortung. Eine solche Lösung wäre dem Wohl des Kindes dienlicher, da ihm die gerichtlichen Prozesse der Eltern erspart bleiben würden, was in der Regel an einem Kind nicht spurlos vorbei geht.

c) Modelle der elterlichen Verantwortung

Die Vielfalt der Modelle der elterlichen Verantwortung (Sorgerechtsmodelle) wird in der Tschechischen Republik dadurch eingeschränkt, dass beide Eltern grundsätzlich Inhaber der elterlichen Verantwortung sind, unabhängig davon, ob sie unverheiratet, miteinander verheiratet, mit einer anderen Person verheiratet oder geschieden sind[663]. Wie bereits erwähnt, gibt es davon zwei Ausnahmen (wenn man an dieser Stelle den Tod bzw. die Todeserklärung eines Elternteils beiseite lässt), in denen nur ein Elternteil der Inhaber der elterlichen Verantwortung ist. Die erste Ausnahme bilden die Mütter, welche bei der Geburt des Kindes den Namen des Vaters nicht angeben, die zweite sind jene Fälle, in denen einem der Elternteile die elterliche Verantwortung eingeschränkt erteilt oder entzogen wurde[664].

---

[663] § 34 Abs. 1 FaG; Vgl. dazu auch § 50 FaG.
[664] § 44 Abs. 2, 3 FaG.

Die Grundkonstellation der automatisch bestehenden gemeinsamen elterlichen Verantwortung ist laut Grossová nur die rechtliche Umsetzung des faktischen biologischen Verhältnisses zwischen den Eltern und ihrem Kind[665]. Wie aber die Praxis zeigt, bleibt eine gemeinsame und harmonische Ausübung der elterlichen Sorge viel zu oft nur ein wünschenswertes Ziel, dem die elterlichen Probleme und Auseinandersetzungen im Weg stehen. Ja es sind in den meisten Fällen die Eltern, die es nicht schaffen, miteinander zu kooperieren, unabhängig davon, in welchem rechtlichen Status sie zu einander stehen. Die Kinder sind dann die Leidtragenden[666]. Deshalb wollte man bei der Umsetzung der so genannten „großen Novelle"[667] des FaG den Schutz des Kindes verbessern, was eine unmittelbare Auswirkung auf die elterliche Verantwortung mit sich bringt.

Unter diesen Schutz des Kindes fällt z.B. § 24 Abs. 2 FaG. Laut dieser Regelung dürfen Ehegatten, welche minderjährige Kinder haben, nicht geschieden werden, wenn dies durch besondere Umstände das Interesse des Kindes verletzen würde. Welche „besondere Umstände" damit gemeint sind und für welche Fälle diese Regelung deshalb greifen soll, wird in der einschlägigen Regelung (§ 24 Abs. 2 FaG) nicht näher spezifiziert. In der Literatur wird die Meinung vertreten, dass unter die Klausel „besondere Umstände" z.B. ein psychisch krankes Kind[668] oder ein schwer behindertes Kind fällt, das eine Versorgung durch beide Eltern benötigt[669]. Ob die Tatsache, dass die Ehe von Eltern eines schwer behinderten Kindes nicht offiziell geschieden wird, dem Kind auch tatsächlich die Zuwendung beider Eltern bringt, erscheint eher fragwürdig.

Was man eher als gewissen Erfolg des Familiengesetzes werten kann, der zum Schutz des minderjährigen Kindes beiträgt, ist die Vorgabe, dass eine Ehe solange nicht geschieden werden kann, bis die Entscheidung des Gerichts gemäß § 176 o.s.ř. (tschechisches ZPO) über die Regelung der Verhältnisse von minderjährigen Kindern Rechtskraft erlangt hat[670]. Man kann sich fragen, wie diese gesetzliche Vorgabe dem Schutz des Kindes und seiner Interessen dienen kann. Über die Regelung der Verhältnisse von minderjährigen Kindern entscheidet das

---

[665] Grossová, MU 2005/2006 S. 10.
[666] Žáčková, Právo a rodina 6/2008, 21.
[667] Nr. 91/1998 Slg.
[668] Mašek, Právo a rodina 7/2002, 6.
[669] Hrušáková, Králíčková, MU 2006, S. 126.
[670] § 25 FaG.

Pflegschaftsgericht (soud péče o nezletilé)[671]. Es regelt die Rechte und Pflichten der Eltern dem Kind gegenüber und trifft vor allem die Entscheidung, wem das Kind zur Erziehung (výchova) anvertraut wird und auf welche Weise jeder Elternteil zu seinem Unterhalt beizutragen hat[672]. Die Tatsache, dass die Ehe ohne diese Entscheidung nicht geschieden werden kann, führt in der Praxis in relativ vielen Fällen dazu, dass die Eltern eher bereit sind, sich über die Verteilung ihrer elterlichen Verantwortung wie auch über die Erziehung des Kindes zu einigen, bzw. einen Kompromiss einzugehen, um die Scheidung schneller hinter sich zu bringen. Um die Kompromissbereitschaft zu fördern und die gerichtlichen Verhandlungen nicht unnötig in die Länge zu ziehen, (letztlich profitieren auch die minderjährigen Kinder davon) gibt das Gesetz den Eltern die Möglichkeit[673], bei der Ausübung der elterlichen Verantwortung eine gemeinsame Vereinbarung zu schließen, die jedoch der Zustimmung des Gerichts bedarf, um wirksam zu werden. Eine solche Vereinbarung hat nicht die Form eines gerichtlichen Vergleiches, sondern eines Urteiles, gegen das auch eine Berufung möglich ist[674]. Auch diese Voraussetzung (gerichtliche Zustimmung in Form eines Urteiles) soll dem Interesse des Kindes dienen, da das Gericht überprüfen soll, ob die Vereinbarung den Interessen des Kindes dient.

Man kann an dieser Stelle eine Inkonsequenz des Gesetzes nicht außer Acht lassen. Wenn man § 26 Abs. 3 FaG mit § 50 Abs. 1 FaG miteinander vergleicht, sieht man, dass das Gesetz bei der Ausgestaltung der elterlichen Verantwortung nach der Scheidung einen viel höheren Maßstab anlegt, als bei getrennt lebenden Eltern. Bei der Scheidung muss eine Vereinbarung gerichtlich abgesegnet werden, bei getrennt lebenden Eltern, unter welche auch unverheiratete fallen, kümmert sich das Gesetz gar nicht um die Verhältnisse, so lange sich die Eltern irgendwie einigen[675]. Die Inhalte einer solchen Vereinbarung und die Frage, ob diese auch im Interesse des Kindes sind, werden in diesem Fall gar nicht überprüft. Nun stellt sich die Frage, ob dabei nicht mit zwei Maßstäben gemessen wird. Das Problem ist, dass die zwei Bedingungen des § 50 Abs. 1 FaG („leben die Eltern eines minderjährigen Kindes nicht zusammen" und „einigen sie sich

---

[671] § 176 Abs. 1 o.s.ř.
[672] § 26 Abs. 1 FaG.
[673] § 26 Abs. 3 FaG.
[674] Holub, 8. Aufl. 2007, § 26 S. 69.
[675] Komentář/Hrušáková, 4. Aufl. 2009, § 50 S. 234.

nicht hinsichtlich der Erziehung und des Unterhaltes") miteinander verknüpft sind[676]. Sie müssen also beide zusammentreffen, sonst besteht aus Sicht des § 50 FaG kein gesetzlicher Bedarf zu handeln. Außerdem unterscheidet die genannte Norm nicht, ob die Eltern miteinander verheiratet sind oder nicht. Sind sie das und leben nur getrennt (aus welchem Grund auch immer), will der Staat nach dem Prinzip des „minimalen staatlichen Eingriffs"[677] in die elterliche Verantwortung nicht unbedingt intervenieren, da er dies bei unverheirateten Eltern grundsätzlich nur dann macht, wenn das minderjährige Kind ohne Versorgung ist bzw. wenn dessen Leben oder dessen positive Entwicklung ernsthaft gefährdet oder gestört sind[678]. Der unterschiedliche Maßstab ist also ein Resultat daraus, dass das Gesetz nicht zwischen getrennt lebenden verheirateten und getrennt lebenden unverheirateten Eltern unterscheidet, sondern diese beiden Varianten einfach in einen Korb wirft.

Wenn man sich den Wortlaut des § 26 Abs. 1 FaG „...wem das Kind zur Erziehung anvertraut wird..." näher ansieht, kommt man zu einem interessanten Ergebnis: Das Gericht muss nicht über das Anvertrauen des Kindes an einen Elternteil entscheiden, sondern, falls es zu dem Ergebnis kommen sollte, dass das Kind keinem der beiden Elternteile zur Erziehung anvertraut werden soll, kann es das Kind nach § 45 FaG zur Erziehung auch einer anderen Person bzw. einem Pfleger (§ 45 a FaG) oder einer Anstalt anvertrauen. Zu einer solchen Lösung wird das Gericht nur ausnahmsweise greifen, da solche Maßnahmen nur dann in Frage kommen, wenn die Interessen des Kindes bzw. seine Erziehung bei den Eltern ernsthaft gefährdet sind oder werden[679]. Normalerweise wird das Gericht prüfen, welcher Elternteil an der Erziehung des Kindes interessiert ist und ob dieser auch voll geschäftsfähig ist. Haben beide Elternteile Interesse an der Erziehung des Kindes, hat das Gericht drei Möglichkeiten, wie es entscheiden kann: Entweder behalten beide Eltern elterliche Verantwortung und das Kind wird einem der beiden Elternteile zur Erziehung anvertraut, oder sie wechseln sich bei der Ausübung der Erziehung ab oder es wird bei einem der beiden Elternteile die elterliche Verantwortung eingeschränkt bzw. diesem Elternteil entzogen.

---

[676] Komentář/Hrušáková, 4. Aufl. 2009, § 50 S. 234.
[677] Jurčíková, UP Olomouc 2005, S. 21.
[678] Vgl. § 76a o. s. ř.
[679] §§ 45a und 46 FaG.

Zum besseren Verständnis soll an dieser Stelle noch einmal hervorgehoben werden, dass auch in der Situation, in der das Kind nur einem Elternteil zur Erziehung anvertraut wird, der andere Elternteil deshalb nicht seine elterliche Verantwortung verliert. Es ist im tschechischen Familienrecht deshalb immer wichtig, dass man präzise unterscheidet, ob man über die „ganze" elterliche Verantwortung als breiteren Begriff spricht, oder von einem Teil der elterlichen Verantwortung im Sinne von „Anvertrauung des Kindes zur Erziehung an einen Elternteil" (Versorgung bzw. Obhut) spricht.

Aus dem bisher Gesagten ergibt sich, dass in der Tschechischen Republik folgende vier Rechtsmodelle in Frage kommen: die gemeinsame elterliche Sorge mit gemeinsamer Erziehung des Kindes, das Wechselmodell, die gemeinsame elterliche Verantwortung mit einem Elternteil, der das Kind erzieht, und die alleinige elterliche Verantwortung durch einen Elternteil.

(1) Gemeinsame elterliche Verantwortung

(a) Gemeinsame Erziehung des Kindes

Die gemeinsame elterliche Verantwortung mit gemeinsamer Erziehung des Kindes ist ein Modell der elterlichen Verantwortung, das dann greift, wenn einige Voraussetzungen erfüllt sind.

Gleich an erster Stelle muss man sagen, dass eine Ehe nicht Voraussetzung für dieses Modell ist[680], obwohl man in Gesprächen mit Menschen, welche sich nicht täglich mit der familienrechtlichen Thematik befassen, merkt, dass dieses Modell oft automatisch mit der Ehe verbunden oder gleichgesetzt wird, was aber nicht korrekt ist. Es ist zwar richtig, dass dieses Modell auf die meisten verheirateten Paare mit gemeinsamen minderjährigen Kindern passt. Aber auch sie müssen die notwendigen Voraussetzungen dieses Modells erfüllen. Umgekehrt gilt, dass die Eltern eines minderjährigen Kindes, die nicht miteinander verheiratet sind (z.B. die in einer eheähnlichen Gemeinschaft leben, es jedoch nicht für nötig halten, zu heiraten) und welche die nötigen Voraussetzungen erfüllen, ebenso unter dieses Modell der elterlichen Verantwortung fallen. Auch geschiedene

---

[680] Radvanová, Právo a rodina 4/2001, 2.

Paare, die sich darauf einigen, die elterliche Verantwortung inklusive der gemeinsamen Erziehung fortsetzen zu wollen, fallen unter dieses Muster. In der Praxis wird das z.B. dann der Fall sein, wenn sich die Eltern „im Guten" getrennt haben und unter Umständen weiter zusammen wohnen, bzw. in der unmittelbaren Nähe des anderes Elternteils[681]. Es gibt jedoch einige Voraussetzungen, welche für die Ausübung dieses Modells erfüllt werden müssen.

Erste Bedingung ist - wie auch bei allen anderen Modellen - die Fähigkeit, Inhaber der elterlichen Verantwortung zu sein („rechtliche Elternschaft" und volle Geschäftsfähigkeit)[682]. Auch die nächste Voraussetzung ist allen Modellen der elterlichen Verantwortung gemeinsam: Die Eltern dürfen nicht an der Ausübung der elterlichen Verantwortung verhindert sein, müssen sie also „ordnungsgemäß" ausfüllen[683]. Sie dürfen die elterliche Verantwortung weder missbrauchen, noch vernachlässigen[684] oder in einer Art ausüben, welche die Erziehung des Kindes gefährden würde[685]. Damit hängt unmittelbar auch die Voraussetzung zusammen, dass es in der Vergangenheit nicht schon zu solchen Vorfällen kam und die elterliche Verantwortung deshalb eingeschränkt oder entzogen wurde, wobei bei einer solchen Einschränkung unterschieden werden muss, für welche Teilbereiche der elterlichen Verantwortung sie gilt.

Wie aus § 50 Abs. 1 FaG ersichtlich ist, müssen die Eltern des minderjährigen Kindes nicht einmal zusammen wohnen. Dies ist keine gesetzliche Voraussetzung dieses Modells. Deshalb kann z.B. auch ein Elternteil, welcher im Gefängnis eine Strafe absitzt, nicht pauschal von diesem Modell ausgeschlossen werden. Er ist zwar deutlich daran gehindert, an der täglichen Ausübung der elterlichen Verantwortung teilzunehmen, kann jedoch durch Briefkontakt bzw. in den Besuchszeiten den Kontakt nicht nur zum Kind, sondern auch zum anderen Elternteil halten[686]. Es gilt, in einem solchen Fall sorgfältig die Interessen zu prüfen und danach zu entscheiden, ob ein Eingriff gemäß § 44 Abs. 1 FaG ge-

---

[681] Plecitý, Salač 2001, S. 49.
[682] Vgl. dazu Kapitel: Gesetzliche Voraussetzungen an die Inhaber der elterlichen Verantwortung, S. 138.
[683] § 44 Abs. 1, 2 FaG.
[684] § 44 Abs. 3 FaG.
[685] § 46 Abs. 1 FaG.
[686] Holub, 8. Aufl. 2007, § 50 S. 184.

rechtfertigt werden kann[687]. Wie sich aus der angeführten Regelung ergibt, ist das Kindesinteresse der Prüfungsmaßstab und nicht der tägliche Kontakt des betroffenen Elternteils mit dem Kind. Ansonsten müsste man die gemeinsame Erziehung auch einem Elternteil versagen, der aus beruflichen Gründen die ganze Woche an einem anderen Ort wohnt, bzw. permanent unterwegs ist und letztendlich auch keinen direkten täglichen Kontakt mit dem Kind hat. Viel wichtiger wiegen deshalb das Bestehen der elterlichen Gemeinschaft (auch in einer eingeschränkter Form), der gemeinsame Wille der Eltern, wie auch die Regelmäßigkeit des Kontakts (auch wenn dieser z.b. in der Form von Briefen besteht, da sonst die Bedingungen des § 44 Abs. 3 FaG erfüllt sein könnten, die zur Einschränkung der elterlichen Verantwortung führen würden).

Obwohl ein bestimmter rechtlicher Status der elterlichen Verbindung für dieses Modell nicht erforderlich ist, spielt dieser doch eine gewisse Rolle. Sind die Eltern verheiratet und leben auch zusammen, greift dieses Modell automatisch. In allen anderen Fällen (sogar im Fall, dass die Eltern verheiratet sind aber nicht miteinander leben[688]) ist eine Vereinbarung der Eltern die nächste Voraussetzung dieses Modells. Bei geschiedenen Elternteilen benötigt eine solche Vereinbarung sogar die Zustimmung des Gerichts[689]. Bei getrennt lebenden und verheirateten oder nicht verheirateten Eltern (unabhängig davon ob sie zusammenleben oder nicht) genügt eine stille Vereinbarung, die keine Form der staatlichen Zustimmung benötigt[690]. Dieser relativ liberale Spielraum zur Ausgestaltung der elterlichen Verantwortung, den das Gesetz gerade durch § 50 Abs. 1 FaG zulässt, ist vom Gesetzgeber in der Hoffnung geschaffen worden, dass sich die Eltern in der Gestaltung der elterlichen Verantwortung einigen, da dies das Kind vor möglichen gerichtlichen Streitigkeiten schützen kann. Gleichzeitig setzt das Gesetz darauf, dass sich die Eltern normalerweise (außer der eine Elternteil hat absolut kein Interesse am Kind) nur auf eine solche Ausgestaltung der elterlichen Verantwortung einigen, an der sie beide beteiligt sind, was ja auch für das

---

[687] § 44. Abs. 1 FaG lautet: Wird ein Elternteil in der Ausübung seiner elterlichen Verantwortung durch ernsthafte Umstände gehindert und liegt dies im Interesse des Kindes, so kann das Gericht die elterliche Verantwortung aussetzen.
[688] § 50 Abs. 1 FaG.
[689] Vgl. dazu Kapitel: Modelle der elterlichen Verantwortung, S. 149.
[690] Umkehrschluss aus § 50 Abs. 1 FaG.

Kind die beste Lösung ist, vor allem in den Fällen, in denen das Kind eine Beziehung zu beiden Elternteilen entwickelt hat.

(b) Wechselmodell

Das Wechselmodell des FaG wurde unter dem Einfluss ausländischer Regelungen mit der großen Novelle des Jahres 1998[691] eingeführt[692]. Bei diesem Modell sind beide Eltern Inhaber der elterlichen Verantwortung. Bei der täglichen Pflege und der Erziehung des Kindes (also der Obhut des Kindes) wechseln sich beide in vereinbarten bzw. festgelegten Zeitabständen ab.

(i) Voraussetzungen des Wechselmodells

Die Voraussetzungen der „rechtlichen Elternschaft" und der vollen Geschäftsfähigkeit wie auch der ordnungsgemäßen Ausübung der elterlichen Verantwortung, die weder Spuren von einem Missbrauch noch von einer Vernachlässigung dieser Pflicht aufweist, greifen auch bei diesem Modell. Dem entsprechend ist auch die Einschränkung bzw. der Entzug der elterlichen Verantwortung mit diesem Modell nicht vereinbar[693].

Zur Wahrnehmung dieses Modells sind jedoch noch weitere Grundvoraussetzungen zu erfüllen, die zwar auch bei den anderen Modellen nicht unbedeutend sind, bei einem Wechselmodell jedoch enorm wichtig sind, so die Kooperations- und Kompromissbereitschaft[694] sowie die Flexibilität[695] und die Kommunikationsfähigkeit[696] der Eltern. Das Wechselmodell sollte auf keinen Fall ein Zugeständnis an die gegenseitige Rivalität sein[697]. Unmittelbar damit hängt nämlich noch eine weitere Eigenschaft der Eltern zusammen: Sie müssen in der Lage sein, zu respektieren, dass die Nähe des anderen Elternteils, aber z.B. auch des-

---

[691] Nr. 91/1998 Slg.
[692] Komentář/Hrušáková, 4. Aufl. 2009, § 26 S. 94, 95.
[693] Näher dazu in Kapitel: Gemeinsame Erziehung des Kindes, S. 153.
[694] Judikát Obvodního soudu pro Prahu 1 ze dne 16.2.1999, Právo a rodina 10/2000, 22.
[695] Průchová, Novák, Právo a rodina 7/2006, 19.
[696] Španhelová, Právo a rodina 5/2005, 2.
[697] Holub, 8. Aufl. 2007, § 26 S. 64, 65.

sen Wissen und Können, für das Kind wichtig sind[698]. Das Fehlen von Kompromiss- und auch von Kooperationsbereitschaft, welches sich z.b. darin zeigt, dass beide Eltern die alleinige Erziehung des Kindes verlangen, sollte schon genügen, dass das Gericht ein Wechselmodell ablehnt, da es kaum im Interesse des Kindes sein kann, dass es abwechselnd und für längere Zeit bei jedem der Elternteile sein soll, wenn sich diese nicht vertragen und respektieren[699].

(ii) Anwendung des Wechselmodells

Das typische Beispiel für die Anwendung dieses Modells ist die Zeit nach einer Scheidung. Das ist jedoch nicht der einzige Fall. Eine solche Ausgestaltung der elterlichen Verantwortung kommt auch bei verheirateten Eltern vor, die nicht mehr zusammenleben, aber auch bei Eltern, die nie miteinander verheiratet waren. Das Wechselmodell kann entweder als Folge einer gerichtlichen Entscheidung praktiziert werden[700] oder das Ergebnis einer elterlichen Vereinbarung[701] im Sinne von § 26 Abs. 3 FaG (wie bereits angeführt, benötigt eine solche Vereinbarung jedoch die Zustimmung des Gerichts) oder von § 50 Abs. 1 FaG sein. Auch bei einem Kind, welches beinahe erwachsen ist und im Internat wohnt, kann dieses Modell gut in Frage kommen. In einem solchen Fall sollte aber grundsätzlich das Kind bestimmen bzw. zumindest mitbestimmen, wie die Ausgestaltung der elterlichen Verantwortung ausfallen soll[702]. Manche Autoren bezeichnen das Wechselmodell als das beste Geschenk, das die Eltern ihren Kindern nach der Scheidung machen können[703]. Černá vertritt die Meinung, dass dieses Modell die Kinder vor negativen Elementen der einseitigen Erziehung schützt[704]. Von welchen Elementen sie bei dieser sehr pauschalen Aussage spricht, ist unklar. Psychologe Tyl befürwortet dieses Modell als Prioritätsmodell für alle geschiedenen Paare, obwohl sich nach seinen Erkenntnissen sage und schreibe 98% der Eltern im Bösen trennen. Seiner Meinung nach ver-

---

[698] Černá, 2001 S. 39; Holub, 8. Aufl. 2007, § 26 S. 65.
[699] Hrušáková, Králíčková, MU 2006, S. 128; Komentář/Hrušáková, 4. Aufl. 2009, § 26 S. 95.
[700] § 26 Abs. 2 FaG.
[701] Hrušáková, Právo a rodina 1/1999, 7.
[702] Komentář/Hrušáková, 4. Aufl. 2009, § 26 S. 95.
[703] Leving 1997 S. 106.
[704] Černá, 2001 S. 39.

letzten alle anderen Modelle „das Recht des Kindes auf den anderen Elternteil"[705]. In seinem flammenden Plädoyer für dieses Modell greift er die Gerichte dafür an, dass sie für die Ausübung des Wechselmodells die beiderseitige Zustimmung der Eltern (als gewisses Zeichen der notwendigen Kooperationsbereitschaft) zur Bedingung stellen. Diese zusätzliche Bedingung stützt sich auf die Entscheidung des tschechischen Verfassungsgerichts vom 27. Januar 2005, in welcher das oberste tschechische Gericht deklariert, dass ein Wechselmodell nicht gegen den Willen eines Elternteils angeordnet bzw. erzwungen werden kann[706]. Im Gegenteil: Das Wechselmodell soll die Toleranz und den guten Willen aller daran interessierten Parteien zum Ausdruck bringen und nicht dazu dienen, das Kind in gegenseitige Konflikte hineinzuziehen. Deshalb ist es bei einer Entscheidung über die Anordnung eines Wechselmodells bzw. die Zustimmung dazu unmaßgeblich, warum die Eltern zu keiner Kooperation bereit sind bzw. sich nicht respektieren. Wichtig ist vielmehr, ob die Anordnung dieses Modells bzw. die Zustimmung dazu im Kindesinteresse liegt[707].

In einer solchen Auslegung des FaG sieht Tyl jedoch eine Ignorierung des FaG von Seiten der tschechischen Gerichte, da seiner Meinung nach eine Bedingung der beiderseitigen Bereitschaft in § 26 Abs. 2 FaG nicht ausdrücklich festgelegt ist. Das führt nach Tyl in der Praxis dazu, dass das Wechselmodell nach der Scheidung der Eltern im Jahr 2003 nur in 2,1% und im Jahr 2004 nur in 2,2% aller Fälle tatsächlich durchgeführt wurde[708]. Obwohl Tyl am Anfang seiner Ausführungen von Rechten des Kindes spricht, setzt er sich im ganzen Artikel nicht damit auseinander, in wie vielen Fällen das Wechselmodell nach der Scheidung dem Kindeswohl entsprechen würde, wenn sich die Eltern in 98% der Fälle im Bösen trennen[709]. Wie sollen sich die Elternteile denn z.B. darüber einigen, wo das Kind den Hauptwohnsitz haben wird, wer das Kindergeld bekommt, zu welchem Arzt das Kind geht[710], welche Schule es besuchen und welche Kurse es wählen soll. Auch über die Psyche des Kindes, das zwischen zwei verfeindeten Eltern regelmäßig hin und her gerissen wird, äußert sich der Autor

---

[705] Tyl, Právo a rodina 4/2006, 20, 21, 22.
[706] I. ÚS 48/04 in N 19/36 SbNU 247.
[707] I. ÚS 48/04 in N 19/36 SbNU 247.
[708] Tyl, Právo a rodina 4/2006, 21.
[709] Tyl, Právo a rodina 4/2006, 21.
[710] Průchová, Novák, Právo a rodina 10/2003, 11.

nicht. Die Antwort auf die Frage, auf welche Art und Weise es vermieden werden könnte, dass pendelnde Kinder in die Probleme der Elternteile hineingezogen werden, wenn sich 98% der Eltern im Bösen scheiden, bleibt Tyl ebenfalls schuldig.

(iii) Ausübung des Wechselmodells

Das Wechselmodell funktioniert in der Praxis so, dass ein Kind abwechselnd bei dem einen und dem anderen Elternteil ist[711]. Wird das Wechselmodell aufgrund einer gerichtlichen Entscheidung gemäß § 26. Abs. 2 FaG praktiziert, werden vom Gericht auch die Rechte und Pflichten im Zusammenhang mit diesem Pendelrhytmus bestimmt[712]. Der Zeitraum, in dem das Kind bei dem einen und bei dem anderen ist, wird genau abgesprochen bzw. festgelegt[713], wobei die Länge der einzelnen Perioden variieren kann, insbesondere im Hinblick auf das Alter des Kindes und die Entfernung der Wohnungen der Eltern[714]. Laut Holub hat die Praxis gezeigt, dass ein monatlicher Wechsel zwischen den Eltern fast optimal ist, da dann die Auszahlung des Kindergelds wie auch möglicher Sozialansprüche am einfachsten ist[715].

Anders verhält es sich bei Kindergartenkindern: Laut Aussagen von Kinderpsychologen soll bei solch kleinen Kindern die Dauer zwei Wochen nicht überschreiten[716]. Laut Hrušáková und Králíčková sollte ein Wechselmodell bei Kindergartenkindern ohnehin die Ausnahme sein[717]. Bei älteren Kindern spielt die Meinung des Kindes eine zunehmend wichtigere Rolle und sollte folglich auch von den Eltern und vom Gericht entsprechend respektiert werden[718]. Relativ einig sind sich die einzelnen Autoren auch in der Einschätzung, dass das Wechselmodell nur dann praktizierbar ist, wenn das Kind durch den ständigen Wechsel nicht aus seinem Umfeld herausgerissen wird, vor allem, dass es auch wei-

---

[711] Hrušáková, Králíčková, MU 2006, S. 128.
[712] Holub, 8. Aufl. 2007, § 26 S. 64.
[713] Černá, 2001 S. 40.
[714] Hrušáková, Králíčková, MU 2006, S. 128, 129.
[715] Holub, 8. Aufl. 2007, § 26 S. 64.
[716] Hrušáková, Králíčková, MU 2006, S. 129.
[717] Hrušáková, Králíčková, MU 2006, S. 128; Komentář/Hrušáková, 4. Aufl. 2009, § 26 S. 96.
[718] Hrušáková, Novák, Bulletin advokacie 3/1999 S. 32.

terhin den gleichen Kindergarten, die gleiche Schule[719] und die gleichen nebenschulischen Aktivitäten (Musikschule, Sportklubs) besuchen kann, da dies für seine Entwicklung und die schulische Laufbahn enorm wichtig ist[720]. Die Meinung einer Minderheit vertreten Plecitý und Salač, welche diese Bedingung nicht als eine Voraussetzung des Wechselmodells sehen. Sie sind vielmehr der Ansicht, dass es vertretbar sei, diesen Nachteil des Modells in Kauf zu nehmen[721]. Damit kommt man wieder auf das bereits mehrmals angesprochene Thema, welches auch für dieses Modell gilt: Die Form der Ausgestaltung der elterlichen Verantwortung muss sich in erster Linie am Interesse des Kindes orientieren und sich nicht nach den Vorteilen der Eltern richten[722].

(iv) Vorteile und Nachteile des Modells

Wenn man die wichtigsten Vor- und Nachteile des Wechselmodells hervorheben möchte, könnte man als eindeutigen Vorteil die Möglichkeit des Kindes nennen, weiterhin von beiden Eltern versorgt zu werden[723] und in ihrem Leben eine wichtige Rolle (unter anderem auch die Männer- und Frauenrolle)[724] zu spielen, was die Grundlage für einen langfristigen und engen Kontakt zu beiden Eltern auch im Erwachsenenalter sein dürfte[725]. Außerdem nimmt das Kind sowohl die männliche als auch die weibliche Rolle eines Erwachsenen wahr.

Als nachteilig könnte sich das ständige Hin und Her und der damit verbundene Stress erweisen[726], der nach Meinung mancher Psychologen letztendlich dazu führen könnte, dass das Kind zu keinem der beiden Elternteile eine enge Beziehung aufbaut[727]. Außerdem ist nicht jedes Kind stark genug, um ein solches Modell über längere Zeit zu verarbeiten, was negative Auswirkungen auf seine

---

[719] Hrušáková, Králíčková, MU 2006, S. 129; Černá, 2001 S. 40; Komentář/Hrušáková, 4. Aufl. 2009, § 26
S. 96.
[720] Holub, 8. Aufl. 2007, § 26 S. 64, 65.
[721] Plecitý, Salač 2001, S. 49.
[722] Komentář/Hrušáková, 4. Aufl. 2009, § 26 S. 94, 95.
[723] Průchová, Novák, Právo a rodina 10/2003, 9, 10.
[724] Špaňhelová, Právo a rodina 5/2005, 4.
[725] Jonáková, Právo a rodina 4/2008, 14.
[726] Jonáková, Právo a rodina 4/2008, 14.
[727] Černá, 2001 S. 41.

ganze Entwicklung haben könnte, da es doch ein hohes Maß an Flexibilität und Anpassungsfähigkeit verlangt, sich immer wieder neu und möglichst schnell an die unterschiedlichen Bezugspersonen, Erziehungsstile und Lebensgewohnheiten der beiden Elternteile anzupassen. Außerdem ist ein Wechselmodell mit dem Risiko der unterschiedlichen Wahrnehmungen und Vorstellungen[728] und Anforderungen durch die Elternteile an das Kind verbunden[729], was dazu führen kann, dass es bei einem Elternteil faulenzen kann und beim strengeren von beiden wieder alles nachholen muss.

(c) Gemeinsame elterliche Verantwortung mit einem Elternteil, der das Kind erzieht

Die folgenden Ausführungen widmen sich der Situation, in der beide Eltern formell als Inhaber der elterliche Verantwortung zu bezeichnen sind, jedoch das Kind nur bei einem Elternteil lebt, was im Ergebnis dazu führt, dass der andere Elternteil, obwohl er formell Inhaber der kompletten elterlichen Verantwortung ist[730], einige Rechte und Pflichten der elterlichen Verantwortung (vor allem die tägliche Personensorge inklusive der Erziehung des Kindes) nicht faktisch ausüben kann[731], da dies nur von dem Elternteil wahrgenommen werden kann, bei dem das Kind lebt. Man könnte deshalb dieses Modell auch „faktische Alleinpersonensorge bei gemeinsamer elterlicher Verantwortung" nennen.
Nachdem das tschechische Familiengesetz bei der Geburt des gemeinsamen Kindes grundsätzlich beide Eltern zu Inhabern der elternrechtlichen Verantwortung macht, und zwar unabhängig von deren rechtlichen wie auch häuslichen Verhältnissen, greift dieses Modell vor allem dann, wenn die Eltern bei der Geburt des Kindes miteinander verheiratet sind, jedoch nicht miteinander leben (faktische Trennung) oder nicht miteinander verheiratet sind und nicht miteinander leben, und sich bei diesen Ausgangssituationen weder auf das Wechselmodell geeinigt haben, noch einem der beiden Elternteile die elterliche Verantwortung i.S.v. § 44 Abs. 2 und 3 FaG eingeschränkt bzw. entzogen wurde. Au-

---

[728] Hrušáková, Novák, Bulletin advokacie 3/1999, 30.
[729] Průchová, Novák, Právo a rodina 10/2003, 10.
[730] Knecht, MU 2002, S. 70.
[731] Grossová, MU 2005/2006 S. 87.

ßerdem kommt dieses Modell auch dann zum Einsatz, wenn sich Eltern, die bei der Geburt des Kindes miteinander verheiratet waren, scheiden lassen (rechtliche Trennung) und das Gericht im Rahmen des Scheidungsverfahren dieses Erziehungsmodell bestimmt[732], oder der Vereinbarung der Eltern, dieses Modell wahrnehmen zu wollen, zustimmt[733].

(i) Vorteile dieses Modells

Die Regelung, dass beide Elternteile Inhaber der elterlichen Verantwortung sind, obwohl sie nicht bzw. nicht mehr mit dem Kind zusammen leben, kann unter gewissen Aspekten und in gewissen Fällen auch von Vorteil sein. Hauptvoraussetzung ist erneut die Kommunikationsfähigkeit der Eltern und ein gewisses Mindestmaß an Zusammenarbeit[734]. Sind diese Voraussetzungen erfüllt, können sich beispielsweise die Eltern manche Aufgabenbereiche der elterlichen Verantwortung teilen, in dem z.B. der eine die tägliche Personensorge übernimmt und der andere die Vertretung des Kindes oder die Verwaltung seines Vermögens. Beide Eltern tragen so zur Erfüllung ihres gesetzlich verankerten Pflichtrechts bei und teilen die damit verbundene Last aufeinander auf.

Außerdem ist dieses Modell auch insofern praktisch, als z.B. im Falle des Ausfalls eines Elternteils wegen einer Krankheit (unabhängig davon, ob es sich um einen kurzfristigen oder langfristigen Ausfall handelt) auch die von diesem Elternteil normalerweise wahrgenommenen Pflichten und Rechte der elterlichen Verantwortung von dem anderem Elternteil, der mit dem Kind nicht zusammenlebt, wahrgenommen werden können. Hierzu ist keinerlei Beantragung, gerichtliche oder anderweitige Zustimmung oder Genehmigung nötig. Dies ist von Vorteil, wenn es in der konkreten Situation keine Alternative gibt, beispielsweise keine andere volljährige und vertraute Person da ist, die mit dem Kind im gleichen Haushalt lebt.

---

[732] § 26 Abs. 1 FaG.
[733] § 26 Abs. 3 FaG.
[734] Průchová, Novák, Právo a rodina 7/2006, 19.

(ii) Faktische Schwierigkeiten dieses Modells

Das vorgestellte Modell, bei dem beide Eltern, die nicht zusammenleben, Inhaber der elterlichen Verantwortung sind, zeigt im täglichen Leben auch problematische Seiten. Die bemerkenswerteste davon ist die fehlende Möglichkeit, die elterliche Verantwortung täglich auszuüben. Sie kann in diesem Modell nicht von beiden Elternteilen im gleichen Umfang ausgeübt werden, da jener Elternteil, welcher mit dem Kind zusammen lebt, ganz andere Voraussetzungen hat, diese auch wahrzunehmen. Der tägliche Kontakt und das Zusammensein ermöglichen ihm viel leichter als jenem Elternteil, welcher nicht mit dem Kind zusammenlebt, das Kind zu lenken und zu beeinflussen. Eine solche Lenkung und Beeinflussung des Kindes fängt beispielsweise beim Benehmen des Kindes und seinen Reaktionen in verschiedenen Lebenssituationen an und geht über in die Essgewohnheiten, die Prägung der sprachlichen Ebene, die Liebe zu Natur und Tieren, die körperliche Hygiene, den Bekleidungsstil, das Interesse am Sport, der Kunst und so weiter.

Außerdem trifft der Elternteil, der mit dem Kind lebt, im Rahmen der tatsächlichen Personensorge verschiedene Entscheidungen, welche direkte Auswirkungen auf das Leben, den Tagesablauf, aber auch die Erziehung des Kindes haben[735]. Als Beispiel dafür kann man die Entscheidung nennen, ob, wo und wie lange das Kind mit welchem Freund spielen darf, ob und wenn ja welches Fernsehprogramm das Kind sehen und wie lange es vor dem Fernseher verbringen bzw. am Computer spielen darf, wann das Kind ins Bett gehen soll und ob und in welcher Form es in die Hausarbeit einbezogen werden soll.

Der vom Kind getrennt lebende Elternteil hat dagegen nur sehr begrenzte Möglichkeiten, diese Entscheidungen zu beeinflussen und das Kind auf seine Art und Weise zu lenken, zu beeinflussen und zu erziehen[736]. Er kann zwar möglicherweise mit dem Kind täglich über das Telefon in Kontakt treten, das Beeinflussungspotential ist dennoch deutlich niedriger, als wenn er mit dem Kind in einem Haushalt leben würde. Er erlebt nicht das tägliche Verhalten des Kindes und kann nicht beobachten, wie das Kind in verschiedenen Lebenssituationen reagiert. In jenen Fällen, in denen die Elternteile zerstritten sind und der mit dem Kind lebende Elternteil mit dem anderen Elternteil nur sporadisch kommuniziert

---

[735] Radvanová, Právo a rodina 4/2001, 2.
[736] Plecitý, Salač 2001, S. 49.

bzw. bei dessen Anruf den Hörer nur an das Kind weitergibt, verfügt der nicht mit dem Kind lebende Elternteil nur über begrenzte und unvollständige Informationen, da er von seinem Kind aufgrund dieser Umstände nicht alles erfahren dürfte. Weiterhin wird das Kind einiges aus dem Grund nicht erzählen wollen, weil es den mit ihm lebenden Elternteil nicht verletzen will bzw. mögliche Auseinandersetzungen zwischen den Eltern oder auch zwischen dem Kind und den einzelnen Elternteilen vermeiden will, bzw. unangenehme Konsequenzen für sich selbst befürchtet. Auch der Einfluss des Elternteils, welcher mit dem Kind im gemeinsamen Haushalt wohnt, kann dazu führen, dass das Kind dem nicht mit ihm lebenden Elternteil nicht alles erzählt bzw. dem gewisse Informationen nur gefiltert weitergegeben werden.

Anhand des Gesagten merkt man, dass die Einflussmöglichkeiten des nicht mit dem Kind lebenden Elternteils z.B. auf die Erziehung des Kindes um einiges geringer sind, als jene des mit dem Kind lebenden Elternteils. Dies bedeutet im Ergebnis, dass die Eltern in diesem Modell zwar theoretisch gleichen Anteil an der elterlichen Verantwortung haben, die Realität aber anders aussieht. Man fragt sich, ob dieses Modell nicht nur dazu dienen soll, jene Eltern ruhig zu stellen und damit quasi gleichzustellen, die mit der Situation, dass sie mit ihrem Kind nicht bzw. nicht mehr leben können, unzufrieden sind. Diese künstliche Gleichstellung kann aber in der Praxis kaum Bestand haben, da der Elternteil, welcher mit dem Kind lebt, einen ganz anderen Zugang zum Kind hat und deshalb auch ganz andere Möglichkeiten besitzt, die elterliche Verantwortung in konkreter Form (z.B. durch tägliche Lenkung und Erziehung des Kindes) auszuüben.

(2) Alleinige elterliche Verantwortung eines Elternteils

Das Modell der alleinigen elterlichen Verantwortung eines Elternteils hat unter den einzelnen Konzepten eine besondere Stellung. Diese hängt mit der einige Male bereits angesprochenen Tatsache zusammen, dass das tschechische FaG grundsätzlich beide Eltern als Inhaber der elterlichen Verantwortung vorsieht und zwar unabhängig davon, ob sie unverheiratet, miteinander verheiratet, mit einer anderen Person verheiratet oder geschieden sind[737]. Eine alleinige elterliche Verantwortung kann deshalb als besondere Ausnahme dieser Grundkonstellation bezeichnet werden und ist deshalb an bestimmte Voraussetzungen geknüpft.

Zu diesen Grunderfordernissen zählt zunächst einmal die fehlende bzw. beschränkte Geschäftsfähigkeit eines Elternteils i.S.v. § 34 Abs. 2 S 1 FaG i.V.m. § 8 OZ, denn für diesen Fall gilt, dass die elterliche Verantwortung dem jeweils anderem Elternteil alleine zusteht. Das Gericht kann jedoch nach § 34 Abs. 3 FaG einem minderjährigen (also nicht voll geschäftsfähigen) Elternteil einen Teil der elterliche Verantwortung (die Versorgung des Kindes) zusprechen, wenn dieser das 16. Lebensjahr vollendet hat und die erforderlichen Voraussetzungen für die Ausübung der elterlichen Rechte und Pflichten erfüllt[738].

Die zweite gesetzliche Voraussetzung, welche zur alleinigen elterliche Verantwortung führt, ist der Tod bzw. die Todeserklärung eines Elternteils[739]. Auch für diesen Fall steht dem anderen Elternteil die alleinige elterliche Verantwortung kraft Gesetzes zu[740].

Der dritte Weg, der zur Erreichung der alleinigen elterlichen Verantwortung führt, ist das Verschweigen des Vaters bei der Geburt durch die Mutter. In einem solchen Fall hat das Kind im juristischen Sinne keinen Vater, wobei dieser Stand nicht endgültig sein muss, denn die Vaterschaft des biologischen Vaters kann nach § 54 Abs. 1 FaG auch später auf Antrag gerichtlich festgestellt werden. Als Antragssteller kommen der biologische Vater, die Mutter und das Kind in Frage[741]. Dass dieser Weg zur Erreichung der alleinigen elterlichen Verantwortung keine Ausnahme, sondern eine relativ häufig praktizierte Modalität ist (in der ersten Hälfte des Jahres 2008 gaben immerhin 29,4% der unverheirateten Mütter bei der Geburt des Kindes den Namen des Vaters nicht an), zeigt die Statistik[742]. Man kann davon ausgehen, dass diese Zahlen in erster Linie auf das Fehlen der automatischen Alleinsorge der unverheirateten Mutter i.S.v. § 1626a Abs. 2 BGB zurückzuführen sind, denn einige Mütter schlagen diesen Weg in

---

[737] § 34 Abs. 1 FaG; Vgl. dazu auch § 50 FaG.
[738] Hrušáková, Právo a rodina 2/1999, 1.
[739] § 34 Abs. 2 S 1 FaG.
[740] Vgl. Kapitel: Tod eines Elternteils, S. 242.
[741] § 54 Abs. 1 FaG.
[742] http://www.czso.cz/csu/csu.nsf/informace/coby091108.doc

der Hoffnung ein, sich Streitigkeiten, die aus der gemeinsamen elterlichen Verantwortung entspringen könnten, zu sparen[743]. Wenn man diese Zahlen betrachtet, stellt man sich die Frage, ob der Preis für die „künstliche Gleichbehandlung" aller Eltern und deren Kinder, unabhängig davon, ob sie unverheiratet, miteinander verheiratet, mit einer anderen Person verheiratet oder geschieden sind, im Hinblick auf die Zahl der im juristischen Sinne vaterlosen Kinder nicht zu hoch ist.

Die letzte Variante, welche im Endergebnis zur alleinigen elterlichen Verantwortung führt, ist die Aussetzung, Einschränkung oder der Entzug der elterlichen Verantwortung bei einem der beiden Elternteile[744]. Auch in diesen Fällen wird der andere Elternteil Kraft Gesetzes der alleinige Inhaber der elterlichen Verantwortung[745].

d) Gesetzliche Kriterien bei einer gerichtlichen Entscheidung über die Ausgestaltung der Ausübung der elterlichen Verantwortung

Die einzelnen gesetzlichen Kriterien, welche das Gericht bei der Entscheidung über die Ausgestaltung der Ausübung von elterlicher Verantwortung als Maßstab zu berücksichtigen hat, sind in § 26 Abs. 4 und 5 FaG festgelegt. Diese weit gefassten Prüfsteine wurden in das Familiengesetz erst im Jahr 1998 inkorporiert[746], wobei man dazu anführen muss, dass die Rechtsprechung den größten Teil dieser Kriterien bereits vor der Einführung anerkannt und angewendet hat[747]. Die in § 26 Abs. 4 und 5 FaG festgelegten Kriterien sind jedoch nicht die einzigen, die bei der gerichtlichen Entscheidung über die Ausgestaltung der Ausübung der elterlichen Verantwortung eine maßgebende Rolle spielen. In § 31 Abs. 3 FaG ist noch das Anhörungs-, Informations- und Äußerungsrecht des Kindes verankert, welches als ein weiteres (zusätzliches) Kriterium zu verstehen ist und deshalb auch bei der gerichtlichen Entscheidung über die Aus-

---

[743] Vgl. Kapitel: Einblick in die Rechtspraxis, S. 144.
[744] § 44 Abs. 1, 2, 3 FaG.
[745] § 34 Abs. 2 S 2 FaG.
[746] Gesetz Nr. 91/1998 Slg. – Novelle des Familiengesetzes.
[747] Hrušáková, Králíčková, MU 2006, S. 130.

übung der elterlichen Verantwortung anzuwenden und mit zu berücksichtigen ist[748].

Bevor man sich jedoch mit den einzelnen Kriterien auseinandersetzt, welche zu einer gerichtlichen Entscheidung über die Ausgestaltung der elterlichen Verantwortung gesetzlich festgelegt sind, ist es zum besseren Verständnis angebracht, die einzelnen Situationen aufzuzählen, bei welchen eine gerichtliche Entscheidung über die fragliche Ausgestaltung der elterlichen Verantwortung getroffen wird.

Zur einer gerichtlichen Entscheidung kommt es erstens dann, wenn sich verheiratete Eltern im Rahmen des Scheidungsverfahren nicht über die Ausgestaltung nach der Scheidung einigen können. Das Gesetz gibt ihnen nämlich die Möglichkeit, die Ausgestaltung der elterlichen Verantwortung anhand einer gemeinsamen Vereinbarung zu regeln[749], welche jedoch für deren Wirksamkeit und zur Gewährleistung des Kindeswohles der gerichtlichen Zustimmung[750] bedarf[751]. Zweitens kommt es i.S.v. § 50 Abs. 1 FaG zu einer gerichtlichen Entscheidung über die Ausgestaltung der Ausübung der elterlichen Verantwortung, wenn sich Eltern, welche nicht mit dem Kind zusammen leben, über die Ausgestaltung der Ausübung der elterlichen Verantwortung, wie auch über den Unterhalt nicht einigen. Bemerkenswert ist, dass das Gesetz auch an dieser Stelle nicht das „miteinander verheiratet sein" als Kriterium voraussieht sondern das „miteinander Leben"[752]. Ob sie miteinander verheiratet sind oder nicht, spielt also keine Rolle. Die gesetzlichen Kriterien, die bei der gerichtlichen Entscheidung i.S.v. § 50 Abs. 1 FaG über die Ausgestaltung der Ausübung der elterlichen Verantwortung maßgeblich sind, sind die gleichen, wie bei der gerichtlichen Entscheidung im Rahmen des Scheidungsverfahren.

---

[748] Komentář/Hrušáková, 4. Aufl. 2009, § 26 S. 98.

[749] Novotná, Právo a rodina 10/2007, 2.

[750] § 26 Abs. 3 FaG. Die Übersetzung ist nur sinngemäß und unpräzise, denn die tschechische Version benutzt das Wort „rozhodnutí o úpravě výkonu rodičovské odpovědnosti" also „Entscheidung über die Ausgestaltung der Ausübung der elterlichen Verantwortung" und nicht das Wort „Sorgerechtsentscheidung". Man darf nicht vergessen, dass auch der Elternteil, dem das Kind nicht zur Pflege anvertraut wurde, in der Regel weiterhin Inhaber der elterlichen Verantwortung (sorgeberechtigt) bleibt, dies jedoch in Folge eines tatsächlichen Hindernisses (das Kind lebt nicht bei diesem Elternteil) im vollen Umfang ausüben kann.

[751] Komentář/Hrušáková, 4. Aufl. 2009, § 26 S. 95, 96.

[752] Die Übersetzung des § 50 Abs. 1 FaG ist nicht genau, da im tschechischen Original die Worte „spolu nežijí" benutzt werden, was man als „miteinander leben" und nicht als „in gemeinsamem Haushalt leben" übersetzen soll.

(1) Einzelne Kriterien des § 26 Abs. 4 und 5 FaG

Bei der Betrachtung der einzelnen Kriterien des § 26 Abs. 4 und 5 FaG darf man nicht ihre Reihenfolge in dieser Norm übersehen. Es ist kein Zufall, dass das Familiengesetz an die erste Stelle das Kindesinteresse stellt und diesem Kriterium dadurch einen besonderen Wert verschafft. Nach § 26 Abs. 4 S 1 FaG hat ein Gericht bei seiner Entscheidung zur Frage, wie die elterliche Verantwortung wahrgenommen und diese ausgestaltet wird, vor allem das Interesse des Kindes im Hinblick auf seine Persönlichkeit, insbesondere seine Begabungen, Fähigkeiten und Entwicklungsmöglichkeiten zu berücksichtigen[753]. Dabei sind auch die Lebensverhältnisse der Eltern zu betrachten[754], wobei das Gericht sein besonderes Augenmerk auf die bisherige Beziehung der beiden Elternteilen zum Kind legen wird, inklusive der bisherigen Bereitschaft das eigene Leben dem Kind anzupassen, aber auch auf die Arbeitsbelastung, die Arbeitszeiten der einzelnen Elternteile, die Interessen der Eltern[755] und auf andere Merkmale, die im Einzelfall variieren können (Alkoholprobleme, Drogenabhängigkeit, Waffenhandel usw.).

Die darauf folgenden Kriterien in § 26 Abs. 4 S 2, 3 FaG und in § 26 Abs. 5 FaG werden anhand der Wortwahl in drei fiktive Kategorien aufgeteilt. Die erste Abteilung bilden Kriterien, welche das Gericht bei einer Entscheidung über die Ausgestaltung der Ausübung der elterlichen Verantwortung zu beachten hat[756], die zweite Kriterien, welche es zu berücksichtigen hat[757] und die dritte Kategorie bildet ein Kriterium, welches das Gericht immer in Betracht zu ziehen hat[758].

---

[753] § 26 Abs. 4 S 1 FaG. Auch an diese Stelle ist die Übersetzung weder genau noch präzise und verändert außerdem den Sinn wie auch die Reinfolge der Kriterien des tschechischen Originals. In der Übersetzung steht: „...hat das Gericht in erster Linie die Persönlichkeit des Kindes, seine Interessen, Begabungen, Fähigkeiten und Entwicklungsmöglichkeiten zu berücksichtigen...". Die richtige und genauere Übersetzung wäre: „...hat das Gericht vor allem das Interesse des Kindes im Hinblick auf seine Persönlichkeit, insbesondere seine Begabungen, Fähigkeiten und Entwicklungsmöglichkeiten...".
[754] § 26 Abs. 4 S 1 FaG.
[755] Plecitý, Salač 2001, S. 48.
[756] § 26 Abs. 4 S 2 FaG.
[757] § 26 Abs. 4 S 3 FaG.
[758] § 26 Abs. 5 FaG.

(a) Kriterien, welche das Gericht zu beachten hat

In die Kategorie der Kriterien, welche zu beachten sind, gehört das unter dem Einfluss des Art. 18 aus dem Übereinkommen über die Rechte des Kindes[759] eingeführte Recht des Kindes auf die Pflege (Fürsorge) und den Umgang mit beiden Eltern, welches man als eine gewisse gesetzliche Spezifikation des Kindesinteresses betrachten kann[760]. Das Recht des Kindes auf Pflege durch beide Eltern ist bei der Ausgestaltung der Ausübung der elterlichen Verantwortung, bei welcher das Kind nur bei einem Elternteil lebt, eher ein wünschenswertes Ziel, welches in vollem Umfang nur kaum zu erreichen ist.

Aus der Sicht des Elternteils gehört in diese Kategorie auch das in § 26 Abs. 4 S 2 FaG verankerte Recht desjenigen Elternteils, welchem das Kind nicht anvertraut wurde, auf regelmäßige Informationen über sein Kind,[761]. Unter einer regelmäßigen Information versteht man nicht nur Informationen über die Gesundheit des Kindes, sondern auch über seine schulischen Aktivitäten und Erfolge, wie auch über seine Freizeitaktivitäten[762]. Dabei kann man bei Kindern, die regelmäßigen Umgang mit dem Elternteil haben, dem sie nicht zur Pflege anvertraut wurden, davon ausgehen (unter der Berücksichtigung des Alters des Kindes und seiner Beziehung zum informationsberechtigten Elternteil), dass diese Elternteile die angesprochene Informationen unmittelbar vom Kind selbst bekommen. Man kann jedoch nicht erwarten, dass die vom Kind gelieferten Informationen immer vollständig und objektiv sind. Noch weniger Informationen vom Kind werden i.d.R. jene Elternteile bekommen, die keinen regelmäßigen Kontakt zum Kind haben, weil sie z.B. im Ausland, Krankenhaus, Gefängnis oder an einem für das Kind schwer erreichbaren Ort leben und natürlich jene Elternteile, deren Kind noch zu klein ist. In solchen Fällen gewinnt das Recht eines Elternteils auf Informationen vom anderen Elternteil an Bedeutung, weil

---

[759] BGBl. II S. 990 ff;
http://www.bmfsfj.de/Kategorien/Publikationen/Publikationen,did=3836.html.
[760] Zum Recht des Kindes auf Umgang mit seinen Eltern vgl. Kapitel: Kinder als Inhaber des Rechts auf Umgang, S. 280 ff.
[761] Auch in § 26 Abs. 4 S 2 FaG ist die Übersetzung mangelhaft, denn im tschechischen Original wird von „péče" also „Pflege" und nicht von „Erziehung" gesprochen. Außerdem wird in der Originalsprache nicht das Wort „Sorgerecht" benutzt, sondern nur gesagt, „… dem das Kind nicht anvertraut wurde" im Sinne von Pflege und nicht im Sinne von Sorgerecht, denn das haben in der Regel weiterhin beide Eltern.
[762] Komentář/Hrušáková, 4. Aufl. 2009, § 26 S. 98.

das Fehlen der Informationen sich oft auch auf das gegenseitige Interesse und die Beziehung zwischen diesem Elternteil und dem Kind auswirkt[763]. Was für den einen Elternteil ein Recht darstellt, ist für den anderen eine Pflicht. Somit ist der Elternteil, dem das Kind anvertraut wurde, verpflichtet, diese Art von Informationen dem anderen Elternteil zu gewähren. Wie dies aber sichergestellt werden soll, sagt das Gesetz nicht. Das Gericht kann deshalb beispielsweise in seiner Entscheidung über die Ausgestaltung der Ausübung der elterlichen Verantwortung anordnen, dass der Elternteil, welchem das Kind anvertraut wurde, dem anderem Elternteil in regelmäßigen Abständen (monatlich, vierteljährlich, halbjährlich) einen Bericht mit Informationen über das Kind abgibt[764], oder ihn verpflichten, auf Anfrage des Elternteils, dem das Kind nicht anvertraut wurde, diese Informationen zu gewähren. Inwieweit eine solche Anordnung auch erzwingbar ist (z.b. durch Auferlegung von Geldstrafen wegen der Nichterfüllung einer gerichtlichen Entscheidung i.S.v. § 272 Abs. 2 o.s.ř.) bleibt weiterhin strittig[765].

(b) Kriterien, welche das Gericht zu berücksichtigen hat

Die Kriterien, welche das Gericht bei der Entscheidung über die Ausgestaltung der Ausübung der elterlichen Verantwortung i.S.v. § 26 Abs. 4 S 3 FaG zu berücksichtigen hat, setzen sich zusammen aus solchen, die mit der Person des Kindes zusammenhängen, und solchen, welche die einzelnen Elternteile betreffen. Deshalb kann man sie auch als eine Ergänzung der in § 26 Abs. 4 S 1 FaG festgelegten Grundkriterien (Interesse des Kindes und Lebensverhältnisse der Eltern) betrachten[766]. Das Gesetz teilt sie jedoch nicht in diese zwei Kategorien auf, sondern ordnet sie in folgender Reihenfolge an: Die gefühlsmäßige Bindung des Kindes an die einzelnen Elternteile, die Mitberücksichtigung des gewohnten Umfeldes des Kindes, die erzieherischen Fähigkeiten und das Verantwortungsbewusstsein der einzelnen Elternteile, die Stabilität des zukünftigen Umfelds des

---

[763] Holub, 8. Aufl. 2007, § 26 S. 67.
[764] Komentář/Hrušáková, 4. Aufl. 2009, § 26 S. 97.
[765] Holub, 8. Aufl. 2007, § 26 S. 67; anderer Auffassung vertritt: Komentář/Hrušáková, 4. Aufl. 2009, § 26 S. 97.
[766] Komentář/Hrušáková, 4. Aufl. 2009, § 26 S. 98.

Kindes[767], die Fähigkeit eines Elternteiles, sich mit dem anderen Elternteil über die Erziehung des Kindes zu einigen, die gefühlsmäßige Bindung des Kindes an seine Geschwister, Großeltern und andere Verwandte, die materiellen Möglichkeiten sowie die Wohnungssituation der Eltern[768].

Betrachtet man die einzelnen Kriterien, die mit der Person des Kindes zusammenhängen, fällt wieder auf, dass diese (die gefühlsmäßige Bindung des Kindes an die einzelne Elternteile, die Mitberücksichtigung des gewohnten Umfeldes des Kindes, die gefühlsmäßige Bindung des Kindes an seine Geschwister, Großeltern und andere Verwandte wie auch die Stabilität des zukünftiges Umfelds des Kindes) eindeutig der Aufrechterhaltung und Entwicklung der bisherigen Beziehungen und Bindungen des Kindes innerhalb seiner Familie im engeren (Eltern und Kind), aber auch im breiteren Sinn (Geschwister, Großeltern, Tanten, Onkel, Cousinen und Cousins) hohe Priorität einräumen. Diese Beziehungen haben auf das Kind und seine Entwicklung in der Regel eine sehr positive Wirkung[769].

Wenn man die Kriterien, die mit der Person der einzelnen Elternteile zusammenhängen, betrachtet (die erzieherischen Fähigkeiten und das Verantwortungsbewusstsein der einzelnen Elternteile, die Fähigkeit eines Elternteiles, sich mit dem anderen Elternteil über die Erziehung des Kindes zu einigen, die materiellen Möglichkeiten sowie die Wohnungssituation der Eltern), fällt auf, dass das Familiengesetz den Gerichten eine komplizierte Aufgabe abverlangt. Kriterien wie „die erzieherischen Fähigkeiten der einzelnen Elternteile" (falls man diese Fähigkeiten überhaupt objektiv auflisten und bemessen kann[770]) sind für das Gericht zum Teil nur schwer feststellbar. Auch bei „der Stabilität des zukünftiges Umfelds des Kindes", wandert eine gerichtliche Abschätzung bzw. Prognose nahe an der Grenze zur Spekulation[771].

Die Kriterien der materiellen Möglichkeiten und der Wohnungssituation der Eltern könnten auf den ersten Blick den Eindruck erwecken, dass derjenige Elternteil, welcher materiell besser gestellt ist (z.B. weil er eine eigene Immobilie besitzt), vom Gesetz bevorzugt wird. Wenn man aber die komplette Reihenfolge

---

[767] Mašek, Právo a rodina 7/2002, 7.
[768] § 26 Abs. 4 S 3 FaG.
[769] Holub, 8. Aufl. 2007, § 26 S. 68.
[770] Novák, Právo a rodina 9/2005, 1 ff.
[771] Grossová, MU 2005/2006 S. 88.

der Kriterien des § 26 Abs. 4 FaG betrachtet, erkennt man, dass dieses Kriterium an letzter Stelle der Aufzählung steht und deshalb nur im Zusammenhang mit den vorstehend genannten Kriterien auszulegen ist[772]. Die Gefühle und Bindungen des Kindes zu den einzelnen Elternteilen sind deshalb deutlich spürbarer zu gewichten.

(c) Kriterium, welches das Gericht immer in Betracht zu ziehen hat

In § 26 Abs. 5 FaG ist verankert, dass das Gericht immer zu berücksichtigen hat, welcher Elternteil bis jetzt, neben der tatsächlichen Pflege und Versorgung des Kindes, für seine Erziehung in gefühlsmäßiger, intellektueller und moralischer Sicht gesorgt hat[773]. Damit soll gewährleistet werden, dass die geleistete Zuwendung der Elternteile ihren Kindern gegenüber von Seiten des Staates angemessen anerkannt und gefördert wird. Diese elterliche Zuwendung, die mit hohem Zeitaufwand, Geduld und der Zurückstellung eigener Interessen verbunden ist, wirkt sich unmittelbar auf die Kinder aus. Es ist verständlich, warum das Familiengesetz diesem Kriterium einen eigenen Absatz widmet[774] und es nicht in die Reihe der vorher angesprochenen Merkmale eingliedert.

Eine strenge Anwendung dieses Kriteriums kann die Entscheidung über die Ausgestaltung der Ausübung der elterlichen Verantwortung präjudizieren, denn es ist in den meisten Fällen die Mutter, die sich mehr um die Pflege der Kinder kümmert. Auch aus diesem Grund gibt es in der Literatur Stimmen, die beklagen, dass in der Praxis Kinder eher ihren Müttern anvertraut werden, und zwar unabhängig vom Alter der Kinder[775]. Dagegen ist aber einzuwenden, dass das Kriterium der bisherigen Pflege nicht das einzige ist. Wenn es tatsächlich die Mutter ist, die sich um das Kind bisher deutlich mehr gekümmert hat, kann man in der Regel davon ausgehen, dass sie das Kind, seine Bedürfnisse und Probleme am besten kennt. Die Beziehung zwischen ihr und dem Kind wird in einem solchem Fall intensiver sein als zwischen dem Kind und dem Vater. Deshalb sollte diese Beziehung nicht auf Wunsch des anderen Elternteils unterbrochen werden.

---

[772] Hrušáková, Králíčková, MU 2006, S. 131.
[773] Jonáková, Právo a rodina 4/2008, 12.
[774] § 26 Abs. 5 FaG.
[775] Plecitý, Salač 2001, S. 48.

Hier muss man zum Hauptkriterium des Kindesinteresses greifen. Dieses muss die höchste Priorität haben, auch wenn eine solche Entscheidung für einen der Elternteile schmerzhaft sein wird.

(2) Informations-, Anhörungs- und Äußerungsrecht des Kindes

Wie aus den vorhergehenden Absätzen erkennbar ist, gibt es viele Kriterien, die das Gericht bei der Entscheidung über die Ausgestaltung der Ausübung der elterlichen Verantwortung beachten und berücksichtigen muss. Als Hauptkriterium wurde das Interesse des Kindes genannt. Wo das Interesse des Kindes liegt, kann das Gericht anhand diverser Merkmale, wie etwa der bisherigen Pflege des Kindes, der Beziehung des Kindes zu den einzelnen Elternteilen, der täglichen Zeit, die dieser Elternteil mit dem Kind verbringt, den Wohnmöglichkeiten der Elternteile usw. beurteilen.

Mit zunehmendem Alter des Kindes kann man seine Interessen oder zumindest Teile davon auch immer deutlicher von ihm selbst erfahren. In der Praxis schenken immer mehr Gerichte den Kindern ab dem 7. Lebensjahr Gehör und deren Aussagen auch Gewicht, denn Kinder ab diesem Alter sind oft in der Lage eine, für das Verfahren relevante, Aussage zu machen. Erfreulich ist auch die Tatsache, dass diese Aussagen von den Gerichten auch berücksichtigt werden[776]. Aber auch bei kleineren Kindern kann man bereits beobachten, zu welchem Elternteil das Kind tendiert[777], wessen Nähe es sucht und auf wen es fixiert ist. Mit zunehmendem Alter wächst auch das intellektuelle Potential des Kindes, seine Fähigkeit, sich eine eigene Meinung zu bilden, eigene Entscheidungen zu treffen und die Konsequenzen für diese Entscheidungen zu tragen. Deshalb wurde in § 31 Abs. 3 FaG das Informations-, Anhörungs- und Äußerungsrecht des Kindes verankert, welches dem Kind zum einen ermöglicht, sich eine eigene Meinung zu bilden und zum anderen, seinen Willen zu äußern[778]. Es wäre jedoch zu wenig, wenn der geäußerte Wille ohne Folgen bliebe. Dies würde das Kind zu einem passiven Objekt der elterlichen Erziehung machen[779]. Dies wird aber durch

---

[776] Veselá Samková, Právo a rodina 3/2004, 8.
[777] Novák, Právo a rodina 7/2004, 15.
[778] Nová, Právo a rodina 10/2008, 17.
[779] Komentář/Hrušáková, 4. Aufl. 2009, § 31 S. 122.

die heutige Fassung des Familiengesetzes nicht eindeutig umgesetzt, denn im Gegensatz zu den in § 26 Abs. 4 und 5 verankerten Kriterien ist in § 31 Abs. 3 FaG nicht eindeutig festgelegt, dass das Gericht die Äußerungen des Kindes berücksichtigt muss. Auch aus diesem Grund kritisiert Hrušáková das Fehlen des Anhörungsrechts des Kindes (unter Berücksichtigung bzw. Festlegung eines konkreten Alters) in den Kriterien des § 26 Abs. 4 FaG[780].

Aus den Formulierungen im § 31 Abs. 3 FaG lässt sich jedoch erkennen, dass es gewünscht ist, den geäußerten Willen des Kindes wahrzunehmen und zu berücksichtigen[781]. Ansonsten wäre die Regelung sinnlos. Der geäußerte Wille des Kindes ist sowohl von den Eltern als auch von allen staatlichen Organen (Gerichte und Orgán sociálně právní ochrany dětí – weiter auch nur OSPOD[782]) wahrzunehmen[783]. Dies ergibt sich aus den Worten „ke všem rozhodnutím rodičů – zu allen Entscheidungen der Eltern" und „být slyšeno v každém řízení– in jedem Verfahren gehört zu werden"[784]. Der Kindeswille spielt dann eine Rolle, wenn eine Entscheidung getroffen werden soll, die das Kind direkt oder indirekt betrifft bzw. eine Auswirkung auf das Kind haben kann. Das Gesetz legt für das Recht auf Informationen und für die Äußerung seines Willens die Reife des Kindes als Bedingung fest, nicht aber ein bestimmtes Alter. Dies berücksichtigt die unterschiedliche Reife der Kinder[785], die unterschiedlich früh den tatsächlichen Inhalt von Informationen verstehen und die Auswirkungen ihrer Äußerungen einschätzen können. Andererseits bringt die Nichtverankerung eines bestimmten Alters, ab dem das Gericht den Kindeswillen berücksichtigen muss, immer neue Einzelfalldiskussionen über den Reifestand des einzelnen Kindes mit sich[786].

---

[780] Komentář/Hrušáková, 4. Aufl. 2009, § 26 S. 98.

[781] Nová, Právo a rodina 10/2008, 17.

[782] Orgán sociálně právní ochrany dětí – Eine spezielle Abteilung der Gemeinden, welche die Rechte der Kinder wahrnimmt und schützt, ähnlich dem Jugendamt in Deutschland. Das Aufgabenfeld der beiden Institutionen ist jedoch nicht ganz identisch.

[783] Veselá Samková, Právo a rodina 3/2004, 8.

[784] Die Übersetzung des § 31 Abs. 3 FaG ist auch an dieser Stelle mangelhaft und sollte richtiger weise folgende sein: Das Kind, welches im Hinblick auf seinen Entwicklungstand fähig ist, eine eigene Meinung zu bilden und die Auswirkung der ihn betreffenden Maßnahme zu beurteilen, hat das Recht, erforderliche Informationen zu erhalten und sich frei zu allen Entscheidungen der Eltern, welche es wesentlich betreffen, zu äußern und in jedem Verfahren gehört zu werden, in welchem über solche Angelegenheiten entschieden wird.

[785] Nová, Právo a rodina 10/2008, 18.

[786] § 31 Abs. 3 FaG.

(3) Informations-, Anhörungs- und Äußerungsrecht laut Gesetzentwurf

In § 809 Abs. 1 NOZ sind das Informationsrecht und das Anhörungsrecht des Kindes verankert. Diese gesetzlich verbrieften Rechte verpflichten ein Gericht, welches eine Entscheidung treffen soll, die das Interesse des Kindes (also das Kindeswohl) berührt, dem Kind alle Informationen mitzuteilen, die das Kind zur Bildung einer eigenen Meinung braucht. Dabei wird angenommen, dass sich ein Kind, welches älter als zwölf Jahre ist, seine Meinung alleine bilden kann[787]. Der durch diesen Prozess gebildeten und geäußerten Meinung des Kindes (Kindeswille) hat das Gericht gemäß § 809 Abs. 2 S 2 NOZ die gehörige Aufmerksamkeit zu widmen. Dieser Zusatz stellt eine gewisse Redundanz dar, welcher sich die Verfasser des Gesetzentwurfes bewusst sind. Sie betonen aber in ihrer Gesetzesbegründung, dass es sich um eine solche Kernaufforderung an das Gericht handelt, dass eine solche Redundanz der Klarheit dienlich sein kann (superfluum non nocet)[788].

(i) Sinn und Zweck der neuen Regelung

Mit dieser Regelung wird nunmehr deutlich unterstrichen, dass ein Kind (obwohl es nicht voll geschäftsfähig ist) in einer rechtlichen Eltern-Kind-Beziehung eine einzigartige Position hat und haben muss. Laut der Begründung zum Gesetzentwurf gehört diese Regelung aus Sicht des Kinderschutzes sogar zu den wichtigsten Regelungen der elterlichen Verantwortung, da es eine Kernaufgabe des Staates ist und bleiben muss, die Kinder zu beschützen[789]. Einen effektiven Schutz stellt hierbei der Zugang des Kindes zu Informationen dar. Es ist von großer Bedeutung, dass ein Kind, um dessen Rechte es bei den einzelnen Entscheidungen der elterlichen Verantwortung primär geht, qualitativ wie auch quantitativ ausreichende Informationen erhält, um sich eine eigene Meinung bilden zu können und diese danach vor dem die Entscheidung treffenden Organ (in der Regel dem Gericht) äußern zu können[790]. Dem Kind sollte deutlich gemacht

---

[787] § 809 Abs. 2 NOZ
[788] Gesetzesbegründung zum NOZ: Zu § 809 S. 201.
[789] Gesetzesbegründung zum NOZ: Zu § 809 S. 201.
[790] Gesetzesbegründung zum NOZ: Zu § 809 S. 201.

werden, dass seine Meinung wichtig ist, dass man nicht über sie hinwegsieht und dass sie für das Gericht relevant und maßgebend ist.

Andererseits ist zu berücksichtigen, dass nicht jedes Kind reif genug ist, um sich eine eigene Meinung bilden zu können. Aus diesem Grund sieht der Gesetzentwurf in § 809 Abs. 2 NOZ vor, dass das Gericht in dem Fall, dass ein Kind von seiner sozialen Entwicklung her noch nicht in der Lage ist, sich eine eigene Meinung zu bilden, eine Person benennt, welche die Interessen des Kindes vertritt. Man sollte dabei darauf achten, dass die Interessen der zur Vertretung des Kindes benannten Person nicht mit den Interessen des Kindes kollidieren[791]. Hier kommt es zwar zu einer gewissen Relativierung der Rechte der Kinder, jedoch zu einer nachvollziehbaren, da man z.B. von einem Vorschulkind kaum erwarten kann, dass es alle Folgen seiner Entscheidungen im Rahmen der elterlichen Verantwortung verstehen kann.

(ii) Vergleich zum geltenden Recht

Wenn man den Gesetzentwurf (§ 809 NOZ) mit der geltenden Fassung des Familiengesetzes (§ 31 Abs. 3 FaG) vergleicht, kommt man zu folgendem Ergebnis: § 31 Abs. 3 FaG kennt bereits das Anhörungs- und Informationsrecht des Kindes. Bei einer genauen Betrachtung der miteinander verglichenen Normen stellt man dennoch bedeutende Unterschiede fest.

α) Indirekte Verpflichtung des Gerichts

Was bisher als Recht des Kindes zu verstehen war[792], wird nunmehr eher als eine indirekte Pflicht des Gerichts verstanden. Das Gericht soll laut dem Gesetzentwurf einem Kind in einem konkreten Prozess die zu seiner Meinungsbildung wichtigen Informationen mitteilen und danach die Meinung des Kindes anhö-

---

[791] Gesetzesbegründung zum NOZ: Zu § 809 S. 201.
[792] § 31 Abs. 3 FaG.

ren[793]. Dieser Unterschied wird in den beiden unterschiedlichen Formulierungen deutlich: Im Gesetzentwurf steht nicht mehr „die Kinder... haben das Recht...“[794], sondern „...das Gericht gewährt dem Kind die nötigen Informationen...“[795]. Das heutige Recht des Kindes kann also so verstanden werden, dass das Kind nicht automatisch in jedes Verfahren einbezogen werden muss.[796] In Zukunft sollen deshalb seine Rechte automatisch in jedem Verfahren wahrgenommen werden, womit die Einbeziehung des Kindes in die Gerichtsentscheidungen über die elterliche Verantwortung gewährleistet werden soll. Ob eine solche Einbeziehung der Kinder in die einzelnen Entscheidungen über die elterliche Verantwortung richtig ist, oder ob man die Kinder eher von solchen Entscheidungen fernhalten soll, da sie für das eine oder andere Kind sogar belastend sein mögen, kann unterschiedlich bewertet werden. Tatsache ist aber, dass die Kinder mit den Ergebnissen der gerichtlichen Entscheidungen im Anschluss auf jeden Fall konfrontiert werden. Ein längerfristiger Schutz davor bzw. eine Isolierung des Kindes ist deshalb kaum möglich. Aus all diesen Gründen ist die geplante grundsätzliche Einbeziehung der Kinder in die einzelnen gerichtlichen Entscheidungen überwiegend als positiv zu bewerten.

β) Festlegung des Kindesalters bei der Einbeziehung in die gerichtlichen Entscheidungen

Im direkten Vergleich mit der heutigen Fassung des FaG fällt noch ein weiteres Merkmal des Informations- und Anhörungsrechtes des Kindes auf, nämlich die Festlegung des Alters, ab welchem ein Kind grundsätzlich in die gerichtliche Entscheidungen über die elterliche Verantwortung einzubeziehen ist[797]. Dieses Merkmal ist in der geltenden Fassung nicht konkret festgelegt und kann deshalb je nach Entwicklungstand des Kindes variieren[798].

---

[793] § 809 Abs. 1 NOZ lautet: Vor einer Entscheidung, welche das Interesse des Kindes berührt, gewährt das Gericht dem Kind die nötigen Informationen, damit es sich seine eigene Meinung bilden kann und diese auch mitteilen kann.
[794] § 31 Abs. 3 FaG.
[795] § 776 Abs. 1 NOZ.
[796] Komentář/Hrušáková, 4. Aufl. 2009, § 31 S. 123.
[797] Nová, Právo a rodina 10/2008, 17.
[798] § 31 Abs. 3 FaG.

Der Gesetzentwurf schließt eine Modifizierung (Variierung) des Alters je nach Entwicklungstand zwar nicht aus, legt aber gleichzeitig eine Altersobergrenze (das zwölfte Lebensjahr des Kindes) fest. Ab diesem Alter geht man grundsätzlich davon aus („...ist davon auszugehen - má se za to...“), dass ein Kind in der Lage ist, sich eine eigene Meinung zu bilden und diese auch zu äußern[799]. Aus der gesamten Formulierung ergibt sich aber gleichzeitig, dass eine mögliche Modifizierung des Kindesalters je nach Entwicklungstand des konkreten Kindes unterhalb der genannten Altersgrenze möglich und auch beabsichtigt ist[800].

Man könnte nun eine Diskussion über die Reife der heutigen Kinder führen und bemängeln, dass die Altersgrenze unter Umständen niedriger hätte ausfallen können. Die Tatsache, dass die Altersgrenze je nach Reife des Kindes modifizierbar ist, stellt jedoch genug Gestaltungsfreiheit zur Verfügung. Außerdem ist die Verankerung der Altersgrenze im Gesetzentwurf ein wichtiger Schritt in die richtige Richtung. Man soll (wenn es die Reife des einzelnen Kindes zulässt) die Kinder vermehrt einbeziehen, da es in dem ganzen Prozess hauptsächlich um ihr Leben und ihre Lebensqualität geht. Hiermit wird auch möglichen späteren Vorwürfen vorgebeugt, da die betroffenen Kinder damit argumentieren könnten, dass der eine oder andere Elternteil bzw. eine Richterin oder ein Richter ihr Leben durch eine falsche Entscheidung negativ geprägt haben.

3. Zusammenfassung der Unterschiede der beiden Rechtssysteme

Die miteinander verglichenen Rechtssysteme (deutsches und tschechisches) weisen grundlegende Unterschiede im Bereich der Inhaberschaft der elterlichen Sorge bzw. der elterlichen Verantwortung auf. Diese Unterschiede wirken sich auch auf die einzelnen Sorgerechtsmodelle, vor allem auf die Erreichung bzw. Entstehung dieser Modelle aus, denn die Ausgangslagen und Voraussetzungen zur Entstehung der einzelnen Sorgerechtsmodelle sind in beiden Rechtssystemen unterschiedlich.

---

[799] § 809 Abs. 2 S. 1 NOZ.
[800] Gesetzesbegründung zum NOZ: Zu § 809 S. 201.

a) Unterschiede in den gesetzlichen Voraussetzungen für die Inhaberschaft der elterlichen Sorge bzw. Verantwortung und ihrer Ausübung

Beide genannten Rechtssysteme benennen folgende grundlegende gesetzliche Voraussetzungen für die Inhaberschaft der elterlichen Sorge bzw. elterlichen Verantwortung und ihrer Ausübung: Die rechtliche Elternschaft und die volle Geschäftsfähigkeit. Der Unterschied liegt also nicht in den gesetzlichen Voraussetzungen als solche, sondern in den unterschiedlichen Konsequenzen, welche mit diesen Voraussetzungen verbunden sind.

Das deutsche Recht verlangt als Voraussetzung für die Inhaberschaft der elterlichen Sorge die rechtliche Elternschaft. Das tschechische Recht erfordert dagegen für die Inhaberschaft der elterlichen Verantwortung neben der rechtlichen Elternschaft auch die volle Geschäftsfähigkeit, welche nach deutschem Recht wieder nur eine Voraussetzung für die uneingeschränkte Ausübung der gesamten elterlichen Sorge ist[801]. Wenn also ein Elternteil nicht voll geschäftsfähig ist, ist er nach deutschem Recht Inhaber der elterlichen Sorge mit beschränkter Ausübung der daraus stammenden Pflichten und Rechte. Nach tschechischem Recht ist er dagegen nicht einmal Inhaber der elterlichen Verantwortung. Eine solche Regelung ist nicht ganz nachvollziehbar. Es ist zwar verständlich, dass das Gesetz den minderjährigen, nicht voll geschäftsfähigen Eltern nicht die Vertretung des Kindes und die Vermögensverwaltung für einen Dritten (das Kind) zusprechen kann, wenn sie die damit verbundenen Rechtsgeschäfte nicht einmal für sich in eigenem Namen tätigen können. Dass sie aber das Kind nicht z.B. unter der Aufsicht des gesetzlichen Vertreters bzw. bestellten Pflegers des Kindes pflegen dürfen, ist nicht nachvollziehbar. Umso paradoxer ist der Vergleich der minderjährigen nicht voll geschäftsfähigen Eltern mit den minderjährigen Eltern, welche die frühzeitige volle Geschäftsfähigkeit erreicht haben[802], denn diese können Inhaber der uneingeschränkten elterlichen Verantwortung sein. Man stellt sich die Frage, was eine solche Ungleichbehandlung rechtfertigen kann. Die Reife, welche eine gewisse Sicherheit bieten soll, dass die Eltern in der Lage sind, die Rechte und Pflichten der elterlichen Verantwortung zu übernehmen, kann hier nicht der Grund sein, denn diese erwirbt man nicht durch eine Eheschließung,

---

[801] Vgl. Kapiteln: Gesetzliche Voraussetzungen an die Inhaber der elterlichen Sorge, S. 86 ff. und Gesetzliche Voraussetzungen an die Inhaber der elterlichen Verantwortung, S. 138 ff.
[802] Vgl. Kapitel: Früherer Erwerb der vollen Geschäftsfähigkeit, S. 140.

welche aber das entsprechende Kriterium ist. Deshalb ist die Regelung in § 810 Abs. 1 NOZ zu begrüßen, denn sie wird, auch den minderjährigen Elternteilen, welche nicht durch die Zuerkennung oder Heirat die volle Geschäftsfähigkeit erlangt haben, die Versorgung ihres Kindes ermöglichen[803].

b) Unterschiede in der Inhaberschaft der elterlichen Sorge bzw. Verantwortung

Wie aus § 34 Abs. FaG ersichtlich ist, macht das tschechische Familiengesetz grundsätzlich beide Eltern zu Inhabern der elterlichen Verantwortung, und zwar unabhängig davon, ob sie bei der Geburt des Kindes miteinander verheiratet waren oder nicht. Auch das Kriterium des Zusammenlebens der Eltern bei der Geburt des Kindes, welches als gewisse Alternative in Frage käme, spielt für die Inhaberschaft der elterlichen Verantwortung keine Rolle. Die einzelnen grundlegenden Kriterien (Voraussetzungen) für die Erlangung der elterlichen Verantwortung bilden nämlich die „rechtliche Elternschaft" und „die volle Geschäftsfähigkeit"[804]. Somit wurde erzielt, dass für alle Kinder und zwar unabhängig davon, ob sie während der Ehe oder außerhalb der Ehe geboren wurden, die gleichen Regelungen gelten.

Diese künstliche „Gleichstellung" besteht jedoch nur auf der rechtlichen Ebene, denn die tatsächlichen Unterschiede und unterschiedliche Ausgangspositionen lassen sich nicht anhand von gesetzlichen Regelungen beseitigen. Vor allem haben zusammen lebende Eltern prinzipiell den gleichen Zugang und Kontakt zum Kind und können auch die aus der elterlichen Verantwortung entspringenden Pflichtrechte in gleichem Maße ausüben. Bei Eltern, die nicht zusammen leben, ist die Situation anders, denn das Kind lebt in der Regel nur bei einem Elternteil, welcher die aus der elterlichen Verantwortung stammenden Pflichtrechte ganz

---

[803] § 810 Abs. 1 NOZ lautet: Die Ausübung der elterlichen Verantwortung eines minderjährigen Elternteils, welcher anhand der Zuerkennung oder Heirat nicht die volle Geschäftsfähigkeit erlangte, bleibt bis zur Erlangung der vollen Geschäftsfähigkeit ausgesetzt; dies gilt nicht für die Versorgung des Kindes, außer das Gericht entscheidet aufgrund der Persönlichkeit des Elternteils, dass auch die Ausübung dieser Pflicht und dieses Rechts bis zur Erlangung der vollen Geschäftsfähigkeit ausgesetzt wird.

[804] Vgl. Kapitel: Gesetzliche Voraussetzungen an die Inhaber der elterlichen Verantwortung, S. 138.

anders wahrnehmen kann, als jener Elternteil, der nicht mit dem Kind lebt. Außerdem ist an dieser Stelle zu erwähnen, dass die angesprochene rechtliche Gleichstellung nicht optimal durchgeführt wurde, denn die Regelungen der elterlichen Verantwortung sind zum Teil im Scheidungsrecht (§§ 26 bis 29 FaG) und zum Teil im Bereich des Familiengesetzes geregelt, der die Beziehung zwischen Eltern und Kind beschreibt (§ 31 ff. FaG). Wenn man eine rechtliche Gleichstellung anstrebt, sollte man doch versuchen, die einzelnen Regelungen in einem neutralen Teil des Gesetzes (z.B. Eltern und Kind oder elterliche Verantwortung) zusammenzufassen, der für alle Kinder einheitlich ist und außerdem nicht Regelungen, die für die Ausgestaltung der elterlichen Verantwortung nach der Scheidung gelten, als Maßstab für alle Kinder heranziehen. Nachdem auch der Gesetzentwurf weiterhin die unterschiedliche Ausgangsposition der Eltern, die bei der Geburt des Kindes verheiratet sind bzw. zusammenleben im Hinblick auf die Inhaberschaft der elterlichen Verantwortung ignoriert, kann man zumindest begrüßen, dass er die angesprochene Vielzahl von Fundorten über die Regelungen der elterlichen Verantwortung beseitigt, in dem er alle einschlägige Regelungen in einem Teil zusammenführt[805].

Das deutsche Familienrecht ist sich der unterschiedlichen Ausgangslage bewusst und unterscheidet deshalb bei der Inhaberschaft der elterlichen Sorge zwischen Eltern, die bei der Geburt des gemeinsamen Kindes miteinender verheiratet sind, und Eltern, die bei der Geburt des Kindes nicht miteinander verheiratet sind, wobei diejenigen, die bei der Geburt nicht miteinander verheiratet sind, mit dem Instrument der Sorgeerklärung die Möglichkeit haben, die gesetzliche Ausgestaltung der elterlichen Sorge in gegenseitigem Einvernehmen und Kooperation innerhalb eines gewissen Rahmens zu modifizieren.

Diese Unterscheidung und Berücksichtigung der Situation bei der Geburt des Kindes ist sinnvoll, denn auch wenn man alle Kinder gleich behandeln möchte, lässt es sich nicht vermeiden, dass Eltern, die mit dem Kind von Anfang an zusammenleben und somit zum Kind in täglichem Kontakt stehen, in der Regel bessere Chancen haben, eine intensive Beziehung zum Kind aufzubauen, als andere. Sie können das Kind täglich pflegen, lenken, erziehen und andere mit dem Sorgerecht zusammenhängende Pflichtrechte intensiver wahrnehmen. Auch geht

---

[805] § 807 ff. NOZ, wie auch die Überschrift „Elterliche Verantwortung" vor dem § 807 NOZ bzw. die Überschrift „Eltern und Kind" vor § 798 NOZ.

man davon aus, dass miteinander verheiratete Eltern in der Regel zusammen leben. Deshalb sieht das Recht vor[806], dass sie beide Inhaber der elterlichen Sorge sind. Eltern, die bei der Geburt des Kindes nicht miteinander verheiratet sind, können das gemeinsame Sorgerecht erreichen, wenn sie einander heiraten oder eine Sorgeerklärung abgeben[807]. Auch diese Regelung verfolgt das Ziel, unterschiedliche Ausgangspositionen zu berücksichtigen. Sie gibt aber gleichzeitig Eltern, die kooperationsbereit sind, die Möglichkeit, die im Gesetz vorgesehene Ausgestaltung der elterlichen Sorge zu ändern. Die Bedingung der Kooperationsbereitschaft ist hier positiv zu bewerten, da sie dem Schutz des Kindes und seiner positiven Entwicklung dient, denn das Kind soll nicht zu einer Marionette der Eltern werden, welche sie im eigenen Interesse manipulieren können.

Man kann sich die Frage stellen, ob es nicht besser wäre, die Inhaberschaft der elterliche Sorge danach zu beurteilen, ob die Eltern bei der Geburt zusammen leben oder nicht (statt ob sie miteinander verheiratet sind oder nicht), denn es ist wie gesagt das „Zusammenleben mit dem Kind", das die Eltern-Kind-Beziehung und die Wahrnehmung der aus der elterlichen Sorge stammenden Pflichtrechte beeinflusst, und nicht unbedingt das Institut der Ehe. Mit Blick auf die Statistik[808], welche zeigt, wie viele Paare miteinander leben, ohne den Bund der Ehe zu schließen, wird diese Frage immer dringlicher. Man müsste zwar möglicherweise eine Frist setzen, wie lange die Eltern schon zusammen leben müssen, um eine automatische gemeinsame Sorge zu erreichen, wobei man durch die Beibehaltung des Instituts der Sorgeerklärung eine solche gesetzliche Frist verkürzen oder sogar umgehen könnte.

Eine automatische gemeinsame Sorge für alle Eltern, welche die Ausgangsposition überhaupt nicht berücksichtigt, ist zumindest umstritten und führt, wie die tschechische Statistik zeigt[809], in vielen Fällen dazu, dass Mütter den Vater bei der Geburt des Kindes nicht angeben und die Kinder deshalb keinen rechtlichen Vater haben. Dies ist alarmierend, denn ein solches Ergebnis kann nicht das Ziel von gesetzlichen Regelungen der elterlichen Verantwortung bzw. der elterlichen Sorge sein.

---

[806] Umgehrschluss von § 1626a Abs. 1 BGB.
[807] § 1626a Abs. 1 BGB.
[808] Vgl. Kapiteln: Modelle der elterlichen Sorge, S. 117 ff. und Modelle der elterlichen Verantwortung, S. 149 ff.
[809] Vgl. Kapitel: Einblick in die Rechtspraxis, S. 144.

Um die Schwächen der automatischen Sorge noch genauer zu beleuchten, könnte man einen Fall entwerfen, in dem Eltern, die weder miteinander verheiratet waren noch miteinander gelebt haben (die also nur ein flüchtiges Verhältnis miteinander hatten), kraft Gesetzes beide Inhaber der elterlichen Sorge sind. Der Vater kümmert sich einige Jahre nicht bzw. nur sehr sporadisch um das Kind, und zwischen ihm und dem Kind entwickelt sich deshalb keine Beziehung (keine richtige Nähe). Irgendwann ändert er sein Verhalten, z.b. weil das Kind nun älter ist und er mit ihm nun gemeinsame Aktivitäten ausführen kann. Erst zu diesem relativ späten Zeitpunkt will er von seinen Rechten Gebrauch machen. Da er prinzipiell gleichbehandelt werden muss, kann er auf einmal z.B. mitentscheiden, auf welche Schule das Kind geht, welche nebenschulische Aktivitäten es wahrnehmen soll, oder welche religiöse Erziehung bzw. medizinische Behandlungen es erhalten soll. Seine Entscheidungen könnte er unter Umständen auch gegen den Willen der Mutter durchsetzen, obwohl sie sich bis zu diesem Zeitpunkt alleine um alle Angelegenheiten gekümmert hat. Ein solcher Fall kommt vielleicht nicht allzu häufig vor, stellt aber sicherlich keinen Einzelfall dar und deutet auf die Schwäche der automatischen Sorge, denn Meinungsverschiedenheiten und fehlende Kooperationsbereitschaft der gemeinsam sorgeberechtigten Eltern werden in vielen Fällen auf dem Rücken des Kindes ausgetragen, was bei diesem zu psychischen Leiden führen kann.

Es liegt also auf der Hand, dass eine automatische gemeinsame Sorge kein Erfolgsrezept und auch keine bessere Alternative für Eltern, die bei der Geburt des Kindes weder verheiratet waren, noch miteinander lebten, sein kann. Dem tschechischen Recht ist deshalb vorzuwerfen, dass es die unterschiedlichen Ausgangslagen nicht berücksichtigt, was weiterhin dazu führt, dass das Institut der Sorgeerklärung fehlt[810]. Auch der Gesetzentwurf nutzt die Gelegenheit zur Einführung dieses rechtlichen Instruments nicht. Die Tatsache, dass in der Gesetzesbegründung zum NOZ keine Rechtfertigung für die Beibehaltung des bisherigen Konzepts enthalten ist[811], ist vor allem bei Betrachtung der angeführten Probleme und der zitierten statistischen Angaben[812] unbegreiflich. Es wäre doch

---

[810] Zur Sorgeerklärung und ihrer möglichen Ausgestaltung de lege ferenda vgl. Kapitel: De lege ferenda, S. 111 ff.
[811] Vgl. Gesetzesbegründung zum NOZ, § 807 NOZ S. 200.
[812] http://www.czso.z/csu/csu.nsf/informace/coby091108.doc

eine ideale Gelegenheit, sich vom deutschen (aber auch vom österreichischen[813])
Recht inspirieren zu lassen[814], oder aber zu begründen, warum das tschechische
Konzept in den Augen der Verfasser des neuen Zivilkodex besser ist.

c) Unterschiede bei den einzelnen Sorgerechtsmodellen

Die Unterschiede der einzelnen Sorgerechtsmodelle liegen nicht in erster Linie
darin, dass es in den miteinander verglichenen Rechtssystemen unterschiedliche
Sorgerechtsmodelle gibt, in der Regel auch nicht darin, dass die Eltern im Rahmen des gleichen Modells mit wesentlich unterschiedlichen Kompetenzen ausgestattet sind, sondern vor allem in den Voraussetzungen bzw. in den Bedingungen, die zu den unterschiedlichen Sorgerechtsmodellen führen.

(1) Gemeinsame elterliche Sorge bzw. Verantwortung

In Deutschland ist dieses Sorgerechtsmodell für Eltern vorgesehen, die bei der
Geburt des gemeinsamen Kindes miteinander verheiratet waren, wie auch für
jene Eltern, die bei der Geburt nicht miteinander verheiratet waren, aber Sorgeerklärungen abgeben, später einander heiraten oder bei Gericht eine positive
Entscheidung i.S.v. § 1672 Abs. 2 BGB erzielen.

Das tschechische Recht hingegen betrachtet eine gemeinsame elterliche Verantwortung als grundsätzliche Ausgangslage für alle rechtlichen Eltern, wobei die
rechtlichen wie auch die häuslichen Verhältnisse der Eltern bei der Geburt des
Kindes keine maßgebende Rolle spielen. Diese Ausgangslage, welche einen klaren Unterschied zum deutschen Rechtssystem darstellt, ist mit anderen Unterschieden eng verbunden, denn eine automatische gemeinsame Sorge der Eltern
bringt bestimmte Auswirkungen mit sich. Als eine solche Auswirkung kann man

---

[813] §§ 165 ff. ABGB.
[814] Das deutsche und vor allem das österreichische Recht steht dem tschechischen Recht dank
der gemeinsamen Geschichte sehr nahe. Die familienrechtliche Regelungen, welche aus dem
ABGB übernommen wurden, galten mit minimalen Änderungen in der damaligen Tschechoslowakei bis zum Jahr 1950, weshalb eine Rechtsvergleichung, Inspiration und gewisse Auseinandersetzung bei der Gesetzesänderung und Rekodifizierung des Zivilrechts angebracht
wäre.

die Unterscheidung zwischen den verschiedenen Konstellationen der gemeinsamen Verantwortung nennen. Neben dem so genannten Wechselmodell sind noch zwei weitere Konstellationen zu nennen: Die gemeinsame elterliche Verantwortung bei gemeinsamer Erziehung des Kindes und die faktische Alleinsorge bei gemeinsamer elterlicher Verantwortung.

Die Schwachpunkte der automatischen gemeinsamen elterlichen Verantwortung ohne Rücksichtnahme auf das rechtliche und häusliche Verhältnis der Eltern bei der Geburt des Kindes wurden bereits an mehreren Stellen dargestellt[815]. Die Tatsache, dass das deutsche Rechtssystem die unterschiedliche Ausgangslage differenziert betrachtet und zur Erreichung der gemeinsamen elterlichen Sorge entweder die Eheschließung oder eine Kooperationsbereitschaft der Eltern (in Form einer Sorgeerklärung bzw. der Zustimmung) verlangt, ist verständlich und wäre in diesem Zusammenhang eine gute Vorlage für das tschechische Recht.

(2) Alleinsorge eines Elternteils

Auch beim Modell der Alleinsorge eines Elternteils unterscheiden sich die miteinander verglichenen Rechtssysteme prinzipiell nicht in den Kompetenzen, welche den allein sorgeberechtigten Eltern im Rahmen dieses Sorgemodells zustehen, sondern hauptsächlich in den rechtlichen Kriterien bzw. Voraussetzungen dieses Modells. Wenn man an dieser Stelle den Tod bzw. die Todeserklärung eines Elternteils in beiden Staaten bei Seite lässt, welche ebenfalls in der Regel zur Alleinsorge eines Elternteils führen, gibt es folgende Situationen, welche mit der Alleinsorge eines Elternteils enden können:
In Deutschland steht gemäß § 1626a Abs. 2 BGB die Alleinsorge kraft Gesetzes der Mutter zu, wenn die Eltern bei der Geburt des Kindes nicht miteinander verheiratet sind und weder Sorgeerklärungen abgeben noch einander heiraten. Der Vater kann die Alleinsorge dank einer entsprechenden gerichtlichen Entscheidung i.S.v. § 1671 Abs. 1 und § 1672 Abs. 1 BGB zugesprochen bekommen, wobei für einen solchen Zuspruch entweder die Zustimmung des anderen Elternteils (in diesem Fall der Mutter) i.S.v. § 1671 Abs. 2 Nr. 1 oder i.S.v. § 1672

---

[815] Vgl. dazu Kapiteln: Einblick in die Rechtspraxis, S. 144; Faktische Schwierigkeiten dieses Modells, S. 163; Unterschiede in der Inhaberschaft der elterlichen Sorge bzw. Verantwortung, S. 180 und andere.

Abs. 1 BGB oder die Kindeswohlbemessung i.S.v. § 1671 Abs. 2 Nr. BGB erforderlich ist[816]. Die Zustimmung i.S.v. § 1671 Abs. 2 Nr. 1 BGB ist an ein weiteres gesetzliches Kriterium geknüpft, welches für eine erfolgreiche Änderung des Sorgerechts ebenfalls erfüllt werden muss. Dieses Kriterium ist in § 1671 Abs. 2 Nr. 1 BGB festgelegt und besagt, dass das Kind, welches das 14. Lebensjahr vollendet hat, der Zustimmung auf Übertragung des Sorgerechts nicht widersprechen darf. Die letzte Möglichkeit, wie die elterliche Alleinsorge erreicht werden kann, stellt das Fehlverhalten eines sorgeberechtigten Elternteils i.S.v. § 1666 und § 1666a Abs. 2 BGB dar. Zusammenfassend kann gesagt werden, dass das deutsche Rechtssystem vier grundsätzliche Varianten kennt, welche zum Modell der Alleinsorge eines Elternteils führen.

Dem gegenüber[817] kennt das tschechische Recht nur drei grundsätzliche Varianten, welche zum Modell der alleinigen elterlichen Verantwortung führen. Diese Varianten unterscheiden sich deutlich von den Varianten des deutschen Rechtssystems. Die erste Variante bildet das Fehlen der vollen Geschäftsfähigkeit bei einem der beiden Elternteile[818]. Die zweite und häufigste Variante, welche allerdings zur Alleinsorge der Mutter (und nicht des Vaters) führt, stellt das Fehlen der rechtlichen Vaterschaft dar[819]. Die letzte Variante, welche zur alleinigen elternrechtlichen Verantwortung führt bzw. führen kann, ist die Aussetzung, Einschränkung oder der Entzug der elterlichen Verantwortung i.S.v. § 44 FaG bei einem der beiden Elternteile.

Wenn man die angegebenen Varianten der beiden Rechtssysteme direkt miteinander vergleicht, findet man nur bei der Variante des Fehlverhaltens eines Elternteils eine gewisse Ähnlichkeit, denn sowohl § 1666 bzw. § 1666a Abs. 2 BGB als auch § 44 FaG basieren darauf, dass ein Fehlverhalten eines Elternteils neben der Einschränkung der elterlichen Sorge bzw. elterlichen Verantwortung im Endergebnis sogar zum Entzug der elterlichen Sorge bzw. Verantwortung führen kann, wobei man bei genauerem Hinsehen feststellen kann, dass es auch da Unterschiede gibt, die jedoch zum gleichen Endergebnis führen. Diese liegen darin, dass in der Tschechischen Republik der § 44 Abs. 3 FaG zum kompletten

---

[816] Vgl. Kapitel: Alleinsorge des Vaters gemäß Antragstellung (§ 1671 und § 1672 BGB), S. 127.
[817] Vgl. Kapitel: Alleinige elterliche Verantwortung eines Elternteils, S. 164
[818] § 34 Abs. 2 S 1 FaG.
[819] Vgl. Kapitel: Alleinige elterliche Verantwortung eines Elternteils, S. 164.

Entzug der elterlichen Verantwortung führt[820]. In Deutschland können nur die Maßnahmen i.S.v. § 1666 Abs. 3 Nr. 5 BGB zum Entzug der elterlichen Sorge[821] führen, denn die gerichtliche Entscheidung i.S.v. § 1666a Abs. 2 BGB führt maximal zum Entzug der Personensorge.

Wenn man die Variante der rechtlichen Elternschaft vergleicht, kommt man zu einem interessanten Ergebnis. Beide Rechtssysteme verlangen die rechtliche Elternschaft als eine Voraussetzung für die Inhaberschaft der elterlichen Sorge bzw. Verantwortung[822]. Fehlt diese Voraussetzung, ist nach tschechischem Recht i.S.v. § 34 Abs. 2 S 1 FaG automatisch der andere Elternteil alleiniger Inhaber der elterlichen Verantwortung. Eine entsprechende Regelung, welche besagt, wem die elterliche Sorge zusteht, falls einer der Elternteile unbekannt ist, fehlt in Deutschland. Man kann sich an dieser Stelle die Frage stellen, ob das Fehlen einer solchen Regelung eine Gesetzeslücke darstellt. Doch was würde eine solche Regelung erbringen. Gemäß § 1591 BGB hat das Kind immer eine rechtliche Mutter (auch wenn der Vater unbekannt ist und deshalb die rechtliche Vaterschaft i.S.v. § 1592 BGB nicht festgestellt werden konnte) und dieser obliegt die alleinige elterliche Sorge gemäß § 1626a Abs. 2 BGB. Das faktische Endergebnis ist also gleich, denn auch in der Tschechischen Republik ist die rechtliche Mutterschaft einfach festzustellen, nachdem § 50a FaG besagt, dass die Mutter des Kindes jene Frau ist, die das Kind geboren hat. Falls die rechtliche Vaterschaft nicht feststeht, ist die Mutter nach § 34 Abs. 2 S 1 FaG die alleinige Inhaberin der elterlichen Verantwortung. Die Problematik liegt aber darin, dass das tschechische Recht keine Regelung kennt, die inhaltlich dem § 1626a Abs. 2 BGB entspricht, was dazu führt, dass die Nichtangabe der Vaterschaft ein verbreitetes Phänomen geworden ist[823], da es für unverheiratete Mütter, welche aus verschiedenen Gründen die elterliche Verantwortung mit dem biologischen Vater nicht teilen wollen, der einfachste Weg ist (so lange der Vater nicht die gerichtliche Feststellung der Vaterschaft i.S.v. § 54 FaG beantragt,

---

[820] Die richtige Übersetzung des § 34 Abs. 2 FaG lautet: Lebt ein Elternteil nicht mehr, ist er unbekannt oder nicht voll geschäftsfähig, obliegt die elterliche Verantwortung dem anderen Elternteil. Das gleiche gilt, falls einem Elternteil die elterliche Verantwortung entzogen wurde oder ihre Ausübung ausgesetzt wurde.

[821] Vgl. Kapitel Fehlverhalten des sorgeberechtigten Elternteils gegenüber dem Kind, S. 130.

[822] Vgl. Kapitel: Gesetzliche Voraussetzungen an die Inhaber der elterlichen Sorge, S. 86 und Gesetzliche Voraussetzungen an die Inhaber der elterlichen Verantwortung, S. 138.

[823] Vgl. Kapitel Einblick in die Rechtspraxis, S. 144.

was er allerdings jeder Zeit machen kann), der zur alleinigen elterlichen Verantwortung führt.

Die restlichen Varianten, welche in beiden Länder zur Erreichung der alleinigen elterlichen Sorge bzw. Verantwortung führen, unterscheiden sich stark voneinander[824].

d) Unterschiede in den gesetzlichen Kriterien, die bei der Ausgestaltung der elterlichen Sorge bzw. elterlichen Verantwortung maßgeblich sind

Zwischen den miteinander verglichenen Rechtssystemen gibt es weiterhin bemerkenswerte Unterschiede in den gesetzlichen Kriterien, die bei der gerichtlichen Entscheidung über die Ausgestaltung der elterlichen Sorge bzw. elterlichen Verantwortung maßgeblich sind.

(1) Kriterien die zu beachten, zu berücksichtigen und in Betracht zu ziehen sind

Das tschechische Familiengesetz nennt in § 26 Abs. 4 und 5 FaG eine ganze Reihe von gesetzlichen Kriterien[825], die bei einen gerichtlichen Ausgestaltung der elterlichen Verantwortung zu beachten[826], zu berücksichtigen[827] bzw. in Betracht zu ziehen[828] sind.

Eine solche bzw. ähnliche Aufstellung findet man in den einschlägigen Familienregelungen des BGB nicht, obwohl ein deutsches Gericht in der Regel solche Kriterien wie z.B. die gefühlsmäßige Bindung des Kindes zu den einzelnen Elternteilen, die Lebensverhältnisse der Eltern und deren Wohnsituation, die Wahrnehmung der Tatsache, wer bis zum konkreten Zeitpunkt für die tatsächli-

---

[824] Zu Einzelheiten diesen Varianten siehe Kapitel: Alleinsorge des Vater gemäß Antragstellung, S. 127; Alleinige elterliche Verantwortung eines Elternteils, S. 164.

[825] Zu einzelne Kriterien vgl. Kapitel: Einzelne Kriterien des § 26 Abs. 4 und 5 FaG, S. 168.

[826] Zu einzelnen Kriterien vgl. Kriterien, welche das Gericht zu beachten hat, S. 169.

[827] Zu einzelnen Kriterien vgl. Kriterien, welche das Gericht zu berücksichtigen hat, S. 170.

[828] Vgl. Kapitel: Kriterium, welches das Gericht immer in Betracht zu ziehen hat, S. 172.

che Pflege und Erziehung des Kindes gesorgt hat, bei einer Sorgerechtsentscheidung in Betracht ziehen wird.

Nun kann man sich die Frage stellen, ob eine solche gesetzliche Auflistung der Kriterien nicht überflüssig ist und es nicht sinnvoller wäre, der Rechtsprechung zu überlassen, welche Kriterien im konkreten Einzelfall berücksichtigt werden. Wie aus § 848 Abs. 2 NOZ ersichtlich ist, sind die Experten aus der Theorie, der Praxis und der Politik, die an dem Gesetzentwurf jahrelang gearbeitet haben, der Meinung, dass eine solche Auflistung nicht überflüssig sei, denn die erwähnte Regelung hat die bisherigen Kriterien de facto beibehalten. Auch bei einer angeführten Auflistung bleibt die Betrachtung des Einzelfalls jedoch möglich, denn die Aufzählung ist weder abschließend noch besagt das Gesetz, dass diese Kriterien zu beachten, zu berücksichtigen und in Betracht zu ziehen sind, nicht aber wie genau sie gewertet werden sollen. Es geht vielmehr darum, dass sich die Gerichte bei jeder Einzelfallentscheidung mit diesen Kriterien auseinandersetzen müssen und dass jedes Gericht das gleiche Gerüst von Kriterien vor Augen hat, an dem es sich orientieren kann.

Wenn man die persönliche Anhörung des Kindes zu seinen Neigungen und Bindungen i.S.v. § 159 Abs. 1 und 2 FamFG, welche man eher unter das Kriterium „Kindeswille" einordnen kann, bei Seite lässt, kann man sagen, dass das tschechische Recht in diesem Fall vollständiger, eindeutiger und präziser als das deutsche Recht gestaltet ist, in welchem eine solche bzw. ähnliche Auflistung der gesetzlichen Kriterien fehlt.

(2) Kindeswille als weiteres gesetzliches Kriterium

Ein weiteres gesetzliches Kriterium der Ausgestaltung der elterlichen Sorge bzw. Verantwortung bildet der Kindeswille. Die Wahrnehmung des Kindeswillens bei der gerichtlichen Entscheidung über die Ausgestaltung der elterlichen Sorge bzw. Verantwortung basiert auf dem Informations- und Anhörungsrecht des Kindes. Obwohl die beiden miteinander verglichenen Rechtssysteme den Kindeswillen als gesetzliches Kriterium der Ausgestaltung der elterlichen Sorge bzw. Verantwortung kennen, sind sie unterschiedlich gefasst.

Das deutsche Recht verankert das grundsätzliche Anhörungsrecht eines minderjährigen Kindes bei der gerichtlichen Entscheidung über die Ausgestaltung der elterlichen Sorge im Rahmen der verfahrensrechtlichen Regelungen[829], denn beim Ausdruck des Kindeswillens aus § 1671 Abs. 2 Nr. 1 BGB handelt es sich erstens nicht um eine generelle Regelung (sie gilt nur für die Ausgestaltung der elterlichen Sorge bei getrennt lebenden Eltern mit bisheriger gemeinsamer Sorge) und zweitens ist diese Regelung nur für jene Kinder vorgesehen, die das 14. Lebensjahr vollendet haben. Die Regelung des Anhörungsrechts in § 159 Abs. 2 FamFG ermöglicht aber, dass auch Kinder, die das 14. Lebensjahr noch nicht vollendet haben, ihren Willen zum Ausdruck bringen können, und dass ihre Meinung vom zuständigen Gericht ausreichend berücksichtigt werden muss[830]. Eine solche Regelung im Anhörungsrecht würde sich auch den Vorgaben im Schulsystem anpassen, wo bereits im Alter von zehn Jahren von den Kindern der vierten, spätestens der fünften Klassen verlangt wird, dass sie sich mit Hilfe der Eltern oder sogar alleine entscheiden, ob sie auf das Gymnasium gehen wollen oder eine anderweitige Schulbildung anstreben, die Wahl von Fremdsprachen an weiterführenden Schulen eingeschlossen. Vielfach stellt die Schulwahl in diesem Lebensalter eine Entscheidung für das ganze restliche Leben dar. Im Gegensatz dazu soll das Kind aber erst im Alter von 14 Jahren entscheiden dürfen, bei welchem Elternteil es bis zu seiner Volljährigkeit leben will.

Das geltende tschechische Recht (wie auch der Gesetzentwurf) verankert das Anhörungsrecht zusammen mit dem Informationsrecht des Kindes direkt im Rahmen der familienrechtlichen Regelungen[831] und erteilt diesem Kinderrecht somit eine andere Stellung als das deutsche Recht. Das geltende tschechische Recht legt im Gegensatz zum deutschen Recht für die Anhörung des Kindeswillens vor dem Gericht keine feste Altersgrenze (das 14. Lebensjahr) fest, sondern knüpft die selbständige Präsentierung des Kindeswillens an die Reife, genauerer gesagt an den Entwicklungsstand, des Kindes[832].

Der Gesetzentwurf dagegen kombiniert beide angesprochenen Kriterien. In ihm kommen beim Anhörungsrecht des Kindes sowohl dessen Reife wie auch dessen

---

[829] § 159 FamFG.
[830] BVerfG, FamRZ 2008 S. 1737.
[831] § 31 Abs. 3 FaG; § 809 NOZ.
[832] § 31 Abs. 3 FaG.

Alter in Betracht[833]. Die Altersgrenze, bei der man annimmt, dass das minderjährige Kind in der Lage ist, seinen eigenen Willen anhand von Informationen zu bilden und zu präsentieren, liegt gemäß § 809 Abs. 2 NOZ beim 12. Lebensjahr, was mit Hinblick auf die frühere Reife der Kinder heutzutage progressiv erscheint. Zwölfjährige Kinder sind in der Regel in der Lage, die häusliche Situation wahrzunehmen, ihre Bindungen und ihren Willen darzustellen und die damit verbundenen Folgen einzuschätzen bzw. sie im Rahmen einer gerichtlichen Belehrung zu verstehen. Aus diesem Grund erscheint der Gesetzentwurf in diesem Fall als eine moderne und progressive Norm, welche die Entwicklung der Gesellschaft aufnimmt, aber gleichzeitig auch genug Spielraum für den Einzelfall lässt, indem er die Reife des Kindes weiterhin als Kriterium für Kinder beibehält, die vor dem 12. Lebensjahr in der Lage sind, ihren Willen zu präsentieren und die damit verbundenen Folgen zu verstehen. Somit können die Gerichte auch jüngere Kinder zu ihren Bindungen und Vorstellungen befragen und dies bei der Entscheidung über die Ausgestaltung der elterlichen Verantwortung berücksichtigen.

G. Änderung der elterlichen Sorge bzw. Verantwortung

In diesem Kapitel sollen die Möglichkeiten und Kriterien angesprochen werden, welche zur Änderung des vorher bestehenden Modells der elterlichen Sorge bzw. Verantwortung führen.

An erster Stelle kann man in beiden miteinander verglichenen Rechtssystemen den Tod und die Todeserklärung als einen Grund für die Änderung der elterlichen Sorge bzw. Verantwortung anführen[834]. Da diese Ereignisse gleichzeitig zum Ende der elterlichen Sorge bzw. Verantwortung führen, wird diese Thematik an einer anderen Stelle behandelt[835].

Als weitere Ereignisse, welche in der Regel zur Änderung des Sorgerechts bzw. der elterlichen Verantwortung führen, sind neben dem Antrag auf Änderung der

---

[833] § 809 Abs. 1. und 2 NOZ.
[834] §§ 1680, 1681 BGB und § 34 Abs. 2 FaG.
[835] Vgl. dazu auch Kapitel: Ende der elterlichen Sorge aus Gründen, die in der Person der Eltern liegen, S. 242 ff.

elterlichen Sorge bzw. Verantwortung die so genannten Kindeswohlmaßnahmen zu nennen.

1. Antrag auf Änderung der elterlichen Sorge bzw. Verantwortung

a) Deutschland

Das geltende Recht regelt grundsätzlich zwei Konstellationen, unter welchen es auf Antrag zur Änderung der elterlichen Sorge kommen kann. Es handelt sich um den Antrag bei getrennt lebenden Eltern, welche die elterliche Sorge bisher gemeinsam ausgeübt haben[836], und im zweiten Fall um einen Antrag bei getrennt lebenden Eltern, wobei die bisherige Sorge bei der Mutter lag[837].

(1) Antrag bei getrennt lebenden Eltern bei bisheriger gemeinsamer elterlicher Sorge

(a) Voraussetzungen

In § 1671 BGB wird der Fall geregelt, in der die bisher gemeinsam sorgeberechtigten Eltern nicht nur vorübergehend getrennt leben, wobei nicht maßgebend ist, worin die bisherige gemeinsame Sorge ihre Grundlagen hatte[838] (z.B. miteinander verheiratete oder geschiedene Eltern und solche, die gemeinsam sorgeberechtigt geblieben sind, ferner gemeinsam Sorgeberechtigte aufgrund einer Sorgeerklärung). Unter die Bezeichnung „getrennt leben" fallen zwei Konstellationen und zwar getrennt lebende sowie geschiedene Paare, da das Gesetz in § 1671 BGB keine Unterscheidung mehr trifft[839].

Sind die zwei erwähnten gesetzlichen Kriterien erfüllt, kann nach § 1671 Abs. 1 BGB jeder Elternteil beantragen, dass ihm das Familiengericht die elterliche Sorge oder einen Teil davon allein überträgt. Damit das Familiengericht einem

---

[836] § 1671 Abs. 1 BGB.
[837] § 1672 Abs. 1 BGB.
[838] Palandt/Diederichsen 2010, § 1671 Rn. 7.
[839] Bamberger/Veit 2008, § 1671 Rn. 1.

solchen Antrag stattgeben kann, sind aber weitere gesetzlich vorgegebene Kriterien zu erfüllen[840].

Sind diese Voraussetzungen erfüllt und wird dem Antrag stattgegeben, kommt es zur Änderung der bisher gemeinsam ausgeübten elterlichen Sorge, die in einem solchen Fall dann in eine vollständige oder partielle Alleinsorge eines Elternteils mündet[841]. Mit einer derartigen Entscheidung sind jedoch weitere Schritte untrennbar verbunden, denn wenn es z.b. zur Übertragung der vollständigen Alleinsorge auf den Antragsteller kommt, muss das Familiengericht dem anderen Elternteil gleichzeitig den bisherigen Anteil an der elterlichen Sorge entziehen[842]. Bei der partiellen Übertragung dagegen besteht weiterhin die gemeinsame elterliche Sorge, denn es werden dem Antragsteller nur ein Teil bzw. bestimmte Teilbereiche der elterlichen Sorge alleine übertragen (Meldeangelegenheiten und Erwerb der Staatsbürgerschaft[843], Aufenthaltsbestimmungsrecht, Ausbildungsentscheidungen, Gesundheitsfragen[844] usw.)[845], was wiederum mit der Einschränkung der elterlichen Sorge in diesen Teilbereichen beim anderen Elternteil verbunden sein muss.

(b) Einzelne gesetzliche Kriterien im Überblick

Zur Liste der gesetzlich festgelegten Voraussetzungen, welche zur Änderung der elterlichen Sorge i.S.v. § 1671 BGB zu erfüllen sind, zählen neben den Kriterien, die zur Beantragung nach § 1671 BGB notwendig sind (also die bisherige gemeinsame Sorge und das Getrenntleben der Eltern) auch die Antragstellung auf die Übertragung der vollständigen oder partiellen Alleinsorge und die Zustimmung des anderen Elternteils zu einer solchen Übertragung (Ausnahme: das Kind, welches das 14. Lebensjahr vollendet hat, widerspricht der Zustimmung)

---

[840] Vgl. folgendes Kapitel: Einzelne gesetzliche Kriterien in Überblick.
[841] Bamberger/Veit 2008, § 1671 Rn. 1 und 2.
[842] Palandt/Diederichsen 2010, § 1671 Rn. 3 und 4.
[843] OLG Hamm, FamRZ 2006, 1058.
[844] Staudinger/Coester 2009, § 1671 Rn. 53.
[845] MünchKomm/Finger 2008, § 1671 Rn. 18.

oder das Kindeswohlinteresse an der beantragten Änderung der elterlichen Sorge[846].

(i) Getrenntleben der Eltern

Das Gesetz versteht unter Getrenntleben eine nicht nur vorübergehende Trennung der Eltern. Zur richtigen Interpretation dieser Voraussetzung muss die Auslegung des § 1567 BGB herangezogen werden[847], denn die in dieser Regelung enthaltene Definition ist nicht nur auf das Scheidungsrecht beschränkt[848]. Im Sinne von § 1567 BGB erfordert das Getrenntleben der Eltern auch das Fehlen der häuslichen Gemeinschaft und den fehlenden Willen mindestens eines Elternteils, die häusliche Gemeinschaft wieder herzustellen[849]. Ob diese Trennung durch den Auszug eines Elternteils aus der gemeinsamen Wohnung bzw. dem Haus oder nur durch eine sichtbare Trennung innerhalb der gemeinsamen Wohnung bzw. des Hauses stattfindet (getrennte Mahlzeiten, Wäsche, Betten usw.)[850], spielt in diesem Fall keine Rolle, denn es reicht aus, wenn die Trennungsabsicht nach außen sichtbar ist[851]. Wichtig ist an dieser Stelle die Tatsache, dass das Getrenntleben nicht bei der gemeinsamen Betreuung des in der Wohnung bzw. im Haus lebenden gemeinsamen Kindes (Kinder) entfällt[852].

(ii) Antragstellung zur Änderung der bisherigen gemeinsamen Sorge

Zur Änderung der bisherigen gemeinsamen elterlichen Sorge i.S.v. § 1671 BGB ist weiterhin die Antragstellung erforderlich. Dem Antrag muss außerdem eine Begründung beigefügt sein, welcher sowohl die Zulässigkeitsvoraussetzungen als auch die Sachvoraussetzungen enthält. Unter die Zulässigkeitsvoraussetzun-

---

[846] Zu gesetzlichen Kriterien des Antrages vgl. auch Kapitel: Alleinsorge des Vaters gemäß Antragstellung
(§ 1671 und § 1672 BGB), S. 127.
[847] Münchner Anwaltshandbuch/Knittel 2008, § 13 Rn. 92.
[848] Palandt/Brudermüller 2010, § 1567 Rn. 1.
[849] Erman/Maier 2008, § 1567 Rn. 2.
[850] OLG Stuttgart, FamRZ 2002, 239.
[851] PWW/Ziegler 2010, § 1671 Rn. 3; Palandt/ Brudermüller 2010, § 1567 Rn. 3.
[852] Erman/Maier 2008, § 1567 Rn. 2.

gen zählt man vor allem das dauernde Getrenntleben zum Zeitpunkt der Antragstellung und die bisherige gemeinsame Sorge. Zu den Sachvoraussetzungen gehören sowohl die Zustimmung des anderen Elternteils als auch die Vereinbarkeit des Kinderwohles mit der Aufhebung der gemeinsamen Sorge und der Übertragung auf den Antragsteller[853].

Antragsberechtigt sind gemäß § 1671 Abs. 1 BGB nur die Eltern des Kindes (nicht aber das Kind selbst oder das Jugendamt, denn beide haben nur die Möglichkeit die Änderung der elterlichen Sorge nach § 1666 oder § 1696 BGB zu erzielen)[854], soweit sie die bereits angesprochenen Voraussetzungen des Getrenntlebens und der bisherigen gemeinsamen Sorge erfüllen. Der Antrag soll so gestaltet sein, dass zum Ausdruck kommt, welche Bereiche der elterlichen Sorge für die Zukunft revidiert werden sollen und ob sich die beantragte Änderung der elterlichen Sorge auf ein Kind oder mehrere Kinder[855] bezieht, für welche bisher die gemeinsame Sorge bestand[856].

(iii) Zustimmung zum Antrag

Damit der Antrag auf Änderung der elterlichen Sorge genehmigt werden kann, ist gemäß § 1671 Abs. 2 Nr. 1 BGB die Zustimmung des anderen Elternteils erforderlich, wobei die Zustimmung des anderen Elternteils nur zu dem konkreten Antrag erteilt werden kann. Der Antragsteller kann sich nicht auf ein anderweitig geäußertes Einverständnis des anderen Elternteils berufen. Es ist in diesem Fall nicht ausreichend[857]. Eine bestimmte Form der Zustimmung ist jedoch nicht gesetzlich vorgesehen. Sie kann sogar außergerichtlich erklärt werden[858], muss sich jedoch (wie bereits erwähnt) auf einen konkreten Antrag beziehen und dem Gericht gleichzeitig mit dem Antrag vorgelegt werden, da sie nach § 630 ZPO

---

[853] Bamberger/Veit 2008, § 1671 Rn. 10.
[854] PWW/Ziegler 2010, § 1671 Rn. 4.
[855] Spangenberg/Spangenberg, FamRZ 2002, 1007.
[856] Staudinger/Coester 2009, § 1671 Rn. 49.
[857] Schwab, FamRZ 1998, 457 ff.
[858] PWW/Ziegler 2010, § 1671 Rn. 8.

eine Verfahrenvoraussetzung darstellt[859]. Andererseits kann sie aber erst bei der letzten Tatsachenverhandlung erklärt werden[860].

Nun kann man sich die Frage stellen, inwieweit das Familiengericht an den Antrag, dem der andere Elternteil zustimmt, gebunden ist. Die höchstrichterliche Rechtsprechung wie auch die Literatur vertreten die Ansicht, dass der Antrag und die Zustimmung Ausdruck der elterlichen Autonomie und der Primärverantwortung der Eltern für die Wahrnehmung der elterlichen Sorge sind und deshalb zu respektieren sind[861]. Ein Argument, welches diese Ansicht stützt, ist die Tatsache, dass die gemeinsam sorgeberechtigten Eltern im Prinzip täglich stillschweigend unterschiedliche Varianten der Wahrnehmung und Ausübung ihrer elterlichen Sorge untereinander vereinbaren können, ohne dass es der Staat und dessen zuständigen Organe überhaupt erfahren, falls es nicht zu einer sichtlichen Gefährdung des Kindeswohls bzw. des Kindesvermögens kommt[862]. Andererseits haben solche stillschweigenden Vereinbarungen nicht die gleiche Wirkung, denn eine stillschweigende Abmachung hat nur eine faktische Wirkung zwischen den Eltern (inter partes) und nicht eine allgemeine rechtliche Wirkung (inter omnes), denn eine rechtlich wirksame Änderung der bisherigen elterlichen Sorge bedarf im gegebenen Fall einer staatlichen Amtshandlung (positive Entscheidung über den Antrag i.S.v. § 1671 BGB).

Ein anderes Argument, welches für die Respektierung des elterlichen Willens spricht, findet sich innerhalb der sorgerechtlichen Regelungen. Es handelt sich um das Institut der Sorgeerklärung, welches letztendlich auch als ein Ausdruck des elterlichen Willens über die Ausgestaltung der elterlichen Sorge zu verstehen ist. Wenn dieser Wille respektiert wird, sollte gleichfalls der elterliche Wille hinsichtlich einer Änderung der bisherigen Ausgestaltung der elterlichen Sorge i.S.v. § 1671 BGB respektiert werden. Das mögliche Gegenargument, wonach im Falles des § 1671 BGB das Kind - nicht wie bei der Sorgeerklärung einen Sorgeinhaber gewinnt sondern einen solchen verliert - ist nicht überzeugend genug, weil das Kindeswohl entscheidend sein muss. Diesem wird in der Regel eine reibungslose Abmachung zwischen den Eltern eher dienlich sein, als ein

---

[859] Erman/Michalski 2008, § 1671 Rn. 29.
[860] Münchner Anwaltshandbuch/Knittel 2008, § 13 Rn. 94.
[861] BVerfG, NJW 1983, 101; Coester, FamRZ 1995, 1247; Palandt/Diederichsen 2010, § 1671 Rn. 11.
[862] §§ 1666 und 1667 BGB.

erzwungener Zustand, mit dem die Inhaber der elterlichen Sorge unzufrieden sind. Außerdem ist davon auszugehen, dass der Antrag und die Zustimmung i.d.R. dem Wohle des Kindes entsprechen, denn die Eltern kennen am besten ihr eigenes Konfliktpotential, ihre Kooperationsfähigkeit, aber vor allem auch ihr Kind und seine Bindungen sowie seine Entwicklungsmöglichkeiten[863]. Die Schlussfolgerung dieser Überlegungen ist, dass das Gericht von der Abmachung der Eltern nur dann abweichen sollte, wenn triftige, das Wohl des Kindes nachhaltig berührende Gründe dafür sprechen[864].

(iv) Widerspruch des Kindes, welches das 14. Lebensjahr erreicht hat

Etwas anders sieht die Gesetzeslage bei Kindern aus, die das 14. Lebensjahr erreicht haben, denn ihnen räumt § 1671 Abs. 2 Nr. 1 BGB das Recht ein, der beantragten Änderung der elterlichen Sorge zu widersprechen. Eine spezielle Form ist für den Widerspruch nicht vorgesehen[865].

Nach der Äußerung des Widerspruchs des 14jähriges Kindes wird das Gericht in der Regel zuerst einen intensiven Erörterungs- und Vermittlungsdialog mit allen Beteiligten führen, um eine Annäherung zu erzielen, welche im nächsten Schritt entweder zur Zurücknahme des Widerspruchs oder zur entsprechenden Änderung des Antrages, dem auch der andere Elternteil zustimmt, führt[866].

Wenn es zu keiner Annäherung bzw. Einigung kommt, stellt man sich nun die Frage, welchen rechtlichen Konsequenzen der angesprochene Widerspruch mit sich bringt, denn das Gesetz gibt darauf in § 1671 Abs. 2 Nr. 1 BGB keine eindeutige Antwort. Aus der Formulierung des § 1671 Abs. 2 Nr. 1 BGB „dem Antrag ist stattzugeben, es sei denn, dass das Kind der Übertragung widerspricht" ergibt sich nur, dass das Gericht bei einem Widerspruch an die elterliche Einigung, nicht gebunden ist. Das Kindeswohl ist von nun an das dominante Kriterium für die gerichtliche Entscheidung, was letztlich zur Folge hat, dass das Ge-

---

[863] Erman/Michalski 2008, § 1671 Rn. 29.
[864] Erman/Michalski 2008, § 1671 Rn. 30.
[865] PWW/Ziegler 2010, § 1671 Rn. 13.
[866] Staudinger/Coester 2009, § 1671 Rn. 93.

richt eine Prüfung des Kindeswohls nach § 1671 Abs. 2 Nr. 2 BGB durchführt, um herauszufinden, was das Beste für das Kind ist[867].

Der Widerspruch kann allerdings zur Folge haben, dass der andere Elternteil, welcher ursprünglich die Zustimmung erteilte, nun selbst einen Antrag stellt, weil er feststellt, dass er vom Kind favorisiert wird. In diesem Fall wird das Gericht in der Regel erneut versuchen, mit den Beteiligten eine Einigung über den neuen Antrag zu erzielen. Kommt es nicht dazu, hat das Gericht über den ursprünglichen Antrag zu entscheiden[868]. Das heißt, dass es entweder dem Antrag stattgibt (wenn dies dem Wohl des Kindes am besten entspricht)[869] oder ihn zurückweist. Weist das Gericht den Antrag zurück, besteht die gemeinsame elterliche Sorge fort[870].

(v) Kindeswohlinteresse an der Änderung der elterlichen Sorge

Das Kindeswohlinteresse hat einen absoluten Vorrang vor allen anderen Interessen, die bei der Sorgerechtsentscheidung vorliegen[871]. Außerdem spielt es bei der Änderung der elterlichen Sorge eine doppelte Rolle: So ist das Kindeswohl im Falle eines Widerspruchs des 14jährigen Kindes i.S.v. § 1671 Abs. 1 Nr. 1 BGB auf eine besondere Art zu prüfen, eine weitere Prüfung steht bei der Aufhebung der bisherigen gemeinsamen elterlichen Sorge i.S.v. § 1671 Abs. 1 Nr. 2 BGB an.

An dieser Stelle muss man sich die Kernfrage stellen, wann entspricht die Umwandlung der bisherigen gemeinsamen elterlichen Sorge in eine Alleinsorge bzw. einen Teil der elterlichen Sorge in eine Alleinsorge am besten dem Wohl des Kindes. In der Vergangenheit wurde oft die Meinung vertreten, dass die gemeinsame Sorge auch bei getrennt lebenden Eltern insbesondere dann, wenn sie vorher zusammen lebten, die beste Sorgerechtsvariante für das Kind ist. Erst jüngere höchstrichterliche Entscheidungen, welche die gemeinsame Sorge ge-

---

[867] Palandt/Diederichsen 2010, § 1671 Rn. 13.
[868] Staudinger/Coester 2009, § 1671 Rn. 96
[869] Erman/Michalski 2008, § 1671 Rn. 32; Schilling, NJW 2007, 3233, 3237; Kaiser, FPR 2003, 577.
[870] Veit 2005, S. 947.
[871] Staudinger/Coester 2009, § 1671 Rn. 157, 159.

genüber der Alleinsorge bei getrennt lebenden Eltern weder als vorrangig[872] noch als die beste Form der elterlichen Sorge einstufen[873], zeigen, dass eine solche pauschale Beurteilung der Lage überholt und nicht immer den tatsächlichen Verhältnissen angepasst ist. Viel wichtiger sind in solchen Fällen kindeswohlorientierte Einzelentscheidungen.

Bei der kindeswohlorientierten Einzelentscheidung i.S.v. § 1671 Abs. 2 Nr. 2 BGB kommt es zur einen doppelten Kindeswohlprüfung. Doppelt deshalb, weil sowohl die Aufhebung der gemeinsamen Sorge als auch die Übertragung der Alleinsorge dem Wohl des Kindes am besten entsprechen müssen[874]. Das heißt, dass jener Elternteil, der die Übertragung der elterlichen Sorge beantragt, anhand von konkreten Tatsachen zunächst begründen muss, dass die gemeinsame elterliche Sorge gescheitert ist[875], und, zweitens, dass die Übertragung der Alleinsorge auch erforderlich ist[876].

Für die Änderung der bisherigen gemeinsamen elterlichen Sorge sprechen unter anderem Tatsachen, welche das Verhältnis zwischen den beiden Elternteilen belasten, wie z.B. das destruktive Verhältnis der Eltern zueinander (nicht aber die „heillose Zerstrittenheit" der Eltern[877]), die fehlende Konsensmöglichkeit[878] inklusive des fehlenden Grundkonsenses in Angelegenheiten von erheblichen Bedeutung[879], die fehlende Kooperationsfähigkeit der Eltern[880], das fehlende gegenseitige Vertrauen und die Verlässlichkeit[881], die Verweigerung jeglicher Kommunikation und der Wegzug mit den Kindern[882], der Streit der Eltern über die Wahl des Kindergartens und der Ärzte[883], die wechselseitige Bezichtigung der Lüge[884], wie auch die einseitigen Gewalttätigkeiten gegen den anderen Elternteil[885]. Außerdem sprechen für die Änderung der elterlichen Sorge auch Tat-

---

[872] BVerfG, FamRZ 2007, 1876; BVerfG, FamRZ 2004, 354.
[873] BGH, NJW 2008, 994.
[874] Bamberger/Veit 2008, § 1671 Rn. 25.
[875] OLG Hamm, FamRZ 2005, 537.
[876] BGH, NJW 2005 S. 2080.
[877] OLG Köln, NJW-RR 2008, 1319.
[878] BGH, NJW 2000, 2003; BGH, NJW 2008, 994.
[879] OLG Hamm, FamRZ 2002, 1208.
[880] BVerfG, FamRZ 2003, 285,286.
[881] MünchKomm/Finger 2008, § 1671 Rn. 71.
[882] OLG Celle, FamRZ 2004, 1667.
[883] OLG Bamberg, FamRZ 2003, 1403.
[884] OLG Hamm, FamRZ 2007, 757, 758.
[885] BVerfG, FamRZ 2004, 354; OLG Hamm, FamRZ 2000, 501.

sachen, welche das Verhältnis zwischen einem Elternteil und dem Kind negativ prägen, wie z.B. die fehlende Beziehung zwischen einem Elternteil und dem Kind, die Abneigung des Kindes gegen einen Elternteil und seine Bindung zum anderen Elternteil, die Vernachlässigung und Untätigkeit bei der faktischen Ausübung der elterlichen Sorge[886]. Die letzte Kategorie an Tatsachen, welche für die Änderung der elterlichen Sorge sprechen, sind solche, die in der Person des konkreten Elternteils liegen, wie z.B. die Erziehungsunfähigkeit eines Elternteils[887], die fehlende Erziehungsbereitschaft eines Elternteils[888], die fehlende Vorbildfunktion und ein unangemessenes Sozialverhalten des Elternteils[889], wie auch der Missbrauch und nachteilige Ausübung der elterlichen Sorge[890], wobei dieser spezielle Fall eher unter das Thema Kindeswohlgefährdung[891] einzugliedern ist.

Die in den einzelnen Kategorien erwähnten Beispiele bilden keine abschließende Aufzählung, sondern sollen nur die Breite der Begründungen darstellen, die aus Sicht des Kindeswohls für die Änderung der elterlichen Sorge sprechen.

(2) Antrag bei getrennt lebenden Eltern bei bisheriger Sorge der Mutter

Wie bereits die Überschrift verrät, werden in § 1672 BGB weitere Änderungsmöglichkeiten der elterlichen Sorge der getrennt lebenden Eltern geregelt.

(a) Voraussetzungen

Im Vergleich zu § 1671 BGB, welcher ebenfalls beantragte Änderungen der elterlichen Sorge bei getrennt lebenden Eltern regelt, liegt der erste Hauptunterschied in der bisherigen Inhaberschaft der elterlichen Sorge. Die Hauptrolle spielt also die Ausgangslage, d. h. wer bisher (also bis zum Antrag auf Änderung der elterlichen Sorge) sorgeberechtigt war. Waren es beide Eltern, ist der

---

[886] OLG Bamberg, FamRZ 1997, 48.
[887] Wanitzek, FamRZ 2008, 935.
[888] Bamberger/Veit 2008, § 1671 Rn. 27.
[889] BayObLG, FamRZ 1999, 179.
[890] OLG Köln, FamRZ 2009, 434.
[891] §§ 1666 und 1666a BGB.

Änderungsantrag nach § 1671 BGB zu stellen. War es aber nur die Mutter bzw. nur der Vater ist der Änderungsantrag nach § 1672 BGB zu begründen.

An dieser Stelle sollte man noch einmal erwähnen[892], dass die Regelung des § 1672 Abs. 1 BGB für den nicht mit der Kindesmutter verheirateten Vater neben der Heirat und der Sorgeerklärung (§ 1626a Abs. 1 BGB), neben dem Tod und der Todeserklärung (§§ 1680 Abs. 2 S 2, 1681 Abs. 1 BGB) und neben den Kindeswohlmaßnahmen i.S.v. §§ 1666, 1667 BGB[893] einen weiteren Weg zur Erreichung der elterliche Sorge für das gemeinsame Kind darstellt. Dieser Weg wurde allerdings erst durch das KindRG[894] ermöglicht.

Die Regelung des § 1672 Abs. 2 BGB, welche nach der vorangegangenen Übertragung bzw. Teilübertragung der elterlichen Sorge von der allein sorgenden Mutter auf den allein sorgenden Vater den späteren Übergang zum gemeinsamen Sorgerecht regelt, wird von Coester als überflüssig und verwirrend kritisiert[895]. Seine Kritik scheint berechtigt zu sein, denn die Maßnahmen, welche das Gericht i.S.v. § 1672 Abs. 2 BGB trifft, können auch als eine Abänderung der Anordnungen bzw. Entscheidungen des Familiengerichts eingestuft werden und nach § 1696 BGB behandelt werden. Ein eventuell tieferer Sinn dieses Sonderfalls der gerichtlichen Abänderung[896] einer früheren Anordnung bleibt im Dunkeln, denn die Überschrift und der Wortlaut des § 1696 BGB „Abänderung" bzw. „ändern" zeigen eindeutig, dass diese Regelung nicht nur als Aufhebungstatbestand der unterschiedlichen gerichtlichen Maßnahmen im Rahmen der elterlichen Sorge zu verstehen ist, sondern als eine, mit der man die früher getroffenen Maßnahmen ändern kann.

(b) Einzelne gesetzliche Kriterien im Überblick

Nun also zu den einzelnen gesetzlichen Kriterien, welche die Anwendung des § 1672 BGB voraussetzen, wobei man gleich zu Anfang sagen kann, dass sich einige davon mit denen des § 1671 BGB inhaltlich decken.

---

[892] Vgl. Kapitel: Alleinsorge des Vaters gemäß Antragstellung, S. 127.
[893] Vgl. dazu auch Kapitel: Weitere Möglichkeiten zur Erreichung der Alleinsorge des Vaters, S. 129.
[894] KindRG vom 16. 12. 1997 (BGBl I, 1942).
[895] Staudinger/Coester 2009, § 1672 Rn. 18.
[896] MünchKomm/Finger 2008, § 1672 Rn. 26.

Das erste Kriterium, welches sich inhaltlich mit § 1671 BGB deckt, ist die Voraussetzung des nicht nur vorübergehenden Getrenntlebens[897]. Das nächste ist dann die Antragstellung zur Änderung der bisherigen Sorge inklusive der Begründung des Antrags, der Darstellung, ob sich die Änderung auf die gesamte elterliche Sorge bezieht, gegebenenfalls die inhaltlichen Abgrenzung der Bereiche, auf welche sich die beantragte Änderung der elterlichen Sorge bezieht und die Aufzählung der Kinder, auf welche sich der Antrag bezieht[898].

Auch die weiteren gesetzlichen Kriterien (die Zustimmung zum Antrag und das Kindeswohlkriterium) weisen ein hohes Maß an Parallelität im Vergleich mit § 1671 BGB auf. Es gibt zwischen den beiden Regelungen jedoch einige bemerkenswerte inhaltliche Unterschiede, welche in den folgenden Absätzen erörtert werden sollen.

(i) Zustimmung zum Antrag

In § 1672 BGB sind zwei unterschiedliche Zustimmungssituationen geregelt. Erstens die Zustimmung der bisher allein sorgenden Mutter zur Übertragung der elterlichen Sorge oder eines Teils davon auf den bisher nicht sorgeberechtigten Vater (§ 1672 Abs. 1 BGB). Zweitens die Zustimmung eines Elternteils zur Erlangung der gemeinsamen Sorge, nachdem es bereits zur Änderung der elterlichen Sorge nach § 1672 Abs. 1 BGB kam.

Die Zustimmung der Mutter zur Übertragung der elterlichen Sorge oder eines Teils davon auf den bisher nicht sorgeberechtigten Vater ist dringend erforderlich, denn ohne die Zustimmung, welche als klares gesetzliches Kriterium in § 1672 Abs. 1 S 1 BGB verankert ist, wird der Antrag des Vaters auf die Übertragung der elterlichen Sorge bzw. eines bestimmten Teils davon als unzulässig betrachtet und deshalb abgewiesen[899]. Michalski weist in seinem Kommentar richtigerweise auch darauf hin, dass die Zustimmung der Mutter in dieser Fallkonstellation prinzipiell noch eine weitere Funktion erfüllt, und zwar die Bereitschaft, die elterliche Sorge nicht mehr ausüben zu wollen[900]. Dieser Willensaus-

---

[897] Vgl. Kapitel: Getrenntleben der Eltern, S. 194.
[898] Vgl. Kapitel: Antragstellung zur Änderung der bisherigen gemeinsamen Sorge, S. 194.
[899] Erman/Michalski 2008, § 1672 Rn. 8.
[900] Erman/Michalski 2008, § 1672 Rn. 9.

druck, welcher gleichzeitig in gewisser Weise den Verzicht auf die elterliche Sorge deklariert, wird in der Regel dem Familiengericht die Beurteilung der Kindeswohldienlichkeit bei der Übertragung der elterlichen Sorge bzw. eines Teiles davon auf den Vater etwas erleichtern. Die Mutter zeigt durch ihre Zustimmung nämlich, dass sie, aus welchem Grund auch immer (Desinteresse, Krankheit, neuer Partner, Karriere, längerer Auslandsaufenthalt, bessere Wohnmöglichkeiten und Verpflegung beim Vater usw.) bereit ist, ihre einzigartige Position zu Gunsten des Vaters aufzugeben und diesen als würdigen Nachfolger in ihrer bisherigen Alleinsorge einstuft.

Die Zustimmung eines Elternteils, welche in § 1672 Abs. 2 BGB verankert ist, zeugt in der Regel davon, dass die Eltern nach der Alleinsorge der Mutter und der anschließenden Alleinsorge des Vaters herausgefunden haben, dass die gemeinsame elterliche Sorge für alle Beteiligten doch die beste Lösungsalternative ist. Dazu ist wiederum ein gewisses Maß an Kooperationsbereitschaft notwendig, welche sich gerade in dem Antrag und der Zustimmung des anderen Elternteils widerspiegelt. Die Gründe, die zu dieser Lösungsalternative führen, können ganz unterschiedlich sein und können auch mit Gründen zusammenhängen, die zur Übertragung der Alleinsorge der Mutter auf den Vater führten (z.B. besserer Gesundheitszustand der Mutter, wenn ihre Krankheit zur Übertragung der Alleinsorge auf den Vater führte, oder das Ende der Partnerschaft, die zum Verzicht auf die elterlichen Sorge führte).

(ii) Kindeswohlkriterium

Auch das Kindeswohlkriterium wird durch die zwei unterschiedlichen Situationen geprägt (Übertragung der Alleinsorge bzw. eines Teils davon von der Mutter auf den Vater und der spätere Übergang zur gemeinsamen Sorge der Eltern). Bei der Übertragung der Alleinsorge bzw. eines Teils davon von der Mutter auf den Vater verlangt das Gesetzt die sog. positive Kindeswohlprüfung, bei einem späterem Übergang zur gemeinsamen Sorge allerdings „nur" die negative Kindeswohlprüfung, da das Kind in einem solchen Fall keinen Sorgeinhaber verliert[901].

---

[901] BT-Drucks 13/4899, 100.

α) Positive Kindeswohlprüfung

Die positive Kindeswohlprüfung (die Kindeswohldienlichkeit) etabliert einen „besonders strengen Prüfungsmaßstab des Kindeswohls"[902]. Nach diesem Maßstab genügt es nicht, wenn die Übertragung der Alleinsorge von der Mutter auf den Vater i.S.v. § 1672 Abs. 1 BGB dem Kind nicht schadet bzw. kindeswohlneutral ist, sondern diese Übertragung soll für das Kind vorteilhaft sein[903]. Ähnlich wie beim Kindeswohlinteresse an der Änderung der elterlichen Sorge, kann man die einzelnen Kriterien, die bei der Beurteilung der Kindeswohldienlichkeit eine Rolle spielen, in unterschiedliche Kategorien aufteilen[904]. Die erste Kategorie bilden jene Kriterien, welche das Verhältnis Eltern- oder Elternteil-Kind beschreiben, in der zweiten Abteilung sind jene Kriterien angesiedelt, welche in der Person des Elternteils liegen und die dritte Kategorie umfasst jene Kriterien, die in der Person des Kindes liegen. Zur ersten Kategorie zählen z.B. das persönliche Interesse der einzelnen Elternteile an ihrem Kind inklusive der Qualität der elterlichen Zuwendung[905], die Erziehungseignung des konkreten Elternteils[906], das sog. Förderungsprinzip (welcher Elternteil in der Lage ist, besser für die seelische und geistige Entfaltung des Kindes zu sorgen)[907], die gefühlsmäßige Bindungen des Kindes an die einzelne Elternteile[908] und Geschwister[909], die dauernde Krankheit oder abnorme seelische Veranlagung des Elternteils[910]. In die zweite Kategorie fallen zum Beispiel die Betreuungsmöglichkeiten der einzelnen Elternteile[911] und ihre Erziehungseignung[912]. In die Kategorie jener Kriterien, die in der Person des Kindes liegen, fallen unter anderem der Wille des Kindes, welcher die Personenbindungen zum verbalen Ausdruck bringt[913], die Verlustängste des Kindes[914], der Kontinuitätsgrundsatz[915] (die so-

---

[902] BT-Drucks 13/4899, 101; Vgl. dazu auch die Kapitel: Antrag auf gemeinsame elterliche Sorge, S. 120; Tod bzw. Todeserklärung der allein sorgenden Mutter, S. 132; Ruhen der elterlichen Sorge der allein sorgenden Mutter, S. 132.

[903] Staudinger/Coester 2009, § 1672 Rn. 11.

[904] Vgl. Kapitel: Kindeswohlinteresse an der Änderung der elterlichen Sorge, S. 198.

[905] OLG Dresden, FamRZ 1997, 49,50.

[906] Bamberger/Veit 2008, § 1671 Rn. 27.

[907] KG, FamRZ 1990,1383.

[908] OLG Celle, FamRZ 2007, 1838.

[909] OLG Dresden, FamRZ 2003, 1489; Spangenberg/Spangenberg, FamRZ 2002, 1007.

[910] OLG Köln, FamRZ 1971, 186.

[911] Palandt/Diederichsen 2010, § 1678 Rn. 10.

[912] Bamberger/Veit 2008, § 1671 Rn. 27.

[913] KG, FamRZ 2007, 756.

weit als möglich einheitliche und gleichmäßige Erziehung inklusive der Einhaltung der Verhaltenskonstanten bei der Erziehung)[916], usw.

Auch diese Aufzählung ist nicht abschließend. Wichtig zu betonen ist, dass im konkreten Einzelfall unterschiedliche Kriterien eine maßgebliche Rolle spielen können, die allesamt für die Entscheidung dienlich sein können, wonach sich alles dem Kindeswohl unterzuordnen hat. So werden beispielsweise in einem Fall, wo zu entscheiden ist, ob es kindeswohldienlich ist, die Alleinsorge dem Vater zu übertragen, welcher sich bis zum Zeitpunkt der zu treffenden gerichtlichen Entscheidung nicht für das Kind interessierte, die Kriterien „persönliches Interesse des Vaters an dem Kind" und „Bindung des Kindes zum Vater" die Hauptrolle spielen. Bei der Übertragung der Alleinsorge auf den Vater, weil die Mutter das Interesse an der Erziehung verloren hat bzw. wegen ihrer fehlenden Erziehungseignung werden es wieder andere Kriterien sein, die im Fokus der Betrachtung durch das Gericht stehen werden.

β) Negative Kindeswohlprüfung

Die negative Kindeswohlprüfung im Sinne des § 1672 Abs. 2 BGB legt einen etwas milderen Prüfungsmaßstab an, denn der Übergang zur gemeinsamen elterlichen Sorge wird von Anfang an als kleineres Risiko für das Kind eingestuft, da das Kind keinen Sorgeinhaber verliert sondern einen gewinnt[917]. Die Kontrolle des Kindeswohls bietet laut Coester in dieser Situation zwar eine Möglichkeit die Kindesposition zu prüfen und aufzuklären, in der Praxis wird es sich jedoch in der Regel eher um eine Prima-facie-Kontrolle handeln, es sei denn das Kind äußert einen Widerspruch, was dann Anlass für eine vertiefte Prüfung des Kindeswohls gäbe[918].

---

[914] KG, FamRZ 2007, 755.
[915] BVerfG, FamRZ 2009,189; Motzer, FamRZ 2003, 793.
[916] OLG Köln, FamRZ 1976, 32.
[917] BT-Drucks 13/4899, 100.
[918] Staudinger/Coester 2009, § 1672 Rn. 22.

Die Kriterien für die Beurteilung, ob der Übergang zur gemeinsamen elterlichen Sorge dem Wohl des Kindes widerspricht, knüpfen an jene an, die für die Kindeswohldienlichkeit (positive Kindeswohlprüfung) verwendet werden[919].

b) Tschechische Republik

Eine entsprechende Regelung bzw. Regelungen, welche auf Antrag die Änderung der elterlichen Verantwortung auf einen Elternteil mit der Zustimmung des anderen Elternteils ermöglichen, kennen weder das geltende Recht (also das tschechische Familiengesetz) noch der Gesetzentwurf (NOZ). Dies hängt mit der unterschiedlichen Grundkonzeption der elterlichen Verantwortung in der Tschechischen Republik zusammen. Nachdem das tschechische Recht grundsätzlich beide Eltern zu Inhabern der elterlichen Verantwortung macht (unabhängig davon, ob sie verheiratet, geschieden, getrennt lebend sind usw.), kennt man im tschechischen Recht kein Äquivalent zur Änderung des Sorgerechts i.S. der §§ 1671 und 1672 BGB, denn die Grundvoraussetzung des „Getrenntlebens" spielt hier keine Rolle.

In diesem Zusammenhang sei die Frage erlaubt, wann bzw. unter welchen Voraussetzungen nun die Änderung der elterlichen Verantwortung möglich ist. Wenn man den Tod, die Todeserklärung und die Kindeswohlmaßnahmen, welche zur Einschränkung, Aussetzung und zum Entzug der elterlichen Verantwortung führen können, bei Seite lässt, bleiben keine weiteren gesetzlich vorgesehenen Situationen, welche zur Änderung der elterlichen Verantwortung als solche führen können.

Das Gesetz sieht jedoch eine Konstellation vor, bei der es zur Änderung der Ausübung der elterlichen Verantwortung bzw. eines Teiles davon kommen kann, wobei es sich um eine völlig andere Konstellation handelt, als die der §§ 1671 und 1672 BGB, denn es muss noch einmal hervorgehoben werden, dass nicht die Inhaberschaft der elterlichen Verantwortung geändert wird, sondern lediglich deren Ausübung.

---

[919] Vgl. Kapitel: Positive Kindeswohlprüfung, S. 204.

(1) Änderung der Verhältnisse

In § 28 FaG ist verankert, dass das Familiengericht, wenn sich die Verhältnisse ändern, auch ohne Antrag die Entscheidung oder die Vereinbarung der Eltern über die Ausübung ihrer elterlichen Rechte und Pflichten ändern kann. Wie bereits angedeutet, kann auf diese Weise nur die Ausübung der elterlichen Verantwortung geändert werden, nicht aber deren Inhaberschaft, denn nach § 34 Abs. 1 FaG bleiben auch bei solchen Änderungen beide Eltern weiterhin Inhaber der elterlichen Verantwortung.

Das Hauptkriterium für die Änderung in der Ausübung der elterlichen Verantwortung i.S.v. § 28 FaG bildet somit „die Änderung der Verhältnisse", wobei es sich um eine „clausula rebus sic stantibis" handeln muss. Das heißt, es muss sich um eine Änderung der Verhältnisse handeln, die von wesentlicher Bedeutung[920] und entsprechender Intensität sind[921], denn, wie bereits angedeutet, basiert das tschechische Modell der elterlichen Verantwortung auf dem Grundsatz des „minimalen Eingriffs" in die elterliche Verantwortung und deren Ausgestaltung[922].

Das Gesetz selbst macht aber in § 28 FaG keine näheren Angaben dazu (nicht einmal beispielhaft), welche Verhältnisse sich ändern müssen, um die Regelung des § 28 FaG anwenden zu können. In der Literatur wird darauf hingewiesen, dass es sich um die Änderung solcher Verhältnisse handeln muss, die bei der früheren gerichtlichen Entscheidung oder bei der Vereinbarung der Eltern über die Ausübung der elterlichen Verantwortung maßgeblich waren[923], was auch dem Sinn des § 28 FaG entspricht. Somit kommen § 26 Abs. 4 und 5 FaG zum Zug, in welchen relativ deutlich festgelegt wird, welche Verhältnisse bzw. Kriterien bei der Entscheidung maßgeblich sind. In diesem Fall kann man sagen, dass das tschechische FaG nichts dem Zufall überlässt, sondern relativ präzise darauf hinweist, welche Kriterien zu berücksichtigen sind und somit nicht die ganze Verantwortung der Rechtsprechung überlässt, was auf der einen Seite nicht sehr dynamisch wirken mag, andererseits aber für eine gewisse Einheitlichkeit der Entscheidungen sorgt.

[920] Komentář/Hrušáková, 4. Aufl. 2009, § 28 S. 115.
[921] IV. ÚS 14/2000 in U 5/17 SbNU 367.
[922] Jurčíková, UP Olomouc 2005, S. 21.
[923] Holub, 8. Aufl. 2007, § 28 S. 88; Komentář/Hrušáková, 4. Aufl. 2009, § 28 S. 115.

Wie an einer anderen Stelle bereits ausführlich dargelegt wurde, teilt das FaG die Kriterien in drei unterschiedliche Gruppen ein: Die erste Gruppe bilden jene Kriterien, welche das Gericht bei seiner entsprechenden Entscheidung zu beachten hat, in der zweiten Abteilung sind jene Voraussetzungen angesiedelt, die zu berücksichtigen sind und die dritte Gruppen bilden die, welche in Betracht zu ziehen sind[924]. All diese Kriterien spielen dann bei der gerichtlichen Prüfung und der anschließenden Feststellung, ob es zu einer Änderung der Verhältnisse i.S.v. § 28 FaG kam, eine entsprechende Rolle.

(2) Mögliche Konsequenzen bei Änderung der Verhältnisse

Nach der Feststellung der Änderung der Verhältnisse hat das Gericht zu prüfen, ob die Änderung der Verhältnisse auch eine Änderung bei der Ausübung der elterlichen Verantwortung begründet. In der Regel wird geprüft, ob es nicht zur Änderung des Erziehungsumfelds des Kindes, das heißt zur Änderung der Erziehungsberechtigten kommen soll. Bei dieser Überlegung ist abzuwägen, ob die Änderung der Verhältnisse aus Sicht des Kindes derart von Bedeutung ist, dass es zur Änderung des erziehungsberechtigten Elternteils kommen soll, denn eine solche Änderung widerspricht dem Grundsatz der „Kontinuität in der Erziehung eines Kindes"[925].

Außerdem ist für eine gelungene Erziehung ein gewisses Vertrauens- und Akzeptanzverhältnis zwischen der Person, welche das Kind erziehen soll und dem Kind wichtig[926]. Ein derartiges Verhältnis hängt wieder von der Beziehung (Bindung) des Kindes zu den einzelnen Elternteilen ab. Dies wiederum wird meistens von den bisherigen Lebensverhältnissen und ihrer Qualität bestimmt, denn zwischen Eltern und Kindern, welche früher in einem Haushalt lebten, werden in der Regel engere Bindungen und mehr Nähe bestehen, als zwischen Eltern und Kindern, die sich nur flüchtig kennen. Deswegen muss das Gericht prüfen, ob eine Änderung des Erziehungsumfelds die positive Entwicklung des Kindes nicht eher behindern könnte[927].

---

[924] Vgl. Kapitel: Einzelne Kriterien des § 26 Abs. 4 und 5 FaG, S. 168 ff.
[925] Komentář/Hrušáková, 4. Aufl. 2009, § 28 S. 115.
[926] Holub, 8. Aufl. 2007, § 28 S. 88.
[927] Holub, 8. Aufl. 2007, § 28 S. 88.

2. Kindeswohlmaßnahmen

a) Deutschland

Der nächste Weg, welcher zur Änderung der elterlichen Sorge führen kann, verbirgt sich hinter den sog. gesetzlichen Kindeswohlmaßnahmen. Diese kann man als Maßnahmen des Staates in Form von gerichtlichen Entscheidungen definieren, die im Falle der Gefährdung des Kindeswohls eingesetzt werden[928]. Hierbei übernimmt der Staat die Rolle des Wächters über den Schutz der Kinder. Sein Handlungspotential ist jedoch begrenzt, denn die Maßnahmen zum Schutz des Kindes müssen gesetzlich verankert sein und dem Verhältnismäßigkeitsprinzip entsprechen[929], was in diesem Fall als sog. Grundrechtsschranke fungiert[930]. Die Kindeswohlmaßnahmen basieren also auf zwei Grundelementen: dem Kindeswohl und der Verhältnismäßigkeit des staatlichen Eingriffs.

Beide genannten Elemente finden sich in verschiedensten Regelungen der elterlichen Sorge. Vor allem das Kindeswohl wird immer wieder explizit erwähnt und zwar nicht nur in Regelungen, welche die gerichtlichen Kindeswohlmaßnahmen betreffen (§§ 1666 bis 1667 BGB), sondern auch in weiteren Regelungen der elterliche Sorge, vor allem in den §§ 1627, 1628, 1671, 1672, 1680, 1681, 1684 und 1697a BGB.

Das Element der Verhältnismäßigkeit gilt bei jeder Maßnahme (bei jedem staatlichem Eingriff), die anhand dieser Vorschriften zu treffen ist, denn die Eingriffe müssen zwar geeignet sein, der Gefährdung des Kindeswohls entgegenzuwirken[931], dürfen jedoch nur soweit gehen, wie es für das Kindeswohlinteresse erforderlich ist[932]. Außerdem müssen sie das Recht auf Achtung des Familienlebens[933] im Auge behalten[934].

In § 1666a Abs. 1 BGB tritt das Element der Verhältnismäßigkeit besonders stark zu tage. Dieser bezieht sich auf Maßnahmen, welche zur Trennung des Kindes von der elterlichen Familie führen[935], wie z.B. bei einer stationären Be-

---

[928] Vgl. dazu Überschrift des § 1666 BGB.
[929] Oberloskamp, FPR 2003, 287.
[930] MünchKomm/Olzen 2010, § 1666 Rn. 1 und 50.
[931] BayObLG, FamRZ 1995, 348 ff.
[932] BVerfG, FamRZ 2002, 1021 ff.
[933] Art. 8 EMRK.
[934] Näher zu Verhältnismäßigkeit: § 1666a BGB.
[935] Coester-Waltjen, JURA 2008, 349.

gutachtung und Behandlung des Kindes, der Unterbringung des Kindes in einer Vollzeit- oder Heimpflege[936]. Aus § 1666a Abs. 1 S 1 BGB ergibt sich die gesetzliche Vorgabe, dass diese Art von Maßnahmen nur in dem Fall getroffen werden können, wenn der Kindeswohlgefahr nicht auf andere Weise, auch nicht durch öffentliche Hilfen, begegnet werden kann.

Aus dem Begriff „Kindeswohlmaßnahmen" ist ersichtlich, dass die schutzwürdige Person das Kind ist. Aus § 1666 Abs. 1 BGB ergibt sich weiter, dass man unter den Begriff der „Kindeswohlgefährdung" sowohl die Person des Kindes wie auch sein Vermögen subsumieren muss. Aus dieser Regelung ergibt sich ebenfalls, dass es die Eltern sind, gegen welche sich die Kindeswohlmaßnahmen richten können. Dies hängt vor allem damit zusammen, dass die Eltern als Sorgerechtsinhaber in der Regel den größten Einfluss auf das Kind haben, vor allem wegen der ganzen Reihe von unterschiedlichen Entscheidungen, welche sie tagtäglich für, über und im Namen des Kindes treffen müssen. Sie haben somit nicht nur einen mächtigen Einfluss auf das Leben des Kindes, sondern auch eine gewisse Kontrolle über dessen Leben. Daraus ergibt sich, dass es hauptsächlich Fehlentscheidungen der Eltern sind, die sich in massiver Weise negativ auf das Kind auswirken können, oder dass das Kind in einem schlechten oder unerträglichen Umfeld leben muss, was in der Regel mit der Gefährdung des Kindeswohls verbunden ist.

Das Kindeswohl selbst kann man als körperliches, geistiges oder seelisches Wohl des Kindes definieren[937]. Die Kindeswohlgefährdung als eine gegenwärtige oder zumindest unmittelbar bevorstehende Gefahr für die Kindesentwicklung, bei deren Fortdauer eine erhebliche Gefahr (schwerwiegende Gefährdung) für die Kindesentwicklung oder eine erhebliche Schädigung des körperlichen, geistigen oder seelischen Wohls des Kindes vorauszusehen ist[938]. Dabei bleibt unbeachtet, ob es sich um einen zentralen oder um einen Randbereich der kindlichen Existenz handelt, wie auch, ob es sich um ein individuelles oder auch ein soziales Verhalten handelt[939].

---

[936] Palandt/Diederichsen 2010, § 1666a Rn. 2 und 3.
[937] Balloff, FPR 2004, 309, 310; Wanitzek, FamRZ 2009, 1276.
[938] Coester, FPR 2009, 549; Bamberger/Veit 2008, § 1666 Rn. 4 ff; PWW/Ziegler 2010, § 1666 Rn. 2 und 3.
[939] Palandt/Diederichsen 2010, § 1666 Rn. 11.

(1) Voraussetzungen der Maßnahmen der Kindeswohlmaßnahmen

(a) Grundvoraussetzungen

In § 1666 Abs. 1 und 2 wie auch in § 1666a BGB sind die Voraussetzungen verankert, welche zu Kindeswohlmaßnahmen führen können. Nach diesen Regelungen zählen zu den gesetzlichen Voraussetzungen die Kindeswohlgefährdung (die Gefährdung der Person des Kindes oder seines Vermögens) und die Tatsache, dass die Eltern nicht gewillt (also mit mangelnder Bereitschaft) oder nicht in der Lage, also unfähig, sind, die Gefahr abzuwenden[940]. Somit wird gleichzeitig auch der Vorrang der Eltern bei der Gefahrenabwendung[941] zum Ausdruck gebracht, denn die Kindeswohlgefahrabwendung ist nicht primär Aufgabe des Staates sondern der Eltern.

Als Voraussetzung für die Maßnahmen im Bereich des Kindesvermögens wird die Verletzung der Unterhaltspflicht durch einen Inhaber der Vermögenssorge bzw. die Verletzung einer anderen Pflicht oder einer gerichtlichen Anordnung, die mit der Inhaberschaft der Vermögenssorge zusammenhängen[942], gesehen. Für die Anordnung der Maßnahmen, die zur Trennung des Kindes von der elterlichen Familie führen, verlangt das Gesetz als Voraussetzung die „Unmöglichkeit, die Kindeswohlgefahr auf andere Weise zu vermeiden"[943] und für die Maßnahmen, die zum Entzug der gesamten Personensorge führen, die „Erfolglosigkeit der anderen Maßnahmen" bzw. die „Annahme, dass andere Maßnahmen erfolglos sind"[944].

(b) Weitere Voraussetzungen

Für die Untersuchung weiterer Voraussetzungen der Kindeswohlmaßnahmen ist die Erkundung der einzelnen Gefährdungsursachen nötig, denn diese bilden in der Realität die konkreten Vorraussetzungen für die Anwendung der einzelnen

---

[940] Palandt/Diederichsen 2010, § 1666 Rn. 37.
[941] PWW/Ziegler 2010, § 1666 Rn. 10.
[942] § 1666 Abs. 2 BGB.
[943] § 1666a Abs. 1 S 1 BGB.
[944] § 1666a Abs. 2 BGB.

Maßnahmen. Die Reihe der Gefährdungsursachen im Einzelnen ist jedoch relativ lang und vielfältig.

Versucht man, die konkreten Gefährdungen des Kindeswohls in unterschiedliche Bereiche zu gliedern, kann man sich an der Unterteilung der elterlichen Sorge orientieren. Somit kann man dann von Kindeswohlgefährdung im Bereich der Personen- und Vermögenssorge sprechen, wobei man die Personensorge zusätzlich noch in die Kindeswohlgefährdung bei der Pflege, Erziehung, Beaufsichtigung und Aufenthaltsbestimmung unterteilen kann, obwohl sich die einzelnen Gefährdungstatbestände innerhalb dieser Teilbereiche auch überschneiden können.

Zu den konkreten Gefahren bei der Pflege des Kindes kann man z.B. den Selbstmordversuch in Zusammenhang mit einem Versuch, auch das Kind zu töten[945] zählen, wie auch den bewiesenen oder stark wahrscheinlichen sexuellen oder körperlichen Missbrauch des Kindes[946], die Unterernährung des Kindes[947], die Beschneidung von Mädchen, da diese einen Eingriff in die Würde des Menschen an sich darstellt[948], die Vernachlässigung der medizinisch-ärztlichen Versorgung[949] inklusive der Verweigerung einer wichtigen Operation, Bluttransfusion bzw. einer anderen Behandlung des Kindes[950], wobei in diesem Fall die Einwilligung der Eltern in den ärztlichen Eingriff vom Gericht i.S.v. § 1666 Abs. 3 Nr. 5 BGB ersetzt werden kann[951].

Zur klassischen Kindeswohlgefährdung im Rahmen der Erziehung kann man die übermäßige Züchtigung des Kindes[952] zählen, wie auch die Ausbeutung des Kindes und seiner Arbeitskraft[953] oder das Abhalten vom Schulbesuch[954]. Außerdem bei der Beaufsichtigung des Kindes das Unterlassen der Aufsicht und der Betreuung des Kindes wegen Drogensucht oder Alkoholismus[955], den Hausverweis, was letztlich zur Folge hat, dass das Kind dem eigenen Schicksal über-

---

[945] OLG Naumburg, FamRZ 2002, 1274.
[946] Coester, FPR 2009, 550; OLG Jena, FamRZ 2003, 1319; Peschel-Gutzeit, FPR 2003, 290.
[947] BayObLG, FamRZ 1988, 748.
[948] BGH, NJW 2005, 672.
[949] Weinreich-Klein/Ziegler 2008, § 1666 Rn. 20.
[950] BayObLG, FamRZ 1976, 43; BayObLG, FamRZ 1991, 214; OLG Celle, NJW 1995, 792.
[951] Vogel, FPR 2008, 617, 618.
[952] OLG Celle, FamRZ 2003, 549, 550,
[953] Erman/Michalski 2008, § 1666 Rn. 8.
[954] BayObLG, NJW 1984, 928.
[955] OLG Frankfurt, FamRZ 1983, 530; Berzewski, FPR 2003, 312 ff.

lassen wird, usw. Bei der Beurteilung der Kindeswohlgefährdung im Rahmen der Vermögenssorge ist das Gesetz etwas ausführlicher, denn es präsentiert eine beispielhafte Aufzählung der Handlungen, die man auf jeden Fall als kindeswohlschädlich zu betrachten hat[956]. So ist gemäß § 1666 Abs. 2 BGB die Verletzung der Unterhaltspflicht des Sorgerechtsinhabers gegenüber dem Kind in der Regel als Kindeswohlgefährdung einzustufen, wie auch andere Handlungen, welche die mit der Vermögenssorge verbundenen Pflichten verletzen bzw. die entsprechende Anordnungen des Gerichts nicht befolgen.

(2) Einzelne Maßnahmen

Die einzelnen Kindeswohlmaßnahmen kann man grundsätzlich in zwei Hauptkategorien teilen. Die erste Abteilung bilden jene Maßnahmen, die eine Wirkung auf die Eltern-Kind-Beziehung haben. In der zweiten Kategorie handelt es sich um Maßnahmen, die gegen einen Dritten wirken.

Bei der Anwendung der einzelnen Kindeswohlmaßnahmen wird in der Regel nicht eine Zeit bestimmt, wie lange die einzelnen Maßnahmen fortdauern sollen, außer es ist abzusehen, wie lange die Gefährdung des Kindeswohls andauern wird[957]. Handelt es sich jedoch um Kindeswohlmaßnahmen, welche länger dauern sollen, werden sie i.S.v. § 166 Abs. 2 FamFG in angemessenen Abständen überprüft[958].

(a) Maßnahmen mit Wirkung auf die Eltern-Kind-Beziehung

Die Kindeswohlmaßnahmen, von denen man sagen kann, dass sie primär eine Wirkung auf die Eltern-Kind-Beziehung haben, sind aus den §§ 1666 bis 1667 BGB ersichtlich. Es handelt sich um Maßnahmen, welche entweder die Personen- oder die Vermögenssorge betreffen, aber auch um Maßnahmen, welche sich auf die gesamte elterliche Sorge beziehen.

---

[956] § 1666 Abs. 2 BGB.
[957] OLG Karlsruhe, FamRZ 2005,1272.
[958] Coester, FPR 2009, 551.

(i) Maßnahmen in Bezug auf die Personensorge

Der Großteil der Kindeswohlmaßnahmen, welche sich auf die Personensorge beziehen, ist seit dem Inkrafttreten des FamRMaßnErlG[959] in § 1666 Abs. 3 Nr. 1 bis 6 BGB festgeschrieben[960], wobei durch die Verwendung des Begriffes „insbesondere" in der Anleitung deutlich gemacht wird, dass auch diese Aufzählung der Maßnahmen nicht als abschließend zu verstehen ist.

Die beispielhafte Anführung der konkreten Maßnahmen in der genannten Regelung soll die Familienrichter dazu animieren, die Kindeswohlgefährdung mit unterschiedlichen Maßnahmen zu bekämpfen, noch intensiver mit den Jugendämtern zu kooperieren und nicht primär zum Entzug bzw. Teilentzug der elterlichen Sorge zu greifen, wie es bisher oft der Fall war[961]. Somit sollen in Zukunft auch die anderen gesetzlich vorgesehenen Kindeswohlmaßnahmen verstärkt angewendet werden[962].

Zu den in § 1666 Abs. 3 BGB aufgezählten Maßnahmen zählen die Gebote, öffentliche Hilfen in Anspruch zu nehmen bzw. für die Einhaltung der Schulpflicht zu sorgen[963], die Verbote sich an bestimmten Orten aufzuhalten bzw. Verbindungen zum Kind aufzubauen[964], das Ersetzen von Erklärungen, für die sonst nur der Sorgerechtsinhaber zuständig wäre[965] oder die Entziehung der elterlichen Sorge[966].

Hinter diesen gesetzlichen Maßnahmen verbergen sich jeweils konkrete Beispiele. So zählen zu den gebotenen „öffentliche Hilfen" die ambulanten, stationären bzw. teilstationären Hilfen wie z.B. Erziehungsberatung, Gruppenarbeit, sozialpädagogische familiäre Hilfe, Vollzeitpflege, Gesundheitsfürsorge zur Früherkennung von eventuellen körperlichen oder geistigen Fehlentwicklungen[967].

Unter das Verbot des „Aufenthalts an bestimmten Orten" i.S.v. § 1666 Abs. 3 Nr. 3 BGB gehört das Verbot, vorübergehend oder auf unbestimmte Zeit die Familienwohnung zu nutzen oder sich in der Nähe der Wohnung aufzuhalten,

---

[959] FamRMaßnErlG vom 4.7.2008, in BGBl I,1188.
[960] Meysen, JAmt 2008, 233 ff.
[961] Palandt/Diederichsen 2010, § 1666 Rn. 38; PWW/Ziegler 2010, § 1666 Rn. 10.
[962] Seier, FPR 2008, 483; Wiesner, FPR 2008, 609.
[963] § 1666 Abs. 3 Nr. 1 und 2 BGB.
[964] § 1666 Abs. 3 Nr. 3 und 4 BGB.
[965] § 1666 Abs. 3 Nr. 5 BGB.
[966] § 1666 Abs. 3 Nr. 6 BGB.
[967] BT-Druck 16/6815, 11.

bzw. sich in der Nähe der Orte aufzuhalten, wo sich das Kind regelmäßig aufhält. Dieses Verbot wie auch das Verbot der „Verbindung und Kontaktaufnahme" weisen gewisse Gemeinsamkeiten mit dem Gewaltschutzgesetz[968] auf, denn dieses will das gleiche Ergebnis erzielen, nämlich die Kontaktvermeidung zwischen dem Kind und einem Elternteil (bzw. auch zwischen dem Kind und beiden Elternteilen).

Nachdem die Aufzählung der in § 1666 Abs. 3 BGB genannten Maßnahmen demonstrativ ist, kann das Gericht auch weitere Maßnahmen wie z.b. Ermahnungen oder verschiedene Verbote so das Verbot, das gemeinsame Kind ins Ausland zu verbringen, aussprechen[969].

Es gibt jedoch noch eine weitere Maßnahme, welche das Gericht im Bereich der Personensorge in Betracht ziehen kann. Es ist der „Entzug der gesamten Personensorge" i.S.v. § 1666a Abs. 2 BGB. Obwohl dem Gericht hinsichtlich der einzelnen Kindeswohlmaßnahmen ein grundsätzliches Auswahlermessen zusteht, schreibt § 1666a Abs. 2 BGB vor, zur Abwendung der Kindeswohlgefährdung zuerst mildere Maßnahmen anzuordnen und erst dann zum Entzug der gesamten Personensorge zu greifen. Diese Vorgehensweise ist nur dann nicht erforderlich, wenn anzunehmen ist, dass die milderen Maßnahmen erfolglos bleiben, wie z.B. bei der eindeutigen Überforderung der Eltern in einem kinderreichen Haushalt[970].

(ii) Maßnahmen in Bezug auf das Kindesvermögen

Die gesetzlich vorgesehene Breite der Maßnahmen, welche das Familiengericht bei der Gefährdung des Kindesvermögens zu treffen hat, bleibt übersichtlich. Wie sich aus § 1666 Abs. 2 BGB ergibt, besteht die Ermächtigung des staatlichen Eingriffs in die Vermögenssorge nur im Falle der Gefährdung des Kindesvermögens. In § 1667 BGB werden dann einzelne Maßnahmen aufgezählt, die bei der Gefährdung des Kindesvermögens vom Familiengericht getroffen werden können, wobei auch diese Aufzählung nicht abschließend ist. Als konkrete Maßnahmen benennt § 1667 BGB das „Vermögensverzeichnis und die Rech-

---

[968] Gewaltschutzgesetz vom 11.12.2001, BGBl I S 3513.
[969] OLG Karlsruhe, FamRZ 2002, 1272.
[970] OLG Köln, JAmt 2008, 45.

nungslegung" der Verwaltung, gerichtliche „Anordnungen und Verpflichtungen mit dem Bezug zu Geldanlagen, Wertpapieren, anderen Kostbarkeiten und Schuldforderungen" und die damit verbundenen Sicherungsmaßnahmen, die „Sicherheitsleistung" für das verwaltete Vermögen und den „Entzug der Vermögenssorge".

Nach § 1667 Abs. 1 S 1 und 2 BGB kann das FamG anordnen, dass die Eltern ein Vermögensverzeichnis beim Gericht einreichen, welches richtig und vollständig sein muss. Die aus dieser Anordnung entstehende Pflicht ist vorrangig vom Inhaber der Vermögenssorge zu erfüllen. Erst wenn er nicht in der Lage ist, diese Pflicht in ausreichendem Maße zu erfüllen, kann das FamG diese Pflicht an eine Behörde, einen zuständigen Beamten bzw. einen Notar übergeben[971]. Außerdem müssen diese über die Verwaltung des Kindesvermögens die Rechnung legen. Für die Rechnungslegung sind die Vorschriften, welche für die Rechungslegung eines Verwalters gelten (§§ 1840 ff. BGB), entsprechend anzuwenden[972]. Das Verlangen der Rechnungslegung kann einmalig oder in regelmäßigen Abständen erfolgen[973].

Was die Geldanlagen betrifft, kann das FamG anordnen, dass die Eltern das Geld nur auf eine bestimmte Weise anlegen bzw. das Geld nur mit der gerichtlichen Genehmigung abheben dürfen. Damit soll vor allem vermieden werden, dass die Eltern das Geldvermögen für riskante Geldgeschäfte verwenden. Was die Wertpapiere, Schuldforderungen und andere Kostbarkeiten, die zum Vermögen des Kindes gehören, angeht, gelten für die Eltern nach § 1667 Abs. 2 S 2 BGB die Verpflichtungen entsprechend, die einem Vormund obliegen[974].

Die gerichtliche Maßnahme, welche den Eltern (bzw. einem Elternteil) auferlegt, eine Sicherheitsleistung für das von ihnen verwaltete Vermögen des Kindes zu hinterlegen, kann angeordnet werden, wenn das Vermögen gefährdet ist, wobei die Ernsthaftigkeit der Gefährdung wie auch die Wahl der Sicherheitsleistung im Ermessen des Gerichts bleiben.

Die äußerste Maßnahme, welche das Gericht i.S.v. § 1667 BGB treffen kann, ist der Entzug der Vermögenssorge. Nach § 1667 Abs. 3 S 4 BGB kann es sich um den Entzug der gesamten Vermögenssorge oder nur um einen Teilentzug han-

---

[971] § 1667 Abs. 1 S 3 BGB.
[972] BayObLG, FamRZ 1994, 1191, 1192.
[973] PWW/Ziegler 2010, § 1667 Rn. 3.
[974] §§ 1814, 1816 und §§ 1818 bis 1820.

deln. Aus der Rangfolge der einzelnen Vermögensmaßnahmen des § 1667 BGB, wie auch aus dem Inhalt des § 1667 Abs. 3 S 4 BGB, welcher besagt, dass der Entzug der Vermögenssorge hauptsächlich als Zwangsmaßnahme für die Hinterlegung der Sicherheitsleistung seitens der Eltern zu verstehen ist, lässt sich erkennen, dass die Anwendung dieser Maßnahme wirklich das letzte Mittel zur Beseitigung der Gefährdung des Kindesvermögens bleiben sollte.

(iii) Maßnahmen in Bezug auf die komplette elterliche Sorge

Die bisher angesprochenen Maßnahmen beziehen sich entweder nur auf die Personensorge oder nur auf die Vermögenssorge. Die Maßnahmen, die nun angesprochen werden, beziehen sich dagegen auf die komplette elterliche Sorge, also sowohl auf die Personen- als auch auf die Vermögenssorge.

α) Ersetzung von Erklärungen

Die erste Maßnahme aus dieser Gruppe bildet die „Ersetzung von Erklärungen des Inhabers der elterlichen Sorge" i.S.v. § 1666 Abs. 3 Nr. 5 BGB. Anhand dieser Regelung kann das Gericht eine wichtige Erklärung des Sorgerechtsinhabers ersetzen, vor allem dann, wenn dieser eine solche Erklärung nicht abgeben will[975] bzw. abgeben kann (z.B. wegen langer Auslandsreise)[976] und für das Kind sonst ein Ergänzungspfleger bestellt werden müsste[977]. Zu solchen Situationen kommt es vor allem im medizinischen Bereich, wenn beispielsweise eine Einwilligung in eine Operation oder eine sonstige dringliche ärztliche Maßnahme benötigt wird[978] oder die Ersetzung der Zustimmung zu einer psychologischen Begutachtung des Kindes. Im Rahmen der Vermögenssorge, kommt z.B. die Ersetzung der Kündigung von Mietverhältnissen in einem dem Kind gehörenden Haus in Betracht[979].

---

[975] Erman/Michalski 2008, § 1666 Rn. 22.
[976] Vogel, FPR 2008, 617.
[977] Palandt/Diederichsen 2010, § 1666 Rn. 43.
[978] BT-Drucks 8/2788, 58.
[979] Palandt/Diederichsen 2010, § 1666 Rn. 43.

β) Entziehung der elterlichen Sorge

Wie bereits aus der Wortwahl der nächsten Maßnahme „volle oder teilweise Entziehung der elterlichen Sorge" ersichtlich ist, kann sich diese Maßnahme auf die komplette elterliche Sorge oder nur einen Teil der elterlichen Sorge beziehen. Zu einer Teilerziehung der elterlichen Sorge kommt es z.B. bei Eltern, die nicht in der Lage sind ihren Alltag zu strukturieren und die Kinder mit Nahrung und Zuwendung zu versorgen[980]. In so einem Fall wird der Teilerziehung der elterlichen Sorge mit der Unterbringung der Kinder in einer Pflegefamilie i.S.v. § 33 SGB VIII verbunden sein[981].

Eine komplette Entziehung der elterlichen Sorge ist dagegen z.B. in Fällen einer Kindesmisshandlung[982], beim Verdacht auf ein sog. „Münchhausen-by-proxy"-Syndrom[983] oder bei fehlender gesundheitlichen Versorgung und emotionalen Zuwendung von Seite der Eltern[984] angemessen. Bei der Entscheidung über den Entzug der elterlichen Sorge muss das Gericht eine Abwägung der gegensätzlichen Interessen (Kindesinteressen und Interessen der Eltern bzw. eines Elternteils) vornehmen[985].

Kommt es zu einem kompletten Entzug der elterlichen Sorge, stellt sich die Frage, ob damit die elterliche Sorge in ihrer Substanz, oder nur die Ausübung der elterlichen Sorge entzogen wird, denn der Entzug der elterlichen Sorge in ihrer Substanz würde die elterliche Sorge im Ergebnis beenden. Gegen eine solche Ansicht spricht jedoch der Sinn des § 1696 Abs. 1 BGB[986]. Um Klarheit zu schaffen und alle mögliche Diskussionen zu vermeiden, wäre es besser gewesen, man hätte bei der Neufassung des § 1666 Abs. 3 Nr. 6 BGB die Formulierung „..Entziehung der Ausübung der elterlichen Sorge" genommen.

Wenn aber nur ein Teil der elterlichen Sorge i.S.v. § 1666 Abs. 3 Nr. 6 BGB entzogen wird, handelt es sich de facto um eine „Einschränkung" der elterlichen Sorge, obwohl das Gesetz in der erwähnten Regelung diesen Begriff nicht explizit benutzt. In einem solchen Fall entzieht das Gericht nur konkrete Bestandteile

---

[980] OLG Brandenburg, FamRZ 2008, 1556.
[981] OLG Brandenburg, FamRZ 2008, 1556; Hopp, FPR 2007, 280.
[982] EGMR, 20.3.2007 – 5496/04, juris.
[983] OLG Celle, FamRZ 2006, 1478.
[984] OLG Brandenburg, FamRZ 2008, 713.
[985] Wanitzek, FamRZ 2009, 1276.
[986] Vgl. dazu Kapitel: Fehlverhalten des Sorgeberechtigten Elternteils gegenüber dem Kind, S. 130.

der elterlichen Sorge, z.B. das Aufenthaltsbestimmungsrecht bei Verweigerung des Schulbesuchs[987], die konkreten Vertragsbefugnisse i.S.v. § 1629 Abs. 1 S 1 BGB. Das heißt, dass der betroffene Elternteil nicht sein komplettes Sorgerecht verliert, sondern nur einzelne konkrete Bestandteile des Sorgerechts und die „restlichen" Bestandteile weiterhin ausüben[988] darf. Falls sich der Entzug der elterlichen Sorge bzw. eines Teils der elterlichen Sorge gegen beide Eltern richtet, wird diese auf einen Vormund oder Ergänzungspfleger übertragen[989].

(b) Maßnahmen mit Wirkung gegen Dritte

In § 1666 Abs. 4 BGB werden Kindeswohlmaßnahmen verankert, welche eine Wirkung gegen einen Dritten haben können. Unter dem Begriff „Dritte" versteht man Personen, welche nicht sorgeberechtigt sind[990]. Wie aus der Regelung weiter eindeutig erkennbar ist, beziehen sich diese Maßnahmen lediglich auf die Personensorge.

In der Regel wird es sich um Verbote zu einem bestimmten Verhalten eines Dritten handeln, welches das Kindeswohl gefährden bzw. stören könnte[991]. Zu den oft angewendeten Verboten gehören die Umgangsverbote, z.B. bei Ehegatten eines allein sorgeberechtigten Elternteils, welcher im Einvernehmen mit seinem Ehepartner gewisse Mitentscheidungen in Angelegenheiten des tägliches Lebens übernimmt[992] und dabei z.B. entwürdigende und übermäßige Erziehungsmaßnahmen anwendet[993], oder bei einem Lebenspartner der Mutter, welcher im Verdacht des sexuellen Missbrauchs des Kindes steht[994]. Durch die Anordnung des Umgangsverbots soll der persönliche Kontakt zwischen den betroffenen Ditten und dem Kind vermieden werden. Dies kann im Endergebnis auch zur Anordnung des Wegzugs aus der Umgebung des Kindes führen[995]. Auch die Versuche der betroffenen Dritten, die Verbindung zum Kind über Briefkontakt

---

[987] BGH, FamRZ 2008, 45.
[988] Staudinger/Peschel-Gutzeit 2007, § 1626 Rn. 44.
[989] §§ 1909 Abs. 1, 1773 Abs. 1 und 1697 BGB.
[990] MünchKomm/Olzen 2010, § 1666 Rn. 209.
[991] Palandt/Diederichsen 2010, § 1666 Rn. 46.
[992] § 1687b Abs. 1 BGB.
[993] BayObLG, FamRZ 1994, 1413.
[994] OLG Düsseldorf, NJW 1995, 1970.
[995] MünchKomm/Olzen 2010, § 1666 Rn. 211.

aufzubauen, können durch ein entsprechendes Gebot versagt werden, was dann auch unter das Umgangsverbot subsumiert wird.

b) Tschechische Republik

Das tschechische Recht beinhaltet ebenfalls einige Kindeswohlmaßnahmen, obwohl der Begriff „Kindeswohlmaßnahme" nicht explizit im Gesetzestext benutzt wird. Wenn das Gesetz im Allgemeinen über die Maßnahmen spricht, dann werden die Begriffe „Maßnahmen", „Erziehungsmaßnahmen"[996] oder „Maßnahmen, welche für das Interesse an einer ordentlichen Erziehung des Kindes erforderlich sind"[997] benutzt.

Auch an dieser Stelle kann gesagt werden, dass die Anwendung einiger konkreter Kindeswohlmaßnahmen, welche das tschechische Recht im Zusammenhang mit der Ausübung der elterlichen Verantwortung vorsieht, zur Änderung einer Ausgestaltung der elterlichen Verantwortung führen kann. Somit übernimmt der Staat die Schutzfunktion für die „ordentliche Erziehung" des Kindes. Dies ergibt sich aus der Regelung des § 43 Abs. 1 FaG, welche besagt, dass für den Fall, dass „das Interesse an einer ordentlichen Erziehung des Kindes dies erfordert, das Gericht, falls das Organ des sozialrechtlichen Schutzes des Kindes bislang nicht tätig wurde, Maßnahmen veranlassen kann". Aus der zitierten Regelung ergibt sich weiter, dass die Maßnahmen, welche im Interesse des Kindes zu treffen sind, sowohl vom Gericht als auch vom Organ des sozialrechtlichen Schutzes des Kindes getroffen werden können. Dieses Organ kann jedoch nicht solche Maßnahmen treffen, welche die elterliche Verantwortung einschränken bzw. entziehen[998], denn dies ist wegen der Schwere des Eingriffs in das Familienleben und in die Privatsphäre der Betroffenen ein Privileg des zuständigen Gerichts. Somit wird deutlich gemacht, dass das Organ des sozialrechtlichen Schutzes des Kindes nur jene Maßnahmen anordnen kann, welche die Erziehung des Kindes i.S.v. § 43 Abs. 1 FaG betreffen (Ermahnung, Aufsicht und Auferlegung von Beschränkungen).

---

[996] Vgl. Überschrift zu § 41 ff. FaG.
[997] § 43 Abs. 1 FaG.
[998] § 42 FaG.

Was die Einordnung der einzelnen Maßnahmen im FaG betrifft, muss man sagen, dass sie nicht systematisch durchgeführt wurde, was dazu führt, dass die einzelnen Schritte zersplittert aufzufinden sind. Dies dient weder der Übersichtlichkeit noch der Klarheit des FaG. So sind die einzelnen Maßnahmen der Versorgung des Kindes (Personensorge) bzw. der gesamten elterlichen Verantwortung in einem anderen Teil des Gesetzes[999] eingegliedert als jene der Vermögensverwaltung (Vermögenssorge). Besonders unsystematisch an dieser Einordnung ist, dass die Maßnahmen der Vermögensverwaltung unter dem Teil des Gesetzes eingegliedert sind, der die elterliche Verantwortung im Allgemeinen regelt[1000]. Noch unübersichtlicher erscheint die Einordnung der Maßnahmen, welche die komplette elterliche Verantwortung betreffen, denn diese sind unter den „Erziehungsmaßnahmen"[1001] eingeordnet, wo man i.d.R. Maßnahmen suchen würde, welche mit der Erziehung des Kindes zusammenhängen oder solche, welche sich auf die Versorgung des Kindes im Ganzen bzw. auf einen bestimmten Teilbereich davon beziehen.

(1) Voraussetzungen der Maßnahmen im Interesse des Kindes (Kindeswohlmaßnahmen)

Das tschechische FaG kennt eine ganze Reihe von Voraussetzungen für die Maßnahmen, welche im Interesse des Kindes getroffen werden können. Auch in der Tschechischen Republik ist die Anwendung der einzelnen Maßnahmen an konkrete Bedingungen gebunden. Dennoch gibt es einige Voraussetzungen, welche einigen Maßnahmen gemeinsam sind. Zu diesen zählen die „Gefährdung der vermögensrechtlichen Interessen des Kindes"[1002], das „Interesse des Kindes an seiner ordentlichen Erziehung"[1003] und das „Interesse des Kindes"[1004] als solches.

Die „Gefährdung der vermögensrechtlichen Interessen des Kindes" ist eine gemeinsame und de facto auch die einzige gesetzliche Voraussetzung für jene

---

[999] § 42 ff. FaG.
[1000] § 37b ff FaG.
[1001] Vgl. Überschrift zu § 41 ff. FaG.
[1002] § 37b Abs. 1 FaG.
[1003] § 43 Abs. 1 FaG.
[1004] § 44 Abs. 1 FaG.

Maßnahmen, welche im Rahmen der Vermögensverwaltung getroffen werden können.

Das „Interesse des Kindes an seiner ordentlichen Erziehung" ist eine Voraussetzung, die den Maßnahmen gemeinsam sind, welche die Erziehung des Kindes betreffen (Erziehungsmaßnahmen im richtigen Sinne)[1005].

Das „Interesse des Kindes" als solches bildet schließlich die Grundlage für all jene Maßnahmen, welche die gesamte elterliche Verantwortung betreffen. Diese Voraussetzung bildet nicht den einzigen gesetzlichen Hintergrund, wie es bei den bisher angeführten Ausgangspunkten der Fall war, sondern steht bei einzelnen Maßnahmen neben den weiteren Voraussetzungen, welche für die konkrete Fallkonstellation maßgeblich sind. Zu diesen weiteren bzw. zusätzlichen Erfordernissen zählen i.S.v. § 44 Abs. 1 bis 4 FaG die Hinderung eines Elternteils an der Ausübung der elterliche Verantwortung, die nicht ordnungsgemäße Ausübung der elterlichen Verantwortung, der Missbrauch bzw. die Vernachlässigung der Ausübung der elterlichen Verantwortung oder eine Straftat eines Elternteils gegenüber seinem Kind bzw. mit oder in Verbindung mit seinem Kind.

(2) Einzelne Maßnahmen

Wie aus den bevorstehenden Kapiteln ersichtlich ist, kann man die einzelnen Maßnahmen prinzipiell in drei Gruppen einteilen und zwar in solche mit Bezug zur Vermögensverwaltung, ferner in solche, die zur Erziehung des Kindes gehören und solche, die einen Bezug zur gesamten elterlichen Verantwortung haben. Nach § 47 Abs. 1 S 1 FaG überwacht das Gericht ständig die Durchführung seiner angeordneten Maßnahmen und bewertet dabei ihre Effektivität. Die angesprochen Überwachung kann auch von speziellen Abteilungen einer Gemeinde, welche als Organ des sozialrechtlichen Schutzes fungieren, übernommen werden. Die Rechtsgrundlage dafür bietet § 47 Abs. 1 S 2 FaG.

Bei der Anordnung der einzelnen Maßnahmen bzw. bei der Entscheidung, welche Maßnahme angewendet werden soll, ist das Gericht in gewissem Umfang durch das gesetzlich verankerte Mitbestimmungsrecht des Kindes eingeschränkt. Dieses Mitbestimmungsrecht des Kindes ist in § 47 Abs. 2 FaG festgehalten und

---

[1005] § 43 Abs. 1 FaG.

verleiht dem Kind, soweit dessen Alter und geistige Reife es ermöglichen, eigene Ansichten und Erkenntnisse frei zu bilden und zu präsentieren und sein Äußerungsrecht zu geplanten bzw. zu bereits getroffenen gerichtlichen Erziehungsmaßnahmen oder zu Maßnahmen, welche die gesamte elterliche Verantwortung betreffen, in Anspruch zu nehmen . Aus dem Gesetzesvorlaut „vzít zřetel" (berücksichtigen) ergibt sich, dass das Gericht zwar nicht unbedingt an die präsentierte Meinung des Kindes gebunden ist, diese jedoch zu berücksichtigen hat bzw. ein klares Signal für das Gericht sein soll.

In der Literatur wird richtigerweise darauf hingewiesen, dass das Gericht mitunter die Meinung des Kindes übergeht und mit der Floskel „diese könnte von einem Elternteil manipuliert sein" begründet. Wenn das Kind das entsprechende Alter hat bzw. die entsprechende Reife besitzt, muss es Aufgabe des Gerichts sein, die konkreten Umstände und die daraus resultierenden Maßnahmen mit ihm zu besprechen und das Kind davon zu überzeugen, dass diese seinem Wohl am besten entsprechen[1006]. Ändert das Kind seine Meinung auch nach persönlicher Erläuterung durch das Gericht, darf das Gericht dieses Signal nicht überhören.

(a) Maßnahmen in Bezug auf die Erziehung des Kindes

Wie bereits angesprochen wurde, vermischt das Familiengesetz die tatsächlichen Erziehungsmaßnahmen und jene Maßnahmen, welche die gesamte elterliche Verantwortung betreffen.[1007]. An dieser Stelle werden jedoch nur jene Maßnahmen angesprochen, welche sich auf die Erziehung des Kindes beziehen. Diese sind in § 43 Abs. 1 FaG aufgelistet. Das besondere daran ist die Tatsache, dass sie sowohl vom Gericht als auch vom Organ des sozialrechtlichen Schutzes getroffen werden können[1008]. Zu den einzelnen Maßnahmen zählen die Ermahnung, die Anordnung der Aufsicht und die Auflegung von konkreten Einschränkungen für das Kind. Jede von den drei Maßnahmen hat einen unterschiedlichen Charakter und Zweck[1009]. Bei der Entscheidung, welche der genannten Maß-

---

[1006] Komentář/Hrušáková, 4. Aufl. 2009, § 47 S. 229, 230.
[1007] Vgl. Überschrift vor § 41 FaG.
[1008] § 43 Abs. 2 FaG.
[1009] Komentář/Hrušáková, 4. Aufl. 2009, § 43 S. 161.

nahmen anzuwenden ist, muss zuerst überprüft werden, inwieweit die festgestellte Kindeswohlgefährdung bei der Erziehung des Kindes einen Einfluss auf die weitere Entwicklung haben kann[1010]. Dem entsprechend strenge Maßnahmen sind dann zu treffen.

Die mildeste Maßregel stellt die „Ermahnung" dar. Sie kann sich sowohl gegen die Eltern als auch gegen das Kind wenden. Sie kann jedoch auch gegen einen Dritten ausgesprochen werden, der die ordentliche Erziehung des Kindes stört[1011]. Die Ermahnung des Kindes wird dann effektiv sein, wenn es noch in einem Alter ist, wo eine Ermahnung durch ein staatliches Organ (Gericht oder Organ des sozialrechtlichen Schutzes) Wirkung zeigen kann.

Zur Ermahnung der Eltern kommt es vor allem dann, wenn ersichtlich ist, dass beide bzw. einer der beiden eine bestimmte Pflicht, welche mit der Erziehung des Kindes verbunden ist, vernachlässigt bzw. ignoriert haben, so z.B. die regelmäßige medizinische Untersuchung des Kindes, vorgeschriebene Impfungen, das Schulschwänzen[1012]. Dritte Personen werden dann ermahnt, wenn sie die Erziehung des Kindes stören oder diese auf eine bestimmte Weise negativ beeinflussen. Zum Begriff „Dritte" zählen vor allem Verwandte des Kindes, aber auch Personen, denen das Kind anvertraut wurde (Erzieherinnen und Erzieher im Kindergarten, Lehrerinnen und Lehrer in der Schule usw.)[1013].

Die nächste mögliche Maßnahme stellt die „Anordnung der Aufsicht" dar. Diese kommt vor allem dann in Betracht, wenn die Erziehung des Kindes zwar in bestimmter Weise gestört und deshalb auch gefährdet wird, jedoch zu erwarten ist, dass die Aufsicht durch die Schule, durch einen Wohlfahrtsverband oder durch den Arbeitgeber zur Besserung bzw. Bekehrung des Kindes bzw. der Eltern (je nachdem gegen wem sich die Maßnahme richtet) führen kann[1014].

Die letzte gesetzliche Maßnahme des § 43 Abs. 1 FaG stellt die „Auferlegung von konkreten Einschränkungen für das Kind" dar. In der Praxis wird es sich in der Regel um Verbote handeln, so z.B. das Verbot von Besuchen bestimmter

[1010] Holub, 8. Aufl. 2007, § 43 S. 127.
[1011] § 43 Abs. 1a) FaG.
[1012] SbSR 1981, R 4/1981.
[1013] Komentář/Hrušáková, 4. Aufl. 2009, § 43 S. 162.
[1014] NS, Cpj 228/81, IC Aspi 14861 JUD.

Fußballspiele oder das Verbot, sich mit bestimmter Gruppe von Jugendlichen zu treffen[1015].

(b) Maßnahmen in Bezug auf das Kindesvermögen

Die Maßnahmen, die sich auf die Kindesvermögensverwaltung beziehen sind in § 37b ff. FaG geregelt. Bei der Schaffung der gesetzlichen Maßnahmen mit Bezug zur Vermögensverwaltung des Kindes war man offenkundig nicht sehr einfallsreich, dann das FaG kennt eigentlich nur eine konkrete Maßnahme, nämlich die Bestellung des Vermögensverwalters nach § 37b Abs. 1 FaG. Mit der Bestellung des Vermögensverwalters sind dann weitere Maßnahmen verknüpft. Erstens solche, welche die Eltern-Kind-Beziehung betreffen und zweitens derart konkrete Maßnahmen, mit welchen das Gericht den Handlungen des Vermögensverwalters gewisse Grenzen setzt und seine Tätigkeit kontrolliert (im Prinzip handelt es sich um gewisse Zusatzmaßnahmen).

Um die Vermögensverwaltung auf einen Vermögensverwalter übertragen zu können, wird das Gericht in der Regel zuerst die Verwaltung des Kindesvermögens durch die Eltern in demjenigen Bereich, der auf den Vermögensverwalter übertragen werden soll, nach § 44 Abs. 2 FaG begrenzen müssen[1016], denn ein kompletter Entzug der Vermögensverwaltung ist gesetzlich nicht vorgesehen, weil das Gesetz nur den Entzug der gesamten elterlichen Verantwortung regelt[1017], den Entzug der Vermögensverwaltung jedoch dagegen nicht vorsieht[1018].

Mit der Bestellung des Vermögensverwalters sind weitere Zusatzmaßnahmen verbunden. So kann das Gericht anordnen, welche Vermögensmasse vom Vermögensverwalter zu bewirtschaften ist, welche Rechtsgeschäfte er damit eingehen darf und dergleichen. Der Gesetzentwurf sieht außerdem vor, dass es dem Verwalter untersagt ist, mit dem Vermögen des Kindes ein „unangemessenes Risiko einzugehen"[1019]. Dies könnte speziell bei größeren Geldanlagen, Wertpa-

---

[1015] Komentář/Hrušáková, 4. Aufl. 2009, § 43 S. 162.
[1016] Rc 84/70, IC Aspi 1078 JUD.
[1017] § 44 Abs. 3 FaG.
[1018] Holub, 8. Aufl. 2007, § 37b S. 116.
[1019] § 890 NOZ.

pieren und bei Rechten des Kindes zum geistigen Eigentum eine wichtige Rolle spielen.

Der Vermögensverwalter ist bei der Wahrnehmung seiner Rechtsgeschäfte in besonderem Maße an die Vorgaben des Gerichts gebunden[1020]. Außerdem kann ihm durch das Gericht auferlegen, in regelmäßigen Abständen Rechnungen und weitere Informationen über den Verlauf seiner Vermögensverwaltung vorzulegen.

(c) Maßnahmen in Bezug auf die komplette elterliche Verantwortung

Die konkreten Maßnahmen, welche einen Bezug zur gesamten elterlichen Verantwortung haben, ergeben sich aus § 44 ff FaG. Sie stellen den schwersten Eingriff in die elterliche Verantwortung[1021] und damit auch in die Eltern-Kind-Beziehung dar. Deshalb dürfen diese Maßnahmen nur von einem Gericht getroffen werden.

Das Ergebnis, zu dem sie führen können, ist sehr unterschiedlich. Sie können nur zu einer Einschränkung aber auch zum kompletten Entzug der elterlichen Verantwortung führen. Entscheidend dafür ist das konkrete Maß der Gefährdung der Kindesinteressen.

Nun stellt sich die Frage, welche Maßnahmen das tschechische Familiengesetz in solchen Situationen vorsieht. Nach § 44 Abs. 1 bis 3 FaG kommt vor allem die Aussetzung, Einschränkung und letztlich auch der Entzug der elterlichen Verantwortung in Frage. Darüber hinaus kann das Gericht die Versorgung des Kindes einem Dritten i.S.v. § 45 Abs.1 FaG anvertrauen. Ferner kann es die Pflegschaft nach § 45a ff. FaG oder eine Anstalterziehung des Kindes i.S.v. § 46 FaG anordnen.

[1020] § 37b Abs. 3 und 4 FaG.
[1021] Nová, Právo a rodina 11/2008, 20.

(i) Aussetzung der elterlichen Verantwortung

Die Aussetzung der elterlichen Verantwortung ist in § 44 Abs. 1 FaG geregelt. Das Gesetz verlangt für diese Maßnahme zwei Voraussetzungen: zum einen das Interesse des Kindes und zum anderen, dass ein Elternteil an der Ausübung seiner elterlichen Verantwortung ernsthaft gehindert ist.

Aus dem Inhalt und der Wortwahl dieser Regelung („durch ernsthafte Umstände gehindert") kann man ableiten, dass die Aussetzung der elterlichen Verantwortung nicht als eine Sanktion einzustufen ist, die sich gegen den betroffenen Elternteil wenden soll. Diese Vorgehensweise ist vielmehr dann anzuwenden, wenn sich der Elternteil längere Zeit nicht um das Kind kümmern kann[1022], weil er z.B. längere Zeit im Ausland[1023] oder schwer krank ist[1024] oder weil er eine Freiheitsstrafe verbüßt[1025]. Den Fall, dass er sich freiwillig nicht um das Kind kümmert, kann man unter diese Regelung nicht eingliedern, denn das fehlende Interesse am Kind fällt nicht unter die Voraussetzung solch „ernsthafter Umstände".

(ii) Einschränkung der elterlichen Verantwortung

Anders als bei der Aussetzung der elterlichen Verantwortung, sind deren Einschränkung und der Entzug der elterlichen Verantwortung in gewisser Weise als Sanktion gegenüber den Eltern zu verstehen. Es ist letztlich eine Zwangsmaßnahme, da sie ihre Rechte und Pflichten nicht ordnungsgemäß wahrgenommen haben.

Die Einschränkung der elterlichen Verantwortung ist in § 44 Abs. 2 FaG geregelt. Als Voraussetzung nennt das Gesetz neben dem Interesse des Kindes vor allem die nicht ordnungsgemäße Wahrnehmung der elterlichen Verantwortung, denn eine nicht ordnungsgemäße Ausübung widerspricht in der Regel auch dem Interesse des Kindes. Die Einschränkung führt dazu, dass der betroffene Elternteil einige mit der elterlichen Verantwortung verbundene Rechte und Pflichten nicht ausüben kann, was unweigerlich dazu führt, dass sich die elterliche Ver-

---

[1022] Lužná, Právo a rodina 1/2008, 7.
[1023] Lužná, Právo a rodina 1/2008, 7.
[1024] Holub, 8. Aufl. 2007, § 44 S. 131.
[1025] Komentář/Hrušáková, 4. Aufl. 2009, § 44 S. 170.

antwortung auf den anderen Elternteil konzentriert. Zu einer solchen Verdichtung kommt es nur dann nicht, wenn sich die Einschränkung auf beide Elternteile bezieht. In diesem Fall wird das Gericht für das Kind einen Pfleger bestellen[1026], gegebenenfalls auch andere Maßnahmen treffen müssen[1027].

Bei der Einschränkung der elterlichen Sorge muss das Gericht konkret definieren, auf welches Kind bzw. auf welche Kinder sich die Einschränkung bezieht. Außerdem ist klarzustellen, welche Bereiche der elterlichen Verantwortung von der Einschränkung betroffen sind[1028]. Es kann sich z.b. nur um die Einschränkung der Vermögenssorge handeln[1029], weil die Eltern das Kindesvermögen nicht ordnungsgemäß verwaltet haben[1030]. Es kann sich aber auch um andere Bereiche handeln, wie z.b. die eingeschränkte Versorgung des Kindes oder dem Umgang mit ihm.

Die Einschränkung der Versorgung des Kindes[1031] und der Vermögensverwaltung[1032] zählen zu den häufigsten Beschränkungen der elterlichen Verantwortung. Diese gerichtliche Anordnung in aller Regel mit weiteren (zusätzlichen) Maßnahmen verbunden, welche neben der eingeschränkten elterlichen Verantwortung im juristischen Sinne auch für eine tatsächliche Einschränkung sorgen. Zu diesen zusätzlichen Maßnahmen zählt in erster Linie, dass die Versorgung des Kindes nach § 45 Abs.1 FaG einem Dritten oder einem Pfleger i.S.v. § 45a ff. FaG anvertraut wird oder dass vom Gericht nach § 46 FaG die weitere Erziehung in einer Anstalt angeordnet wird.

Nachdem das tschechische Recht nicht die Maßnahme „Ersetzung von Erklärungen bzw. Zustimmung der Eltern" vorsieht, sind solche Ersatzmaßnahmen seitens des Gerichts mit formalen Einschränkungen der elterlichen Verantwortung verbunden. Wenn also durch die Eltern eine Zustimmung, z.B. für eine bestimmte medizinische Behandlung, verweigert wird, kann und wird das Gericht die elterliche Verantwortung für diesen konkreten Anlass einschränken[1033] und

---

[1026] Komentář/Hrušáková, 4. Aufl. 2009, § 44 S. 170, 171.
[1027] Vgl. dazu Kapitel: Maßnahmen, die mit der Änderung der Versorgung des Kindes verbunden sind, S. 232.
[1028] § 44 Abs. 2 HS 2 FaG.
[1029] Rc 84/70, IC Aspi 1078 JUD.
[1030] Holub, 8. Aufl. 2007, § 44 S. 132; Nová, Právo a rodina 11/2008, 20.
[1031] Komentář/Hrušáková, 4. Aufl. 2009, § 44 S. 171.
[1032] Lužná, Právo a rodina 1/2008, 7.
[1033] Holub, 8. Aufl. 2007, § 44 S. 133.

die Zustimmung entweder selbst erteilen oder für das Kind gegebenenfalls nach § 37 Abs. 2 FaG einen Pfleger bestellen. Gerade bei medizinischer Behandlung geht es in der Regel um eine schnell zu treffende Entscheidung. In einem solchen Fall ist dann auch die spezielle einstweilige Verfügung gemäß § 76a o.s.ř. anwendbar[1034].

(iii) Entziehung der elterlichen Verantwortung

Die Entziehung der elterlichen Verantwortung stellt den schwerwiegendsten Eingriff in die elterliche Verantwortung und damit in die elterliche Autonomie dar und ist deshalb nur durch eine gerichtliche Entscheidung möglich[1035]. Die Grundlage dafür findet sich in § 44 Abs. 3 FaG.

Voraussetzungen für diese Sanktion sind nach dem Gesetz der Missbrauch der elterlichen Verantwortung oder deren Vernachlässigung in ernsthafter Weise[1036] (z.B. ein langfristiges Behalten des Kindes in einem Erziehungsheim)[1037]. Ein spezieller Grund hierfür wurde vom Gesetzgeber in § 44 Abs. 4 FaG verankert. So muss das Gericht bei einem Elternteil, der strafrechtliche Handlungen an bzw. mit seinem Kind (als Mittäter, Gehilfe oder Anstifter) begangen hat, immer darüber entscheiden, ob es diesem Elternteil – unabhängig von den damit verbundenen strafrechtlichen Konsequenzen - gleichzeitig auch die elterliche Verantwortung entzieht.

Aus den aufgeführten Grundlagen ist ersichtlich, dass die einzelnen Voraussetzungen vor allem darauf basieren, dass der betroffene Elternteil seine elterlichen Rechte und Pflichten nicht in vollem Umfang erfüllt, obwohl ihn daran nichts Ernsthaftes hindert[1038], wie es beispielsweise bei der Aussetzung der elterlichen Verantwortung der Fall wäre[1039]. Auch muss es sich um einen aktuellen nachweisbaren Missbrauch bzw. eine Vernachlässigung oder eine Straftat handeln und nicht um eine Handlung, die bereits vor vielen Jahren begangen worden

---

[1034] Vgl. Kapitel: Konkreter Inhalt der Versorgung der minderjährigen Kinder, S. 40.
[1035] Lužná, Právo a rodina 2/2008, 12.
[1036] § 44 Abs. 3 FaG.
[1037] NS, Soudní rozhodnutí, 1/2007 S. 37.
[1038] 30, Cdo 2873/2005; Rc 11/65, IC Aspi 239 JUD.
[1039] § 44 Abs. 1 FaG.

ist[1040] und die der andere Elternteil jetzt erst ans Tageslicht brachte, um die eigene Position zu stärken.

Den Missbrauch der elterlichen Verantwortung kann man zusammenfassend als Ausübung der elterlichen Verantwortung gegen das Interesse des Kindes und seiner Entwicklung definieren[1041].Um die Frage zu beurteilen, inwieweit der Missbrauch bzw. die Vernachlässigung der aus der elterlichen Verantwortung stammenden Rechte und Pflichten das Interesse des Kindes und seine Entwicklung gefährdet, muss an der Intensität solcher Handlungen näher beleuchtet werden. Die Intensität selbst wird man wohl danach beurteilen müssen, inwieweit der feststellbare Mangel die Entwicklungsstufe und die Entfaltung des Kindes in allen Bereichen (Körper, Gefühle, Verstand, Moral usw.) beeinträchtigt. Es wird in der Regel nicht reichen, wenn der betroffene Elternteil einmalig versagt (z.B. bei einer Feier zu viel Alkohol zu sich nimmt), es sei denn die Art und Weise wie auch die Intensität des Versagens sind völlig unakzeptabel (z.B. der Elternteil benutzt das Kind zur Prostitution oder dgl.).

Zu den häufigsten Ursachen, welche zum Entzug der elterlichen Verantwortung führen können, zählt neben der langjährigen Vernachlässigung und dem Desinteresse am Kind[1042] der unmoralischer Lebensstil der Eltern und die ständige Vernachlässigung der Unterhaltsleistung[1043]. Wichtig hierzu ist noch folgender Umstand: Die Tatsache, dass der betroffene Elternteil nicht mit dem Kind lebt und es auch nicht versorgt, bedeutet nicht, dass ihm die elterliche Verantwortung nicht entzogen werden kann, denn gerade jene Eltern, die sich jahrelang für das Kind nicht ernsthaft interessieren, sind wegen dieser Vernachlässigung sozusagen die besten Beispiele für den Entzug der elterlichen Verantwortung. Kommt es letztlich zum Entzug der elterlichen Verantwortung bei einem Elternteil, übt die elterliche Verantwortung nach § 34 Abs. 2 FaG automatisch der andere Elternteil alleine aus.

Nun stellt sich die Frage, ob Aussetzung, Einschränkung bzw. Entziehung der elterlichen Verantwortung aufgehoben werden können. Das Familiengesetz gibt darauf keine konkrete Antwort und auch der Gesetzentwurf beschäftigt sich nicht mit diesem Thema. In der Literatur findet sich die Meinung, dass diese

---

[1040] Rc 11/65, IC Aspi 239 JUD.
[1041] Holub, 8. Aufl. 2007, § 44 S. 133, 134; Lužná, Právo a rodina 2/2008, 12.
[1042] NS, Soudní rozhodnutí, 1/2007 S. 37.
[1043] SbSR 1976, R 41/1976.

Maßnahmen jederzeit aufgehoben werden können, und zwar vor allem dann, wenn die Voraussetzungen, die dazu führten, weggefallen sind[1044]. Bei der Aussetzung und Einschränkung der elterlichen Verantwortung ist diese Ansicht noch verständlich und auch vertretbar. Bei der Entziehung allerdings ist diese Auffassung nicht unproblematisch, denn dem Entzug der elterlichen Verantwortung folgt in einigen Fällen die Adoption des Kindes[1045]. In einem solchen Fall ist eine Aufhebung der Entziehung undenkbar.

Eine im deutschen Recht vergleichbare Diskussion, ob der Entzug der elterlichen Verantwortung auch zum Wegfall der Substanz führt, gibt es nicht. Sie würde jedoch zu einem anderen Ergebnis führen, denn das Gesetz kennt keine vergleichbare Regelung zu § 1696 BGB und sieht deshalb grundsätzlich nicht vor, eine gerichtliche Maßnahme zu einem späteren Zeitpunkt aufzuheben. Die erwähnte Ansicht, dass eine spätere Aufhebung des gerichtlichen Eingriffs (also der gerichtlichen Maßnahme) möglich ist, stößt auf die Problematik bei einer Adoption, die der Entziehung der elterlichen Verantwortung folgen kann[1046]. Kommt es zu einer rechtskräftigen Entscheidung über die Adoption, zu welcher das Gericht keine Zustimmung (bzw. Ersetzung der Einwilligung i.S.v. § 1748 BGB)[1047] jenes Elternteils braucht, dem die elterliche Verantwortung entzogen wurde[1048], kann die Entziehung der elterlichen Verantwortung nicht mehr aufgehoben werden. Zumindest in solchen Fällen ist die Entziehung der elterlichen Verantwortung auch als eine Entziehung der Substanz der elterlichen Verantwortung zu werten, denn zu diesem Zeitpunkt erlischt auch die verbliebene Pflicht der Eltern, den Unterhalt zu leisten[1049].

Der Gesetzentwurf bringt auf diesem Gebiet eine substantielle Änderung. In § 814 S 2 NOZ wird geregelt, dass dem betroffenen Elternteil nach der Entziehung der elterlichen Verantwortung das Recht auf einen persönlichen Umgang mit dem Kind nur dann bleibt, wenn das Gericht über die Beibehaltung dieses Rechts unter der Berücksichtigung des Kindesinteresses entschieden hat. In § 789 NOZ wird außerdem zusätzlich geregelt, dass im Falle der Entziehung der

---

[1044] Komentář/Hrušáková, 4. Aufl. 2009, § 44 S. 172; Nová, Právo a rodina 11/2008, 22.

[1045] Holub, 8. Aufl. 2007, § 44 S. 135.

[1046] Komentář/Hrušáková, 4. Aufl. 2009, § 44 S. 172; Lužná, Právo a rodina 2/2008, 12.

[1047] MünchKomm/Olzen 2010, § 1666 Rn. 15.

[1048] Holub, 8. Aufl. 2007, § 44 S. 135.

[1049] § 44. Abs. 5 FaG; Komentář/Hrušáková, 4. Aufl. 2009, § 63 S. 301 ff.

elterlichen Verantwortung das Gericht zu entscheiden hat, ob dem betroffenen Elternteil die komplette elterliche Verantwortung (inklusive des Zustimmungsrechts zur Annahme des Kindes) oder ob ihm nur bestimmte Teile der elterlichen Verantwortung entzogen werden. Die komplette Entziehung der elterlichen Verantwortung ist dann offensichtlich als Entziehung der elterlichen Verantwortung in ihrer Substanz zu verstehen, die Teilentziehung hingegen nur als eine Begrenzung der elterlichen Verantwortung.

(iv) Maßnahmen, die mit der Änderung der Versorgung des Kindes verbunden sind

Wie schon erwähnt wurde, gibt es noch weitere Maßnahmen, welche mit der Änderung der Versorgung des Kindes verbunden sind. Hierzu zählen jene Fälle, in denen die Versorgung des Kindes nach § 45 Abs.1 FaG einem Dritten oder einem Pfleger (§ 45a ff. FaG) anvertraut oder die Erziehung des Kindes in einer Anstalt (§ 46 FaG) angeordnet wird. Diese Anordnungen bringen gleichzeitig eine faktische Einschränkung der elterlichen Verantwortung mit sich, denn die Eltern werden dadurch gehindert, sich um die Versorgung des Kindes zu kümmern. Eine separate Entscheidung des Gerichts über die Einschränkung der elterlichen Verantwortung ist deshalb nicht zwingend erforderlich[1050].

Die gerichtlichen Beschlüsse stellen eine Alternative zur familiären Versorgung des Kindes dar. Ihre gesetzliche Anordnung am Ende der Kapitel „Erziehungsmaßnahem" und damit hinter die „Entziehung der elterlichen Verantwortung" zeigt, dass es sich bei diesen Maßnahmen um eine weitere Steigerung des staatlichen Eingriffs in die Eltern-Kind-Beziehung handelt. Das Ziel bleibt jedoch gleich: Es geht immer um das Kindeswohl[1051]. Deshalb ist es wichtig, noch einmal zu betonen, dass gerade bei solch schwerwiegenden Eingriffen die Stimme des Kindes gehört und unter Berücksichtigung seines Alters und seiner Reife auch entsprechend berücksichtigt wird[1052].

[1050] Holub, 8. Aufl. 2007, § 45 S. 139.

[1051] Komentář/Hrušáková, 4. Aufl. 2009, § 45 S. 177.

[1052] § 31 Abs. 3 i.V.m. § 47 Abs. 2 FaG und Art. 12 des Übereinkommens über die Rechte des Kindes (BGBl. II S. 990 ff.).

Sollte die Versorgung des Kindes nach § 45 Abs. 1 S 1 FaG einem Dritten anvertraut werden müssen, so muss dieser nicht nur damit einverstanden sondern die ordentliche Erziehung des ihm anvertrauten Kindes auch sichergestellt sein[1053]. Bei der Suche nach einer geeigneten Person soll das Gericht bei den Verwandten des Kindes beginnen (z.B. Großeltern, Tante und Onkel, volljährige Geschwister) und diese auch vorrangig berücksichtigen[1054]. Alle bisherigen Erfahrungen zeigen, dass Vertrauen und Nähe zwischen dem betroffenen Kind und einem Verwandten zumeist einfacher und schneller aufgebaut werden können als zu einer völlig fremden Person, zumal die betroffenen Kinder oftmals bereits eine förderliche Beziehung zu dem in Betracht genommenen Verwandten besitzen[1055].

Das Kind kann i.S.v. § 45 Abs. 2 FaG auch einem Ehepaar anvertraut werden, denn durch einen solchen Beschluss kann dem Kind ein familiäres Umfeld geschaffen werden. In derartigen Fällen erhalten beide Ehepartner das Recht aber auch die Pflicht, das ihnen anvertraute Kind ordnungsgemäß zu versorgen. Dieses Recht steht im Falle einer Scheidung weiterhin beiden Partnern zu[1056]. Stirbt ein Ehepartner, so bleibt das Kind in der Versorgung des überlebenden Ehepartners[1057].

Für den Fall, dass das Gericht beschließt, das Kind nur einem Ehepartner anzuvertrauen, ist nach § 45 Abs. 3 FaG die Zustimmung des anderen Ehepartners erforderlich. Das Gesetz sieht zwei Fallgestaltungen vor, in welchen diese Zustimmung nicht erforderlich ist. Die erste Konstellation bildet die fehlende bzw. beschränkte Geschäftsfähigkeit des zustimmungsberechtigten Ehepartners, die zweite tritt ein, wenn die Einholung der Zustimmung mit einem nur schwer überwindbaren Hindernis verbunden ist[1058]. Das Gesetz selbst gibt in keiner Weise einen Hinweis darauf, was mit einem „schwer überwindbaren Hindernis" gemeint ist. Die Literatur besagt, dass man unter dieser Formulierung ohnehin nur solche Fälle einordnen könne, bei denen beispielsweise der Wohnsitz eines El-

---

[1053] Lužná, Právo a rodina 2/2008, 13.
[1054] § 45 Abs. 1 S 2 FaG.
[1055] Komentář/Hrušáková, 4. Aufl. 2009, § 45 S. 178.
[1056] § 45 Abs. 2 S 3 FaG.
[1057] § 45 Abs. 2 S 2 FaG.
[1058] Die korrekte Übersetzung des § 45 Abs. 3 S 2 FaG lautet: Diese Zustimmung ist nicht erforderlich, wenn der andere Elternteil die Geschäftsfähigkeit verlor oder wenn die Einholung der Zustimmung mit einem schwer überwindbarem Hindernis verbunden ist.

ternteils unbekannt ist oder sich dieser sich seit langer Zeit aus dem Ausland nicht gemeldet hat[1059].

α) Pflegschaft

Der Institut der Pflegschaft ist in den §§ 45a bis 45d FaG geregelt. Sinn und Zweck dieses Begriffs ist es, denjenigen Kindern, dessen Interessen und deren Versorgung aus irgendeinem Grund gefährdet sind, die Möglichkeit zu eröffnen, in einem familiären Umfeld versorgt zu werden, ohne dass dadurch die Beziehungen zu den Eltern und anderen Verwandten unterbrochen werden müssen[1060], wie es beispielsweise bei der Adoption der Fall ist. Die Eltern bleiben weiterhin im Besitz der elterlichen Verantwortung, üben bestimmte Teile davon weiterhin aus[1061], sind weiter verpflichtet für das Kind Unterhalt zu leisten und können normalerweise auch regelmäßigen Kontakt zum Kind haben[1062]. Daraus ergibt sich zwangsläufig, dass die faktische Einschränkung ihrer Rechte und Pflichten nur für jenen Teil gilt, welcher auf die mit der Pflegschaft betrauten Personen übertragen wurde. Aus dem FaG ist ersichtlich, dass es sich bei den übertragenen Teilen i.d.R. um die tägliche Versorgung des Kindes handelt[1063], es sei denn, das Gericht überträgt im Rahmen der Pflegschaft noch weitere Teile der elterlichen Verantwortung auf die Pfleger.

Die einzelnen gesetzlichen Voraussetzungen der Pflegschaft (z.B. das Einverständnis mit der Übernahme der Pflegschaft, die Zustimmung des Ehepartners zur Übernahme der Pflegschaft, die Sicherstellung der ordentlichen Erziehung des Kindes im Rahmen der Pflegschaft) sind mit zudem mit jenen Voraussetzungen identisch, welche dann gelten, wenn die Versorgung des Kindes durch einen Dritten vom Gericht angeordnet worden ist[1064].

[1059] Komentář/Hrušáková, 4. Aufl. 2009, § 45 S. 180.
[1060] Nová, Právo a rodina 11/2008, 23.
[1061] § 45c Abs. 2 S 3 FaG.
[1062] Holub, 8. Aufl. 2007, §§ 45a ff. S. 145 ff.
[1063] § 45c Abs. 2 S 2 FaG.
[1064] §§ 45a bis 45d FaG; Vgl. dazu auch Kapitel: Maßnahmen, die mit der Änderung der Versorgung des Kindes verbunden sind, S. 232.

β) Anordnung der Anstalterziehung

Für den Fall der „ernsthaften" Gefährdung oder Störung der Erziehung des Kindes kann das Gericht nach § 46 FaG dessen Erziehung in einer Anstalt anordnen[1065].

Sowohl aus der gesetzlichen Anordnung dieser Maßnahme, als auch aus dem Wortlaut von § 46 FaG ist eindeutig ersichtlich, dass eine derart einschneidende Maßnahme nur in absoluten Ausnahmefällen angeordnet werden sollte. Dies ergibt sich aus den Worten „ soweit frühere Maßnahmen nicht zur Besserung führten" als auch aus der gesetzlichen Vorgabe „das Gericht ist verpflichtet zu prüfen, ob die Erziehung des Kindes nicht durch die Pflege in einer Ersatzfamilie oder...". Im Vergleich zu den bislang angesprochenen gesetzlichen Möglichkeiten kommt hier ein weit strengerer Maßstab an Vorgaben zum tragen. So reicht beispielsweise die „bloße Gefährdung" der Kindesinteressen nicht mehr aus. Es muss sich viel mehr um eine „ernsthafte" Gefährdung oder Störung handeln. Dazu zählt beispielsweise wenn die Eltern den Alkohol- oder Drogenkonsum des Kindes einfach tolerieren, ferner Spielsucht, Prostitution[1066]. Außerdem ist das Gericht gehalten, primär zunächst zu milderen Maßnahmen zu greifen, außer es handelt sich um Situationen, wo ein sofortiger gerichtlicher Eingriff erforderlich ist, weil das Kind beispielsweise ohne jegliche Versorgung und zum Zeitpunkt der gerichtlichen Entscheidung dem Gericht keine geeignete Person bekannt ist, welche diese übernehmen könnte oder in Aussicht genommene Person mit der Übernahme der Versorgung nicht einverstanden ist. Findet das Gericht jedoch zu einem späteren Zeitpunkt eine geeignete und auch willige Person oder entfallen die Gründe, welche zur Anordnung der Anstalterziehung führten, ist die Anstalterziehung aufzuheben[1067].

Der in dieser Arbeit bereits mehrmals zitierte Gesetzentwurf rechnet mit einer Verschärfung der Voraussetzungen für die Anordnung der Anstalterziehung[1068]. Somit darf die Einweisung in eine Erziehungsanstalt, welche angeordnet wurde, weil die Eltern aus ernsthaften Gründen die Versorgung des Kindes nicht wahrnehmen konnten, in Zukunft die Dauer von sechs Monaten nicht überschrei-

---

[1065] § 46 Abs. 1 S 1 FaG
[1066] Komentář/Hrušáková, 4. Aufl. 2009, § 46 S. 216.
[1067] § 46 Abs. 2 S 2 FaG.
[1068] § 912 ff. NOZ.

ten[1069]. Wenn die Erziehung in einer Anstalt aus anderen Gründen angeordnet wurde, muss das Gericht spätestens nach ebenfalls sechs Monaten überprüfen, ob die Gründe, welche zur Anordnung dieser Maßnahe führten, weiterhin Bestand haben können. Während dieser Überprüfung muss sich das Gericht Stellungnahmen vom Kind, vom Organ für den sozialrechtlichen Schutz und von den Eltern verschaffen, welche dann als Grundlage für die gerichtliche Entscheidung über die Dauer der Maßnahme dienen sollen[1070].

3. Zusammenfassung der Unterschiede der beiden Rechtssysteme

Wie aus den hervorgehenden Kapiteln ersichtlich ist, gibt es zwischen den miteinander verglichenen Rechtssystemen im Bereich der Änderung der elterlichen Sorge bzw. Verantwortung einige Unterschiede. Diese sind sowohl im Bereicht der beantragten Änderung der bisherigen Ausgestaltung der elterlichen Sorge als auch bei Änderungen, die aufgrund der Kindeswohlgefährdung getroffen werden können.

a) Antrag auf Änderung der elterlichen Sorge bzw. Verantwortung

Das deutsche Recht sieht die Möglichkeit vor (§§ 1671, 1672 BGB), dass Eltern, die getrennt leben, einen Antrag auf Änderung der elterlichen Sorge stellen können. Als Voraussetzung dafür gilt das „Getrenntleben der Eltern"[1071]. Eine entsprechende Regelung kennt das tschechische Familienrecht nicht. Die einzige Regelung, welche sich mit dem „Getrenntleben" der Eltern beschäftigt, besagt, dass für den Fall, dass sich die Eltern nicht über die Ausgestaltung der elterlichen Verantwortung einigen können (eine stillschweigende Einigung würde genügen), das Gericht zu entscheiden hat, wem das Kind zur Versorgung anver-

---

[1069] § 912 Abs. 3 NOZ.
[1070] § 913 Abs. 1 NOZ.
[1071] §§ 1671, 1672 BGB.

traut wird[1072]. Auch der Gesetzentwurf bringt auf diesem Gebiet keine Änderung, denn dieser hat lediglicht die angesprochene Regelung übernommen[1073]. Setzt man sich näher mit § 50 Abs. 1 FaG auseinander, kann man einen weiteren wichtigen Unterschied entdecken. Das FaG spricht von einer Entscheidung über die „Versorgung des Kindes", nicht aber von Entscheidung über die „Änderung der elterlichen Sorge". Diese obliegt grundsätzlich beiden Eltern, unabhängig davon, bei welchem Elternteil sich das Kind aufhält[1074]. Kommt es also dank der gerichtlichen Entscheidung zu einer Änderung, wird diese i.d.R. nur die Versorgung des Kindes betreffen, denn für eine Änderung der gesamten elterlichen Verantwortung müsste das Kindeswohl gefährdet sein.

Das tschechische Recht sieht jedoch eine Möglichkeit vor (wenn man die Kindeswohlmaßnahmen bei Seite lässt), wie eine Änderung der elterlichen Verantwortung (i.d.R. also die Versorgung des Kindes) auf Antrag, bzw. von Amts wegen[1075] erreicht werden kann. Sie ist in § 28 FaG zu finden. Danach kann die Ausgestaltung der elterlichen Verantwortung geändert werden, wenn es zur „Änderung der bisherigen Verhältnissen" gekommen ist. Mit den Anträgen nach §§ 1671 und 1672 BGB ist diese Möglichkeit jedoch nicht vergleichbar.

Mit Blick auf die unterschiedliche Grundkonzeption bei der Inhaberschaft der elterlichen Sorge und der elterlichen Verantwortung kann man aber auch nicht sagen, dass es sich beim tschechischen Recht um eine Gesetzeslücke handelt. Man könnte jedoch überlegen, ob eine gesetzliche Verankerung des Antrags auf Änderung der Versorgung des Kindes (mit oder ohne Zustimmung des anderen Elternteils) sinnvoll bzw. dienlich wäre. Nachdem beide Eltern Inhaber der elterlichen Verantwortung sind und der tschechische Staat eine Politik des minimalen Eingriffs in die elterliche Autonomie verfolgt, steht den Eltern kein Hindernis im Weg, eine Änderung der bisherigen Ausübung untereinander zu vereinbaren. Dazu benötigen sie keine gerichtliche Entscheidung, denn sie sind beide Inhaber der elterlichen Verantwortung (außer sie wurde bei einem Elternteil ausgesetzt, eingeschränkt oder entzogen). Bei Beibehaltung der Linie, dass beide Eltern unabhängig von der Ausgangslage (verheiratet, geschieden, getrennt lebend usw.) wäre eine Regelung, welche einen Antrag auf Änderung der Ausges-

---

[1072] § 50 Abs. 1 FaG.
[1073] § 849 NOZ.
[1074] § 34 Abs. 1 FaG.
[1075] § 28 FaG.

taltung der elterlichen Verantwortung mit Zustimmung des andern Elternteils vorsieht, eher überflüssig.

Auch bei Eltern, die sich über eine Änderung der elterlichen Verantwortung nicht einigen können und bei jenem Elternteil, bei dem das Kind nicht lebt und das eine Änderung der bisherigen Ausgestaltung erreichen will, wäre eine gesetzliche Verankerung eines Antrags auf Änderung der Ausgestaltung eher überflüssig. In solchen Fällen kann das Gericht i.S.v. § 50 Abs. 1 FaG i.V.m. § 28 FaG eine Änderungsentscheidung treffen. Maßgeblich ist, ob es zur Änderung der Verhältnisse gekommen ist, aber auch, ob eine solche Änderung dem Kindeswohl (unter der Berücksichtigung des Kontinuitätsgrundsatzes der Erziehung und anderer Kriterien) entsprechen würde. Die bloße Unzufriedenheit des Elternteils, bei dem das Kind nicht lebt, wird i.d.R. den Kontinuitätsgrundsatz bzw. die Kriterien des Kindeswohls, welche das Gericht zu der früheren Entscheidung bewegt haben (falls bereits eine solche vorliegen sollte), nicht übertreffen können.

Andererseits kann man nicht sagen, dass Anträge auf Änderung der elterlichen Sorge nach §§ 1671 und 1672 BGB bei Berücksichtigung der Tatsache, dass das deutsche Recht nicht die unterschiedliche Ausgangspositionen der Eltern (verheiratet, unverheiratet, geschieden usw.) wahrnimmt, als solche überflüssig wären. Allenfalls käme hier die Regelung in § 1672 Abs. 2 BGB in Frage[1076]. Ansonsten sind sie dienlich und erfüllen ihren Zweck.

b) Kindeswohlmaßnahmen

Auch bei den Kindeswohlmaßnahmen und den damit verbundenen Folgen findet man deutliche Unterschiede. Schon bei der Wahl des Begriffs, gehen die beiden Rechtsordnungen auseinander. Das deutsche Recht benutzt den Begriff „Kindeswohl" und das tschechische Recht den Begriff „Interesse des Kindes". Das Ziel der einzelnen Maßnahmen in beiden Ländern bleibt jedoch gleich: Man will die Gefährdung des Kindeswohls bzw. der Kindesinteressen vermeiden und mögliche Störungen beseitigen.

[1076] Vgl. Kapitel: Antrag bei getrennt lebenden Eltern bei bisheriger Sorge der Mutter, S. 200.

Grundsätzlich kann man sagen, dass beide Rechtsordnungen einzelne Maßnahmen in drei verschiedenen Bereichen der elterlichen Sorge bzw. Verantwortung vorsehen: solche im Bereich der Vermögenssorge (Verwaltung des Kindesvermögens), ferner solche im Bereich der Personensorge (Versorgung des Kindes) und letztlich auch solche für die gesamte elterliche Sorge bzw. Verantwortung. Im Gegensatz zum deutschen Recht[1077] fehlt im tschechischen Gesetz eine Regelung, welche Maßnahmen gegen einen Dritten vorsieht.

Obwohl bei den einzelnen Maßnahmen unterschiedliche Voraussetzungen erforderlich sind, was wohl zumindest teilweise auch mit der unterschiedlichen Palette der einzelnen Maßnahmen zusammenhängt, kann man sagen, dass die Grundvoraussetzungen identisch sind. Dazu gehören vor allem die missbräuchliche Ausübung oder die Vernachlässigung der elterlichen Sorge bzw. Verantwortung.

Nach tschechischem Recht können einige gesetzlich verankerte Maßnahmen, welche einen minder schweren Eingriff in die Eltern-Kind-Beziehung darstellen (also die Ermahnung, die Anordnung der Aufsicht und das Auferlegen von konkreten Einschränkungen für das Kind)[1078], nicht nur vom Gericht sondern auch vom Organ des sozialrechtlichen Schutzes getroffen werden. Eine entsprechende Regelung findet man weder im BGB noch in KJHG[1079]. Andererseits wird in § 42 KJHG die „Inobhutnahme" geregelt, welche ebenfalls als Kindeswohlmaßnahme zu betrachten ist. Eine dementsprechende gesetzliche Vorgabe kennt wieder das tschechische Recht nicht.

Auch bei jenen Maßnahmen, welche sich auf die komplette elterliche Sorge bzw. Verantwortung beziehen, gehen die beiden Rechtssysteme teilweise auseinander. Das tschechische Recht regelt vor allem nicht, ob und unter welchen Umständen die getroffenen Maßnahmen aufgehoben werden können, was speziell bei einer Einschränkung oder Entziehung der elterlichen Verantwortung wichtig wäre.

Auch eine Unterbringung der Kinder in einer Pflegerfamilie (Pflegschaft) wird in beiden Ländern wahrgenommen. Im tschechischen Recht fehlt aber das gesetzliche Äquivalent zur „Ersetzung von Erklärung des Sorgerechtsinhabers"[1080], im deutschen dagegen fehlen vor allem gleichwertige Regelungen, wenn es dar-

---

[1077] § 1666 Abs. 4 BGB.
[1078] § 43 Abs. 1 BGB.
[1079] BGBl I S. 1163.
[1080] § 1666 Abs. 3 Nr. 5 BGB.

um geht, das Kind einem Dritten anzuvertrauen oder das Kind in eine Erziehungsanstalt (§ 46 FaG) einzuweisen, denn diese ist nicht identisch mit der Heimerziehung i.S.v. § 34 SGBVIII[1081]. Gerade die zwei zuletzt angesprochenen Maßnahmen des tschechischen Familiengesetzes gelten als schwere Eingriffe, die deshalb nur als letzte Maßnahmen unter besonderen Voraussetzungen zu treffen sind.

Der Gesetzentwurf bringt auf dem Gebiet der einzelnen Maßnahmen und den Voraussetzungen hierzu (außer der bereits angesprochenen Verschärfung bei den Voraussetzungen für die Anordnung einer Anstaltserziehung[1082]) keine weiteren beachtenswerten Änderungen.

H. Ende der elterlichen Sorge bzw. elterlichen Verantwortung

Das Ende der elterlichen Sorge, bzw. der Verantwortung kann in zwei Gruppen unterteilt werden. Die erste Gruppe bezieht sich zur Person des Kindes, die zweite zur Person der Eltern.

1. Ende der elterlichen Sorge aus Gründen, die in der Person des Kindes liegen

Typisch kindbezogen ist das Erreichen der Volljährigkeit des Kindes, das stets zum Ende der elterlichen Sorge bzw. Verantwortung führt. Das ergibt sich unmittelbar aus den hier miteinander verglichenen Rechtsnormen (§§ 1626 Abs. 1 S 1 BGB und 31 Abs. 1. FaG), da beide Rechtsordnungen eindeutig geregelt haben, dass die elterliche Sorge, bzw. Verantwortung nur minderjährige Kinder betrifft. Das heißt, die elterliche Sorge bzw. Verantwortung endet grundsätzlich um null Uhr am achtzehnten Geburtstag des Kindes[1083]. Anders als in Deutsch-

---

[1081] SGB VIII, BGBl. I S. 3022.
[1082] Vgl. Kapitel: Anordnung der Anstalterziehung, S. 235.
[1083] § 2 BGB und § 8 OZ.

land gibt es in der Tschechischen Republik aber eine Ausnahme von dieser Regel. Dieser Sonderfall stellt die sog. „vorzeitige Volljährigkeit" (und somit die volle Geschäftsfähigkeit.) dar, welche durch eine Eheschließung einer natürlichen Person erreicht werden kann, die das 16. Lebensjahr vollendet hat[1084]. Die „vorzeitige Volljährigkeit" führt zum Ende der elterlichen Verantwortung, der Eintritt der Volljährigkeit beendet die Minderjährigkeit, die in § 31 Abs. 1 FaG als gesetzliche Voraussetzung für die elterliche Verantwortung festgelegt ist.

Eine „vorzeitige Volljährigkeit" ist in § 2 BGB nicht vorgesehen. Eine gewisse Erweiterung der Rechte und natürlich auch Pflichten des Minderjährigen, im Falle einer Eheschließung nach Vollendung seines 16. Lebensjahr[1085], verbindet auch das deutsche Recht. So führt z.b. die Eheschließung eines Minderjährigen gemäß § 1633 BGB zur Begrenzung der elterlichen Sorge auf den Bereich der Vertretung in persönlichen Angelegenheiten[1086]. Dies ist jedoch der „vorzeitigen Volljährigkeit" im tschechischen Recht nicht gleichzustellen.

Auch der Tod des Kindes führt zum Ende der elterlichen Sorge bzw. Verantwortung und zwar sowohl in Deutschland als auch in der Tschechischen Republik. Doch die Feststellung, dass die elterliche Sorge bzw. Verantwortung im Zeitpunkt des Todes des Kindes endet, gilt nicht ausnahmslos, denn die Eltern (bzw. eine andere Person, welche die elterlichen Sorge bzw. Verantwortung anstelle der Eltern inne hatte) behalten auch unmittelbar nach dem Tod des Kindes noch die vorläufige Ausübung der so genannten Vermögenssorge. Das heißt, dass diese Sorgerechtsinhaber geschäftsführungs- und vertretungsbefugt für Geschäfte sind, die nicht ohne Gefahr aufgeschoben werden können, bis der Erbe- bzw. Nachlassverwalter Fürsorge treffen kann[1087].

Ein letzter Grund zur Beendigung der elterliche Sorge, bzw. Verantwortung, welcher mit der Person des Kindes zusammenhängt, ist die Adoption[1088]. Durch diese endet die elterliche Sorge[1089] bzw. Verantwortung[1090] der leiblichen Eltern.

[1084] Vgl. Kapiteln: Vertretung von minderjährigen Kindern (Vertretung in persönlichen Angelegenheiten), S. 43 und Früherer Erwerb der vollen Geschäftsfähigkeit, S. 140.
[1085] § 1303 Abs. 2 BGB.
[1086] Gernhuber/Coester-Waltjen 2010, § 57, Rn. 11-14.
[1087] Staudinger/Peschel-Gutzeit 2007, § 1626 Rn. 38.
[1088] Schlüter, 13. Aufl. 2009, Rn. 397; § 72 Abs. 1 S 1 FaG.
[1089] § 1755 Abs. 1 BGB.
[1090] § 72 Abs. 1 S 1 FaG lautet: Durch die Annahme an Kindes Statt erlöschen die gegenseitigen Rechte und Pflichten zwischen dem Angenommenen und seiner ursprünglichen Familie.

2. Ende der elterlichen Sorge aus Gründen, die in der Person der Eltern liegen

Neben den Kindbezogenen Gründen, die zum Ende des Sorgerechts bzw. der elterliche Verantwortung führen, gibt einige weitere Beendigungsgründe, die mit der Person der Eltern zusammenhängen. Die folgenden Ausführungen gelten nicht nur für Eltern sondern auch für solche Personen, welche die elterlichen Sorge bzw. Verantwortung anstelle der Eltern innehatten.

a) Tod eines Elternteils

(1) Deutschland

In erster Linie trifft dies beim Tod eines Elternteils zu bzw. wenn dieser für tot erklärt wird. Es versteht sich von selbst und bedarf keiner weiteren Erläuterung, dass ein Elternteil nach seinem Tod seine elterliche Rechte und Pflichten nicht mehr ausüben kann. Es ergeben sich in einem solchen Fall aber zwei wichtige Fragen: Wer bekommt die Rechte und Pflichten übertragen und können elterliche Rechte und Pflichten so wie andere Rechte und Berechtigungen vererbt werden. Es wurde bereits bei der Besprechung der elterlichen Sorge ausgeführt, dass das Sorgerecht bzw. die elterliche Verantwortung nicht vererbbar ist, deshalb ist die zweite Fragestellung zwangsläufig zu verneinen[1091].

In Deutschland wird diese Situation durch die §§ 1680, 1681 BGB geregelt. Ausschlaggebend dabei ist, ob die elterliche Sorge vor dem Tod eines Elternteils beiden Eltern gemeinsam zustand oder nur einem Elternteil. Im ersten Fall steht die elterliche Sorge kraft Gesetzes nur dem überlebenden Elternteil zu[1092]. Stand die elterliche Sorge gemäß §§ 1671 oder 1672 Abs. 1 BGB aber nur einem Elternteil zu, dann bekommt der andere Elternteil das Sorgerecht nicht automatisch zugesprochen. Vielmehr hat das Familiengericht zu prüfen, ob eine Übertragung der elterlichen Sorge auf den überlebenden Elternteil überhaupt möglich ist. Kriterium dabei ist neben anderen Voraussetzungen (dazu zählt auch der Wille des Elternteils) das Kindeswohl. Eine Übertragung des Sorgerechts auf

---

[1091] Vgl. Kapitel: Höchstpersönliches Recht, S. 16.
[1092] § 1680 Abs. 1 BGB.

den überlebenden Elternteil darf laut § 1680 Abs. 2 S 1 BGB diesem nicht widersprechen (gemeint ist damit eine so genannte negative Kindeswohlprüfung oder auch Negativkontrolle[1093]). Im Prinzip bedeutet dies eine deutliche Besserstellung des überlebenden Elternteils gegenüber einem eventuell in Frage kommenden Vormund. Steht das Kindeswohl der Alleinsorge des überlebenden Elternteils entgegen, kommt es zur Bestellung eines Vormunds[1094]. Als Vormund kommen z.b. der Stiefvater, der Lebensgefährte der verstorbenen Mutter (falls sie einen hatte)[1095] oder auch die älteren Geschwister des Kindes in Frage[1096].

Einen besonderen Fall stellt das alleinige Sorgerecht der Mutter nach § 1626a Abs. 2 BGB dar. Hatte die Mutter das Sorgerecht alleine und stirbt sie, dann muss vom Gericht noch intensiver geprüft werden, ob es möglich ist, das Sorgerecht dem anderen Elternteil zu übertragen. Das deutsche Gesetz legt hier richtigerweise einen noch höheren Maßstab an. Das Familiengericht muss prüfen, ob eine Übertragung auf den überlebenden Vater dem Kindeswohl dient[1097], es reicht nicht, dass es dem Kindeswohl nicht widerspricht (was auch als positive Kindeswohlprüfung bezeichnet wird)[1098]. Der Vater hat in diesem Fall keine automatische Vorrangstellung mehr[1099]. Die Entscheidung des Bundesverfassungsgerichts vom 8. 12. 2005[1100] weist dem Vater jedoch eine Vorrangstellung bei einer Sorgerechtsübertragung vor Dritten zu, wenn er zuvor über einen längeren Zeitraum die elterliche Sorge für das Kind tatsächlich wahrgenommen hat. Durch diese Tatsache ist laut BVerfG das Kriterium („wenn dies dem Wohl des Kindes dient") für die Übertragung des Sorgerechts auf den Kindesvater erfüllt, unabhängig davon, ob es für das Kind im konkreten Fall die beste Lösung ist[1101].

[1093] Jaeger, FPR 2007, 101.
[1094] § 1773 Abs.1 BGB.
[1095] BayObLG, NJWE-FER 1998, 269.
[1096] BayObLG, FamRZ 2000, 972.
[1097] § 1680 Abs. 2 S 2 BGB.
[1098] Palandt/Diederichsen 2010, § 1680 Rn. 5.
[1099] AG Leverkusen, FamRZ 2004, 1127.
[1100] BVerfG - 1BvR 364/05 vom 8.12.2005 (BVerfG, NJW 2006, 1723).
[1101] BVerfG - 1BvR 364/05 vom 8.12.2005 (BVerfG, NJW 2006, 1723).

(2) Tschechische Republik

Die Auswirkung beim Tod eines Elternteils auf die elterliche Verantwortung wird in der Tschechischen Republik in § 34 Abs. 2 FaG geregelt[1102]. Dieser Regelung zufolge obliegt für den Fall des Todes eines Elternteils die elterliche Verantwortung dem anderen Elternteil. Dies hängt mit der mehrmals angeführten Regelung zusammen, dass die elterliche Verantwortung grundsätzlich beiden Eltern zusteht, egal ob sie bei der Geburt des Kindes miteinander verheiratet waren oder nicht[1103].

Der Inhalt der zitierten Regelung (§ 34 Abs. 2 S 1 FaG) bringt eine gewisse Unklarheit mit sich, denn es wird nicht unterschieden, ob die elterliche Verantwortung vor dem Tod eines Elternteils beiden Eltern zustand oder nur einem Elternteil. Die angesprochene Unbestimmtheit ist auf § 44 Abs. 3 FaG zurückzuführen, denn dieser sieht die Möglichkeit vor, einem Elternteil seine elterliche Verantwortung zu entziehen, und zwar dann, wenn der Elternteil seine elterliche Verantwortung missbraucht oder vernachlässigt hat[1104] bzw. wenn er eine Straftat gegenüber seinem Kind begangen oder sein minderjähriges Kind zu einer Straftat missbraucht hat[1105]. Zum Schutze des Kindes entzieht das Gesetz in solchen Fällen die elterliche Verantwortung einem Elternteil und bündelt sie beim anderen Elternteil. Stirbt aber der alleinige Inhaber der elterlichen Verantwortung, obliegt die elterliche Verantwortung nach § 34 Abs. 2 FaG dem überlebenden Elternteil, dem sie zu einem früheren Zeitpunkt entzogen wurde (möglicherweise erst vor kurzem). Es kann aber nicht Sinn und Zweck eines Gesetzes sein, einerseits einem Elternteil die elterliche Verantwortung zunächst zu entziehen, diese, beim Tod des anderen Elternteils, dem aber wieder „schenken" zu wollen. Insoweit zeigt sich das Gesetz nicht konsequent und enthält somit eine Lücke. Konsequent wären die Regelungen nur dann, wenn die Entziehung der elterlichen Verantwortung i.S.v. § 44 Abs. 2 FaG als Ende der elterlichen Verantwortung gesetzlich deklariert wurde[1106], denn dann wäre die Entziehung das endgültige Ende der elterlichen Verantwortung. Jedwede Überlegungen, ob die

---

[1102] § 34 Abs. 2 S 1 FaG lautet: Lebt ein Elternteil nicht mehr, ist er unbekannt oder nicht voll geschäftsfähig, obliegt die die elterliche Verantwortung dem anderem Elternteil.
[1103] § 34 Abs. 1 FaG: „ Die elterliche Verantwortung obliegt beiden Eltern".
[1104] § 44 Abs. 3 FaG.
[1105] § 44 Abs. 4 FaG.
[1106] Vgl. Kapitel: Entziehung der elterlichen Sorge bzw. Verantwortung, S. 245 ff.

elterliche Verantwortung in solchen Fällen dem bisher nicht sorgeberechtigten Elternteil obliegt, wären damit überflüssig. Dies ist jedoch nicht der Fall. Auch der Gesetzentwurf sieht für dieses Problem keine klare Regelung vor. Sogar die einschlägige Literatur übergeht dieses Thema[1107] mit der Aussage, dass solche Situationen in der Praxis i.d.R. mittels einer einstweiligen Verfügung, bei der dem Kind ein Pfleger bestellt wird, gelöst werden können[1108]. Erst im darauf folgenden Verfahren werde sich zeigen, wer letztlich die elterlichen Verantwortung übernimmt.

b) Entziehung der elterlichen Sorge bzw. Verantwortung

Ein weiterer möglicher Weg, der zum Ende der elterlichen Sorge bzw. Verantwortung führt, ist der Entzug der kompletten elterlichen Sorge bzw. Verantwortung.

Wie bereits an einer früheren Stelle angesprochen, wird die Entziehung der elterlichen Sorge in Deutschland unterschiedlich gewertet. Zum Teil als Entzug der Substanz, zum anderen als Entzug der Ausübung der elterlichen Sorge[1109]. Würde man die Ansicht vertreten, dass es bei der Entziehung i.S.v. § 1666 Abs. 3 Nr. 6 BGB nur um substanzielle Entziehung der elterlichen Sorge geht, würde dies das Ende der elterlichen Sorge bedeuten. Vertritt man jedoch mit Blick auf § 1696 Abs. 2 BGB die Ansicht, dass es sich dabei um die Entziehung der Ausübung der elterlichen Sorge und damit nicht der Substanz als solcher geht, ist die Entziehung der elterlichen Sorge i.S.v. § 1666 Abs. 3 Nr. 6 BGB nur als Beschränkung bzw. als rechtliche Hinderung an der Ausübung der elterlichen Sorge zu werten und nicht als das Ende der elterlichen Sorge. Es spricht vieles dafür, dass dies die richtigere Variante ist, denn sonst würde die Aufhebung der Maßnahme i.S.v. § 1696 Abs. 2 BGB einen Neubeginn bzw. Neuerteilung der elterlichen Sorge darstellen.

In der Tschechischen Republik sieht in solchen Fällen die Situation etwas anders aus, denn das Gesetz kennt keine vergleichbare Regelung zum § 1696 BGB und

---

[1107] Holub, 8. Aufl. 2007, § 34 S. 101 ff.; Komentář/Hrušáková, 4. Aufl. 2009, § 34 S. 129 ff.

[1108] Komentář/Hrušáková, 4. Aufl. 2009, § 34 S. 130.

[1109] Vgl. dazu Kapiteln: Fehlverhalten des Sorgeberechtigten Elternteils gegenüber dem Kind, S. 130 und Maßnahmen im Bezug auf die komplette elterliche Sorge, S. 217.

sieht deshalb grundsätzlich nicht vor, die Entziehung der elterlichen Verantwortung zu einem späteren Zeitpunkt aufzuheben. Nach der Entziehung der elterlichen Verantwortung wird diese entweder dem anderen Elternteil anvertraut oder aber, wenn dies nicht möglich ist, dem Kind vom Gericht ein Pfleger bestellt bzw. das Gericht entscheidet über die Adoption des Kindes und somit über das Ende der elterlichen Verantwortung[1110].

c) Übertragung der elterlichen Sorge stellt kein Ende der elterlichen Sorge dar

Als weitere theoretische Variante der Beendigung von elterlicher Sorge in Deutschland kommt die Übertragung der elterlichen Sorge i.S.v. §§ 1671 Abs. 1 BGB und 1672 Abs. 1 BGB in Betracht, denn eine solche Übertragung kann zur Alleinsorge eines Elternteils führen. Für den nichtsorgeberechtigten Elternteil endet dabei aber nicht die elterliche Sorge, denn ihm bleiben das Umgangsrecht und ein Recht auf Auskunft i.S.v. §§ 1684 und 1686 BGB[1111] erhalten. Die Übertragung i.S.v. § 1672 Abs. 1 BGB kann außerdem nur vorübergehend angeordnet werden und zu einem späteren Zeitpunkt als „Vorstufe" zur gemeinsamen Sorge führen[1112]. Deshalb stellt in Deutschland die Übertragung der elterlichen Sorge i.S.v. §§ 1671 Abs. 1 BGB und 1672 Abs. 1 BGB kein Ende der elterlichen Sorge dar.

Nachdem das tschechische Recht keine entsprechenden Regelungen beinhaltet[1113], erübrigt sich die Überlegung, ob eine Übertragung der elterlichen Verantwortung mit deren Ende verbunden ist.

3. Zusammenfassung der Unterschiede

Wie am Anfang dieses Kapitels über das Ende der elterlichen Sorge bzw. Verantwortung angeführt wurde, muss unterschieden werden, ob die Gründe, die

---

[1110] Vgl. Kapitel: Entziehung der elterlichen Verantwortung, S. 229.
[1111] Palandt/Diederichsen 2010, § 1671 Rn. 3.
[1112] § 1672 Abs. 2 BGB.
[1113] Vgl. Kapitel: Tschechische Republik, S. 206 ff.

zum Ende der elterlichen Sorge bzw. Verantwortung führen, beim Kind oder in der Person der Eltern liegen.

Was die Gründe betrifft, die in der Person des Kindes liegen (Erreichung der Volljährigkeit und der Tod des Kindes), kann man nur einen einzigen Unterschied zwischen den miteinander verglichenen Rechtsordnungen feststellen, nämlich den der so genannten „vorzeitigen Volljährigkeit", welche das tschechische Recht mit der Eheschließung einer natürlichen Person verbindet, die das 16. Lebensjahr vollendet hat[1114], denn die „vorzeitige Volljährigkeit" verleiht der noch nicht 18 Jahre alten Person den gleichen zivilrechtlichen Status wie einer volljähriger Person.

Was die elternbezogene Gründe betrifft, die zum Ende der elterlichen Sorge bzw. Verantwortung führen, sind zwei Gründe zu nennen, nämlich der Tod eines Elternteils und die Entziehung der elterlichen Sorge bzw. Verantwortung.

Das deutsche Recht unterscheidet beim Tod eines Elternteils, ob die elterliche Sorge vor dem Tod beiden Eltern zustand oder nur dem verstorbenen Elternteil[1115]. Wenn dies der Fall ist, so steht sie nun automatisch dem überlebenden Elternteil zu. Falls sie nur dem verstorbenen Elternteil zustand, ist zu prüfen, ob eine Übertragung der elterlichen Sorge auf den überlebenden Elternteil dem Kindeswohl dient[1116], bzw. dem Kindeswohl nicht widerspricht[1117]. In der Tschechischen Republik geht beim Tod eines Elternteils die elterliche Verantwortung automatisch auf den überlebenden Elternteil über[1118]. Ob die elterliche Verantwortung vor dem Tod eines Elternteils beiden Eltern zustand oder nicht, wird gesetzlich nicht getrennt. Somit schafft das Gesetz auch keine Klarheit darüber, ob die elterliche Verantwortung an den überlebenden Elternteil automatisch übergeht, wenn sie ihm zu einem früheren Zeitpunkt entzogen wurde[1119]. Dies ist gesetzgeberisch nicht konsequent. Auch der Gesetzentwurf übernimmt in § 820 Abs. 1 NOZ diese Inkonsequenz. Um Klarheit zu schaffen, sollte sie de lege ferenda beseitigt werden.

[1114] Vgl. Kapitel: Ende der elterlichen Sorge aus Gründen, die in der Person des Kindes liegen, S. 240.
[1115] Vgl. Kapitel: Deutschland, S. 242.
[1116] § 1680 Abs. 2 S 2 BGB.
[1117] § 1680 Abs. 2 S 1 BGB.
[1118] 34 Abs. 2 FaG.
[1119] Vgl. Kapitel: Tschechische Republik, S. 244.

Einen Unterschied zwischen den miteinander verglichenen Rechtsordnungen findet man letztendlich auch bei der Entziehung der elterlichen Sorge bzw. Verantwortung. In Deutschland ist die Entziehung der elterlichen Sorge eher als Beschränkung bzw. eine rechtliche Hinderung der Ausübung der elterlichen Sorge zu verstehen, in der Tschechischen Republik eher als Entziehung der elterlichen Verantwortung in ihrer Substanz, denn in einigen Fällen folgt der Entziehung eine Adoption, die das endgültige Ende der elterlichen Verantwortung nach sich zieht[1120].

[1120] Vgl. Kapitel: Entziehung der elterlichen Sorge bzw. Verantwortung, S. 245.

III. Umgangsrecht

A. Begriff

Den Begriff „Umgang" (tschechisch „styk") findet man sowohl im deutschen Recht[1121] als auch im tschechischen Recht[1122]. Obwohl man den tschechischen Begriff „styk" auch als „Kontakt" übersetzen könnte[1123], erscheint „Umgang" als die zutreffendere Übersetzungsvariante, weil auch im Familiengesetz der Begriff „styk" benutzt wird und nicht „Kontakt", obwohl die tschechische Sprache den Begriff „kontakt" mit der gleicher Bedeutung wie in Deutschland im Wortschatz hat (das Wort wird nur mit dem Minuskel „k" am Anfang geschrieben). Die Übersetzung soll deshalb möglichst originalgetreu erfolgen. Außerdem wählte man im Gesetzgebungsverfahren den Begriff „styk" anstelle von „kontakt" sehr bewusst, denn der Begriff „styk – Umgang" ist breiter zu verstehen als Kontakt. Benutzt man den Begriff „Umgang" als Übersetzungsvariante, kann man sagen, dass die Begriffswahl in beiden Ländern keinen Unterschied aufweist.

Der Begriff „Umgang" steht in beiden Rechtssystemen für den Kontakt und Besuch zwischen einem bestimmten minderjährigen Kind und dem Elternteil bzw. anderen Bezugspersonen, in deren Obhut[1124] (Deutschland) bzw. Versorgung[1125] (Tschechische Republik) sich das Kind aus den unterschiedlichsten Gründen befindet[1126].

[1121] §§ 1626 Abs. 3, 1684 und 1685 BGB.
[1122] § 27 FaG und § 810 Abs. 2 und §§ 829 ff. NOZ.
[1123] Die Übersetzung benutzt für den Begriff „styk", den Begriff „Kontakt", was zwar richtig ist, aber man kann genau so den Begriff „Umgang" benutzen.
[1124] PWW/Ziegler 2010, § 1684 Rn. 10.
[1125] Komentář/Hrušáková, 4. Aufl. 2009, § 27 S. 105.
[1126] Art. 4 und 5 Übereinkommen des Übereinkommens über die Rechte des Kindes aus dem Jahr 1989.

B. Grundsätze und Rechtsnatur

Nachdem die miteinander verglichenen Rechtssysteme bei der Begriffswahl „Umgang" keinen Unterschied aufweisen, stellt sich nun die Frage, inwieweit auch die Grundsätze und die Rechtsnatur des „Umgangs" identisch oder ob da Unterschiede zu finden sind.

1. Deutschland

a) Grundsatz und Normenzweck

In Deutschland wird der allgemeine Grundsatz des Umgangs in § 1626 Abs. 3 BGB zum Ausdruck gebracht. Diese Regelung wurde durch das KindRG neu eingefügt und besagt, dass der Umgang des Kindes mit den Eltern und anderen wichtigen Bezugspersonen in der Regel seinem Wohl dient[1127]. Wenn man dazu noch die Aussage des § 1684 Abs. 1 HS 1 BGB hinzunimmt, ergibt sich, dass der Umgang in Deutschland primär als Recht des Kindes verstanden wird[1128] und erst sekundär als Pflichtrecht der Eltern[1129]. Er muss also in erster Linie dem Kind dienlich sein und nicht den Vorstellungen und Ansprüchen der Eltern dienen[1130].

Die Formulierung des Umgangs des Kindes mit anderen Bezugspersonen i.S.v. § 1685 BGB ist zwar etwas anders konzipiert, denn sie verankert nicht ausdrücklich, dass der Umgang des Kindes mit anderen Bezugspersonen primär das Recht des Kindes ist (wie es in § 1684 Abs. 1 HS 1 BGB der Fall ist). Aus den Worten „...wenn dieser dem Wohl des Kindes dient" ist jedoch ersichtlich, dass das Kind und dessen Wohl der oberste Maßstab bei der Beurteilung der Sachlage sind und nicht die Wünsche und Anforderungen der Bezugspersonen.

Der primäre Sinn und Zweck der Umgangsregelungen ist es, dem Kontakt- und Liebesbedürfnis des Kindes Rechnung zu tragen, ihm die für seine Sozialisation

---

[1127] Röchling, FPR 2008, 483; Schwab, 17. Aufl. 2009, Rn. 761; Altrogge 2007, S. 20; Kostka, FPR 2005, 94.
[1128] Rauscher, 2008 Rn. 1096.
[1129] § 1684 Abs. 1 HS 2 BGB.
[1130] Staudinger/Peschel-Gutzeit 2007, § 1626 Rn. 124.

so wichtige Indentifikationsmöglichkeit mit beiden Eltern zu eröffnen[1131] und bei einer Trennung oder Scheidung der Eltern ein gewisses Fortbestehen der persönlichen Verbindungen[1132] und Beziehungen[1133] zwischen dem Kind und dem Elternteil bzw. anderen Bezugspersonen zu gewährleisten, da die sonst üblichen Kontakte zu dem Kind bei einer Trennung bzw. Scheidung in vielen Fällen nicht mehr im gewohnten Umfang fortbestehen dürften. Um den Kontakt nicht komplett abzubrechen zu lassen, soll anhand des Umgangsrechts gewährleistet werden, dass sich Kind und Berechtigte(r) am besten in regelmäßigen Abständen sehen und sprechen können[1134]. Der regelmäßige Kontakt kann neben dem persönlichen Zusammentreffen auch eine Verbindung per Telefon, Brief, SMS oder Email bedeuten[1135]. Somit kann der Berechtigte die Beziehung zu seinem Kind pflegen, aufrechterhalten und ihm seine Liebe und Zuwendung zeigen. Außerdem kann er sich von der laufenden Entwicklung und dem Wohlergehen des Kindes persönlich überzeugen[1136]. Auch eine denkbare Entfremdung soll damit verhindert werden[1137].

Der beschriebene primäre Zweck der Umgangsregelungen hat einen wichtigen Hintergrund, welcher nicht immer im entsprechenden Umfang dargestellt wird. Es gibt einige Fälle, bei denen keine Rede von einer Verbindung bzw. Beziehung zwischen dem Kind und dem oder den Umgangsberechtigten sein kann, da eine solche Verbindung bzw. Beziehung nie aufgebaut wurde. Prozentual werden diese Fälle zwar eine Minderheit bilden, es ist jedoch wichtig, gerade solche Fälle, die nicht im Rampenlicht stehen, auch anzusprechen. In diesen Fällen bekommt der Sinn und Zweck der Umgangsregelungen eine andere Bedeutung, denn man kann in solchen Fällen nicht von einem Fortbestand bzw. einer Pflege der bisherigen Beziehungen und Bindungen sprechen, sondern höchstens von einer möglichen Kontaktaufnahme bzw. einer Herstellung einer Beziehung zwischen dem Kind und seinem Elternteil.

Was die weiteren Bedeutungen der Umgangsregelungen angeht, findet man in der Literatur eine interessante Diskussion darüber, ob das Umgangsrecht auch

---

[1131] Gernhuber/Coester-Waltjen 2010, § 66, Rn. 4.
[1132] MünchKomm/Finger 2008, § 1684 Rn. 1.
[1133] Staudinger/Rauscher 2006, § 1684 Rn. 30.
[1134] OLG Brandenburg, FamRZ 2002, 414.
[1135] BT-Drucks 1348, 104 ff.
[1136] Erman/Michalski 2008, § 1684 Rn. 6.
[1137] Sarres, FPR 2008, 131; BGH, NJW 1969, 422.

der Erziehung des Kindes dient oder nicht. Die h.M. vertritt die Ansicht, dass das Umgangsrecht nicht der Erziehung des Kindes dient[1138], denn dies stehe als selbständiges Pflichtrecht neben dem Sorgerecht und sei deshalb davon abzugrenzen. Die Gegenmeinung vertritt die Auffassung, dass der Umgang im gewissen Maße auch mit der Erziehung des Kindes zusammenhängt, denn, obwohl die einzelnen Pflichtrechte voneinander juristisch-technisch zu trennen sind, überlagern sie sich in gewisser Weise, weil der Aufenthalt eines Kindes im Rahmen des Umgangsrechts bei dem nicht sorgeberechtigten oder mitsorgeberechtigten Elternteil oder auch bei anderen Bezugspersonen nicht ohne einen gewissen erzieherischen Einfluss (Mitprägungsrecht) möglich ist[1139]. Somit bringt der Umgang eine gewisse Beschränkung der Befugnisse der sorgeberechtigten Person[1140] und eine faktische Miterziehung[1141] mit sich, welche jedoch nicht weiter gehen darf als unbedingt nötig[1142].

Auf jeden Fall darf der Umgang der einzelnen Umgangsberechtigten und speziell des anderen Elternteils weder der Nachspionierung noch der Überwachung der Person dienen, bei der das Kind lebt (in der Regel des anderen Elternteils)[1143].

b) Rechtsnatur

Wie schon angedeutet wurde, ist der Umgang aus zwei verschiedenen Sichtfeldern zu betrachten. Deshalb muss auch die Rechtsnatur des Umgangs als ein Recht des Kindes, aber auch als ein Pflichtrecht der Eltern wahrgenommen werden[1144]. Für das Kind ist der Umgang nur als Recht und nicht als Pflicht einzustufen[1145]. Somit korrespondiert das Recht des einzelnen Elternteils auf Umgang mit seinem Kind mit keiner Pflicht des Kindes auf einen Umgang mit seinem

---

[1138] Bamberger/Veit 2008, § 1684 Rn. 6; Palandt/Diederichsen 2010, § 1684 Rn. 3.
[1139] Staudinger/Rauscher 2006, § 1684 Rn. 41; PWW/Ziegler 2010, § 1684 Rn. 6.
[1140] Erman/Michalski 2008, § 1684 Rn. 6.
[1141] PWW/Ziegler 2010, § 1684 Rn. 6 und 7.
[1142] OLG Brandenburg, FamRZ 2003, 111.
[1143] Palandt/Diederichsen 2010, § 1684 Rn. 3.
[1144] BVerfG, FamRZ 2008, 845 ff.; Vgl. auch Kapitel: Grundsatz und Normenzweck, S. 250; Rauscher, FamRZ 1998, 332.
[1145] § 1684 Abs. 1 HS 1 BGB; Altrogge 2007, S. 17.

Elternteil[1146]. Diese Teilaussagen leiten eine wichtige Kernaussage ein, nämlich, dass ein Umgangsrecht eines Elternteils bzw. einer anderen Bezugsperson nicht gegen den nachvollziehbaren, konstanten und eigenständigen (frei von Beeinflussung gebildeten) Willen des Kindes durchgesetzt werden kann[1147]. Eine Durchführung des Umgangs gegen den frei gebildeten Willen des Kindes würde einen Eingriff in die verfassungsrechtlich geschützte Entfaltung der Persönlichkeit[1148] wie auch eine Beeinträchtigung des Kindeswohls darstellen[1149].

Somit gelangt man zur Verfassungsebene dieser Thematik. Die Rechtsnatur des Umgangs kann man aus dem Grundsatz des Schutzes und der Achtung des Familienlebens, wie auch aus dem natürlichen Elternrecht[1150] herleiten. Dies führt gleichzeitig dazu, dass die einzeln erwähnten subjektiven Rechte (also das Recht des Kindes und das Pflichtrecht der Eltern) die Position der verfassungsrechtlich geschützten Rechte erreichen[1151].

Die einzelnen Umgangsrechte (Recht des Kindes und Pflichtrecht der Eltern bzw. Rechte der anderen Bezugspersonen) sind absolute[1152] und subjektive Rechte[1153], die nur höchstpersönlich ausgeübt werden können[1154] und deshalb unübertragbar sind[1155]. Eine Übertragung ist nicht einmal zwischen einzelnen Verwandten möglich[1156].

Das Pflichtrecht der Eltern zum Umgang mit ihrem Kind ist außerdem unverzichtbar[1157]. Eine mögliche Verzichtserklärung nach § 134 BGB ist deshalb als nichtig zu betrachten[1158]. Die Abgabe einer solchen Erklärung kann trotz ihrer Nichtigkeit jedoch als ein gewisses tatsächliches Indiz für eine gerichtliche Entscheidung (falls diese notwendig wird) herangezogen werden[1159]. Nicht nur

---

[1146] Staudinger/Rauscher 2006, § 1684 Rn. 45.
[1147] OLG Hamburg, FamRZ 2008, 1372; OLG Celle, FamRZ 2008, 1369.
[1148] Art. 2 Abs. 1 GG.
[1149] OLG Bamberg, FamRZ 1994, 1276; OLG Thüringen, FamRZ 1996, 359 ff.
[1150] Art. 6 Abs. 2 GG; vgl. dazu auch Art. 8 und 14 EMRK.
[1151] BVerfG, FamRZ 1983, 872.
[1152] Erman/Michalski 2008, § 1684 Rn. 5.
[1153] Staudinger/Rauscher 2006, § 1684 Rn. 43; Bamberger/Veit 2008, § 1684 Rn. 3 und 4.
[1154] Palandt/Diederichsen 2010, § 1684 Rn. 3; Erman/Michalski 2008, § 1684 Rn. 5.
[1155] PWW/Ziegler 2010, § 1684 Rn. 16.
[1156] Erman/Michalski 2008, § 1684 Rn. 5.
[1157] PWW/Ziegler 2010, § 1684 Rn. 17; Löhnig 2001, Rn. 126; Motzer, FPR 2007, 278.
[1158] Palandt/Diederichsen 2010, § 1684 Rn. 4.
[1159] MünchKomm/Finger 2008, § 1684 Rn. 13.

nichtig, sondern auch sittenwidrig[1160] sind Erklärungen auf den Verzicht des Umgangs, die auf einer Freistellung von der Unterhaltspflicht basieren, denn sie „kommerzialisieren das Umgangsrecht", indem sie es zum Gegenstand eines Handels machen[1161]. Andererseits sind aber Verzichte auf die Wahrnehmung des Umgangsrechts vonseiten der Eltern denkbar, wenn ein solcher Verzicht dem Kindeswohl dienlich ist[1162]. Bei Verzichtserklärungen bzw. anderen Vereinbarungen, welche eine Gegenleistung verlangen, wird dies in der Regel nicht der Fall sein[1163]. Als denkbares Beispiel für einen kindeswohldienlichen und i.d.R. nur vorübergehenden Verzicht auf den Umgang kommt die Situation in Frage, bei der ein Elternteil das Umgangsrecht für gewisse Zeit nicht wahrnimmt, um dem Kind heftige Auseinandersetzungen zu ersparen[1164].

Die Frage der Unverzichtbarkeit des Umgangsrechts muss jedoch auch aus der Sicht des Kindes betrachtet werden. Aus Sicht des Kindes schaut die Sachlage nämlich etwas komplizierter aus. Bei einem Kind, welches seinen Willen eigenständig bilden kann, gibt es keine Grundlage für ein Umgangsrecht der Eltern gegenüber dem, den Umgang ablehnenden, Kind[1165]. Ist eine solche Umgangsablehnung des Kindes mit einem eigenständigen Willen konstant, rechtfertigt dies sogar einen Umgangsauschluss i.S.v. § 1684 Abs. 4 BGB[1166]. Obwohl man die Ablehnung einem Verzicht nicht gleichstellen kann, bleibt die Wirkung doch gleich. Nachdem die Ablehnung einer Siebenjährigen zum Umgangsauschluss führen kann[1167], fragt man sich, warum z.B. ein vierzehnjähriges Kind, beim dem man i.d.R. davon ausgehen darf, dass es seinen Willen eigenständig bilden kann und auch die daraus resultierenden Konsequenzen versteht, nicht auf sein Recht verzichten darf, Umgang mit einem Elternteil zu haben.

[1160] Erman/Michalski 2008, § 1684 Rn. 5.
[1161] PWW/Ziegler 2010, § 1684 Rn. 17.
[1162] OLG Frankfurt, FamRZ 1986, 596 ff.; BGH, FamRZ 1984, 778, 779.
[1163] Staudinger/Rauscher 2006, § 1684 Rn. 48.
[1164] MünchKomm/Finger 2008, § 1684 Rn. 13.
[1165] OLG Hamburg, FamRZ 2008, 1372.
[1166] OLG Celle, FamRZ 2008, 1369.
[1167] OLG Celle, FamRZ 2008, 1369.

2. Tschechische Republik

a) Grundsatz und Normenzweck

In geltender Fassung des FaG findet man keine allgemein gültigen Grundsätze über den Begriff Umgang und dessen Zweck. Wenn man das Familiengesetz chronologisch durchforstet, ist der Umgang zum ersten Mal in § 27 Abs. 1 FaG erwähnt. Diese Regelung besagt, dass eine Vereinbarung über den Umgang (Kontakt)[1168] der Eltern mit dem Kind nicht der gerichtlichen Genehmigung bedarf. Daraus ergibt sich nicht eindeutig, ob der Umgang der Eltern mit ihrem Kind am Kindeswohl orientiert sein muss, bzw. wem er grundsätzlich dienen soll. Wenn man zur Auslegung dieser Regelung die sog. sprachliche Auslegung heranziehen würde, könnte man den Eindruck gewinnen, dass der Umgang für die Eltern geschaffen wurde und nicht primär dem Kind dienen muss, wie es aus Art. 9 Abs. 3 Übereinkommen[1169] ersichtlich ist. Dass er primär dem Kind zu dienen hat, kann man nur indirekt aus der Regelung des § 27 Abs. 3 FaG ableiten, welche besagt, dass das Gericht im Interesse des Kindes den Umgang zwischen dem Kind und seinem Elternteil verbieten kann, denn § 27 Abs. 2 FaG gibt vor, dass das Gericht den Umgang zwischen einem Kind und seinen Eltern nur dann regelt, wenn die Erziehung und die familiären Verhältnisse dies erfordern. Eine eindeutigere Formulierung des Gesetzes darüber, wem der Umgang primär zu dienen hat, wäre an dieser Stelle besonders wünschenswert.

Was den Umgang des Kindes mit anderen Bezugspersonen angeht, ist das tschechische Familiengesetz etwas deutlicher. In § 27 Abs. 4 FaG ist nämlich eindeutig geregelt, dass der Umgang mit den Großeltern und Geschwistern geregelt sein kann, wenn dies das Interesse des Kindes und die familiären Verhältnisse erfordern. An dieser Stelle wird also ganz deutlich gemacht, dass das Kindesinteresse der primäre Zweck des Umgangs ist.

Aus den zitierten Regelungen des § 27 FaG ergibt sich, dass es Sinn und Zweck dieser Vorgaben ist, im Falle einer Scheidung bzw. Trennung (inkl. Eltern, die nie verheiratet waren) den regelmäßigen Umgang zwischen dem Kind und sei-

---

[1168] Vgl. Fn. 1123.
[1169] BGBl. II S. 990 ff;
http://www.bmfsfj.de/Kategorien/Publikationen/Publikationen,did=3836.html

nen Eltern, Großeltern bzw. Geschwistern beizubehalten[1170]. Dieser kann erstens durch den persönlichen Kontakt gewährleistet werden, bei dem sich die Berechtigten und das Kind sehen und somit die beste Gelegenheit haben, sich ein eigenes Bild über die physische und persönliche Entwicklung des Kindes zu machen. Sie können auf diesem Weg dem Kind auch ihre Liebe und Gefühle zu ihm am einfachsten zeigen. Der Umgang kann weiterhin durch diverse Möglichkeiten der Verständigung und Kontaktaufnahme gewährleistet werden. Wie in Deutschland zählen dazu Telefon, Briefe und Postkarten ebenso wie SMS, MMS, Emails, Chats als moderne Kommunikationsmöglichkeiten[1171]. Im engsten Sinne kann der Umgang auch durch eine bloße Lieferung von Informationen[1172] durch jene Person, die das Kind versorgt, an die umgangsberechtigte Bezugsperson des Kindes wahrgenommen werden[1173].

Aus der Gesamtkonzeption des § 27 FaG ergibt sich noch ein anderer Aspekt, der an dieser Stelle anzusprechen ist. Aus der Rangordnung des § 27 FaG ist erkennbar, dass der Staat eine Vereinbarung der Eltern über die Ausgestaltung des Umgangs einfordern will, indem er ihnen eine maximal hinnehmbare Freiheit bei der Abfassung der Vereinbarung gibt (§ 27 Abs. 1 FaG), denn sie bedarf nicht einer gerichtlichen Genehmigung. Durch diese Autonomie gewinnen die Eltern die Möglichkeit, den Umgang unter Berücksichtigung ihrer Möglichkeiten für alle Beteiligte optimal zu gestalten.

Die im deutschen Teil angesprochene Diskussion, ob der Umgang auch der elterlichen Erziehung dienen soll, findet in der Tschechischen Republik statt, denn, wie schon mehrmals erwähnt wurde, sind grundsätzlich beide Eltern Träger der elterlichen Verantwortung. Somit sind beide erziehungsberechtigt. Ein regelmäßiger Umgang sichert in dieser Hinsicht die Möglichkeit, vom Erziehungsrecht Gebrauch zu machen, obwohl die Erziehungsmöglichkeit faktisch auf die Zeit des Umgangs beschränkt ist[1174].

[1170] Kovářová, Právo a rodina 3/2006, 1.
[1171] Macháčková, Právo a rodina 3/2003, 12, 13; Komentář/Hrušáková, 4. Aufl. 2009, § 27 S. 106.
[1172] Novotná, Právo a rodina 4/2003, 16.
[1173] Komentář/Hrušáková, 4. Aufl. 2009, § 27 S. 106.
[1174] Holub, 8. Aufl. 2007, § 27 S. 78.

b) Rechtsnatur

Auch in der Tschechischen Republik muss der Umgang aus zwei verschiedenen Blickwinkeln betrachtet werden. Zum einen geht es um das Recht des Kindes, zum anderen um das Recht der Eltern.

Im Gegensatz zur deutschen Gesetzgebung ist der Umgang aus Sicht der Eltern lediglich als Recht und nicht als Pflichtrecht einzustufen[1175]. Es ist das Recht eines Elternteils, Kontakt mit seinem Kind zu haben, aber keine Pflicht, die gesetzlich oder anderweitig vorgesehen ist. Man ist der Meinung, dass eine solche Pflicht gegen den Willen eines Elternteils nicht dem Kindeswohl dienen könnte, denn ein erzwungener Kontakt, zu dem von Seiten eines Elternteils kein Interesse besteht, ist in aller Regel nur eine Qual für alle Beteiligten.

Dies soll sich aber nach Verabschiedung und Inkrafttreten des Gesetzentwurfes ändern, denn dieser sieht den Umgang aus der Sicht der Eltern als ein Pflichtrecht[1176]. Aus der Sicht des Kindes wird im Gesetzentwurf weiterhin nur von einem Recht und nicht von einem Pflichtrecht gesprochen[1177]. Inwieweit dies der Schritt in die richtige Richtung ist und inwieweit man vor allem von einem Elternteil den Umgang mit dem betroffenen Kind erzwingen kann, wird erst die Zukunft zeigen.

Die einzelnen Umgangsrechte (das Recht des Kindes, das Recht der Eltern bzw. der Großeltern und Geschwister) sind absolute, subjektive und höchstpersönliche Rechte, welche nur den im Gesetz genannten Personen zustehen und deshalb unübertragbar sind. Dies wird zwar im Familiengesetz nicht explizit gesagt, ist jedoch aus der teleologischen Auslegung und der Wortwahl in § 27 Abs. 1 FaG „Umgang der Eltern mit dem Kind" ersichtlich.

Nun stellt sich die Frage, ob die Rechtsträger (Kind, Eltern, Großeltern und Geschwister) auf den Umgang verzichten können oder ob dieser unverzichtbar ist. Der Umgang ist gesetzlich nicht als eine ausdrückliche Pflicht vorgesehen. Aus dieser Sicht wäre ein Verzicht denkbar. Dagegen spricht die Wahrnehmung des Umgangs als Reziprozitätsrecht[1178]. Das heißt, der Verzicht auf Umgang von einer Seite (z.B. eines Elternteils) steht gegen das Recht auf Umgang von der

---

[1175] Komentář/Hrušáková, 4. Aufl. 2009, § 27 S. 105.
[1176] § 829 NOZ lautet: „Die Ausübung der Pflicht und des Rechts der Eltern einen Umgang mit dem Kind zu pflegen können die Eltern nicht einer dritten Person überlassen".
[1177] § 830 NOZ.
[1178] Komentář/Hrušáková, 4. Aufl. 2009, § 27 S. 105.

anderen Seite (z.B. des Kindes). Somit wäre das Umgangsrecht faktisch unverzichtbar.

Es gilt daher, sich mit der Reziprozität und der daraus resultierenden Problematik zu beschäftigen. Indirekt befasste sich damit auch das tschechische Verfassungsgericht. Obwohl man in seinen Entscheidungen keine direkte Antwort darauf bekommt, ob das Umgangsrecht verzichtbar ist, findet man in den einzelnen Entscheidungen brauchbare Hinweise zu einer Lösung der angesprochenen Problematik. In einer der Begründungen spricht das Gericht im Zusammenhang mit dem Umgang von einem weiteren Wertungsaspekt, dem der Proportionalität[1179]. Danach stehen sich die einzelnen Umgangsrechte nicht nur gegenüber, sondern können unter Umständen gleichrangig verstanden werden. Aus einer weiteren Entscheidung, bei der das Verfassungsgericht die Wünsche und Ansichten eines minderjährigen Kindes zum Umgang mit seinen Eltern behandelt, ergibt sich, dass bei den gerichtlichen Entscheidungen über den Umgang vor allem der Wille des Kindes zu respektieren ist[1180]. Wenn es darauf ankommt, stehen deshalb das Recht des Kindes und sein Wille etwas höher als das korrespondierende Recht der Eltern. Anhand dieser Argumentation kann man zum Ergebnis kommen, dass der Wille eines Kindes zu respektieren ist, soweit es auf den Kontakt mit einem Elternteil bzw. den Großeltern oder Geschwistern verzichten will, immer vorausgesetzt, dass es der Entwicklungsstand des Kindes ermöglicht, eine eigene Meinung zu bilden. Somit eröffnet sich nun eine Möglichkeit, wie ein Kind unter Umständen auf den Umgang mit seinen Eltern verzichten könnte.

Anders ist es beim Verzicht auf Umgang mit dem Kind vonseiten eines Elternteils, denn ein solcher Verzicht, welcher dem Willen bzw. den Interessen des Kindes wohl kaum entsprechen dürfte, kann unter Umständen vom Kindeswillen überrollt werden. Somit eröffnet sich ein theoretischer Weg für eine gerichtliche Entscheidung, die zur Anordnung des Umgangs gegen den Willen eines Elternteils führen könnte. Man darf dabei jedoch nicht vergessen, dass das geltende Recht den Umgang aus der Sicht der Eltern nur als ein Recht und nicht als eine Verpflichtung einstuft[1181]. Auf jeden Fall haben die angesprochenen Entschei-

---

[1179] III. ÚS 125/1998 in N 105/12 SbNU 87.
[1180] I. ÚS 315/2003 in U 36/33 SbNU 559.
[1181] Vgl. Kapitel: Rechtsnatur, S. 257.

dungen des tschechischen Verfassungsgerichts den Gesetzgeber genötigt, den Umgang nach Verabschiedung und Inkrafttreten des Gesetzentwurfs als ein Pflichtrecht einzustufen[1182].

Es bleibt jedoch fraglich, inwieweit die Einstufung des Umgangs als ein Pflichtrecht für die Eltern überhaupt im Interesse des Kindes sein kann, denn die Kontinuität bzw. Entfaltung der Eltern-Kind-Beziehung (welcher der Umgang primär dienen soll) ist wohl kaum gegen den Willen eines Elternteils erzwingbar.

c) Gesetzentwurf

Der Gesetzentwurf gliedert in der allgemeinen Definition der elterlichen Verantwortung (§ 800 NOZ) den Umgang der Eltern mit ihrem minderjährigen Kind unter die Pflichten und Rechte, die zur elterlichen Verantwortung gehören. Dieses Pflichtrecht wird nunmehr ein gesetzlich festgelegter Bestandteil der elterlichen Verantwortung. Dies ist aus der heute geltenden Fassung des Familiengesetzes nicht so eindeutig erkennbar, denn das Umgangsrecht (§ 27 FaG) wird nicht bei den Regelungen der elterlichen Verantwortung verankert (§ 31 ff. FaG), sondern im Abschnitt, der sich mit der Scheidung der Eltern befasst (§ 24 ff. FaG).

Im Gesetzentwurf wird nur der Umgang im Rahmen der elterlichen Verantwortung behandelt. In der Gliederung des Gesetzentwurfes zur elterlichen Verantwortung bekommt er sogar eine eigene Überschrift: „Persönlicher Umgang eines Elternteils mit dem Kind"[1183].

Außerdem werden in § 830 NOZ die einzelne Umgangsrechte (also das Recht des Kindes auf den Umgang mit seinen Elternteilen und das Recht der Elternteile auf den Umgang mit ihrem Kind) eindeutig voneinander getrennt, in dem sie als zwei Rechte dargestellt werden[1184]. Bemerkenswert ist, dass das Recht des Kindes auf Umgang in der Aufzählung vor dem Recht des Elternteils auf den

---

[1182] Vgl. Kapitel: Rechtsnatur S. 257.

[1183] Vgl. Überschrift vor § 829 NOZ.

[1184] § 830 HS 1 NOZ lautet: „Das Kind, welches in der Versorgung eines Elternteils ist, hat das Recht zum Umgang mit dem anderen Elternteil und zwar in einem Umfang, welcher im Interesse des Kindes ist, genauso, wie dieser Elternteil das Recht auf Umgang mit seinem Kind hat, außer das Gericht begrenzt oder untersagt einen solchen Umgang; ..."

Umgang mit seinem Kind steht. Dies ist einer von mehreren Hinweisen darauf, dass beide Rechte proportional zu einander stehen, jedoch wenn es zu einer Kollision zwischen den beiden Gesetzlichkeiten kommen soll, ist dem Recht des Kindes i.d.R. ein Vorrang zu geben. Dieser Vorrang stützt sich auf den Grundgedanken, wie auch auf den eigentlichen Sinn und Zweck des Umgangsrechts. Laut Gesetzesbegründung muss in Zukunft das Umgangsrecht ohne Zweifel als primäres Recht des Kindes verstanden werden, welches dem Kind sowohl durch die nationalen Rechtsvorschriften, als auch durch Art. 9 des Übereinkommens[1185] gewährleistet werden muss[1186].

Die einzelnen Umgangsrechte sind als absolute, subjektive und höchstpersönliche Rechte einzustufen. Das Pflichtrecht der Eltern auf Umgang ist nicht übertragbar, was nunmehr im Gesetzentwurf eindeutig verankert ist[1187]. Der Inhaber des Umgangsrecht kann sich bei der Wahrnehmung seines Rechts (Pflichtrechts auf der Seite des Elternteils) auch nicht vertreten lassen, indem er eine dritte Person beauftragt, den Umgang in seinem Namen wahrzunehmen[1188]. Somit ist es z.B. unzulässig, dass ein Elternteil beim Umgang durch seine Eltern bzw. den neuen Lebenspartner vertreten wird. Ebenso kann das Kind nicht an seiner Stelle seine Geschwister oder einen Freund zum Treffen mit dem berechtigten Elternteil schicken.

3. Zusammenfassung der Unterschiede der beiden Rechtssysteme

Im direkten Vergleich der beiden Rechtsordnungen fällt vor allem auf, dass das geltende tschechische Recht keinen konkreten allgemeinen Grundsatz über den Umgang und seinen Zweck beinhaltet. Der Gesetzentwurf gliedert dagegen den Umgang unter die Einzelteile der elterlichen Verantwortung.

Auch die explizite gesetzliche Beschreibung des Umgangs als ein Recht des Kindes einerseits und ein Recht der Eltern andererseits wird in der Tschechi-

---

[1185] BGBl. II S. 990 ff.;
http://www.bmfsfj.de/Kategorien/Publikationen/Publikationen,did=3836.html.
[1186] Gesetzesbegründung zum NOZ: Zu §§ 829 – 832 S. 207.
[1187] § 829 NOZ.
[1188] Gesetzesbegründung zum NOZ: Zu §§ 829 – 832 S. 207.

schen Republik erst durch den Gesetzentwurf eingeführt und somit, wenn der Entwurf Gesetz wird, an das deutsche Recht angepasst.

Was die Wahrnehmung des Rechts der Eltern auf den Umgang angeht, bringt der Gesetzentwurf eine weitere Anpassung an das deutsche Rechtssystem. Das Recht der Eltern soll in Zukunft als ein Pflichtrecht verstanden werden. Für die Antwort auf die Frage, ob ein erzwungener Umgang (egal in welcher Form) dem Wohl des Kindes dienlich sein kann, gibt es bis dato weder eine Sammlung objektiver Berichte noch eine langfristige Studie. Man kann jedoch davon ausgehen, dass ein erzwungener Umgang i.d.R. nicht dem Kindeswohl dienlich sein kann[1189]. Die Vorstellung, dass ein Elternteil sein Kind regelmäßig anrufen oder sogar besuchen muss, obwohl dieser Elternteil nie eine Beziehung zum Kind aufgebaut hat und auch keine aufbauen möchte, weil er beispielsweise inzwischen eine andere Familie gründete, ist schwer nachvollziehbar. Man kann nicht erwarten, dass ein solcher Elternteil, der mit seiner neuen Familie leben möchte, bei dem erzwungenen Treffen ernsthafte Liebe schenken kann, wenn ihm gegen seinen Willen aufgetragen wurde, z.B. alle 14 Tage sein Kind zu besuchen. Theoretisch ist es möglich, dass sich bei einem solchen Treffen zwischen dem Elternteil und dem Kind durchaus eine positive Beziehung aufbauen kann, weil z.B. das Kind selbst den Elternteil sehen will. Abzuwägen ist dabei aber das Risiko, dass das Kind psychisch und emotional noch mehr verletzt wird, als wenn der Kontakt wegen der Ablehnung des Elternteils nicht zu Stande gekommen wäre.

C. Inhalt

Das Recht auf Umgang erstreckt sich in beiden Rechtssystemen auf alle minderjährigen Kinder sowohl auf Kinder, deren Eltern bei der Geburt miteinander verheiratet waren, als auch auf jene, deren Eltern bei der Geburt nicht miteinander verheiratet waren, und auf Kinder aus nichtigen bzw. aufgehobenen Ehen. Weiterhin gilt für beide Rechtssysteme, dass der Umgang in gewissem Maße mit der elterlichen Sorge bzw. elterlichen Verantwortung zusammenhängt. Dies ist

---

[1189] Huber, FPR 2008, 238.

schon aus der gesetzlichen Einordnung des Umgangs im Rahmen der sorge-rechtlichen Regelungen ersichtlich[1190]. Es handelt sich jedoch um zwei selbstän-dige Rechtsinstitute (elterliche Sorge bzw. Verantwortung auf einer Seite und der Umgang der auf anderen Seite), welche nebeneinander stehen und als solche auch wahrzunehmen und zu werten sind. Deshalb darf der Umgang nicht als ein bloßer Teil bzw. Restteil der elterliche Sorge bzw. Verantwortung eingestuft werden, sondern eher als ein Recht bzw. Pflichtrecht sui generis. Diese Auffas-sung ist vor allem auch darauf zu stützen, dass der Umgang nicht nur auf die Eltern-Kind-Beziehung beschränkt ist, sondern auch andere Bezugspersonen (vor allem Großeltern und Geschwister) einbezieht, die i.d.R. nicht Inhaber der elterlichen Sorge bzw. Verantwortung sind.

1. Deutschland

Das Recht auf Umgang wird zwar in §§ 1684 und 1685 BGB verankert, stützt sich jedoch auch auf verfassungsrechtliche Grundlagen. Laut allgemeiner An-sicht wird das Umgangsrecht durch Art. 6 Abs. 2 GG unter Berücksichtigung von Art. 2 Abs. 1 i.V. mit Art. 1 Abs. 1 GG geschützt[1191]. Außerdem wird das Umgangsrecht auch durch Art. 8 EMRK[1192], Art. 9 des Übereinkommens[1193] und Art. 24 Abs. 3 der Charta der Grundrechte der Europäischen Union[1194] ge-schützt.

Um sich weiter mit dem Inhalt des Rechts auf Umgang auseinander setzen zu können, muss man den Umgang aus mehreren Blickwinkeln betrachten. Die ver-schiedenen Sichtweisen sind vor allem darauf zu führen, dass es mehrere Inha-ber des Rechts bzw. Pflichtrechts auf Umgang gibt. Zu diesen Inhabern gehören primär die Kinder und die Eltern, sekundär die anderen Bezugspersonen des Kindes.

[1190] Vgl. Einordnung des § 1684 und 1685 BGB wie auch die Einordnung des § 27 FaG bzw. §§ 829 ff NOZ.
[1191] BVerfG, FamRZ 2008, 845; BVerfG, NJW 1993, 2671 ff.; Vgl. dazu auch Staudinger/Rauscher 2006, § 1684 Rn. 19.
[1192] Wanitzek, FamRZ 2009, 1278 und FamRZ 2008, 941; Groh, FPR 2009, 154.
[1193] BGBl. II S. 990 ff.;
http://www.bmfsfj.de/Kategorien/Publikationen/Publikationen,did=3836.html.
[1194] Amtsblatt der EU: 2000/C 364/01.

a) Inhaber des Umgangsrechts

(1) Kinder als Inhaber des Rechts auf Umgang

Die Person des Kindes spielt beim Umgang die entscheidende Rolle, denn es geht um seinen Umgang mit anderen Personen. Somit steht ihm ein gesetzlich verankertes Recht auf Umgang mit jedem Elternteil zu[1195]. Außerdem wird an seinem Kindeswohl gemessen, ob seine Großeltern, Geschwister und andere Bezugspersonen das Recht des Umgangs mit ihm wahrnehmen können[1196].

Aus dem Wortlaut des § 1684 Abs. 1 HS 1 BGB ist deutlich erkennbar, dass das Gesetz aus der Sicht des Kindes (im Gegensatz zu den Eltern) nur von einem Recht und nicht von einer Pflicht spricht. Dies bedeutet, dass das Kind nicht als ein Objekt von Elternrechten wahrzunehmen ist[1197], sondern als Träger eines subjektiven Rechts, welches dem Kind einen Anspruch gegen seine Eltern gibt[1198]. Damit soll eindeutig zum Ausdruck gebracht werden, dass das Kind beim Umgangsrecht eine primäre Rolle spielt und sein Recht auf Umgang wahrzunehmen ist, denn dieser dient i.d.R. seiner Entwicklung[1199].

Das Recht des Kindes auf Umgang ist unter Umständen auch gegen den Willen des Elternteils, dem die Pflicht zum Umgang zusteht, durchsetzbar[1200], indem der sorgeberechtigte Elternteil bzw. ein Verfahrensbeistand (im Falle eines Interessenkonflikts) im Namen des Kindes dessen Recht gerichtlich geltend machen kann[1201]. Allerdings bilden in einer solchen Konstellation die Persönlichkeitsrechte des Elternteils (Art. 2 Abs. 1 i.V.m. Art. 1 Abs. 1 GG) die Grenze hinsichtlich einer Erzwingbarkeit des Umgangs. Der zur Durchsetzung des Umgangs nötige Eingriff in die Persönlichkeitsrechte des Elternteils kann wegen der den Eltern durch Art. 6 Abs. 2 S. 1 GG auferlegten Verantwortung für ihr Kind und dessen Recht auf Pflege und Erziehung durch seine Eltern gerechtfertigt sein[1202]. Somit ist zwar eine rechtliche Basis für die Erzwingung des Umgangs

---

[1195] § 1684 Abs. 1 HS 1 BGB.
[1196] § 1685 Abs. 1 und 2 BGB.
[1197] Rauscher, 2008 Rn. 1102; Bamberger/Veit 2008, § 1684 Rn. 3; Motzer, FamRZ 2004, 1147.
[1198] OLG Celle, ZfJ 2001, 352 ff.
[1199] BVerfG, Urteil vom 9.4.2003 – 1 BvR 1493/96.
[1200] BVerfG, Urteil vom 1.4.2008 – 1 BvR 1620/04.
[1201] BGH, FamRZ 2008, 1334.
[1202] Wanitzek, FamRZ 2009, 1280.

geschaffen worden, man ist sich jedoch bewusst, dass ein gerichtlich erzwungener Umgang i.d.R. dem Wohl des Kindes nicht dienlich sein kann[1203]. Aus dieser Sicht kann das Recht des Kindes auf Umgang relativ leicht schon am Kindeswohl scheitern[1204], denn man müsste ansonsten genug Anhaltspunkte finden, die darauf schließen lassen, dass ein erzwungener Umgang dem Kindeswohl dienen werde[1205].

(2) Eltern als Inhaber des Pflichtrechts auf Umgang

Wie schon erläutert wurde, korrespondiert das Recht des Kindes auf Umgang mit seinen Elternteilen mit der Pflicht jedes Elternteils zum Umgang mit seinem Kind, denn die einzelnen Elternteile sind gemäß § 1684 Abs. 1 HS 2 BGB zum Umgang mit ihrem Kind verpflichtet und berechtigt. Ihr Pflichtrecht steht dem Recht des Kindes gegenüber. Im Falle eines Konflikts der beiden Rechte ist das Wohl des Kindes als zentraler Maßstab und oberste Richtschnur zu nehmen und der Konflikt kindeswohldienlich zu lösen[1206].

Das Pflichtrecht zum Umgang ist als selbständiges natürliches Pflichtrecht der Eltern wahrzunehmen. Es steht neben der Personensorge[1207]. Die Personensorge und das Pflichtrecht zum Umgang beschränken sich gegenseitig. Was die Erziehung und den Schutz des Kindes anbelangt, hat das Sorgerecht im Falle eines Konflikts mit dem Umgangsrecht einen Vorrang[1208], sodass der sorgeberechtigte Elternteil dem Umgangsberechtigten z.B. untersagen kann, das Kind auf dem Motorrad mitzunehmen[1209]. Der eben angesprochene Vorrang ermächtigt jedoch den sorgeberechtigten Elternteil nicht zur einseitigen Änderung des praktizierten Umgangs[1210] und ist deshalb mit Vorsicht auszulegen.

Was die tatsächliche Inhaberschaft des Pflichtrechts zum Umgang angeht, gilt als Inhaber des Pflichtrechts sowohl ein nicht sorgeberechtigter Elternteil als

---

[1203] Altrogge, FPR 2008, 410; Peschel-Gutzeit, NJW 2008, 1922.
[1204] Palandt/Diederichsen 2010, § 1684 Rn. 2.
[1205] Wanitzek, FamRZ 2009, 1280.
[1206] Kindler, FPR 2009, 150; PWW/Ziegler 2010, § 1684 Rn. 1; Schwab, 17. Aufl. 2009, Rn. 621.
[1207] Erman/Michalski 2008, § 1684 Rn. 4.
[1208] Palandt/Diederichsen 2010, § 1684 Rn. 5.
[1209] OLG München, FamRZ 1998, 974.
[1210] AG Stuttgart, FamRZ 2000, 1598.

auch ein sorgeberechtigter (z.b. getrennt lebender Elternteil, dem die gemeinsame Sorge zusteht). Genauso steht der Umgang auch einem alleinsorgeberechtigten Elternteil zu, der aus unterschiedlichen Gründen das Kind nicht in seiner Obhut hat[1211], z. B. weil er dem Aufenthalt des Kindes beim nicht sorgeberechtigten Elternteil zustimmte[1212].

Für die Inhaberschaft des Umgangsrechts bleibt unerheblich, ob die Elternteile eine tragfähige Beziehung zum Kind aufbauen konnten[1213] (z.b. in Fällen, indem sich die Eltern bereits vor der Geburt des Kindes trennten bzw. nie zusammenlebten).

Nachdem in § 1684 Abs. 1 HS 2 BGB von einem Elternteil die Rede ist, steht das Umgangsrecht nach der zitierten Regelung nur den rechtlichen Eltern zu[1214]. Ein Zweifel an der Vaterschaft des Kindes hat keinen Einfluss auf das Umgangsrecht[1215]. Eine gerichtliche Feststellung, dass der bisher vermutete Vater (sog. Scheinvater) tatsächlich nicht der Vater des Kindes ist[1216], führt dazu, dass dieser Mann nunmehr keinen Anspruch auf den Umgang i.S.v. § 1684 Abs. 1 HS 2 BGB hat, sondern gegebenenfalls i.S.v. § 1685 BGB. Dem nur biologischen (nicht rechtlichen) Vater steht kein Umgangsrecht mit seinem biologischen Kind zu, wenn zwischen ihm und dem Kind keine sozial-familiäre Beziehung und kein sozial-familiäres Band besteht[1217]. Besteht zwischen ihm und seinem biologischen Kind eine sozial-familiäre Beziehung, so hat er gegebenenfalls ein Recht auf Umgang i.S.v. § 1685 BGB[1218]. Die Frage eines Rechts des biologischen Vaters auf Umgang bei einer Fremdbefruchtung (heterologe Insemination) ist zu verneinen. In diesem Fall steht das elterliche Umgangsrecht allein dem rechtlichen Vater zu[1219], dem biologischen Vater dagegen weder das Sorge- noch das Umgangsrecht[1220].

[1211] Bamberger/Veit 2008, § 1684 Rn. 6; PWW/Ziegler 2010, § 1684 Rn. 10.
[1212] Erman/Michalski 2008, § 1684 Rn. 4; Vgl. BGH, FamRZ 2002, 1099 ff.
[1213] OLG Hamm, FamRZ 1994, 48.
[1214] Vgl. dazu Kapitel: Rechtliche Elternschaft, S. 86.
[1215] AG Kerpen, FamRZ 1994, 1486.
[1216] Arendt-Rojahn, FPR 2007, 395 ff.
[1217] OLG Karlsruhe, FamRZ 2007, 924
[1218] MünchKomm/Finger 2008, § 1684 Rn. 6.
[1219] OLG Frankfurt, FamRZ 1988, 754.
[1220] LG Köln, FamRZ 1996, 433; OLG Köln, NJW-RR 1997, 324; OLG Celle, NJW 2005, 78.

Das Umgangsrecht besteht für die rechtlichen Eltern auch dann, wenn ein Vormund oder Pfleger die elterliche Sorge ausübt[1221].

(3) Andere Bezugspersonen

Das Recht auf Umgang des Kindes mit anderen Bezugspersonen ist in § 1685 BGB verankert. Es handelt sich jedoch nur um abweichende Regelungen. Im Übrigen gelten für die Bezugspersonen die gleichen Bedingungen und Voraussetzungen, wie für den Umgang zwischen einem Kind und seinen Elternteilen[1222].

(a) Großeltern und Geschwister

Das Gesetz konkretisiert in § 1685 Abs. 1 BGB, den Begriff „Bezugsperson", indem es die Großeltern und Geschwister des Kindes ausdrücklich erwähnt. Aufgrund der heutigen hohen Scheidungsquote und der häufigen erneuten Eheschließung von Elternteilen mit anderen Partnern, stellt sich jedoch die Frage, wer genau unter die Begriffe „Großeltern" und „Geschwister" fällt. Für die Zwecke des Umgangsrechts i.S.v. § 1685 Abs. 1 BGB sind nur die rechtlichen Großeltern umgangsberechtigt[1223]. Rechtliche Großeltern sind die Eltern eines rechtlichen Elternteils. Sie sind mit dem Kind im zweiten Grad in gerader Linie verwandt. Somit fallen unter dieses Schema weder die Eltern des biologischen (nicht rechtlichen Vaters)[1224] noch der Ehegatte eines Großelternteils[1225].

Als Geschwister versteht man i.S.v. § 1685 Abs. 1 BGB sowohl die voll-, als auch halbbürtigen Geschwister, wie auch die durch Adoption hinzugewonnenen Schwestern und Brüder[1226]. Die Kinder eines Stiefelternteils haben hingegen keinen Anspruch auf Umgang aus § 1685 Abs. 1 BGB, und zwar auch dann

---

[1221] Erman/Michalski 2008, § 1684 Rn. 4.
[1222] § 1685 Abs. 3 BGB.
[1223] OLG Celle, FamRZ 2005, 126.
[1224] OLG Celle, FamRZ 2005, 126.
[1225] Palandt/Diederichsen 2010, § 1685 Rn. 4.
[1226] Palandt/Diederichsen 2010, § 1685 Rn. 4.

nicht, wenn sie eine längere Zeit mit dem Kind zusammen aufgewachsen sind[1227].

Im Hinblick auf das Umgangsrecht der Großeltern mit ihrem Enkelkind besteht die Kindeswohlvermutung gemäß § 1626 Abs. 3 S 2 BGB nur bei bestehenden Bindungen[1228]. Ansonsten ist eine positive Feststellung, dass der Umgang kindeswohldienlich ist, erforderlich[1229]. Eine Umgangsregelung für Großeltern, die zur Trennung der Eltern beigetragen haben, wird i.d.R. nicht dem Kindeswohl dienen[1230].

(b) Bezugspersonen mit sozial-familiärer Beziehung zum Kind

In § 1685 Abs. 2 BGB wird von weiteren engen Bezugspersonen des Kindes gesprochen[1231]. Durch den unbestimmten Begriff „enge Bezugsperson" soll die Vielfältigkeit der Einzelfälle aufgefangen werden, denn jedes Kind hat unter Umständen einen unterschiedlichen Kreis von engen Bezugspersonen. Eine gesetzliche Aufzählung wäre in diesem Fall problematisch, denn man hätte höchstens eine nicht abschließende Aufzählung gesetzlich verankern können, um niemanden von vorneherein auszuschließen.

Das Umgangsrecht enger Bezugspersonen (das Gesetz stuft es als ein Recht und nicht als Pflichtrecht ein) ist neben dem Kriterium der Kindeswohldienlichkeit an ein weiteres gesetzliches Merkmal geknüpft. Dieses Kriterium, von welchem letztlich das Umgangsrecht aller engen Bezugspersonen i.S.v. § 1685 Abs. 2 BGB abhängt[1232], stellt die sog. „sozial-familiäre Beziehung" zwischen dem Berechtigten und dem Kind dar[1233].

Unter den Begriff „sozial-familiäre Beziehung" fällt vor allem die Fallkonstellation, in der die Bezugsperson für das Kind eine „tatsächliche Verantwortung" trägt oder getragen hat[1234], wobei die „tatsächliche Verantwortung" nicht „der

---

[1227] Staudinger/Rauscher 2006, § 1685 Rn. 7.
[1228] OLG Köln, FamRZ 2008, 2147.
[1229] Wanitzek, FamRZ 2009, 1282.
[1230] OLG Karlsruhe, FamRZ 2008, 915.
[1231] Höfelmann, FamRZ 2004, 750.
[1232] Palandt/Diederichsen 2010, § 1685 Rn. 6.
[1233] § 1685 Abs. 2 S 1 BGB.
[1234] § 1685 Abs. 2 S 1 BGB.

elterlichen Verantwortung" gleichzusetzen ist[1235]. Eine Übernahme der tatsächlichen Verantwortung ist gemäß § 1685 Abs. 2 S 2 BGB i.d.R. dann anzunehmen, wenn die Bezugsperson mit dem Kind „längere Zeit in einer häuslichen Gemeinschaft zusammengelebt hat"[1236]. Der Sinn dieser Regelung ist, einen „aktuell persönlich–vertrauten Bezug"[1237], welcher während des Zusammenlebens entstand (falls er entstand), nicht zu beseitigen[1238]. Zur Entstehung eines solches Bezugs kommt es zwar nicht bei jeder „länger dauernden häuslichen Gemeinschaft" (diese ist allerdings nicht einer Wohngemeinschaft gleichzustellen)[1239], § 1685 Abs. 2 S 2 BGB setzt dies jedoch als eine Regelfallvermutung fest.

Was die Entstehung und Beibehaltung des vertrauten Bezugs zwischen der engen Bezugsperson und dem Kind angeht, spielt auch der Zeitfaktor eine wichtige Rolle. Zum einen kommt es auf die Dauer der häuslichen Gemeinschaft an, zum anderen darauf, ob die Beziehung weiter gepflegt wird oder ob es zu einer länger dauernden Unterbrechung des Kontakts kommt (länger als drei Jahre). Insbesondere bei Kleinkindern kann eine Unterbrechung zu einer Entfremdung führen[1240]. Diese Ansicht ist vor allem in der Rechtsprechung umstritten[1241].

Grundsätzlich kann gesagt werden, dass unter den Begriff „enge Bezugspersonen", die eine „sozial-familiäre Beziehung" zum Kind haben können, die weiteren Verwandten des Kindes, wie z.B. die Urgroßeltern, Tanten, Onkel, Cousinen, Vetter, gezählt werden, wie auch Stiefeltern, Stiefgeschwister, „nicht rechtliche" Großeltern[1242], enge Freunde und gegebenenfalls auch die Nachbarn der Eltern[1243]. Genauso kann auch der Scheinvater, dem vor der erfolgreichen Anfechtung seiner Vaterschaft das Recht auf Umgang i.S.v. § 1684 Abs. 1 HS 2 BGB zustand oder der biologische Vater, der eine sozial-familiäre Beziehung zu seinem biologischen Kind hat, unter diesen Begriff fallen. Der biologische Vater erfüllt die gesetzlichen Voraussetzungen des § 1685 Abs. 2 BGB z.B. dann

---

[1235] Palandt/Diederichsen 2010, § 1685 Rn. 6.
[1236] BVerfG, NJW 2003, 2151.
[1237] BGH, FamRZ 2005, 705.
[1238] Staudinger/Rauscher 2006, § 1685 Rn. 9.
[1239] Höfelmann, FamRZ 2004, 745.
[1240] Palandt/Diederichsen 2010, § 1685 Rn. 6.
[1241] OLG Koblenz, FamRZ 2009, 1229.
[1242] Vgl. Kapitel: Großeltern und Geschwister, S. 266.
[1243] Erman/Michalski 2008, § 1685 Rn. 3.

nicht, wenn er nur mit der Kindesmutter eine vorübergehende Beziehung unterhielt und zwischen ihm und dem Kind nur sporadische Kontakte stattfanden[1244].

b) Ausgestaltung und Wahrnehmung des Umgangsrechts

Ein wichtiger Hinweis zur faktischen Ausgestaltung und Wahrnehmung des Umgangs ist in § 1684 Abs. 2 BGB zu finden. Dieser besagt, dass alles zu unterlassen ist, was das Verhältnis des Kindes zum jeweils anderen Elternteil beeinträchtigt oder die Erziehung erschwert[1245]. Damit ist auch das nonverbale Verhalten gemeint[1246]. Diese Pflichten gelten gemäß § 1684 Abs. 2 S 2 BGB auch für die Person, die das Kind in Obhut hat (Vormund, Pfleger, Pflegeeltern). In diesem Zusammenhang wird in der Literatur von sog. Loyalitätspflichten[1247] bzw. von einer Wohlverhaltensklausel gesprochen[1248].

Die Wohlverhaltensklausel bringt zum Ausdruck, dass sowohl das Sorgerecht wie auch das Umgangsrecht zum einen durch Art. 6 Abs. 2 GG geschützt sind und zum anderen aus dem natürlichen Elternrecht erwachsen. Die Eltern sollen sich deshalb bei der Wahrnehmung des Umgangs gegenseitig respektieren und achten[1249]. Deshalb wird vom sorgeberechtigten Elternteil, der die Obhut über das Kind hat, auch verlangt, dass er dem anderen Elternteil den Umgang mit seinem Kind ermöglicht. Nur so kann sich der Umgangsberechtigte über die Entwicklung des Kindes selbst überzeugen, ihm die Liebe zu ihm zeigen, die Beziehung zum Kind aufrechterhalten bzw. diese ausbauen und somit die Entwicklung des Kindes in einer wenn auch beschränkten Weise mitprägen[1250].

Die angesprochene Verpflichtung des Elternteils, der die Obhut über das Kind hat, beschränkt sich nicht auf ein Unterlassen (vor allem das Blockieren des Umgangs, die Beeinflussung des Kindes gegen den anderen Elternteil[1251] wie

---

[1244] OLG Düsseldorf, FamRZ 2004, 290; OLG Celle, NJW 2005, 78 ff.

[1245] OLG Brandenburg, FamRZ 2003, 111; OLG Brandenburg, FamRZ 2005, 2011; Strobach, FPR 2008, 149.

[1246] OLG Hamm, FamRZ 2007, 1677.

[1247] Bamberger/Veit 2008, § 1684 Rn. 14; Palandt/Diederichsen 2010, § 1684 Rn. 7.

[1248] Erman/Michalski 2008, § 1684 Rn. 6; MünchKomm/Finger 2008, § 1684 Rn. 16 ff.; Staudinger/Rauscher 2006, § 1684 Rn. 91 ff, Motzer, FamRZ 2004, 1151.

[1249] PWW/Ziegler 2010, § 1684 Rn. 4.

[1250] PWW/Ziegler 2010, § 1684 Rn. 4.

[1251] Bamberger/Veit 2008, § 1684 Rn. 14.

auch die unbegründete Umgangsverweigerung[1252]). Sie verpflichtet den Elternteil vielmehr zu einem positiven Verhalten[1253], das beispielsweise darin bestehen kann, die Tür zu öffnen, wenn das Kind abgeholt wird, das Kind zum vereinbarten Treffpunkt bzw., bei weiter Entfernung, auch zum Bahnhof oder Flughafen zu bringen und es dort abzuholen[1254] oder das Kind sogar vom Wohnort des umgangsberechtigten Elternteils abzuholen[1255]. Außerdem ist der sorgeberechtigte Elternteil verpflichtet, das Kind auf den Umgang vorzubereiten und das Kind mit den für den Umgang notwendigen Gegenständen (z.B. Ersatzkleidung) auszustatten[1256].

Der Umgangsberechtigte ist dagegen verpflichtet, alles zu unterlassen, was das Sorgerecht (vor allem die Erziehung) des sorgeberechtigten Elternteils beeinträchtigt bzw. auf eine andere Art missachtet[1257]. Auch die Überwachung der Ausübung des Sorgerechts durch den umgangsberechtigten Elternteil ist unzulässig[1258], wie auch die Entscheidung, das Kind ohne Absprache mit dem sorgeberechtigten Elternteil behandeln zu lassen[1259], außer es handelt sich um einen Notfall. Eine unberechtigte Anmaßung der Personensorge von Seiten des umgangsberechtigten Elternteils ist ebenfalls unakzeptabel[1260].

Für den Fall, dass die Wohlverhaltensklausel von den Eltern nicht akzeptiert wird, können Anordnungen i.S.v. § 1684 Abs. 3 BGB getroffen werden.

(1) Gerichtliche Anordnungen zum Umgangsverlauf

Gemäß § 1684 Abs. 3 BGB kann das Familiengericht über den Umfang des Umgangsrechts entscheiden und seine Ausübung, auch gegenüber Dritten, näher regeln. Aus dem Wort „kann" ist eine vorrangige Zuständigkeit der Eltern ersichtlich. Das Gericht wird also i.d.R. erst dann tätig werden, wenn die Eltern

---

[1252] OLG Brandenburg, FamRZ 2008, 2136; vgl. Schwab, FamRZ 2002, 1297 ff.
[1253] OLG Brandenburg, FamRZ 2009, 131.
[1254] BVerfG, NJW 2002, 1864.
[1255] OLG Dresden, FamRZ 2005, 927.
[1256] Palandt/Diederichsen 2010, § 1684 Rn. 24.
[1257] Bamberger/Veit 2008, § 1684 Rn. 16.
[1258] OLG Brandenburg, FamRZ 2002, 974 ff.; OLG Stuttgart, FamRZ 1966, 256, 258.
[1259] OLG Stuttgart, FamRZ 1966, 256, 258.
[1260] Erman/Michalski 2008, § 1684 Rn. 6.

nicht in der Lage sind, eine wirksame Vereinbarung über die Art, den Ort, die Dauer und die Häufigkeit (gegebenenfalls auch der Kosten) zu treffen[1261].

Das Gericht kann Anordnungen zum Umgangsverlauf auch von Amts wegen treffen[1262]. Wird jedoch ein Antrag gestellt (z.B. vom umgangsberechtigten Elternteil oder vom Jugendamt), ist dieser als eine Anregung zu betrachten, denn ein Elternteil ist unter Umständen mit dem Umfang des Umgangs unzufrieden, beispielsweise weil der sorgeberechtigte Elternteil nicht bereit ist, ein Besuchsrecht einzuräumen, das weiter geht als jenes, das der andere Elternteil wünscht[1263]. Für den Fall, dass schon eine gerichtliche Entscheidung vorliegt, stellt eine erneute Umgangsentscheidung eine Änderung i.S.v. § 1696 Abs. 1 BGB dar.

Der Maßstab der gerichtlichen Regelung ist erneut das Kindeswohl. Somit kann das Gericht eine Änderung bzw. abweichende Regelung des Umgangs nur dann treffen, wenn es das Kindeswohl erfordert[1264].

Ein Bedürfnis zur Regelung besteht außerdem dann, wenn die von den Eltern getroffene Vereinbarung sittenwidrig oder unzulässig ist (Koppelung der Nichtausübung des Umgangsrecht an die Freistellung von der Unterhaltspflicht usw.)[1265]. Ein weiteres Bedürfnis zur Regelung besteht, wenn sich die Eltern über die Einzelheiten zwar einig sind, jedoch zur Sicherung der Vollstreckungsmöglichkeit eine gerichtliche Anordnung bzw. eine gerichtlich gebilligte Vereinbarung erzielen wollen[1266].

(2) Inhalt der Anordnungen

Die vom Familiengericht getroffene Entscheidung über den Umgang muss konkret und umfassend sein, denn eine gerichtliche Umgangsregelung muss auch vollständig, vollziehbar und vollstreckbar sein[1267]. Um so zu sein, muss sie ins-

---

[1261] BVerfG, FamRZ 1995, 86 ff.
[1262] BayObLG, NJW, 1966, 1322.
[1263] OLG Düsseldorf, FamRZ 1986, 202.
[1264] PWW/Ziegler 2010, § 1684 Rn. 29.
[1265] Vgl. Kapitel: Rechtsnatur, S. 252.
[1266] OLG Köln, FamRZ 2002, 979.
[1267] OLG Frankfurt, 2008, 1372; OLG Stuttgart, FamRZ 2007, 1682; van Els, FPR 2009, 161, 162.

besondere die Bestimmung über den Ort, die Art, Zeit und Dauer sowie die Häufigkeit und Überwachung des Umgangs von Dritten, die Übergabemodalitäten, die Ferien und Feiertage und die Regelung über den Ausfall beinhalten[1268]. Bei der Entscheidung über den Umgangsrahmen und seinen einzelnen Elementen (Ort, Art, Zeit, Dauer, Häufigkeit usw.) muss das Kindeswohl mit höchster Priorität im Vordergrund stehen[1269]. Es gibt jedoch noch weitere Kriterien, welche bei der Entscheidung zu berücksichtigen sind, wie z.b. das Alter des Kindes, das kindliche Zeitempfinden, schulische und außerschulische Aktivitäten des Kindes[1270], sein Gesundheitszustand[1271].

(a) Ort des Umgangs

Als Ort der Wahrnehmung des persönlichen Kontakts nimmt man grundsätzlich die Wohnung des Umgangsberechtigten[1272], denn das Kind soll ihn in seiner normalen Umgebung erleben, um so die verwandtschaftlichen Beziehungen mit all ihren individuellen Einzelheiten pflegen zu können[1273]. Dies mag aber aus unterschiedlichen Gründen nicht immer möglich sein (z.B. ein transportunfähiges oder anderweitig krankes Kind, ein Kind, welches noch keine Beziehung zum Umgangsberechtigten aufgebaut hat, oder ein noch zu kleines Kind). In solchen Fällen kann eine andere Regelung in Betracht kommen, z.B. in den Räumen des Jugendamtes oder in einer Kirchengemeinde, bei Großeltern[1274]. Bei einem zweijährigen Kind wird es wohl eher ein Spielplatz oder ein Spaziergang sein[1275].

Wie bereits angesprochen wurde, ist bei Eltern, die weit entfernt voneinander oder im Ausland[1276] wohnen, die Umgangswahrnehmung auch mit einem positi-

---

[1268] PWW/Ziegler 2010, § 1684 Rn. 32.
[1269] Palandt/Diederichsen 2010, § 1684 Rn. 16; Oelkers, FPR 2002, 249.
[1270] Rauscher, 2008 Rn. 1111a.
[1271] BVerfG, FamRZ 2005, 429.
[1272] OLG Düsseldorf, 1988, 1196.
[1273] Büte 2001, Rn. 140.
[1274] MünchKomm/Finger 2008, § 1684 Rn. 20.
[1275] AG Eschwege, FamRZ 2001, 1162 ff.; AG Saarbrücken, FamRZ 2003, 1200.
[1276] Vgl. Europäisches Übereinkommen über die Ausübung von Kinderrechten vom 25.1.1996, CETS No.: 160; Verordnung (EG) Nr. 2201/2003 des Rates vom 27. November 2003 (sog. Brüssel IIa Verordnung), Celex-Nummer: 32003R2201.

ven Tun des Obhut habenden Elternteils verbunden (Begleitung bei Flugreisen, Transport vom und zum Bahnhof bzw. Flughafen usw.)[1277], da das Kind zuerst zum Wohnort des Umgangsberechtigten befördert werden muss.

Auch die Art des Umgangs (gemeint ist der begleitete bzw. betreute Umgang nach § 1684 Abs. 4 S 3 und 4 BGB)[1278] kann Auswirkungen auf den Ort des Umgangs haben, denn in solchen Fällen kann angeordnet werden, dass der Umgang an einem speziellen Ort stattfinden soll.

(b) Art des Umgangs

Unter die Bezeichnung „Art des Umgangs" fällt vor allem die Entscheidung, ob es sich um einen persönlichen Kontakt des Umgangsberechtigten handeln soll oder nur um einen Fernkontakt wie Telefon, Briefe, Emails usw.[1279]

Außerdem fällt darunter auch eine mögliche Regelung über die Anwesenheit von Dritten. Dabei kann es sich beispielsweise um eine Entscheidung handeln, ob der neue Partner des Umgangsberechtigten beim Umgang anwesend sein darf, wenn sich die Eltern darüber nicht einigen können[1280], weil seit der Trennung der Eltern noch kein Jahr vergangen ist[1281], bzw. der neue Partner zu Gewalttätigkeiten oder Alkoholismus neigt und dies einen schädlichen Einfluss auf das Kind haben könnte[1282]. Mit der Regelung über die Anwesenheit von Dritten ist dann vor allem noch der sog. begleitete (betreute) Umgang i.S.v. § 1684 Abs. 4 S 3 und 4 BGB gemeint.

Der sog. begleitete Umgang kann vor allem dann angeordnet werden, wenn es nicht ratsam ist, den Umgangberechtigten mit dem Kind allein zu lassen[1283], jedoch ein Ausschluss des Umgangs nicht sinnvoll erscheint, da man die drohende Kindeswohlgefährdung anhand des begleiteten Umgangs abwenden kann[1284]. In

---

[1277] Vgl. Kapitel: Ausgestaltung und Wahrnehmung des Umgangsrecht, S. 269.
[1278] Vgl. Kapitel: Art des Umgangs, S. 273.
[1279] Vgl. Kapitel: Grundsatz und Normenzweck, S. 250 und 255.
[1280] Erman/Michalski 2008, § 1684 Rn. 25.
[1281] OLG Nürnberg, FamRZ 1998, 976.
[1282] MünchKomm/Finger 2008, § 1684 Rn. 37.
[1283] Erman/Michalski 2008, § 1684 Rn. 25.
[1284] OLG Köln, FamRZ 2005, 295.

diesem Zusammenhang ist auch die Frage zu beantworten, in welchen Situationen es nicht ratsam ist, den Umgangberechtigten mit dem Kind allein zu lassen. In der Regel zählen zu solchen Situationen vor allem die Entführungsgefahr (Kindesentziehung)[1285], der Verdacht auf sexuellen Missbrauch des Kindes[1286], tätliche Auseinandersetzungen zwischen den Eltern, welche das Kind miterlebt hat[1287], eine psychische Erkrankung oder Alkohol- bzw. Drogenabhängigkeit beim Umgangsberechtigten[1288] oder eine drohende weibliche Genitalverstümmelung[1289]. Weiter zählen solche Fälle hinzu, bei denen es keine Beziehung zwischen dem Kind und dem Umgangsberechtigten gibt, bzw. diese Beziehung durch eine länger dauernde Kontaktunterbrechung gestört ist[1290].

Nachdem die Anwesenheit einer dritten Person bei dem Kontakt unnatürlich und damit belastend[1291] (störend)[1292] ist, ist eine solche Anordnung nur bei einer konkreten Kindeswohlgefährdung[1293] oder zum Kontaktaufbau (bisher unterbliebener Umgang bzw. Entfremdung zwischen Kind und Umgangberechtigten)[1294] anzuordnen und in regelmäßigen Abständen zu überprüfen. Lehnt aber das Kind die Kontakte nachdrücklich ab, scheidet auch die Anordnung eines begleiteten Umgangs aus[1295].

Unter der Kategorie „Art des Umgangs" wird letztendlich auch zu entscheiden sein, ob der Umgangsberechtigte (sollte ihm das Umgangsrecht mit mehreren Kindern zustehen, die in der Obhut ein und derselben Person stehen, also in der Regel des anderen Elternteils), den Umgang mit jedem Kind einzeln oder mit mehreren Kindern wahrnehmen kann. Auch hier gilt primär der Grundsatz, dass sich die Eltern stets unter der Prämisse des Kindeswohlprinzips zunächst selbst darüber einigen sollten, wer und in welchem Umfang ein Umgangsrecht bekommt. In der Regel wird ein gemeinsamer Umgang mit allen Kindern sinnvoll sein, da alle Kinder eine Trennung von der Vertrauensperson, welche die Obhut

---

[1285] Bamberger/Veit 2008, § 1684 Rn. 21.1.
[1286] Balloff, FPR 2007, 288; Vergho, FPR 2007, 299.
[1287] Fuß, FPR 2002, 226.
[1288] Staudinger/Rauscher 2006, § 1684 Rn. 316.
[1289] OLG Karlsruhe, FamRZ 2009, 130.
[1290] OLG Hamm, FamRZ 1996, 424; OLG Hamm, FamRZ 1999, 326.
[1291] PWW/Ziegler 2010, § 1684 Rn. 54.
[1292] Palandt/Diederichsen 2010, § 1684 Rn. 25.
[1293] OLG Brandenburg, FamRZ 2008, 1374.
[1294] Luthin 2005, S. 816.
[1295] OLG Düsseldorf, FamRZ 1998, 1460 ff.

hat, damit besser verkraften können. Ein gemeinsamer Umgang wird außerdem für beide Eltern wirtschaftlicher sein. Andererseits ist bei einer solchen Entscheidung auch der Altersunterschied zwischen den einzelnen Kindern und natürlich auch ihre täglichen Freizeitaktivitäten, wie auch ihre Wünsche und ihr Willen zu berücksichtigen.

(c) Häufigkeit und Dauer des persönlichen Umgangs

Was die Häufigkeit und die Dauer des Umgangs angeht, gilt auch hier die Grundsatzregel, dass eine gerichtliche Regelung nur sekundär sein darf, denn es sind primär die Eltern, welche dies zu entscheiden haben.

Kommt es zu einer gerichtlichen Entscheidung, sind sowohl die persönliche Nähe zwischen dem Kind und dem Umgangsberechtigten, wie auch das Alter des Kindes zu berücksichtigen. Nötig können vor allem Abstufungen nach dem Alter des Kindes und seinem Zeitempfinden werden[1296]. Empfehlenswert ist ein regelmäßiger Kontakt (gegebenenfalls von kürzerer Dauer), auch wenn er unbequem sein sollte. Vor allem bei Kindern im Kindergartenalter ist dies wegen einer möglichen Entfremdung sehr wichtig[1297].

Berücksichtigt man die angeführten Aspekte, kann man sagen, dass die typische Dauer des persönlichen Umgangs von zwei Stunden ein- oder zweimal pro Monat bis hin zum regelmäßigen Wochenendebesuch geht (i.d.R. alle zwei Wochen inklusive einer Übernachtung bei Schulkinder)[1298], wobei die Auffassung, dass die Übernachtung erst ab dem Schulalter vertretbar sei, mittlerweile überholt ist[1299]. Die Ansicht, ab wann das Kind bei bzw. mit dem Umgangsberechtigten übernachten darf, ist insofern wichtig, da i.d.R. zur gerichtlichen Regelung des Umgangs auch jene über einen gemeinsamen Ferienaufenthalt gehört. Laut Rechtsprechung kann die Ferienregelung bereits bei einem 4 ½ jährigen Kind entstehen[1300].

[1296] MünchKomm/Finger 2008, § 1684 Rn. 24.
[1297] Oelkers, FPR 2002, 250; OLG Oldenburg, FamRZ 2001, 1164.
[1298] Bay ObLG, NJW 1964, 1324; OLG Brandenburg, FamRZ 2002, 414; BVerfG, FamRZ 2006, 605.
[1299] OLG Zweibrücken, FamRZ 2009, 134; Palandt/Diederichsen 2010, § 1684 Rn. 22.
[1300] OLG Frankfurt, FamRZ 2007, 664.

Bei Eltern, die weit voneinander entfernt wohnen, spielt auch der Kostenfaktor eine mitentscheidende Rolle. Als Alternative zum regelmäßigen Besuch bietet sich im solchen Fall der Kontakt in Zeitblöcken an, z.b. ein- oder zweimal pro Jahr ein Besuch während der Ferien[1301], denn ein regelmäßiger Kontakt könnte für den Umgangsberechtigten, der grundsätzlich die mit dem Umgang verbundene Kosten zu tragen hat[1302] (abweichende Regelung durch das Familiengericht ist möglich)[1303], mit enormen Kosten verbunden sein.

(d) Umgangspflegschaft

Seit dem Inkrafttreten des FamFG am 1.9. 2009 wurden in § 1684 Abs. 3 BGB die Sätze 3 bis 6 eingefügt. Diesen Bestimmungen zufolge kann ein Umgangspfleger zur Durchführung des Umgangs bestellt werden, wenn die im § 1684 Abs. 2 BGB beschriebenen Pflichten dauerhaft oder wiederholt erheblich verletzt werden. Somit wurde die bisherige gerichtliche Praxis gesetzlich bestätigt, bei der jedoch die bisherige Schwelle der Kindeswohlgefährdung i.S.v. § 1666 BGB erreicht werden musste[1304], welche nunmehr nicht mehr überwunden werden muss[1305].

Die erwähnten Bestimmungen des § 1684 Abs. 3 BGB räumen nun dem Umgangspfleger einige Rechte ein, so z.b. das Recht auf die Übergabe des Kindes, ein auf eine bestimmte Zeit beschränktes Aufenthaltsbestimmungsrecht, das Bestimmungsrecht über die Gestaltung des Umgangs[1306]. Diese Ermächtigungen sollen nicht nur die Umgangkontakte organisieren helfen, sondern auch auf die Beteiligten einwirken, welche für die Durchsetzung des Umgangsrechts bedeutsam sind[1307].

[1301] Palandt/Diederichsen 2010, § 1684 Rn. 22.
[1302] BGH, FamRZ 2002, 1099, 1100; BGH, FamRZ 2005, 706, 707; BGH, FamRZ 2007, 707, 709.
[1303] Erman/Michalski 2008, § 1684 Rn. 30.
[1304] OLG Frankfurt, FamRZ 2000, 1240.
[1305] PWW/Ziegler 2010, § 1684 Rn. 24.
[1306] BT-Drucks, 16/6308, 345.
[1307] Palandt/Diederichsen 2010, § 1684 Rn. 18.

Aus § 1684 Abs. 3 S 5 BGB ergibt sich, dass diese gerichtliche Maßnahme auf eine bestimmte Zeit zu befristen ist, was aber nicht bedeutet, dass sie nicht erneut angeordnet werden kann[1308].

(3) Anordnung der Umgangeinschränkung bzw. des Umgangsauschlusses

In § 1684 Abs. 4 BGB werden die Möglichkeiten und die damit verbundenen gesetzlichen Voraussetzungen für die gerichtliche Umgangseinschränkung (z.b. begleiteter Umgang)[1309] bzw. für die Versagung des Umgangs (Umgangsauschluss) geregelt.

Den Beurteilungsmaßstab für einen derartigen gerichtlichen Eingriff in das Umgangsrecht, und somit in das durch Art. 8 EMRK geschützte, Recht auf Familienleben, bildet erneut das Kindeswohl[1310]. Dabei wird die Frage, ob das Umgangsrecht zum Wohl des Kindes gehört, grundsätzlich bejaht. Eine Einschränkung, bzw. ein Umgangsauschluss sind deshalb nur bei einer konkreten Gefährdung möglich[1311] und müssen gleichzeitig für das Wohl des Kindes erforderlich sein[1312]. Soll dieser Eingriff für längere Zeit oder auf Dauer vorgenommen werden, so ist er gemäß § 1684 Abs. 4 S 2 BGB nur möglich, wenn andernfalls das Wohl des Kindes gefährdet wäre. Als Eingriffsschwelle gilt der Maßstab des § 1696 BGB. Außerdem kann man aus dem Wort „soweit" in § 1684 Abs. 4 S 1 BGB auch ableiten, dass für eine Einschränkung des Umgangsrechtes bzw. für einen Umgangsausschluss der Grundsatz der Verhältnismäßigkeit zu gelten hat, weshalb das Gericht zu einer solchen Intervention erst dann greifen sollte, wenn keine weniger einschneidenden Maßnahmen für das zu erreichende Ziel (Schutz des Kindeswohls) zur Verfügung stehen[1313].

Nachdem das Gesetz an dieser Stelle keine konkreten Beispiele für die Gefährdung des Kindeswohles aufzählt bzw. sie auf keine andere Weise näher spezifiziert, kann man diese nur aus der Rechtsprechung bzw. der Literatur herleiten.

[1308] Palandt/Diederichsen 2010, § 1684 Rn. 20.
[1309] Vgl. dazu auch Kapitel: Art des Umgangs, S. 273.
[1310] § 1684 Abs. 4 S 1 und 2 BGB.
[1311] BVerfG, FamRZ 1983, 872; OLG Brandenburg, FamRZ 2008, 1374.
[1312] § 1684 Abs. 4 S 1 BGB.
[1313] Staudinger/Rauscher 2006, § 1684 Rn. 272.

Die angeführten Quellen zählen als Gefährdung vor allem die Gewalt[1314], wobei diese auch durch die subjektiv vorhandene Angst der Mutter vor der Gewalttätigkeit des Vaters induziert sein kann[1315]. Ferner kann man beispielhaft eine konkrete drohende Kindesentführungsgefahr[1316] (eine abstakte Gefahr reicht nicht aus)[1317] und den extremen Hass zwischen den einzelnen Elternteilen[1318] als Gefährdung des Kindeswohles anführen, wobei die bloße Verfeindung der Eltern i.d.R. nicht ausreichen dürfte[1319]. Weiterhin kann auch eine Gefahr des sexuellen Missbrauchs zur Umgangsversagung führen[1320], wobei es in der Rechtsprechung auch eine Gegenmeinung gibt, welche besagt, dass beim sexuellen Missbrauch ein Umgangsausschluss nicht zwingend ist[1321].

Im Gegensatz zu den bisher angeführten Gründen bilden ein längerer Gefängnisaufenthalt, Alkoholismus, Zugehörigkeit zu einer Sekte, Prostitution und sogar Pädophilie keinen Grund für einen Umgangsauschluss, so lange das Kind dadurch nicht gefährdet ist[1322].

(4) Umgangsverweigerung durch das Kind

Wie an einer früheren Stelle schon erwähnt wurde, sieht das Gesetz in § 1684 Abs. 1 BGB den Umgang als ein Recht und nicht als eine Pflicht des Kindes[1323], was für die Behandlung des Themas Umgangsverweigerung aus dem Blickwinkel des Kindes eine wichtige Vorbedingung darstellt.

Es stellt sich damit erneut die Frage, inwieweit eine Umgangsverweigerung durch das Kind möglich ist und ab wann dessen Willen zu berücksichtigen ist. Die Antwort darauf ist nicht einfach. Man soll sowohl die Reife und das Alter des Kindes, als auch mögliche Einflüsse auf seine Willensbildung abwägen und dementsprechend werten, wobei immer noch vereinzelt die Auffassungen vertre-

---

[1314] Ehinger, FPR 2006, 171 ff.; Kindler/Salzgeber/Fichter/Werner, FamRZ 2004, 1241 ff.
[1315] OLG Frankfurt, FamRZ 2002, 1582.
[1316] OLG Celle, FamRZ 1996, 364.
[1317] OLG Koblenz 2009, FamRZ 133.
[1318] AG Magdeburg, FamRZ 2005, 1770.
[1319] OLG Bamberg, FamRZ 1998, 969.
[1320] OLG Bamberg, NJW 1994, 1163; AG Kerpen, FamRZ 1998, 254.
[1321] OLG Celle, 1998, 971.
[1322] Palandt/Diederichsen 2010, § 1684 Rn. 30.
[1323] Vgl. Kapitel: Kinder als Inhaber des Rechts auf Umgang, S. 263.

ten werden, die auf einer früheren Entscheidung basieren, laut welcher auch ein klar geäußerter Wille des Kindes keinen absoluten Vorrang haben kann[1324]. Das können auch von Kindesseite her begründete Umgangsverweigerungsrechte sein. Deshalb war der Gerichtspraxis vorzuwerfen, dass über den Umgang öfters allein aus Sicht der Eltern entschieden hat[1325]. Als Begründung für solche Vorgangsweise wurde das Argument angeführt, dass vor allem kleinere Kinder keinen „unbeeinflussten Willen" bilden können. Rakete-Dombek fragte sich, wo man so etwas überhaupt finden kann, denn jede Erziehung ist de facto eine gewollte und gezielte Beeinflussung[1326]. Man fragt sich, wieso das Recht einem siebenjährigen Kind eine beschränkte Geschäftsfähigkeit (§ 106 BGB) bzw. eine Deliktsfähigkeit (§ 828 Abs. 1 BGB) einräumt, beim Umgang aber den Willen des Kindes teilweise oder gänzlich ignoriert[1327] und an deren Stelle den, von den Eltern reklamierten, Rechten den Vorrang einräumt. Somit wäre nicht der Kindeswille entscheidend, sondern vielmehr die Tatsachen, auf denen die Ablehnung des Kindes beruht[1328] (eine tiefe Enttäuschung, Angst vor sexuellem Missbrauch, Angst vor Gewalt usw.)[1329].

In der neueren Rechtsprechung ist jedoch ein leichter Wandel zu spüren, denn laut OLG Hamburg bietet § 1684 BGB keine Grundlage für einen Anspruch der Eltern auf den Umgang[1330]. Somit können nicht nur die Tatsachen, auf denen eine mögliche Ablehnung des Kindes beruht, eine entscheidende Rolle spielen, sondern auch der eigenständige Kindeswille selbst. Das Gericht kann ein siebenjähriges Kind, welches konsequent über mehrere Jahre einen Kontakt ablehnt, nicht zum Kontakt zwingen, sondern muss den Umgangsauschluss anordnen[1331], denn man kann davon ausgehen, dass ein vom Kind nicht gewünschter Umgang für die Beziehungen zwischen Kind und Umgangsberechtigten unter Umständen eher kontraproduktiv sein dürfte[1332].

[1324] KG, FamRZ 1985, 640.
[1325] Rakete-Dombek, FPR 2008, 492 ff.
[1326] Rakete-Dombek, FPR 2008, 492 ff.
[1327] OLG Frankfurt, FamRZ, 1993, 729; OLG Düsseldorf, FamRZ 1994, 1277.
[1328] OLG Celle, FamRZ 1998, 1458.
[1329] Palandt/Diederichsen 2010, § 1684 Rn. 33.
[1330] OLG Hamburg, FamRZ 2008, 1372.
[1331] OLG Celle, FamRZ 2008, 1369.
[1332] Gernhuber/Coester-Waltjen 2010, § 66, Rn. 9; Kindler, FPR 2007, 293.

2. Tschechische Republik

Das Recht auf Umgang wird in § 27 FaG gesetzlich geregelt. Dieses Recht wird aber auch durch internationale Übereinkommen, welche für die Tschechische Republik verbindlich sind, abgesichert. Zu diesen Einkommen zählen vor allem Art. 8 EMRK und der Art. 9 des Übereinkommens[1333].

a) Inhaber des Umgangsrechts

(1) Kinder als Inhaber des Rechts auf Umgang

Der primäre Inhaber des Rechts auf Umgang ist das Kind. Dies ist jedoch nicht aus dem heutigen Wortlaut des § 27 FaG eindeutig ersichtlich, was man als einen Mangel des geltenden Familierechts bezeichnen kann. Vielmehr muss man diese Behauptung aus Art. 9 des Übereinkommens[1334] wie auch aus der teleologischen Auslegung des gesamten Familiengesetzes ableiten. Nach Verabschiedung und Inkrafttreten des Gesetzentwurfs soll sich diese Situation jedoch ändern, denn der Gesetzentwurf verankert das Recht des Kindes auf Umgang in § 830 NOZ eindeutig.

Nachdem das Familiengesetz den Umgang nicht aus der Sicht des Kindes sondern aus der Sicht der Eltern regelt, bleibt unklar, ob der Umgang aus der Sicht des Kindes als ein Recht, eine Pflicht oder als ein Pflichtrecht einzustufen ist. Eine eindeutige Antwort darauf findet man dann auch in der einschlägigen Literatur nicht. Somit muss man erneut auf das eben zitierte internationale Übereinkommen zurückgreifen, das in der Tschechischen Republik rechtsbindend ist. Hieraus ergibt sich eindeutig, dass der Umgang aus der Sicht des Kindes ein Recht ist[1335]. Mit der Frage, ob der Umgang aus der Sicht des Kindes auch als Pflicht zu verstehen ist, befasst sich Hrušáková in ihrem Kommentar[1336]. Sie geht dabei auf zwei Entscheidungen des tschechischen Verfassungsgerichts ein. Aus einer der beiden Entscheidungen, die sich mit dem Umgangsausschluss be-

---

[1333] BGBl. II S. 990 ff.;
http://www.bmfsfj.de/Kategorien/Publikationen/Publikationen,did=3836.html.
[1334] BGBl. II S. 990 ff.;
http://www.bmfsfj.de/Kategorien/Publikationen/Publikationen,did=3836.html.
[1335] Vgl. Art. 9 des Übereinkommen.
[1336] Komentář/Hrušáková, 4. Aufl. 2009, § 27 S. 106.

fassen, geht hervor, dass „bei allem Respekt vor den Rechten des Kindes ein Umgangsauschluss nur dann möglich ist, wenn ein triftiger Grund, welcher sonnst zur Aufhebung der elterlichen Verantwortung führt, vorgelegt wird"[1337]. Daraus könnte man ableiten, dass die heutige Auslegung der elterlichen Verantwortung samt der Koppelung des Umgangsrechts an diese vor allem den Eltern dienen soll und das Kind, wenn kein Ausschlussgrund auf der Seite der Eltern vorliegt, verpflichtet ist, den Umgang mit den Eltern auch wahrzunehmen. Eine derartige Auslegung bedeutet jedoch, dass Pflichten geschaffen werden, die gesetzlich nicht verankert sind.

Unter Berücksichtigung einer solchen Auslegung der erwähnten verfassungsrechtlichen Entscheidung formulierte das tschechische Verfassungsgericht bei einer späteren Entscheidung zur gleichen Thematik seine Aussage etwas um, indem es feststellte, dass die Interessen des Kindes, sein Wille und seine Entwicklung zu respektieren seien und dass eine gerichtliche Entscheidung Wert darauf legen müsse, die psychosoziale Entwicklung des Kindes weder durch einen Umgangsauschluss, noch durch eine Umgangserzwingung zu beeinträchtigen[1338].

Daraus kann man ableiten, dass das Kind den Umgang mit den Eltern grundsätzlich wahrnehmen soll, jedoch vor allem unter Berücksichtigung seines Willens[1339] und seiner Entwicklung und dass der Umgang mit den Eltern nicht um jeden Preis erzwungen werden kann. Auch diese Diskussion wird nach Verabschiedung und Inkrafttreten des Gesetzentwurfes an Bedeutung verlieren, da dann der Umgang eindeutig als Recht und nicht als Pflichtrecht definiert ist.

(2) Eltern als Inhaber des Rechts auf Umgang

Aus Sicht der Eltern stellt der Umgang ein gegenseitiges Recht dar[1340], obwohl man in § 27 FaG keine Angabe dazu findet, ob der Umgang aus Sicht der Eltern eine Pflicht, ein Recht oder ein Pflichtrecht ist. Dies ist auf die gesetzliche Vermutung zurückzuführen, dass sich Eltern in aller Regel über den Ort, die Art, die

---

[1337] III. ÚS 125/1998 in N 105/12 SbNU 87.
[1338] I. ÚS 315/2003 in U 36/33 SbNU 559.
[1339] § 31 Abs. 3 FaG.
[1340] Komentář/Hrušáková, 4. Aufl. 2009, § 27 S. 105.

Dauer und die Häufigkeit des Umgangs einigen[1341]. Dies ist jedoch nicht immer der Fall.

Nachdem das Gesetz weder in § 27 FaG, noch an einer anderen Stelle eine Umgangsverpflichtung vorschreibt, wird der Umgang aus Sicht der Eltern als ein Recht und nicht als ein Pflichtrecht wahrgenommen. Außerdem ist man der Meinung, dass die Verpflichtung eines Elternteils zum Umgang nicht dem Kindeswohl dienen könnte, da ein erzwungener Kontakt i.d.R. weder auf die psychosoziale Entwicklung des Kindes noch auf die Eltern-Kind-Beziehung einen positiven Einfluss haben kann[1342].

Dies wird sich ändern, denn der Gesetzentwurf bringt in dieser Hinsicht eine Umgestaltung. Gemäß § 829 NOZ ist der Umgang aus Elternsicht ein Pflichtrecht. Obwohl diese Änderung eine gewisse Annäherung des tschechischen Rechts an das deutsche darstellt, ist eine solche Betrachtung mit einigen bereits angeführten Bedenken verbunden, und die konkreten Vorteile eines erzwungenen Umgangs sind hiernach eher strittig[1343].

(3) Andere Bezugspersonen

Das Recht auf Umgang des Kindes mit anderen Bezugspersonen ist ebenfalls in § 27 FaG verankert. Gemäß § 27 Abs. 4 FaG kann das Gericht den Umgang (Kontakt) des Kindes mit seien Großeltern und seinen Geschwistern regeln. Voraussetzungen für eine solche Regelung sind laut Gesetz das Interesse des Kindes und dessen familiären Verhältnisse.

Das Gesetz sieht das Recht auf Umgang mit dem Kind neben den Eltern für zwei weitere Gruppen vor und zwar für die Großeltern einerseits und die Geschwister andererseits.

Für weitere Bezugspersonen mit sozial-familiärer Beziehung zum Kind ist der Umgang gesetzlich nicht vorgesehen. Trotzdem gibt es in der Tschechischen Republik eine Mindermeinung, welche besagt, dass man den Umgang ausnahmsweise auch einer Person, die eine „tiefe Gefühlsbeziehung" zum Kind hat,

---

[1341] § 27 Abs. 1 FaG.
[1342] Vgl. Kapitel Rechtsnatur, S. 257.
[1343] Vgl. Kapiteln: Rechtsnatur, S. 257; Zusammenfassung der Unterschiede der beiden Rechtssysteme, S. 260.

einräumen sollte[1344]. Nachdem das tschechische Familiengesetz dafür keine rechtliche Grundlage kennt, müsste man laut Holub den Art. 3 des Übereinkommens[1345] analog zu § 27 Abs. 4 FaG nutzen[1346]. Die h.M. sieht eine solche Analogie als unzulässig an, denn sie geht weit über die vorgesehene Gesetzesgrenze hinaus[1347].

(a) Großeltern und Geschwister

Die gesetzliche Verankerung des Umgangsrechts für Großeltern und Geschwister ist wichtig, denn in Fällen, in denen sich die Eltern nicht über die Ausübung des Umgangs einigen können, und speziell bei Eltern, die zerstritten sind, wird deren Zerwürfnis oft auch auf die Geschwister und auf die Großeltern übertragen. In solchen Fällen besteht das Risiko, dass wertvolle Beziehungen unterbrochen werden, wenn Elternteile, die das Kind versorgen, den Umgang verhindern[1348].

Für den Umgang des Kindes mit seinen Großeltern und Geschwistern sieht das Gesetz zwei Voraussetzungen vor, die bereits erwähnt wurden: zum einen das Interesse des Kindes und zum anderen dessen familiäre Verhältnisse. Unter dem „Interesse des Kindes" versteht man vor allem das Interesse an der Beibehaltung der bisherigen Beziehungen[1349], wie auch an der Unterhaltung von Kontakten innerhalb der Großfamilie[1350]. Erstens spielt bei der sozialen Entwicklung des Kindes das Empfinden für eine Familie als engen und vertrauten Personenkreis eine entscheidende Rolle, zweitens sind es oft die Großeltern, die bei der Kindeserziehung mithelfen, weil sie beispielsweise mit dem Kind in einem Haushalt wohnen[1351] und dadurch eine enge Beziehung zum Kind aufbauen. Unter der weiteren Voraussetzung „familiäre Verhältnisse" versteht man, dass eine interne Einigung über die Ausgestaltung des Umgangsrechts nicht erreicht werden

---

[1344] Holub, 8. Aufl. 2007, § 27 S. 83.
[1345] BGBl. II S. 990 ff.;
http://www.bmfsfj.ae/Kategorien/Publikationen/Publikationen,did=3836.html.
[1346] Holub, 8. Aufl. 2007, § 27 S. 83.
[1347] Komentář/Hrušáková, 4. Aufl. 2009, § 27 S. 110.
[1348] Jurčíková, UP Olomouc 2005, S. 49.
[1349] Králíčková, Právo a rodina 8/1999, 4.
[1350] Komentář/Hrušáková, 4. Aufl. 2009, § 27 S. 110.
[1351] Králíčková, Právo a rodina 8/1999, 4.

konnte[1352] und erst die Umstände die Einräumung des Umgangsrechts ermöglichen[1353].

Wenn man über den Umgang des Kindes mit seinen Geschwistern urteilen
möchte, muss man zuerst die Ausgangslage näher betrachten. Haben Eltern
mehrere gemeinsame Kinder und kommt es zwischen ihnen bei einer Trennung
nicht zu einer Einigung, wer die Versorgung (Obhut) für die Kinder übernimmt,
ist eine gerichtliche Entscheidung notwendig[1354]. Kommt es zur gerichtlichen
Entscheidung über die Versorgung der gemeinsamen Kinder, wird i.d.R. vom
Grundsatz ausgegangen, dass einzelne Kinder nicht voneinander zu trennen
sind, wenn dies nicht zwingend erforderlich ist[1355]. Kommt es trotzdem zur
Trennung der Geschwister, kann eine Vertiefung der geschwisterlichen Beziehungen anhand eines regelmäßigen Kontakts zwischen den Geschwistern erreicht werden[1356].

Bei der gerichtlichen Entscheidung über die Einräumung des Umgangs zwischen dem Kind und seinen Großeltern wird das Gericht i.d.R. auch in Erwä-
gung zu ziehen haben, ob es nicht die Großeltern waren, die hinter der Trennung
der Eltern stehen bzw. inwieweit sie die Trennung beeinflusst haben[1357].

Im Übrigen gelten für den Umgang zwischen dem Kind und seinen Großeltern
bzw. seinen Geschwistern die gleichen Bedingungen und Voraussetzungen, wie
bei dem Umgang zwischen einem Kind und seinen Eltern.

(b) Änderungen durch den Gesetzentwurf

Der Gesetzentwurf beinhaltet keine Regelung über den Umgang des Kindes mit
seinen Großeltern, Geschwistern bzw. anderen Bezugspersonen. Dies ist ein of-
fensichtlicher konzeptioneller Fehlgriff bzw. eine Gesetzeslücke.

Man könnte zwar damit argumentieren, dass es überflüssig erscheint, den Umgang für Großeltern und Geschwister explizit zu regeln, da das Kind bei klassischen familiären Beziehungen beim Umgang mit dem nicht Obhut habenden

---

[1352] Komentář/Hrušáková, 4. Aufl. 2009, § 27 S. 110.
[1353] Holub, 8. Aufl. 2007, § 27 S. 82.
[1354] § 26 Abs. 3 FaG i.V.m. § 26 Abs. 1 FaG.
[1355] Jurčíková, UP Olomouc 2005, S. 49.
[1356] R 45/70.
[1357] Jurčíková, UP Olomouc 2005, S. 49.

Elternteil die Möglichkeit hat, seine Großeltern bzw. seine Geschwister zu sehen und mit ihnen in Kontakt zu treten. Dies dürfte jedoch nicht der Regelfall sein. Außerdem wäre es wünschenswert, wenn das Gesetz auch jene Bezugspersonen einbezieht, die eine sozial-familiäre Beziehung zum Kind haben[1358], denn sie haben ja ohne Einwilligung der Eltern keine Chance, einen Kontakt zum Kind aufzubauen und auch zu pflegen. Man kann deshalb nur dafür plädieren, dass dieser Teil des Gesetzentwurfs noch einmal überdacht und abgeändert wird.

b) Ausgestaltung und Wahrnehmung des Umgangsrechts

Das geltende Recht gibt in § 27 FaG de facto nur einen einzigen konkreten Hinweis zur Ausgestaltung des Umgangs. Dieser ergibt sich aus § 27 Abs. 2 S 2 FaG und besagt, dass eine wiederholte und ungerechtfertigte Versagung des Umgangs von der Seite des betreuenden Elternteils zu einer Änderung der Ausgestaltung der elterlichen Verantwortung führen kann. Damit wird dem die Versorgung habenden Elternteil die Pflicht auferlegt, dem anderen Elternteil den Kontakt zum Kind zu ermöglichen und jedes Verhalten, welches den Kontakt zwischen dem Kind und dem umgangsberechtigten Elternteil stören oder verhindern könnte, zu unterlassen.

Das Unterlassen ist sowohl in der passiven als auch in der aktiven Ausgestaltung (positives Tun) zu verstehen[1359]. Somit zählen zu den Handlungen, die unterlassen werden sollten, beispielsweise das Nichterscheinen mit dem Kind am vereinbarten bzw. angeordneten Ort, eine unentschuldigte verspätete Übergabe des Kindes, die Aufstellung von zusätzlichen Bedingungen, ausgedachte Ausreden[1360], die Diffamierung des umgangsberechtigten Elternteils vor dem Kind oder das Anbieten eines für das Kind attraktiveren Programms in der Zeit des Umgangs[1361].

Somit stellt das Gesetz in § 27 Abs. 2 S 2 FaG eine Unterlassungsverpflichtung an den Elternteil dar, der das Kind versorgt. Für den umgangsberechtigten Elternteil sieht das Gesetz keine Verpflichtung vor, weder im Sinne eines positiven

[1358] § 1685 Abs. 2 BGB.
[1359] Komentář/Hrušáková, 4. Aufl. 2009, § 27 S. 107.
[1360] Novotná, Právo a rodina 10/2007, 3.
[1361] Holub, 8. Aufl. 2007, § 27 S. 82; Komentář/Hrušáková, 4. Aufl. 2009, § 27 S. 107.

Tuns noch durch eine Unterlassungsverpflichtung, was die nicht konsequente Ausgestaltung der gesetzlichen Umgangsregelung aufzeigt, denn für einen reibungslosen Umgang ist nicht nur ein bestimmtes Maß an Kooperationsbereitschaft nötig, sondern auch das Einhalten bestimmter Regeln durch beide Elternteile.

Die Tatsache, dass das Gesetz an den umgangsberechtigten Elternteil keine Verhaltungsregeln stellt, kann theoretisch dazu führen, dass der umgangsberechtigte Elternteil dem Kind Unwahrheiten bzw. Lügen über den betreuenden Elternteil erzählt und sich dabei auf den Grundsatz beruft, dass alles, was nicht verboten ist, erlaubt sei. In der Praxis würde man in einer solchen Situation zu § 27 Abs. 3 FaG greifen, laut welchem man den Umgang im Interesse des Kindes einschränken bzw. ausschließen kann, denn eine gegenseitige Diffamierung durch die Eltern kann wohl kaum im Interesse des Kindes sein und dessen positiven psychosozialen Entwicklung dienen. Ein klarer gesetzlicher Verhaltenshinweis auch an den Umgangsberechtigten wäre deshalb sinnvoll.

Diese unbefriedigende Situation wird sich in Zukunft ändern. Der Gesetzentwurf beinhaltet in §§ 830 S 2 und 831 NOZ klare Hinweise zur Ausübung des Umgangs, welche an beide Eltern adressiert sind. Danach hat nicht nur der betreuende Elternteil, sondern auch der umgangsberechtigte Elternteil Verpflichtungen zu erfüllen.

Gemäß § 830 S 2 NOZ wird der betreuende Elternteil verpflichtet, das Kind für den Kontakt mit dem anderen Elternteil ordentlich vorzubereiten, den Umgang zu ermöglichen, aber auch mit dem anderen Elternteil zu kooperieren. In § 831 S 1 NOZ ist die Verpflichtung für beide Elternteile festgelegt, wonach alles zu unterlassen ist, was die Beziehung des Kindes zu beiden Elternteilen beeinträchtigen könnte bzw. was die Erziehung des Kindes belastet. § 831 S 2 NOZ regelt den bereits jetzt geltenden Hinweis an den betreuenden Elternteil, wonach eine ungerechtfertigte und wiederholte Versagung des Kontakts zu einer neuen Entscheidung über die Ausgestaltung der elterlichen Verantwortung führen kann[1362].

[1362] § 27 Abs. 2 S 2 FaG.

(1) Gerichtliche Anordnungen zum Umgangsverlauf

Der § 27 Abs. 2 S 1 FaG ermächtigt das Gericht, den Umfang des Umgangs zu regeln, falls dies die Erziehung und die familiären Verhältnisse erfordern[1363]. Aus dem Inhalt des § 27 Abs. 1 FaG i.V.m. mit den Worten „regelt jedoch den Kontakt"[1364] ist ersichtlich, dass eine elterliche Vereinbarung über die Ausgestaltung des Umgangs vorrangig ist[1365]. Es hat wenig Sinn, den Eltern etwas vorzuschreiben, wenn das Risiko besteht, dass die Regelungen anschließend sabotiert werden, weil sie nicht den Vorstellungen der Eltern entsprechen bzw. nicht in ihr Konzept oder ihren Zeitplan passen.

Aus § 27 Abs. 1 FaG ergibt sich noch ein weiterer Punkt. Die elterliche Vereinbarung über den Umgang braucht keine gerichtliche Genehmigung. Das Gesetz gibt den Eltern diese Freiheit aus zwei Gründen: erstens, weil eine unnötige staatliche Einmischung in die Familienverhältnisse ungerechtfertig wäre[1366], und zweitens, weil der Staat letztendlich keine effektive Chance hat, die Einhaltung der staatlich (gerichtlich) angeordneten Ausübung des Umgangsrechts zu kontrollieren, schon gar nicht für den Fall, dass sich die Eltern absprechen.

Ist eine Vereinbarung der Eltern nicht zu erreichen (i.d.R. wegen Zerstrittenheit oder wegen unterschiedlicher Vorstellungen über die Ausgestaltung des Umgangs)[1367], ist eine gerichtliche Entscheidung über die Ausgestaltung des Umgangs zu treffen[1368]. Eine solche Entscheidung beinhaltet dann auch stets eine Anordnung über die Art, den Ort, die Dauer und die Häufigkeit des Umgangs. Dabei handelt das Gericht entweder auf Antrag oder von Amts wegen. Eine bestimmte Form des Antrags ist nicht vorgegeben und auch das gesamte Verfahren ist formlos[1369].

Die gerichtliche Umgangsentscheidung kommt auch dann in Frage, wenn einer der Elternteile mit der bisherigen Ausübung des Umgangs unzufrieden ist[1370] (z.B. bei wiederholter und/oder unberechtigter Verweigerung des Umgangs)

[1363] Vgl. dazu Kapitel: Grundsatz und Normenzweck, S. 255 und Kapitel: Großeltern und Geschwister, S. 283.
[1364] § 27 Abs. 2 S 1 FaG.
[1365] Novotná, Právo a rodina 10/2007, 2.
[1366] Komentář/Hrušáková, 4. Aufl. 2009, § 27 S. 105.
[1367] Kovářová, Právo a rodina 3/2006, 3.
[1368] § 27 Abs. 2 S 1 FaG.
[1369] Kovářová, Právo a rodina 3/2006, 1.
[1370] Jurčíková, UP Olomouc 2005, S. 31, 32.

oder bei einer Änderung der Verhältnisse, die zu der früheren gerichtlichen Entscheidung bzw. Vereinbarung der Eltern geführt haben (z.B. ein Elternteil zieht weiter weg oder erkrankt, ist in Schichtarbeit tätig und dgl.)[1371].

(2) Inhalt der Anordnungen

Der konkrete Inhalt der gerichtlichen Anordnungen muss sich am Kindesinteresse orientieren. Dies ergibt sich indirekt aus § 27 Abs. 3 FaG[1372]. Neben dem Kindesinteresse hat das Gericht vor der Entscheidung noch weitere Kriterien zu berücksichtigen, wie z.B. das Alter des Kindes, seinen Gesundheitszustand, seinen gelebten Tagesablauf, schulische und außerschulische Verpflichtungen[1373], die Wünsche und den Wille des Kindes[1374], wie auch die persönlichen und familiären Verhältnisse der Eltern[1375].

Die getroffene Entscheidung sollte möglichst präzise sein, damit unterschiedliche Auslegungen vermieden werden, vor allem sollten die Art, die Zeit, die Dauer und die Häufigkeit des Umgangs geregelt werden, gegebenenfalls auch die Mitwirkung Dritter (begleiteter bzw. überwachter Umgang).

An dieser Stelle ist noch ein weiterer Punkt anzusprechen, welcher im deutschen Recht allerdings keine Rolle spielt, da die Ausgangslage unterschiedlich ist. Wie bereits erwähnt, sieht das geltende Recht den Umgang aus der Sicht der Eltern als ein Recht und nicht als eine Pflicht an[1376]. Dies ändert sich jedoch mit der Rechtsverbindlichkeit der gerichtlichen Entscheidung über den Umgang, denn ab diesem Moment wandelt sich das Recht des Elternteils zum Umgang mit seinem Kind zu einem Pflichtrecht[1377]. Es ist nicht mehr das Recht des umgangsberechtigten Elternteil, das Kind zu besuchen, sondern in der gerichtlich vorgeschriebenen Zeit sogar dessen Pflicht. Sollte ein konkreter Termin zum Umgang trotz Absprache nicht wahrgenommen werden, so hat sich der betroffene Elternteil zu entschuldigen. Nachdem die Einhaltung der Umgangsverpflichtung je-

---

[1371] § 27 Abs. 2 S 2 FaG.

[1372] I. ÚS 315/2003 in U 36/33 SbNU 559.

[1373] Holub, 8. Aufl. 2007, § 27 S. 78, 79.

[1374] Novotná, Právo a rodina 10/2007, 3.

[1375] Jurčíková, UP Olomouc 2005, S. 34.

[1376] Vgl. Kapitel: Eltern als Inhaber des Rechts auf Umgang, S. 281.

[1377] Mašek, Právo a rodina 7/2002, 9.

doch nur schwer erzwingbar ist, kann eine wiederholte Missachtung der Umgangspflicht zur erneuten Umgangsentscheidung gem. § 27 Abs. 2 S 2 FaG führen, bei der das Gericht die Missachtung entsprechend zu würdigen hat[1378] und möglicherweise sogar zum Mittel einer Einschränkung des Umgangs bzw. dessen Ausschluss greifen kann.

(a) Ort des Umgangs

Wenn aus der gerichtlichen Entscheidung nichts anderes hervorgeht, liegt es im Ermessen des umgangsberechtigten Elternteils, den Ort des Umgangs zu bestimmen. Dabei muss lediglich die Zeit und der Ort der Übergabe eingehalten werden. Als Ort der Übergabe gilt grundsätzlich der Wohnort des Kindes[1379]. Der Ort des Umgangs wird jedoch von einigen Umständen, wie z.B. der Dauer des Umgangs, der Entfernung der Wohnung des Umgangsberechtigten von der des Kindes[1380], dem Gesundheitszustand des Kindes, mitbestimmt. Lebt beispielsweise der Elternteil eine Stunde vom Wohnort des Kindes entfernt und ist die Dauer des Umgangs auf drei Stunden begrenzt worden, wird es kaum Sinn machen, in der kurzen Zeit mit dem Kind in die Wohnung des umgangsberechtigten Elternteils zu fahren. Unter solchen Voraussetzung kann der Umgang zweckmäßigerweise in einem Kinderpark, einem Zoo, auf einem Spielplatz oder in einem kindgerechten Restaurant wahrgenommen werden.

Ist aber in der gerichtlichen Entscheidung ein bestimmter Ort vorgegeben, z.B. der Spielraum einer Kinderstiftung, ein Kinderkrisenzentrum, bzw. eine andere Institution[1381], ein Psychologe[1382], ein bestimmter Spielplatz, muss der Umgang verpflichtend an diesem Ort stattfinden. Das Gericht kann außerdem bestimmen, dass der Umgangberechtigte mit dem Kind nicht ins Ausland fahren darf, was de facto auch eine gewisse Bestimmung des Umgangsortes darstellt. Andererseits

---

[1378] Macháčková, Právo a rodina 3/2003, 13, 14; Mašek, Právo a rodina 7/2002, 9, 10.
[1379] Kovářová, Právo a rodina 3/2006, 2.
[1380] Komentář/Hrušáková, 4. Aufl. 2009, § 27 S. 107.
[1381] Holub, 8. Aufl. 2007, § 27 S. 79.
[1382] Komentář/Hrušáková, 4. Aufl. 2009, § 27 S. 107.

kann der Umgangsort auch im Ausland liegen, falls ein Elternteil im Ausland wohnen sollte[1383].

(b) Art des Umgangs

Die verschiedenen Arten des Umgangs (persönlicher Kontakt, Telefon, SMS, E-Mails, Briefe usw.) wurden bereits angesprochen[1384]. An dieser Stelle scheint es dennoch wichtig, die verschiedenen Varianten des persönlichen Umgangs anzusprechen. Der persönliche Umgang kann entweder unter der Aufsicht des anderen Elternteils, eines Psychologen oder einer anderen dazu befähigten Person (sog. betreuter Umgang) stattfinden, oder ohne die Aufsicht eines Dritten. Nachdem das Familiengesetz keine spezielle gesetzliche Regelung kennt, welche sich mit der Anordnung eines betreuten Umgangs befasst, muss sich die Rechtsprechung bei der Anordnung des betreuten Umgangs auf § 27 Abs. 3 FaG stützen, denn der betreute Umgang stellt de facto eine Einschränkung des Umgangs dar. Diese Einschränkung liegt nicht nur in der Duldung eines Dritten beim dem persönlichen Kontakt, sondern i.d.R. auch in der zeitlichen Abgrenzung des Umgangs auf wenige Stunden[1385] und der Vorgabe des Umgangsortes. Auch für die umgangsrechtliche Verpflichtung eines Dritten gibt es keine Gesetzesgrundlage. Somit übernehmen die vom Gericht bestellten OSPOD-Mitarbeiter[1386], Psychologe bzw. andere Personen den Umgangsaufsichtdienst freiwillig und können nicht dazu verpflichtet oder gezwungen werden[1387].

Ein betreuter Umgang ist vor allem dann vorzunehmen, wenn die Beziehung zwischen dem Umgangsberechtigten und dem Kind nicht ausreichend ausgereift ist. Außerdem kann ein betreuter Umgang auch präventiv wirken, z.B. einer Misshandlung oder einem sexuellem Missbrauch des Kindes entgegenwirken.

[1383] Vgl. Europäisches Übereinkommen über die Ausübung von Kinderrechten vom 25.1.1996, CETS No.: 160 und Übereinkommen über den Umgang von und mit Kindern vom 15.5.2003, SEV-Nr.: 192; Verordnung (EG) Nr. 2201/2003 des Rates vom 27. November 2003 (sog. Brüssel IIa Verordnung), Celex-Nummer: 32003R2201.

[1384] Vgl. Kapitel: Grundsatz und Normenzweck, S. 255.

[1385] Komentář/Hrušáková, 4. Aufl. 2009, § 27 S. 107.

[1386] Černá, Právo a rodina 10/2007, 14.

[1387] Komentář/Hrušáková, 4. Aufl. 2009, § 27 S. 107.

Ferner kann er der Vernachlässigung des Kindes entgegenwirken und verhindern, dass der Minderjähriger Lokale aufsucht und Alkohol konsumiert[1388]. Wenn man über die Art des Umgangs spricht, rückt noch ein wichtiger Aspekt ins Blickfeld, nämlich jener des Umgang mit mehreren Kindern (i.d.R. Geschwister). Die getroffene Gerichtsentscheidung muss beinhalten (wenn es um den Umgang mit mehreren Kindern geht), ob der Umgangsberechtigte alle Kinder auf einmal bekommt oder ob es aus verschiedenen Gründen (das Alter der Kinder, der Beziehungsunterschied der einzelnen Kinder zueinander, der Gesundheitszustand der betroffenen Kinder, deren unterschiedliche Hobbys usw.) notwendig ist, den Umgang getrennt auszugestalten, so dass der Umgangsberechtigte beispielsweise einen Tag mit einem der Kinder und einen anderen Tag mit einem anderen Kind verbringt[1389].

(c) Häufigkeit und Dauer des persönlichen Umgangs

Bei der gerichtlichen Festlegung der Häufigkeit und der Dauer des Umgangs stützt das Gericht seine Entscheidung auf einige von der Rechtsprechung entwickelten Kriterien. Hierzu zählen vor allem das mehrmals erwähnte Alter des Kindes[1390], das Verhältnis des Umgangsberechtigten zum Kind, aber auch, wie viel Zeit das Kind mit dem Umgangsberechtigten vor der Entscheidung verbrachte[1391], das soziale Umfeld des Umgangberechtigten, die Fähigkeit, sich um das Kind über eine bestimmte Zeit zu kümmern[1392], die Gesundheit des Elternteils und seine psychische Stabilität[1393]. Bei älteren Kindern ist auch der geäußerte Wille des Kindes zu berücksichtigen[1394]. Außerdem wird das Gericht auch die Entfernung zwischen den Wohnorten des Kindes und des Umgangsberechtigten, wie auch die zeitliche und wirtschaftliche Lage des Umgangsberechtigten

---

[1388] Westphalová, Právo a rodina 7/2007, 20, 21.
[1389] Holub, 8. Aufl. 2007, § 27 S. 79.
[1390] Novotná, Právo a rodina 9/2006, 15.
[1391] Novotná, Právo a rodina 9/2006, 16.
[1392] Průchová, Novák, Právo a rodina 3/2004, 10.
[1393] Jurčíková, UP Olomouc 2005, S. 35, 36.
[1394] Komentář/Hrušáková, 4. Aufl. 2009, § 27 S. 107; Novotná, Právo a rodina 10/2007, 3.

i.d.R. in Betracht ziehen[1395], denn den mit dem Umgang verbundenen Kostenaufwand trägt i.d.R. der Umgangsberechtigte[1396].

Unter Berücksichtigung der angeführten bzw. der weiteren relevanten Kriterien entscheidet das Gericht über die konkrete Anzahl und über die Dauer der einzelnen Kontakte[1397]. Wenn es die Umstände erlauben, ist auf jeden Fall ein möglichst häufiger und regelmäßiger Kontakt wünschenswert[1398]. Bei Kindern sehr jungen Alters werden die einzelnen Kontakte eher von kürzerer Dauer sein, (i.d.R. also nur für ein paar Stunden und damit ausreichend Zeit z.B. für einen Spaziergang)[1399]. Bei älteren Kindern, die bereits eine stabile Beziehung zum Umgangsberechtigten haben, werden es üblicherweise Wochenendbesuche im zweiwöchigen Rhythmus sein und darüber hinaus auch ein bis zwei Wochen in den Sommerferien[1400].

(d) Änderungen durch den Gesetzentwurf

Der Gesetzentwurf bringt im Hinblick auf diese Thematik nur minimale Änderungen. So gibt § 830 S 1 HS 2 NOZ vor, dass das Gericht die Bedingungen des Umgangs festlegen kann. Gemäß § 830 S 1 NOZ gehören zu diesen Bedingungen vor allem der Ort des Umgangs, die Personen, die beim Umgang anwesend sein dürfen, und die Dauer des Umgangs. Obwohl die genannten Anforderungen an den Umgangsberechtigten in § 27 FaG nicht einzeln genannt werden, wurden sie von der Rechtsprechung bereits herausgearbeitet.

Eine weitere Änderung findet man in § 832 NOZ. Hiernach sind die Eltern verpflichtet, sich gegenseitig alles Wesentliche mitzuteilen, was die Person des Kindes und seine Interessen (z.B. Hobbys) betrifft. Es handelt sich also um eine gegenseitige Verpflichtung. Diese Regelung soll dem Umgangsberechtigten die Chance geben, sich auf den Umgang mit dem Kind besser vorzubereiten. So kann er beispielsweise mit dem Kind Dinge unternehmen, die diesem Freude bereiten. Andererseits ist der Umgangsberechtigte verpflichtet, dem betreuenden

---

[1395] Holub, 8. Aufl. 2007, § 27 S. 79.
[1396] Kovářová, Právo a rodina 3/2006, 2.
[1397] I. ÚS 112/1997 in N 35/10 SbNU 229.
[1398] I. ÚS 618/2005 in N 204/43 SbNU 279.
[1399] Komentář/Hrušáková, 4. Aufl. 2009, § 27 S. 107.
[1400] Jurčíková, UP Olomouc 2005, S. 33, 34.

Elternteil eine Auskunft darüber zu geben, was er mit dem Kind während der Dauer seines Umgangs mit diesem unternehmen will[1401]. Inwieweit diese Kommunikation in der Praxis funktionieren und ob sie rechtlich erzwingbar wird und ob eine Verletzung dieser Pflicht beispielsweise als Änderung der Verhältnisse i.S.v. § 27 Abs. 2 S 2 FaG anzusehen ist, bleibt abzuwarten.

(e) Umgangspflegschaft

Im Vergleich zum deutschen Recht kennt das geltende tschechische Familienrecht das Institut der Umgangspflegschaft nicht. Auch der Gesetzentwurf sieht ein derartiges Rechtsinstitut nicht vor.

(3) Anordnung der Umgangseinschränkung bzw. des Umgangsauschlusses

Wenn es im Interesse des Kindes nötig erscheint, schränkt das Gericht den Umgang mit dem betroffenen Elternteil ein oder verbietet ihn[1402]. Diese Anordnung kann auf eine bestimmte Zeit begrenzt oder unbefristet getroffen werden. In der Regel werden in der Tschechischen Republik solche Anordnungen auf unbestimmte Zeit getroffen, da man meist nicht eindeutig voraussehen kann, wie sich die Situation weiter entwickelt[1403].

Die angesprochenen gerichtlichen Anordnungen ändern entweder den bisherigen faktischen Zustand oder sie ändern die bisherige gerichtliche Entscheidung über den Umgang[1404]. Der faktische Zustand vor einer solchen Entscheidung spielt eine wichtige Rolle, denn man wird i.d.R. unterscheiden müssen, ob bisher ein Umgang stattgefunden hat und wie der Ablauf dieses Umgangs war, denn eine Entscheidung i.S.v. § 27 Abs. 3 FaG kann möglicherweise eine Art „Bestrafung" für das Verhalten des Umgangsberechtigten darstellen. Gerichtliche Anordnungen kommen also vor allem dann in Frage, wenn das Kind aufgrund des bisherigen Umgangs neurotisiert ist, wenn sowohl die Psyche als auch die physi-

---

[1401] Gesetzesbegründung zum NOZ: Zu §§ 829 – 832 S. 207.
[1402] § 27 Abs. 3 FaG.
[1403] Komentář/Hrušáková, 4. Aufl. 2009, § 27 S. 110.
[1404] Komentář/Hrušáková, 4. Aufl. 2009, § 27 S. 109.

sche Gesundheit des Kindes gefährdet erscheint oder wenn die Lebensweise des Umgangsberechtigten die Moral des Kindes beeinträchtigen könnte[1405] bzw. das Kind auf eine andere Art negativ beeinflusst[1406].

Durch die Anordnung einer Einschränkung oder gar des Ausschlusses beim Umgang verliert der betroffene Elternteil teilweise oder gänzlich seine Möglichkeit, auf das Kind einzuwirken. Es ist daher wichtig, diese Entscheidungen gut abzuwägen und alle Umstände hierzu sorgfältig zu prüfen[1407]. Deshalb bestellen die Gerichte vor einer solchen Entscheidung in der Regel einen Gutachter aus dem Bereich der Psychologie, gegebenenfalls aus der Psychiatrie[1408], befragen den zuständigen Kinderarzt, die Lehrer und andere Bezugspersonen des Kindes. Die mildere Art der gerichtlichen Entscheidung i.S.v. § 27 Abs. 3 FaG stellt die Umgangseinschränkung dar. Meist führt eine Umgangseinschränkung dazu, dass der Umgangsberechtigte beim Umgang mit dem Kind einen Dritten zu dulden hat. Dieser Dritte kann entweder der andere Elternteil oder ein anderes Familienmitglied sein. Weiterhin kommen als Aufsichtspersonen Lehrer, Psychologen[1409], die sozialen Mitarbeiter von OSPOD[1410], die Mitarbeiter eines Krisenzentrums[1411] oder Vertreter einer fachlich dazu geeigneten Institution in Frage[1412]. Der Grund für eine solche Entscheidung ist stets die konkrete Gefahr für die Interessen des Kindes, die Diffamierung des betreuenden Elternteils[1413] oder die Tatsache, dass - aus welchem Grund auch immer - bislang keine Beziehung zwischen dem Kind und dem Umgangsberechtigten aufgebaut werden konnte.

Die aus Sicht des Umgangsberechtigten härteste gerichtliche Anordnung stellt fraglos der Umgangsauschluss dar. Eine derartige Anordnung ist nur dann zu treffen, wenn das Interesse des Kindes dies erfordert. Als Beispiel für eine solche Situation kann man den Missbrauch oder die ernsthafte Vernachlässigung

[1405] Komentář/Hrušáková, 4. Aufl. 2009, § 27 S. 109.
[1406] Průchová, Novák, Právo a rodina 3/2004, 12.
[1407] Novotná, Právo a rodina 9/2006, 16.
[1408] Jurčíková, UP Olomouc 2005, S. 54.
[1409] Jurčíková, UP Olomouc 2005, S. 51.
[1410] KS Ústí nad Labem, sp. zn. Co 158/2004.
[1411] Komentář/Hrušáková, 4. Aufl. 2009, § 27 S. 107.
[1412] Holub, 8. Aufl. 2007, § 27 S. 81.
[1413] Komentář/Hrušáková, 4. Aufl. 2009, § 27 S. 109.

der elterlichen Verantwortung nennen[1414], aber auch eine konkrete Gefährdung der physischen[1415] und psychischen[1416] Gesundheit des Kindes.

(a) Umgangsverweigerung durch das Kind

Bei der Ausgestaltung des Umgangs ist auch der Kindeswille ein wichtiger Faktor[1417]. In § 31 Abs. 3 FaG ist das Informations- und Anhörungsrecht verankert, welches auch für die gerichtliche Entscheidung die Grundlage hinsichtlich der Ausgestaltung des Umgangs bildet. Nach dieser Regelung ist das Kind in einer solchen Situation berechtigt, sich zur Ausgestaltung des Umgangs zu äußern. Eine derartige Befragung ist entweder (vor allem bei größeren und reiferen Kindern) direkt vor dem Gericht möglich oder mit Hilfe eines Psychologen, eines psychologischen Gutachtens oder auf andere dem Alter des Kindes entsprechende Weise[1418].

Inwieweit das Kind mit seiner Willenserklärung den Umgang tatsächlich verweigern kann, ist jedoch fraglich. In § 31 Abs. 3 FaG ist von einer „eigenen Meinung" die Rede. Somit ist der erste Grundsatz vorgegeben. Der geäußerte Wille des Kindes muss dem tatsächlichen Willen des Kindes entsprechen und nicht dem Willen des betreuenden Elternteils, der z.B. gegen den Umgang des Kindes mit dem anderem Elternteil ist. Ein Loyalitätskonflikt liegt in einer solchen Situation sehr nahe[1419]. Bei älteren Kindern vor allem im heranwachsenden Alter ist der Wille des Kindes zu respektieren, denn man kann davon ausgehen, dass das Kind die Bedeutung des Umgangs selbst einschätzen kann[1420].

Damit eröffnet sich für das Kind der Weg für eine effektive Umgangsverweigerung. Es ist ein schmaler Grat zwischen dem allzu schnellen Nachgeben bei Umgangsverweigerung einerseits und der auf Kosten letztlich des konkreten Kindes erfolgenden Durchsetzung allgemeiner umgangsrechtlichen Prinzipien andererseits. Nach Ansicht des tschechischen Verfassungsgerichts ist aber der

---

[1414] III. ÚS 438/2005 in U 15/43 SbNU 661.

[1415] R 96/1967 (IC Aspi 596 JUD).

[1416] Komentář/Hrušáková, 4. Aufl. 2009, § 27 S. 109.

[1417] Novotná, Právo a rodina 10/2007, 3.

[1418] III. ÚS 125/1998 in N 105/12 SbNU 87.

[1419] Holub, 8. Aufl. 2007, § 27 S. 80.

[1420] Holub, 8. Aufl. 2007, § 27 S. 81.

Wille des Kindes zu respektieren. Eine gerichtliche Entscheidung muss deshalb Wert darauf legen, die psychosoziale Entwicklung des Kindes weder durch einen Umgangsauschluss noch durch eine Umgangserzwingung zu beeinträchtigen[1421]. Ein Kind, welches anhand seiner Reife in der Lage ist, seinen Willen selbst zu bilden, kann man gegen seine ablehnende Haltung nicht zum Umgang zwingen. Eine solche Handlung ist für die Beziehungen zwischen Kind und Umgangsberechtigten eher als kontraproduktiv einzustufen.

(b) Änderungen durch den Gesetzentwurf

Was den Gesetzentwurf betrifft, bringt dieser auf diesem Gebiet keine Änderung, sondern übernimmt wortwörtlich die Regelung des § 27 Abs. 3 FaG in § 833 Abs. 2 NOZ.

E. Zusammenfassung der Unterschiede

Wie aus der bisherigen Abhandlung ersichtlich, gibt es bei den gesetzlichen Regelungen, die sich mit dem Inhalt des Umgangs beschäftigen, einige Unterschiede:

So macht das deutsche Recht das Kind in § 1684 Abs. 1 HS 1 BGB eindeutig zum Hauptinhaber des Rechts auf Umgang und verankert somit eindeutig diesen Rechtsanspruch. Im tschechischen Recht hingegen fehlt eine entsprechende Regelung[1422]. Somit fehlt auch eine eindeutige gesetzliche Aussage dazu, ob der Umgang primär ein Recht des Kindes ist, das für das Kind und dessen positive sozial-familiäre Entwicklung geschaffen wurde. Diese Gesetzeslücke wird mit dem Gesetzentwurf geschlossen, da dieser das Recht des Kindes auf Umgang explizit festschreibt und dieses Recht auch an die erste Stelle (also vor das Pflichtrecht der Eltern) stellt[1423]. Das Fehlen dieses Rechtsanspruchs für das Kind in der bisherigen tschechischen Gesetzgebung führte in der Tschechischen

---

[1421] I. ÚS 315/2003 in U 36/33 SbNU 559.
[1422] § 27 FaG.
[1423] § 830 NOZ.

Republik zu der Diskussion, ob der Umgang letztlich nicht sogar als Pflicht des Kindes gegenüber seinen Eltern einzustufen ist[1424]. Diese Diskussion wurde mit der Entscheidung des tschechischen Verfassungsgerichts aus dem Jahr 2003[1425] beendet und sollte vor allem nach Verabschiedung und Inkrafttreten des Gesetzentwurfs endgültig der Vergangenheit angehören.

Der nächste Unterschied liegt in der Einstufung des Umgangs aus elterlicher Sicht. In Deutschland wird der Umgang aus dem Blickwinkel der Eltern als Pflichtrecht wahrgenommen, in der Tschechischen Republik lediglich als ein Recht. Das Siegel des Pflichtrechts bekommt der Umgang erst zum Zeitpunkt der gerichtlichen Entscheidung über die Ausgestaltung des Umgangs[1426]. Auch das wird der Gesetzentwurf ändern, denn der Umgang wird aus der Sicht der Eltern zum Pflichtrecht hoch gestuft[1427]. Wenn man aber die Grundsätze und den Zweck der gesetzlichen Umgangsregelungen einbezieht, die alle darauf Bezug nehmen, dass der Umgang primär dem Kindeswohl bzw. dem Interesse des Kindes zu dienen hat, darf die Frage erlaubt sein, ob ein erzwungener Umgang dem Kindeswohl bzw. dem Kindesinteresse überhaupt dienlich sein kann[1428]. Dies dürfte wohl nur selten der Fall sein.

Was die Inhaberschaft des Rechts auf Umgang für weitere Personen (also außer dem Kind und seinen Eltern) angeht, ist die deutsche Regelung umfassender ausgelegt, denn das deutsche Gesetz sieht diese Berechtigung nicht nur für Großeltern und Geschwister, sondern auch für Bezugspersonen vor, die eine sozial-familiäre Beziehung zum Kind haben[1429]. Eine entsprechende Regelung ist dem tschechischen Familienrecht bislang fremd und auch der Gesetzentwurf sieht eine derartige Erweiterung des Umgangs nicht vor, im Gegenteil. Der Gesetzentwurf lässt eine Umgangsregelung für die Großeltern und Geschwister weg, was letztlich eine Verengung der bisherigen Regelungen bedeutet. Ob dies der Schritt in die richtige Richtung ist, ist mehr als fraglich. Auch Argumente, dass solche Regelungen überflüssig erscheinen, weil Kontakte mit den Großeltern bzw. anderen Mitgliedern einer großen Familie im Laufe des Umgangs mit

---

[1424] Vgl. Kapitel: Kinder als Inhaber des Rechts auf Umgang, S. 280.

[1425] I. ÚS 315/2003 in U 36/33 SbNU 559.

[1426] Mašek, Právo a rodina 7/2002, 9.

[1427] § 829 NOZ.

[1428] Wanitzek, FamRZ 2009, 1280; BVerfG, FamRZ 2008, 845; Komentář/Hrušáková, 4. Aufl. 2009, § 27 S. 105.

[1429] § 1685, Abs. 2 BGB.

dem umgangsberechtigten Elternteil stattfinden können, überzeugen nicht, da sich die innerfamiliären Verhältnisse in einzelnen Familien zum Teil erheblich voneinander unterscheiden.

Auch die gesetzlichen Hinweise zur faktischen Ausgestaltung bzw. zu gerichtlichen Entscheidungen über die Ausgestaltung des Umgangs gehen in den miteinander verglichenen Rechtssystemen auseinander. So ist das deutsche Recht im Vergleich zum tschechischen erheblich konkreter und präziser[1430].

Bei den einzelnen gerichtlichen Anordnungen zum Umgangsverlauf ist vor allem hervorzuheben, dass das Gericht in Deutschland nach § 1684 Abs. 3 S 1 BGB auch die Umgangsausübung gegenüber einem Dritten regeln kann, der beispielsweise das Kind beim umgangsberechtigten Elternteil treffen soll oder umgekehrt beim Umgang nicht dabei sein darf[1431]. Derartige Regelungsmöglichkeiten sieht das tschechische Familiengesetz nicht vor.

Auch der sog. begleitete Umgang wird im tschechischen Familiengesetz nicht explizit geregelt, was man im Vergleich mit den einschlägigen Regelungen in Deutschland als Gesetzeslücke bezeichnen kann, da die deutschen Regelungen sogar die Möglichkeit vorsehen, einen Dritten zur Umgangsbegleitung und zur Umgangspflegschaft zu verpflichten[1432]. Dennoch, wird ein begleiteter Umgang mit Hilfe der Rechtsprechung auch in der Tschechischen Republik praktiziert. Wegen der fehlenden Gesetzesgrundlage (im geltenden Recht wie auch im Gesetzentwurf), können die Gerichte Dritte jedoch nicht verpflichten, eine Umgangsbegleitung zu übernehmen. Eine derartige Verpflichtung ist nur mit ihrer Zustimmung und auf der Basis einer freiwilligen Mitarbeit möglich[1433].

Was die weiteren gerichtlichen Anordnungen im Zusammenhang mit dem Umgang betrifft (Ort, Dauer und Häufigkeit des Umgangs, ferner dessen Einschränkung und Ausschluss), verfolgen beide Rechtssysteme eine weitgehend identische Linie[1434].

[1430] Vgl. Kapiteln: Ausgestaltung und Wahrnehmung des Umgangsrechts, S. 269 ff. und 285 ff.
[1431] Palandt/Diederichsen 2010, § 1684 Rn. 15.
[1432] § 1684 Abs. 3 S 3 bis 6 BGB.
[1433] Vgl. Kapitel: Art des Umgangs, S. 290.
[1434] Zur Einzelheiten vgl. Kapiteln: Inhalt der Anordnungen, S. 271 ff. und 288 ff.

IV. Zusammenfassung

Das Recht des Eltern-Kind-Verhältnisses stellt einen wichtigen Bereich des Familienrechts dar, der das sowohl in Deutschland als auch in der Tschechischen Republik Teil des Zivilrechts ist. Das Familienrecht bildet in Deutschland einen Bestandteil des BGB, also des deutschen Zivilkodex. In der Tschechischen Republik ist das Familienrecht im Familiengesetz (Lex specialis zum tschechischen Zivilkodex[1435]) enthalten. Dieser Zustand wird sich nach der Verabschiedung und dem Inkrafttreten des Gesetzentwurfs des neuen Zivilkodex (NOZ) ändern, denn dieser sieht eine Inkorporierung des Familienrechts vor.

Die systematische Einordnung der familienrechtlichen Regelungen und somit auch jener Normen, welche das Eltern-Kind-Verhältnis ordnen sollen, ist nicht der einzige Unterschied in den beiden verglichenen Rechtssystemen. Nicht alle Unterschiede sind auf den ersten Blick erkennbar, doch mit Hilfe der Rechtsvergleichung werden sie deutlich. Sowohl die Unterschiede im System als auch die im konkreten Einzelfall sind interessant. Im direkten Vergleich der Einzelnormen beider Rechtssysteme werden sowohl die Stärken als auch die Schwächen der beiden Rechtssysteme und der einzelnen Regelungen jeweilig erkennbar. Außerdem kann man bei einem Vergleich der ausgewählten Regelungen erkennen, ob bestimmte Änderungen, welche in einem der beiden Rechtssysteme erst angestrebt werden, im anderen bereits enthalten und ob damit Vor- oder Nachteile verbunden sind. Auf der Grundlage dieser Erkenntnis kann eine neue und damit andere Lösungsvariante gesucht werden. Werden die Schwächen im konkreten Fall erkannt, können gleich gelagerte Fehler, Ungenauigkeiten oder Gesetzeslücken vermieden werden. Andererseits können aber vom jeweils anderen Rechtssystem Regelungen übernommen werden oder es kann sogar zu einer Gesetzesänderung anregen, wenn erkennbar wird, dass eine bestimmte Regelung im anderen Rechtssystem zufrieden stellender funktioniert.

Um die einzelnen Unterschiede der miteinander verglichenen Regelungen, welche das Eltern-Kind-Verhältnis betreffen, aufzudecken, war es wichtig, auf die in Frage kommenden Gesetze näher einzugehen. Anhand der Beschreibung und

---

[1435] Občanský zákoník (OZ) Nr. 40/1964 Slg.

Darlegung der einzelnen Regelungen wurden zunächst die sprachlichen Differenzen herausgearbeitet, um dann im nächsten Schritt die inhaltlichen und funktionellen Unterschiede wie auch ihre konkreten Auswirkungen auf den Einzelfall zu ermitteln. Dabei konnte man gelegentlich zu dem Ergebnis kommen, dass nicht jede sprachliche Differenz einen inhaltlichen oder funktionellen Unterschied mit sich bringt. Das wird schon aus der Begriffswahl jener Regelungen deutlich, welche sich mit dem Eltern-Kind-Verhältnis befassen. Die deutsche Rechtsordnung benutzt den Begriff „elterliche Sorge", die tschechische die Bezeichnung „elterliche Verantwortung". Inhaltlich decken sie die gleiche Thematik ab, wobei in der Tschechischen Republik die „elterliche Verantwortung" aufgrund der Einbeziehung des Kindesunterhalts derzeit noch breiter angelegt ist. Nach der Verabschiedung und dem Inkrafttreten des Gesetzentwurfes werden sich aber die erwähnten Begriffe inhaltlich decken, denn der Kindesunterhalt wird nicht mehr unter der elterlichen Verantwortung erfasst, sondern als eine selbständige Pflicht, welche aus dem Institut der rechtlichen Elternschaft und nicht aus dem der elterlichen Verantwortung abzuleiten ist.

Was die systematische Einordnung der Regelungen der elterlichen Sorge bzw. Verantwortung in den fraglichen Gesetzen betrifft, so ist die geltende Fassung des tschechischen Familiengesetzes im direkten Vergleich mit der Systematik der familienrechtlichen Regelungen im Rahmen des BGB zu bemängeln, da ein so wichtiger Teilbereich des Familienrechts wie die elterliche Verantwortung eine systematische und übersichtliche Einordnung in einem separaten Abschnitt des Gesetzes verdient hätte. Das Familiengesetz regelt die elterliche Verantwortung aber sowohl bei den „ehelichen Regelungen", als auch bei jenen, welche die „Beziehungen zwischen Eltern und Kindern" betreffen. Der Gesetzentwurf schafft diese systemwidrige Einordnung ab, da er - endlich - alle Regelungen der elterlichen Verantwortung in einem eigenen Abschnitt zusammenfasst.

Nicht nur die in den gesetzlichen Regelungen, welche das Eltern-Kind-Verhältnis betreffen, verwendeten Bezeichnungen, sondern auch deren Bedeutungen weisen im direkten Vergleich der beiden Rechtsordnungen miteinander Unterschiede auf. Das tschechische Recht definiert die elterliche Verantwortung in § 31 Abs. 1 FaG als „Summe von Rechten und Pflichten der Eltern" und nicht als „Summe von Pflichten und Rechten", wie es im deutschen Recht in § 1626 Abs. 1 BGB zu finden ist. Die Rangfolge der beiden Begriffe „Pflicht" und „Recht" ist insoweit relevant, weil sie die besondere Bedeutung des Eltern-Kind-Verhältnisses zum Ausdruck bringt. Für eine Auslegung der einzelnen Regelungen der elterlichen Sorge bzw. Verantwortung ist es wichtig zu wissen, ob diese primär zum Nutzen des Kindes oder der Eltern geschaffen worden sind. Wenn, wie im deutschen Recht, eindeutig geregelt ist, dass die Eltern in erster Linie Pflichten und dann erst Rechte haben, ist daraus erkennbar, dass die sorgerechtlichen Regelungen vorrangig dem Kind zu dienen haben. Steht bei der elterlichen Sorgerechtsdefinierung die Bezeichnung „Rechte" vor „Pflichten", kann dies dazu führen, dass die angesprochene Auslegung der einzelnen Regelungen nicht mehr so eindeutig für das Kind ausfällt oder zumindest bestritten werden kann. Es steht aber außer Frage, dass der eigentliche Sinn und Zweck aller Regelungen zur elterlichen Sorge und zur elterlichen Verantwortung nur das Wohl des Kindes sein kann, und dass dabei dessen Interessen möglichst umfänglich zu schützen sind. Um diese Zielsetzung zu betonen und unterschiedliche Auslegungen über den hauptsächlichen Zweck der Regelungen der elterlichen Verantwortung zu unterbinden, stellt der Gesetzentwurf bei der Erläuterung der elterlichen Verantwortung in § 800 NOZ den Begriff „Pflicht" vor den des „Rechts" und passt damit das tschechische Recht gleichzeitig an das deutsche an.

Wie aus den bisherigen Ausführungen und den einzelnen Kapiteln dieser Arbeit ersichtlich ist, wird die Verabschiedung und das Inkrafttreten des Gesetzentwurfs in der Tschechischen Republik die in dieser Arbeit miteinander verglichenen Regelungen einander weiter annähern. Diese Annäherung bedeutet aber keineswegs eine vollständige Angleichung, denn es bleiben nach wie vor einige zum Teil systematische Unterschiede.

Als Beispiel für einen solchen bewusst eingearbeiteten Unterschied, mit dem weitere Besonderheiten zusammenhängen, kann man die Nichtberücksichtigung der unterschiedlichen Rechtsverhältnisse zwischen den Eltern bei der Geburt eines Kindes in der Tschechischen Republik, und zwar sowohl im geltenden Familiengesetz als auch im Gesetzentwurf, nennen. Die Absicht, welche zu dieser Außerachtlassung führte, war nämlich, alle Kinder gleich zu behandeln, und zwar unabhängig davon, ob die Eltern miteinander verheiratet sind oder nicht. Damit wollte man jedwede Diskriminierung von nicht in einer Ehe geborenen Kindern vermeiden. Wie das deutsche Recht zeigt, führt jedoch eine Berücksichtigung der unterschiedlichen Rechtsverhältnisse zwischen den Eltern bei der Geburt eines Kindes nicht zu einer Diskriminierung von außerhalb der Ehe geborenen Kindern. Im Gegenteil: Es gibt, wie aus den einzelnen Kapiteln dieser Arbeit ersichtlich ist, durchaus auch positive Seiten, denn eine künstliche Gleichstellung ungleicher Situationen kann unter anderem dazu führen, dass Eltern andere, rechtlich zulässige Wege suchen, um die künstliche Gleichstellung zu umgehen. Dieser Ausweg kann aber mit Nachteilen für das Kind verbunden sein. Als Beispiel dafür kann das Verschweigen des leiblichen Vaters (Erzeugers) bei der Geburt eines nicht ehelich geborenen Kindes durch die Mutter angeführt werden[1436]. Die vom Gesetz vorgesehene gemeinsame elterliche Verantwortung soll auf diese Weise verhindert werden. Ein derartiges Resultat dient sicherlich nicht dem Kindeswohl und widerspricht auch dem Sinn und Zweck von sorgerechtlichen Regelungen im Allgemeinen. Unverständlich bleibt, warum dieser mit Blick auf nicht ehelich geborene Kinder konzeptionelle und auch praxisrelevante Fehlgriff in den tschechischen Gesetzentwurf übernommen wurde, anstatt sich an der deutschen Rechtsordnung zu orientieren und diese, gegebenenfalls mit gewissen kleineren Änderungen, zu übernehmen. Damit hätte man die unterschiedlichen Verhältnisse zwischen den Eltern des Kindes berücksichtigen können, dabei aber auch die dominante Rolle der unverheirateten Mutter, welche ihr das deutsche Recht im Zusammenhang mit der Übertragung der gemeinsamen Sorge einräumt, zu Gunsten des Vaters korrigieren können. Eine derart modifizierte Übernahme der deutschen Gesetzeslage hätte eine direkte Auswirkung auf die Ausgestaltung der elterlichen Verantwortung und somit auf die einzelnen Sorgerechtsmodelle gehabt. Dies ist aber versäumt worden.

Einen weiteren beachtlichen Unterschied in der Systematik der hier miteinander verglichenen Rechtsordnungen, die weitere Gegensätzlichkeiten im Rahmen der elterlichen Sorge bzw. Verantwortung mit sich bringt, stellt die „vorzeitige Volljährigkeit" und somit die volle Geschäftsfähigkeit dar. Die, mit der Eheschließung einer natürlichen Person nach der Vollendung des 16. Lebensjahres erreichte „vorzeitige Volljährigkeit" in der Tschechischen Republik verleiht der noch nicht 18 Jahre alten Person den gleichen zivilrechtlichen Status, den ansonsten eine volljährige Person innehat.

[1436] Vgl. Kapitel: Einblick in die Rechtspraxis, S. 144.

Auch im Rahmen des Umgangsrechts als eines Teilbereichs sowie einer Ergänzung der elterlichen Sorge bzw. Verantwortung sind greifbare Unterschiede zwischen den miteinander verglichenen Rechtsordnungen zu finden. So macht das tschechische Recht keine eindeutige Aussage dazu, wem der Umgang primär zu dienen hat. Diese Unschlüssigkeit wird erst mit dem Gesetzentwurf abgeschafft, welcher eindeutig definiert, dass der Umgang ein Kindesrecht ist. Das deutsche Umgangsrecht ist sowohl bei der gesetzlichen Definition des Umgangs als auch bei den einzelnen Umgangsberechtigten präziser und umfassender, denn es verankert eindeutig auch den Umgang des Kindes mit jenen Personen, die eine sozial-familiäre Beziehung zum Kind haben. Außerdem sieht das deutsche Recht im Rahmen der umgangsrechtlichen Regelungen vor, einen Dritten zur Umgangspflegschaft bzw. Umgangsbegleitung zu verpflichten, was in der Tschechischen Republik nur dank der Rechtsprechung und nur aufgrund freiwilliger Zustimmung durch die vom Gericht bestellten Personen angeordnet werden kann, denn eine Gesetzesgrundlage dazu gibt es im tschechischen Familiengesetz nicht.

Am Ende erscheint es wichtig, noch einmal auf die eigentliche Hauptperson einzugehen, der die sorgerechtlichen Regelungen sowohl in Deutschland als auch in der Tschechischen Republik primär zu dienen haben. Diese Schlüsselperson ist das minderjährige Kind. In den beiden miteinander verglichenen Rechtssystemen wird das Kind selbst mit einigen eigenen Rechten ausgestattet. Eines davon ist das Anhörungsrecht i.S.v. 159 FamFG und § 31 Abs. 3 FaG (bzw. § 809 NOZ im Gesetzentwurf), welches aus Kindessicht wohl eines seiner wichtigsten Rechte im Verhältnis zu seinen Eltern darstellt. Das Anhörungsrecht ermöglicht es dem Kind, seine Neigungen, Bindungen, Wünsche, Ansichten und generell seinen Willen rechtlich relevant zu unterbreiten und damit auch Einfluss auf gerichtliche Entscheidungen im Rahmen der elterlichen Sorge bzw. Verantwortung inklusive einer Umgangsregelung zu nehmen.

Wie aus den einzelnen Kapiteln ersichtlich ist (vor allem aus denen, die sich mit dem Kindeswillen auseinandersetzen), wird der Kindeswille in den beiden Rechtssystemen unterschiedlich gewertet und oft nur am Rande beachtet. Als allgemeine und pauschale Entschuldigung für diese Missachtung dient sowohl in Deutschland als auch in der Tschechischen Republik i.d.R. die meist vorgeschobene Aussage, dass das Kind beeinflusst worden oder noch zu jung sei, um die

Auswirkungen seiner Äußerungen zu verstehen. Was die Gesetzesgrundlage angeht, setzt das tschechische Familiengesetz keine Altersgrenze, ab wann der Kindeswille zu beachten oder zu berücksichtigen ist. Der Gesetzentwurf sieht in § 809 Abs. 2 NOZ das zwölfte Lebensjahr als jene Altersgrenze vor, ab dem der Wille des Kindes zu beachten und zu berücksichtigen ist. Es zeigt sich hierbei progressiver als das FamG, welches in § 159 Abs. 1 FamG die Altersgrenze mit Vollendung des 14. Lebensjahres zieht. Berücksichtigt man die gesellschaftliche Entwicklung und die damit verbundene frühere Reife der heutigen Kinder, so ist eine derart hohe Altersgrenze nicht mehr zeitgemäß.

Deshalb wäre es begrüßenswert, wenn in beiden Rechtssystemen ein Lebensalter verankert werden könnte, das den Bedürfnissen des Kindes gerecht wird und seinem Entwicklungsstand entspricht. Wünschenswert wäre demnach eine Berücksichtigung des Kindeswillens ab dem zehnten Lebensjahr, wobei es den zuständigen Gerichten obliegen sollte, je nach Reife des Kindes diese Altersgrenze beispielsweise um bis zu zwei Jahre vorzuverlegen oder hinauszuschieben. In aller Regel hat ein Kind mit zehn Jahren bereits vier Jahre lang die Schule besucht, Entscheidungen über die Obhut und den Umgang könnten mit ihm deshalb durchaus ernsthaft und zielführend erörtert werden. Somit könnte das Kind seine Wünsche und Vorstellungen, welche im Recht beider Länder oft genug zu wenig berücksichtigt werden, unmittelbar den Entscheidungsinstanzen vortragen.

Sicherlich besteht das Risiko, dass ein zehnjähriges Kind von einem Elternteil beeinflusst wird. Deshalb aber das Kind gar nicht anhören oder dessen Meinung und dessen Willen grundsätzlich nicht berücksichtigen zu wollen oder gar erst viel später zu berücksichtigen, stellt ein noch höheres Risiko dar. Dies kann im Ergebnis dazu führen, dass das Kind dem Elternteil gegenüber, zu dem es nicht will, weder vertrauen noch ein enges Verhältnis zu ihm aufbauen kann. Deshalb sollte die Berücksichtigung des Kindeswillens sowohl in Deutschland als auch in der Tschechischen Republik bei der Festlegung der elterlichen Sorge bzw. Verantwortung, wie auch bei der Umgangsregelung eine noch stärkere Rolle spielen als bisher.

Anhang:

Relevante Auszüge aus dem tschechischen Familiengesetz (FaG) Nr. 94/1963 Slg.[1437]

Fünftes Hauptstück

Scheidung

§ 23 (Aufgehoben)

§ 24 (1) Das Gericht kann eine Ehe auf Antrag eines der Ehegatten scheiden, wenn die Ehe so tief und dauerhaft zerrüttet ist, dass eine Erneuerung der ehelichen Gemeinschaft nicht zu erwarten ist; die Gründe für das Scheitern der Ehe sind dabei zu berücksichtigen.

(2) Haben die Ehegatten minderjährige Kinder, so kann eine Ehe dann nicht geschieden werden, wenn dies im Widerspruch zu den, durch besondere Umstände gegebenen, Interessen dieser Kinder wäre.

§ 24a (1) Bestand die Ehe mindestens ein Jahr und leben die Eheleute mindestens sechs Monate nicht mehr zusammen, so ist davon auszugehen, dass die in § 24 Abs. 1 genannten Voraussetzungen erfüllt sind, wenn der zweite Ehegatte sich dem Scheidungsantrag anschließt. Das Gericht prüft die Gründe für das Scheitern der Ehe nicht und führt die Scheidung durch, wenn vorgelegt werden

a) schriftliche Verträge mit beglaubigten Unterschriften der Beteiligten, die für die Zeit nach der Scheidung die materiellen Verhältnisse, die sich aus der gemeinsamen Wohnung ergebenden Rechte und Pflichten und gegebenenfalls die bestehende Unterhaltspflicht regeln,

b) ein rechtskräftiger Beschluss des Gerichts über die Regelung der Verhältnisse bei minderjährigen Kindern nach der Scheidung.

(2) Die Regelung des § 24 Abs. 2 gilt entsprechend

§ 24b (1) Das Gericht stimmt einem Scheidungsantrag nicht zu wenn diesem derjenige Ehegatte nicht zustimmt, der durch sein Verhalten an der Zerrüttung der familiären Verhältnisse überwiegend nicht beteiligt war und dem durch die Scheidung ein ernst zunehmender Nachteil drohen würde, sofern besondere Umstände für die Erhaltung der Ehe sprechen.

(2) Das Gericht stimmt dem Scheidungsantrag jedoch zu, wenn die in § 24 genannten Voraussetzungen erfüllt sind und die Ehegatten seit mehr als drei Jahren getrennt leben.

§ 25 Eine Ehe kann solange nicht geschieden werden, wie die Entscheidung des Gerichts gemäß § 176 Zivilprozessordnung über die Regelung der Verhältnisse von minderjährigen Kindern keine Rechtskraft erlangt hat.

§ 26 (1) Vor der Entscheidung, durch welche die Ehe der Eltern eines minderjährigen Kindes geschieden wird, regelt das Gericht ihre Rechte und Pflichten dem Kind gegenüber für die Zeit nach der Scheidung; vor allem bestimmt es, wem das Kind zur

---

[1437] Quelle der deutschen Übersetzung: Übersetzung des Justizministeriums der Tschechischen Republik.

Erziehung anvertraut wird und auf welche Weise jeder Elternteil zu seinem Unterhalt beizutragen hat.

(2) Sind beide Elternteile zur Erziehung des Kindes fähig und sind sie an ihr interessiert. so kann das Gericht ein gemeinsames, gegebenenfalls ein wechselndes Sorgerecht beider Elternteile beschließen, falls dies den Interessen des Kindes entspricht und seine Bedürfnisse so besser sichergestellt werden können.

(3) Die Sorgerechtsentscheidung des Gerichts kann durch eine Vereinbarung der Eltern ersetzt werden, die jedoch für ihre Wirksamkeit der Zustimmung des Gerichts bedarf.

(4) Bei der Sorgerechtsentscheidung hat das Gericht in erster Linie die Persönlichkeit des Kindes, seine Interessen, Begabungen, Fähigkeiten und Entwicklungsmöglichkeiten zu berücksichtigen und hat bei dieser Entscheidung von den Lebensverhältnissen der Eltern auszugehen. Das Gericht hat zu beachten, dass das Kind ein Recht auf Erziehung durch beide Elternteile hat, dass der Kontakt des Kindes zu beiden Elternteilen gewahrt bleibt, und berücksichtigt dabei auch das Recht des Elternteils, dem das Sorgerecht nicht anvertraut wurde, auf regelmäßige Information über das Kind. Das Gericht hat auch die gefühlsmäßige Bindung des Kindes, seine gewohnte Umgebung, die erzieherischen Fähigkeiten und das Verantwortungsbewusstsein der Elternteile. die Stabilität des zukünftigen Umfelds des Kindes, die Fähigkeit eines Elternteils, sich über das Sorgerecht mit dem anderen Elternteil zu einigen, die gefühlsmäßige Bindung des Kindes an seine Geschwister, Großeltern und andere Verwandte und die materiellen Möglichkeiten sowie die Wohnungssituation der Eltern zu berücksichtigen.

(5) Das Gericht berücksichtigt grundsätzlich, wer von den Elternteilen neben der regelmäßigen Versorgung des Kindes bislang für seine gefühlsmäßige, intellektuelle und moralische Erziehung gesorgt hat.

§ 27 (1) Die Vereinbarung über den Kontakt der Eltern mit dem Kind bedarf nicht der gerichtlichen Genehmigung.

(2) Das Gericht regelt jedoch den Kontakt der Eltern mit dem Kind immer dann, wenn die Erziehung des Kindes und die familiären Verhältnisse dies erfordern. Wird einem berechtigten Elternteil der Kontakt mit dem Kind wiederholt ungerechtfertigt versagt, so wird dies als eine Änderung der Verhältnisse angesehen, die eine neue Entscheidung über die Erziehung des Kindes erforderlich macht.

(3) Wenn dies im Interesse des Kindes notwendig ist, schränkt das Gericht den Kontakt des Kindes mit einem Elternteil ein oder verbietet ihn.

(4) Das Gericht kann den Kontakt des Kindes mit seinen Großeltern und seinen Geschwistern dann regeln, wenn die Interessen des Kindes und die familiären Verhältnisse dies erforderlich machen.

§ 28 Wenn sich die Verhältnisse ändern, kann das Gericht auch ohne Antrag die Entscheidung oder die Vereinbarung der Eltern über die Ausübung ihrer elterlichen Rechte und Pflichten ändern.

§ 29 Ein Ehegatte, der den Familiennamen des anderen Ehegatten angenommen hat, kann innerhalb eines Monats nach Rechtskraft der Scheidung dem Matrikelorgan mitteilen, dass er seinen früheren Familiennamen wieder annimmt, gegebenenfalls dass er die Benutzung des gemeinsamen Familiennamens neben dem früheren Familiennamen aufgibt.

Zweiter Teil: Die Beziehungen zwischen Eltern und Kindern

Erstes Hauptstück Elterliche Verantwortung

§ 30 (Aufgehoben)

§ 31 (1) Die elterliche Verantwortung ist eine Summe von Rechten und Pflichten bei
a) der Versorgung von minderjährigen Kindern, die insbesondere die Pflege ihrer Gesundheit und ihrer körperlichen, gefühlsmäßigen, intellektuellen und moralischen Entwicklung umfasst,
b) der Vertretung von minderjährigen Kindern,
c) der Verwaltung ihres Vermögens.

(2) Bei der Ausübung der in Abs. 1 genannten Rechte und Pflichten sind die Eltern verpflichtet, die Interessen des Kindes nachhaltig zu schützen und sein Verhalten entsprechend seinem Entwicklungsstand zu lenken und zu überwachen. Sie haben das Recht, angemessene Erziehungsmaßnahmen so anzuwenden, dass die Würde des Kindes gewahrt bleibt und die Gesundheit des Kindes, seine körperliche, gefühlsmäßige, intellektuelle und moralische Entwicklung nicht gefährdet wird.

(3) Kinder die im Hinblick auf ihren Entwicklungsstand in der Lage sind, ihre eigene Meinung zu bilden und die Auswirkungen der sie betreffenden Maßnahmen zu beurteilen, haben das Recht, alle erforderlichen Informationen von den Eltern zu erhalten und sich frei zu allen sie betreffenden wesentlichen Entscheidungen zu äußern sowie in Verfahren gehört zu werden, in denen über solche Angelegenheiten entschieden wird.

(4) Leben die Kinder im gemeinsamen Haushalt mit den Eltern, so sind sie verpflichtet, nach ihren Fähigkeiten zu helfen. Weiterhin sind sie verpflichtet, zur Deckung der Familienbedürfnisse beizutragen, wenn sie ein eigenes Einkommen oder eigenes Vermögen haben, das zu diesem Zweck verwendet werden kann.

§ 32 (1) Die entscheidende Aufgabe bei der Erziehung der Kinder haben die Eltern.

(2) Die Eltern sollen durch ihre persönliche Lebensweise und ihr Verhalten ein Vorbild für die Kinder sein.

§ 33 An der Erziehung des Kindes ist auch der Ehemann beteiligt, der nicht der leibliche Vater des Kindes ist, wenn er mit dem Kind im gemeinsamen Haushalt lebt.

§ 34 (1) Die elterliche Verantwortung obliegt beiden Elternteilen.

(2) Lebt ein Elternteil nicht mehr, ist er unbekannt oder nicht voll geschäftsfähig, so obliegt die elterliche Fürsorge dem anderen Elternteil. Entsprechendes gilt auch, wenn einem Elternteil das Sorgerecht aberkannt oder ausgesetzt wurde.

(3) Das Gericht kann das Sorgerecht auch einem minderjährigen Elternteil zusprechen, wenn dieser das 16. Lebensjahr vollendet hat und die erforderlichen Voraussetzungen für die Ausübung der elterlichen Rechte und Pflichten besitzt.

§ 35 Das Kind ist verpflichtet, seine Eltern zu achten und zu respektieren.

§ 36 Die Eltern vertreten die Kinder bei Rechtshandlungen, für die die Kinder noch nicht voll geschäftsfähig sind").

§ 37 (1) Kein Elternteil darf sein Kind bei Rechtshandlungen vertreten, bei denen es zu Interessenkollisionen zwischen den Eltern und dem Kind oder zur Interessenkollisionen von Kindern der gleichen Eltern kommen könnte.

(2) Darf in einem solchen Fall das Kind durch keinen Elternteil vertreten werden, so hat das Gericht einen Prozesspfleger zu bestellen, der das Kind im Verfahren

oder bei einer Rechtshandlung vertritt. In der Regel wird ein Angestellter des Jugendamts zum Prozesspfleger bestellt.

§ 37a (1) Die Eltern sind verpflichtet, das Vermögen des Kindes mit der Sorgfalt eines ordnungsgemäßen Vermögensverwalters zu verwalten.

(2) Die Erträge des Vermögens sind zuerst für den Unterhalt des Kindes, dann erst in angemessener Weise für die Bedürfnisse der Familie zu verwenden. Das Grundvermögen darf nur dann angegriffen werden, wenn unverschuldet durch die Unterhaltspflichtigen ein grobes Missverhältnis zwischen ihren und den Lebensverhältnissen des Kindes entstehen würde.

(3) Mit dem Erreichen der Volljährigkeit des Kindes übergeben ihm die Eltern das von ihnen verwaltete Vermögen. Falls das Kind dies innerhalb eines Jahres nach der Übergabe verlangt, sind die Eltern verpflichtet, eine Aufstellung über die Vermögensverwaltung anzufertigen. Die Rechte des Kindes auf Schadensersatz und auf Herausgabe wegen ungerechtfertigter Bereicherung bleiben unberührt.

§ 37b (1) In begründeten Fällen, in denen die vermögensrechtlichen Interessen des Kindes gefährdet sein könnten, bestellt das Gericht zum erhöhten Schutz des Vermögens einen Vermögensverwalter. Vermögensverwalter kann eine natürliche Person sein, die voll geschäftsfähig ist durch ihren Lebenswandel eine ordnungsgemäße Vermögensverwaltung im Sinne des Kindes sicherstellen kann und mit dieser Ernennung einverstanden ist.

(2) Kann keine natürliche Person als Vermögensverwalter bestellt werden, so wird in der Regel ein Organ des sozialrechtlichen Schutzes als Vermögensverwalter bestellt.

(3) Das Gericht stellt den ,Umfang des Vermögens fest. das durch den Vermögensverwalter ordnungsgemäß betreut werden soll. Gleichzeitig ordnet das Gericht an, wie mit bestimmten Teilen des Vermögens gewirtschaftet werden darf und welche unangetastet bleiben müssen. insbesondere werden die Art und Weise festgelegt, wie Eigentums- und andere Sachenrechte, Rechte aus geistigem Eigentum sowie Wertpapier- und Schuldrechte ausgeübt werden dürfen.

(4) Der Vermögensverwalter darf bei seiner Tätigkeit keine Rechtshandlungen vornehmen, die mit einem hohen Risiko verbunden sind.

(5) Der Vermögensverwalter unterliegt der Aufsicht durch das Gericht. le nach den Umständen eines konkreten Falles kann das Gericht die Wirksamkeit einer Rechtshandlung an seine Zustimmung binden und bestimmen, dass der Vermögensverwalter verpflichtet ist, regelmäßige Berichte über den Vermögensstand des Kindes zu erstellen.

(6) Der Vermögensverwalter ist verpflichtet, innerhalb von zwei Monaten nach Beendigung seiner Tätigkeit, dem Gericht einen Abschlussbericht über das Vermögen des Kindes vorzulegen.

(7) Der Vermögensverwalter hat einen Anspruch auf den Ersatz der mit der Vermögensverwaltung im Zusammenhang stehenden erforderlichen Auslagen und auf eine dem Ertrag angemessene Vergütung. Die Höhe der Vergütung wird durch das Gericht festgelegt.

(8) Der Vermögensverwalter haftet für die Verletzung der in den Abs. 3 und 4 genannten Pflichten nach den allgemeinen Bestimmungen über den Schadensersatz.

§ 38 (1) Die Kinder führen den gemeinsamen Familiennamen der Eltern oder den durch Vereinbarung bei'der Eheschließung bestimmten Familiennamen eines von ihnen.

(2) Handelt es sich um ein Kind, dessen Familienname nicht auf diese Weise bestimmt wurde und dessen Eltern verschiedene Familiennamen haben, einigen sich die Eltern über den Familiennamen des Kindes und zeigen dies dem Matrikelorgan an.

(3) Einigen sich die Eltern nicht über den Namen oder den Familiennamen des Kindes oder ist kein Elternteil bekannt, so bestimmt das Gericht den Namen oder Familiennamen.

§ 39 (1) Schließen die Eltern die Ehe nach der Geburt ihres Kindes, so führt das Kind den für ihre übrigen Kinder bestimmten Familiennamen.

(2) Schließt die Mutter eines Kindes, dessen Vater nicht bekannt ist, eine Ehe, so können die Ehegatten vor dem Matrikelorgan einverständlich erklären, dass auch dieses Kind den für ihre übrigen Kinder bestimmten Familiennamen führen wird.

§ 40 Der Familienname des Kindes kann nach den vorstehenden Vorschriften nicht geändert werden, sobald das Kind die Volljährigkeit erlangt hat.

Zweites Hauptstück: Erziehungsmaßnahmen

§ 41 (Aufgehoben)

§ 42 Maßnahmen, durch welche die elterliche Verantwortung eingeschränkt wird, kann nur das Gericht treffen.

§ 43 (1) Wenn das Interesse an einer ordentlichen Erziehung des Kindes dies erfordert, kann das Gericht, falls bislang das Organ des sozialrechtlichen Schutzes des Kindes nicht tätig wurde, die nachfolgenden Maßnahmen veranlassen:

a) den Minderjährigen, seine Eltern und Personen, welche seine ordentliche Erziehung stören, auf geeignete Art und Weise ermahnen;

b) über den Minderjährigen eine Aufsicht anordnen und diese im Zusammenhang mit der Schule und den Verbanden am Ort des Wohnsitzes oder an der Arbeitsstelle durchführen;

c) dem Minderjährigen Beschränkungen auferlegen, welche die schädlichen Einflüsse auf seine Erziehung verhindern, insbesondere den Besuch von Lokalitäten und Veranstaltungen, die für den Minderjährigen mit Rücksicht auf seine Person ungeeignet sind, verbieten.

(2) Diese Maßnahmen kann auch das Gericht treffen; trifft sie das Organ des sozialrechtlichen Schutzes der Kinder, so bedürfen sie nicht der gerichtlichen Genehmigung. Nur das Organ, das sie getroffen hat, kann solche Maßnahmen abändern oder aufheben.

§ 44 (1) Wird ein Elternteil in der Ausübung seiner elterlichen Verantwortung durch ernsthafte Umstände gehindert und liegt dies im Interesse des Kindes, so kann das Gericht das elterliche Sorgerecht aussetzen.

(2) Übt ein Elternteil die sich ans seiner elterlichen Verantwortung ergebenden Pflichten nicht ordnungsgemäß aus, so kann das Gericht sein Sorgerecht im Interesse des Kindes einschränken; der Umfang der Einschränkung ist auf konkrete Rechte und Pflichten zu begrenzen.

(3) Missbraucht ein Elternteil seine elterliche Verantwortung oder vernachlässigt er sie in ernsthafter Weise, so bat das Gericht ihm das Sorgerecht zu entziehen.

(4) Hat ein Elternteil gegenüber seinem Kind eine Straftat begangen oder hat er sein Kind unter 15 Jahren für eine Straftat missbraucht, hat er gegebenenfalls als Mittäter, Anstifter oder Gehilfe an einer Straftat seines Kindes teilgenommen, so hat das Gericht immer zu prüfen, ob nicht Gründe vorliegen, die die Einleitung des Verfahrens zur Entziehung des Sorgerechts rechtfertigen.

(5) Die Unterhaltspflicht des Elternteils gegenüber dem Kind bleibt durch die Entscheidungen des Gerichts nach den vorherigen Absätzen unberührt.

§ 45 (1) Verlangen dies die Interessen des Kindes, so kann das Gericht das Sorgerecht auf eine andere natürliche Person als die Eltern übertragen, falls diese Person die ordnungsgemäße Erziehung des Kindes sicherstellen kann und mit der Übertragung einverstanden ist. Bei der Auswahl einer geeigneten Person sind die Verwandten des Kindes vorrangig zu berücksichtigen.

(2) Das Sorgerecht kann auch einem Ehepaar übertragen werden. Stirbt ein Ehepartner, so verbleibt das Sorgerecht bei dem anderen Ehepartner. Nach einer Scheidung hat das Gericht über das Sorgerecht zu entscheiden; bis zu dieser Entscheidung bleibt das gemeinsame Sorgerecht bestehen.

(3) Das Sorgerecht kann auf einen Ehegatten nur mit Zustimmung des anderen Ehegatten übertragen werden. Diese Zustimmung ist nicht erforderlich, wenn der andere Ehegatte nicht geschäftsfähig ist oder wenn die Einholung
der Zustimmung nur mit unverhältnismäßigen Mitteln möglich ist.

(4) Bei der Übertragung des Sorgerechts auf andere natürliche Personen als die Eltern hat das Gericht den Umfang der zu übertragenden elterlichen Rechte und Pflichten festzulegen.

Pflegekindschaft

§ 45a (1) Das Gericht kann einer natürlichen Person (weiterhin nur: Pfleger) ein Kind anvertrauen, falls die Interessen des Kindes eine solche Pflege erforderlich machen und der Pfleger eine ordentliche Erziehung des Kindes sicherstellen kann.

(2) Das Gericht kann auf Antrag des Organs des sozialrechtlichen Schutzes der Kinder gemäß Abs. 1 das Kind in vorübergehende Pflege einer Person anvertrauen, die in dem nach Sonderbestimmungen geführten Register der geeigneten Personen erfasst ist, und zwar

a) für die Dauer, während der die Eltern des Kindes das Kind aus wichtigen Gründen nicht selbst erziehen können,

b) für die Dauer, nach deren Ablauf die Eltern die Zustimmung zur Adoption gemäß 68a erteilen können,

c) bis zur rechtskräftigen Entscheidung des Gerichts, dass eine Zustimmung der Eltern zur Adoption des Kindes nicht erforderlich ist (§ 68).

(3) Das Kind kann auch der gemeinsamen Pflege von Eheleuten anvertraut werden; die Bestimmungen des § 45 Abs. 2 und 3 gelten entsprechend.

(4) Die Pflegekindschaft kann durch Gerichtsentscheidung aufgehoben werden. Das Gericht kann eine Pflegekindschaft nur aus wichtigen Gründen aufheben; es hat dies immer dann zu tun, wenn der Pfleger dies beantragt.

(5) Wurde ein Kind gemäß Abs. 2 in Pflegekindschaft gegeben, so hat das Gericht mindestens alle drei Monate zu prüfen, ob die Gründe für die Unterbringung andauern. Zu diesem Zweck hat es Stellungnahmen des zuständigen Organs des sozialrechtlichen Schutzes der Kinder anzufordern. Das Gericht hat immer dann über die Erziehung des Kindes zu entscheiden, sobald die Gründe für die Überlassung des Kindes in Pflegekindschaft gemäß, Abs. 2 weggefallen sind.

§ 45b (1) Vor der Entscheidung über die Bestellung eines Pflegers ist das Gericht verpflichtet, eine Stellungnahme des Organs des sozialrechtlichen Schutzes der Kinder darüber anzufordern, ob derjenige, der als Pfleger bestellt
werden soll, eine für die Ausübung der Pflege geeignete Person ist.

(2) Befindet sich das Kind aufgrund einer Gerichtsentscheidung in einer Erziehungsanstalt oder in einer Einrichtung für Kinder, die eine Soforthilfe benötigen, so kann es, noch vor der Entscheidung des Gerichts über eine Pflegekindschaft, aufgrund einer Entscheidung eines Organs des sozialrechtlichen Schutzes der Kinder vorübergehend in die Pflege einer Person übergeben werden, die ein Interesse an der Übernahme der Pflegekindschaft zeigt und die erforderlichen Voraussetzungen erfüllt; entsprechend kann auch ein Kind, das sich nicht in einer Erziehungsanstalt befindet, der vorläufigen Pflege der zukünftigen Pflegeeltern anvertraut werden. falls die leiblichen Eitern zustimmen. Wird innerhalb von drei Monaten ab der Rechtskraft dieser Entscheidung kein Pflegekindschaftsverfahren vor einem Gericht eröffnet, tritt die Entscheidung über die vorläufige Pflege außer Kraft.

(3) Die Regelungen des Abs. 2 sind nicht anzuwenden, wenn es sich um die in § 45a Abs. 2 genannten Fälle handelt.

§ 45c (1) Der Pfleger ist verpflichtet, sich um das Kind persönlich zu kümmern. Wurde das Kind in die Pflege nur eines der Ehegatten anvertraut, so gelten die Bestimmungen des § 33 entsprechend.

(2) Der Pfleger hat bei der Kindespflege die Rechte und Pflichten der Eitern angemessen auszuüben. Ein Unterhaltsrecht gegenüber dem Kind besteht nicht und das Recht auf Vertretung des Kindes und Verwaltung seines Vermögens besteht lediglich in alltäglichen Angelegenheiten. Ist der Pfleger der Auffassung, dass Entscheidung des gesetzlichen Vertreters des Kindes nicht im Interesse des Kindes ist, so kann er die Entscheidung eines Gerichts beantragen.

(3) Das Kind ist je nach seinen Fähigkeiten verpflichtet, im Haushalt des Pflegers auszuhelfen; sofern das Kind ein eigenes Einkommen hat und mit dem Pfleger in einem gemeinsamen Haus lebt, ist es verpflichtet, die gemeinsamen Bedürfnisse der Familie mit zu bestreiten.

§ 45d (1) Gerichtlich festgestellte Unterhaltsansprüche des Kindes, das gleichzeitig einen Anspruch auf Beihilfen zur Deckung seiner Bedürfnisse nach Sonderbestimmungen gehen auf den Staat über. Sind die Unterhaltsansprüche höher als der in Satz 1 genannte Anspruch so hat das Kind einen Anspruch auf den Differenzbetrag; dieser Differenzbetrag wird an den Pfleger ausgezahlt.

(2) Das Gericht hat die Eitern, gegebenenfalls andere unterhaltspflichtige Personen anzuweisen, dass die Unterhaltsleistungen an das Organ zu überweisen sind, welches an den Pfleger, gegebenenfalls an ein volljähriges Kind die Beihilfen nach Sonderbestimmungen auszahlt.

§ 46 (1) Ist die Erziehung eines Kindes ernsthaft gefährdet oder gestört und haben andere Erziehungsmaßnahmen keine Verbesserung bewirkt, oder können die Eltern aus sonstigen wichtigen Gründen die Erziehung des Kindes nicht sicherstellen. so kann das Gericht das Kind in Anstaltserziehung oder in die Obhut einer Einrichtung für Kinder übergeben, die eine sofortige Hilfe (§ 42 Gesetz Nr. 359/1999 Sb. über den sozialrechtlichen Schutz der Kinder) gewährleistet. Ist es im Interesse eines Minderjährigen erforderlich, so kann das Gericht die Anstaltserziehung auch dann anordnen, wenn vorher keine anderen Erziehungsmaßnahmen ergriffen wurden. Aus wichtigen Gründen kann die Anstaltserziehung durch das Gericht um ein Jahr über die Volljährigkeit hinaus verlängert werden.

(2) Vor der Anordnung der Anstaltserziehung oder einer familiären Pflege in einer Einrichtung für Kinder, die eine sofortige Hilfe benötigen, ist das Gericht verpflichtet, zu prüfen, ob die Kindeserziehung nicht durch die Pflege in einer Ersatzfamilie sichergestellt werden kann, die der Anstaltspflege grundsätzlich vorzuziehen ist. Entfallen nach der Anordnung der Anstaltserziehung die dafür ausschlaggebenden Gründe oder kann nachträglich die Erziehung durch eine Ersatzfamilie sichergestellt werden, so hat das Gericht die Anordnung der Anstaltspflege aufzuheben.

(3) Wurde eine Maßnahme gemäß Abs. 1 angeordnet, so ist das Gericht verpflichtet, mindestens alle sechs Monate zu prüfen, ob die Gründe für die Anordnung der Maßnahme fortbestehen und ob für das Kind nicht eine familiäre Ersatzpflege sichergestellt werden kann. Zu diesem Zweck hat es insbesondere

a) die Berichte des zuständigen Organs des sozialrechtlichen Schutzes der Kinder anzufordern,

b) die Stellungnahme des Kindes anzufordern, sofern das Kind im Hinblick auf sein Alter und die verstandesgemäße Entwicklung dazu in der Lage ist,

c) die Stellungnahme der Eltern des Kindes anzufordern.

§ 47 (1) Das Gericht überwacht durchgehend die Durchführung der von ihm verhängten Maßnahmen und wertet ihre Ergebnisse aus. Das Gericht kann eine Gemeinde oder ein Bezirksamt beauftragen, dass diese anstatt des Gerichts die Einhaltung der von ihm verhängten Maßnahmen überwachen.

(2) Ist ein Kind im Hinblick auf sein Alter und geistige Reife selbständig und frei seine Ansichten und Erkenntnisse zu äußern, so müssen diese bei den Erziehungsmaßnahmen berücksichtigt werden. Bei den gemäß § 46 geführten Verfahren hat das Gericht die Meinung und Erfahrung des Kindes zu beachten. wobei im Hinblick auf sein Alter und die verstandesgemäße Entwicklung ein Gespräch während der Verhandlung vorzuziehen ist.

§ 48 (Aufgehoben)

§ 49 Einigen sich die Eltern nicht über die wesentlichen Angelegenheiten bei der Ausübung ihrer elterlichen Verantwortung, so entscheidet das Gericht.

§ 50 (1) Leben die Eltern eines minderjährigen Kindes nicht in einem gemeinsamen Haushalt und einigen sie sich nicht hinsichtlich der Erziehung und des Unterhalts des Kindes, so kann das Gericht auch ohne einen Antrag entscheiden, wem das Sorgerecht übertragen wird und wie jeder der Elternteile zu dem Unterhalt des Kindes beizutragen hat.

(2) Die Bestimmungen der §§ 26 - 28 gelten hier sinngemäß.

Drittes Hauptstück: Feststellung der Elternschaft

§ 50a Mutter des Kindes ist die Frau, die es geboren hat.

§ 51 (1) Wird ein Kind in der Zeit von der Eheschließung bis zum Ablauf des 300. Tages nach der Beendigung der Ehe oder nach ihrer Ungültigerklärung geboren, so gilt als Vater der Ehemann der Mutter.

(2) Wird ein Kind von einer wiederverheirateten Frau geboren, so gilt als Vater der spätere Ehemann, auch wenn das Kind vor Ablauf des 300. Tages geboren wurde, nachdem ihre frühere Ehe zu bestehen aufgehört hatte oder für ungültig erklärt wurde.

(3) Bei der Berechnung der Zeit, die für die Feststellung der Vaterschaft maßgebend ist, wird angenommen, dass die Ehe dessen, der für tot erklärt wurde, an dem Tag beendet ist, der in der Entscheidung über die Todeserklärung als Todestag bestimmt wurde.

§ 52 (1) Als Vater gilt sonst der Mann, dessen Vaterschaft durch eine übereinstimmende Erklärung der Eltern, die vor dem Matrikelorgan oder einem Gericht abgegeben wurde, festgelegt wurde.

(2) Die Vaterschaftserklärung eines Minderjährigen muss grundsätzlich vor einem Gericht abgegeben werden.

(3) Die Erklärung der Mutter ist nicht erforderlich, wenn sie wegen einer geistigen Störung die Bedeutung ihres Handelns nicht beurteilen kann oder wenn die Beschaffung ihrer Erklärung mit einem schwer zu überwindenden Hindernis verbunden ist.

§ 53 Durch eine übereinstimmende Erklärung der Eltern kann die Vaterschaft zu einem noch nicht geborenen Kind festgestellt werden, wenn es bereits empfangen ist.

§ 54 (1) Wurde die Vaterschaft nach den vorhergehenden Bestimmungen nicht festgestellt, so können sowohl das Kind oder die Mutter als auch ein Mann, der seine Vaterschaft behauptet, beantragen, dass die Vaterschaft durch das Gericht festgestellt wird.

(2) Als Vater gilt der Mann, welcher der Mutter zu einem Zeitpunkt beigewohnt hat, von dem bis zur Geburt des Kindes nicht weniger als 180 und nicht mehr als 300 Tage vergangen sind, sofern nicht wichtige Umstände seine Vaterschaft ausschließen.

(3) Wurde ein Kind durch eine nach Sonderbestimmungen durchgeführte assistierte Reproduktion mittels künstlicher Befruchtung der Frau gezeugt, so gilt der Mann als Vater des Kindes, der nach diesen Sonderbestimmungen die Zustimmung zur künstlichen Befruchtung der Frau erteilt hat. es sei denn. es wird nachgewiesen, dass die Frau auf eine andere Art und Weise schwanger geworden ist.

§ 55 Ist der mutmaßliche Vater nicht mehr am Leben, so ist der Antrag auf Feststellung der Vaterschaft gegen den vom Gericht bestellten Pfleger einzubringen.

§ 56 (1) Stirbt der Antragsteller während des Verfahrens, so kann ein anderer Antragsberechtigter das Verfahren fortsetzen. Innerhalb von sechs Monaten nach dem Tod des Kindes können auch die Abkömmlinge des Antragstellers den Antrag auf Feststellung der Vaterschaft einbringen, falls sie ein Interesse an dieser Feststellung nachweisen.

(2) Stirbt während des Verfahrens der Mann, gegen den der Vaterschaftsfeststellungsantrag gerichtet war, so setzt das Gericht das Verfahren gegen den von ihm beigeordneten Verfahrenspfleger des Kindes fort.

(3) Stirbt während des Verfahrens der Mann, der seine Vaterschaft behauptet hat, und muss das Verfahren nicht auf Antrag des Kindes oder der Mutter fortgesetzt werden, so stellt das Gericht das Verfahren ein.

§ 57 (1) Der Ehemann kann innerhalb von sechs Monaten seit dem Tag, an dem er erfahren hat, dass von seiner Frau ein Kind geboren wurde, vor Gericht seine Vaterschaft bestreiten.

(2) Hat der Ehemann die Geschäftsfähigkeit verloren und ist die Geschäftsunfähigkeit vor Ablauf der Bestreitungsfrist eingetreten, so kann sein Pfleger die Vaterschaft bestreiten, und zwar innerhalb von sechs Monaten ab dem Tag, an dem er von der Geburt des Kindes erfahren hat, oder wenn er von dessen Geburt bereits früher Kenntnis hatte, innerhalb von sechs Monaten nach seiner Bestellung.

§ 58 (1) Wird ein Kind in der Zeit zwischen dem 180. Tag seit der Eheschließung und dem 300. Tag nach dem Tag, an dem die Ehe zu bestehen aufgehört hat oder für ungültig erklärt wurde, geboren, so kann die Vaterschaft nur dann bestritten werden, wenn es ausgeschlossen ist, dass der Ehemann der Mutter der Vater des Kindes sein kann. Wird das Kind innerhalb von 300 Tagen nach der Scheidung der Ehe geboren und behauptet ein anderer Mann, dass er der Vater des Kindes sei, so kann die Vaterschaft des Ehemannes aufgrund einer übereinstimmenden Erklärung der Mutter, des Ehemannes und dieses Mannes als ausgeschlossen betrachtet werden. Diese Erklärung muss im Vaterschaftsfeststellungsverfahren abgegeben werden.

(2) Die Vaterschaft eines Kindes, das in der Zeit zwischen dem 180. und 300. Tag nach der mit Zustimmung des Ehemannes durchgeführten künstlichen Befruchtung geboren wurde, kann nicht bestritten werden.

(3) Wird ein Kind vor dem 180. Tag nach der Eheschließung geboren, so genügt es, damit der Ehemann der Mutter nicht für den Vater gehalten wird, wenn er vor Gericht seine Vaterschaft bestreitet. Dies gilt jedoch nicht, wenn der Ehemann der Mutter des Kindes zu einer Zeit beigewohnt hat, seit der bis zur Geburt nicht weniger als 180 und nicht mehr als 300 Tage vergangen sind, oder wenn er bei der Eheschließung wusste, dass sie schwanger ist.

§ 59 (1) Der Ehemann ist berechtigt, die Vaterschaft gegenüber dem Kind und der Mutter zu bestreiten, wenn beide am Leben sind, und falls einer von ihnen nicht mehr lebt, gegenüber dem anderen. Sind weder das Kind noch die Mutter am Leben, so steht dieses Recht dem Ehemann nicht zu.

(2) Auch die Mutter kann innerhalb von sechs Monaten seit der Geburt des Kindes bestreiten, dass ihr Ehemann der Vater des Kindes ist. Die Bestimmungen über das Bestreitungsrecht des Ehemannes gelten hier sinngemäß.

§ 60 Wurde rechtskräftig entschieden, dass der spätere Ehemann nicht der Vater des Kindes der wiederverheirateten Mutter ist, beginnt die sechsmonatige Frist zur Bestreitung der Vaterschaft für den früheren Ehemann mit dem Tag, an dem er von dieser rechtskräftigen Entscheidung erfahren hat.

§ 61 (1) Ein Mann, dessen Vaterschaft durch eine übereinstimmende Erklärung der Eltern festgestellt wurde, kann sie vor Gericht bestreiten, wenn es ausgeschlossen ist, dass er der Vater des Kindes sein könnte und solange nicht sechs Monate seit dem Tag verstrichen sind, an dem die Vaterschaft auf diese Weise festgestellt wurde; diese Frist endet nicht vor Ablauf von sechs Monaten seit der Geburt des Kindes.

(2) Auch die Mutter des Kindes kann innerhalb der gleichen Frist bestreiten, dass der Vater des Kindes der Mann ist, dessen Vaterschaft durch die übereinstimmende Erklärung der Eltern festgestellt wurde.

(3) Die Bestimmungen des § 57 Abs. 2, § 58 Abs. 2 und des § 59 Abs. 1 gelten hier sinngemäß.

§ 62 (1) Ist die für einen Elternteil festgesetzte Frist zur Bestreitung der Vaterschaft abgelaufen, so kann der Generalstaatsanwalt, falls dies das Interesse des Kindes erfordert. den Antrag auf Bestreitung der Vaterschaft gegenüber dem Vater, der Mutter und dem Kind stellen.

(2) ist einer von ihnen nicht mehr am Leben, so kann der Generalstaatsanwalt den Antrag auf Bestreitung der Vaterschaft gegenüber den Übrigen stellen; ist keiner von ihnen am Leben, kann er den Antrag gegenüber dem Pfleger stellen, den das Gericht in dieser Angelegenheit bestellt.

§ 62a Der Generalstaatsanwalt kann, wenn dies im offensichtlichen Interesse des Kindes und im Einklang mit den Grundrechten ist, vor Ablauf der für die Bestreitung der Vaterschaft festgelegten Frist den Antrag auf Bestreitung der Vaterschaft eines Mannes stellen, dessen Vaterschaft zwar durch eine übereinstimmende Erklärung der Eltern festgestellt wurde, der aber nicht der Vater des Kindes sein kann.

Viertes Hauptstück

Annahme an Kindes statt

§ 63 (1) Durch die Annahme an Kindes statt entsteht zwischen dem Annehmenden und dem Angenommenen ein solches Verhältnis, wie es zwischen Eltern und Kindern besteht. und zwischen dem Angenommenen und den Verwandten des Annehmenden ein Verwandtschaftsverhältnis. Die Annehmenden haben die elterliche Verantwortung bei der Erziehung der Kinder (§§ 31-37b).

(2) Ober die Annahme an Kindes statt entscheidet das Gericht auf Antrag des Annehmenden. Bei einer Annahme an Kindes statt ins Ausland ist der Annehmende verpflichtet, eine rechtskräftige Zustimmung des Amtes für internationalrechtlichen Schutz der Kinder (§ 67 Abs. 3) zur Annahme an Kindes statt beizufügen.

(3) Aufgrund einer rechtskräftigen Gerichtsentscheidung über die Annahme an Kindes statt wird auch der Annehmende in das Geburtenbuch eingetragen.

§ 64 (1) An Kindes statt annehmen können nur natürliche Personen, die durch ihre Lebensführung die Gewähr bieten, dass die Annahme an Kindes statt dem Kind und der Gesellschaft zum Vorteil gereichen wird.

(2) An Kindes statt annehmen kann nicht, wer nicht geschäftsfähig ist.

§ 65 (1) Zwischen dem Annehmenden und dem Angenommenen muss ein angemessener Altersunterschied bestehen.

(2) An Kindes statt kann ein Minderjähriger angenommen werden, und zwar nur dann, wenn ihm die Annahme an Kindes statt zum Vorteil gereicht.

§ 66 (1) Als gemeinsames Kind können Eheleute jemanden annehmen.

(2) Ist der Annehmende verheiratet, so kann er nur mit Zustimmung des anderen Ehegatten an Kindes statt annehmen; diese Zustimmung ist nicht erforderlich, wenn der andere Ehegatte geschäftsunfähig ist oder wenn die Beibringung dieser Zustimmung mit einem schwer zu überwindenden Hindernis verbunden ist.

§ 67 (1) Zur Annahme an Kindes statt ist die Zustimmung des gesetzlichen Vertreters des Kindes erforderlich. Kann das Kind die Tragweite einer Annahme an Kindes statt selbst beurteilen, so ist auch seine Zustimmung erforderlich, es sei denn, der Zweck der Annahme an Kindes statt würde dadurch unterlaufen.

(2) Zur Annahme an Kindes statt ist die Zustimmung des Elternteils auch dann erforderlich, wenn dieser minderjährig ist.

(3) Eine Annahme an Kindes statt ins Ausland bedarf der Zustimmung des Amtes für internationalrechtlichen Schutz der Kinder.

§ 68 (1) Sind die gesetzlichen Vertreter des Anzunehmenden seine leiblichen Eltern, so bedarf es deren Zustimmung nicht. wenn

a) sie in einem Zeitraum von mindestens sechs Monaten für das Kind dauerhaft kein Interesse zeigten, insbesondere dadurch, dass sie es nicht regelmäßig besuchten, ihre Unterhaltspflicht nicht regelmäßig und freiwillig erfüllten und keine Bemühungen zeigten, im Rahmen ihrer Möglichkeiten die familiären und sozialen Verhältnisse so zu regeln, dass sie persönlich die Kindespflege übernehmen könnten, oder

b) sie in einem Zeitraum von mindestens zwei Monaten nach der Gehurt des Kindes für Kind kein Interesse zeigten, obwohl dafür keine schwerwiegenden Gründe vorhanden waren.

(2) Die Regelungen des Abs. 1 gelten entsprechend, wenn ein Elternteil minderjährig ist.

(3) Über die Erfüllung der in Abs. 1 genannten Voraussetzungen entscheidet am Tage der Antragstellung durch das Organ des sozialrechtlichen Schutzes der Kinder, das als Pfleger bestellt wurde, gegebenenfalls bei der Antragstellung durch die Eltern des Kindes. ein Gericht.

§ 68a Die Zustimmung der Eltern, die gesetzliche Vertreter des Kindes sind, ist weiterhin nicht erforderlich, wenn die Eltern im Voraus eine Einwilligung zur Annahme an Kindes statt erteilen, ohne dass die Annehmenden konkret bestimmt waren. Die Zustimmung vorab muss durch den anwesenden Elternteil persönlich und schriftlich vor einem Gericht oder einem Organ des sozialrechtlichen Schutzes der Kinder erteilt werden. Die Zustimmung kann durch einen Elternteil frühestens sechs Wochen nach der Gehurt des Kindes erteilt werden. Ein Widerruf der Zustimmung ist nur so lange möglich, wie das Kind noch nicht aufgrund einer Entscheidung in die Pflege der zukünftigen Annehmenden übergeben wurde.

§ 68b In den in § 68 Abs. 1 und § 68a genannten Fällen ist für die Annahme an Kindes statt die Zustimmung des Pflegers erforderlich, der dem Kind im Verfahren zur Annahme an Kindes statt beigeordnet wurde.

§ 69 (1) Vor der Entscheidung des Gerichts über die Annahme an Kindes statt muss das Kind mindestens für die Zeit von drei Monaten in der Pflege des künftigen Annehmenden, und zwar auf dessen Kosten, leben.

(2) Über die Übergabe eines Kindes in die Obhut des zukünftigen Annehmenden entscheidet bei Kindern, die sich aufgrund einer Gerichtsentscheidung oder nach dem Willen der Eltern in einem Heim oder einer Einrichtung für Kinder, die einer Soforthilfe benötigen, befinden, das Organ des sozialrechtlichen Schutzes der Kinder; die Bestimmungen der §§ 67-68b gelten entsprechend.

(3) Entscheidet sich der Annehmende, das ihm zur Pflege anvertraute Kind an Kindes statt anzunehmen, so wird nicht verlangt, dass das Kind vor der Entscheidung

des Gerichts über die Annahme an Kindes statt bei dem Annehmenden mindestens drei Monate auf seine Kosten lebte, falls die Pflege mindestens diese Zeit andauerte.

(4) Die Bestimmung des Abs. 3 ist entsprechend auf die Fälle anzuwenden, in denen sich für die Annahme an Kindes statt eine andere natürliche Person als ein Elternteil gemäß § 45 entscheidet, der das Kind zur Pflege anvertraut war, sowie in den Fällen, in denen sich der Vormund entschlossen hat, das Kind anzunehmen, das er in persönlicher Pflege hatte.

§ 69a Vor der Entscheidung über die Annahme an Kindes statt, hat das Gericht den Annehmenden über den Sinn, den Umfang und die Folgen einer Annahme an Kindes statt zu belehren.

§ 70 Das Gericht ist verpflichtet, den Gesundheitszustand der Annehmenden anhand einer ärztlichen oder einer anderen Untersuchung zu überprüfen, ihre persönlichen Lebensumstände und ihre Motivation für die Annahme an Kindes statt zu überprüfen und zu beurteilen, ob sie nicht dem Zweck der Annahme zuwiderlaufen, sowie die Annehmenden und die gesetzlichen Vertreter des Kindes über die Ergebnisse der Überprüfung zu informieren. Das Gericht ist auch verpflichtet, den Gesundheitszustand des Kindes festzustellen und das Ergebnis den Annehmenden und dem gesetzlichen Vertreter des Kindes mitzuteilen. Das Gericht ist verpflichtet, eine Stellungnahme eines Organs des sozialrechtlichen Schutzes anzufordern.

§ 70a Ein Kind kann nicht an Kindes statt angenommen werden, bevor die Entscheidung über die Vaterschaftsfeststellung, die aufgrund eines Antrags eines Mannes eröffnet wurde, der behauptet, der Vater des Kindes zu sein, Rechtskraft erlangt hat.

§ 71 Der Angenommene führt den Familiennamen des Annehmenden. Der von Ehegatten gemeinsam Angenommene führt den für ihre übrigen Kinder bestimmten Familiennamen; dies gilt auch dann, wenn der Annehmende der Ehemann der Mutter des Angenommenen ist.

§ 72 (1) Durch die Annahme an Kindes statt erlöschen die gegenseitigen Rechte und Pflichten zwischen dem Angenommenen und seiner ursprünglichen Familie. Auch die Rechte und Pflichten des Pflegers, gegebenenfalls des Vormundes, der bestellt wurde, um für die Eltern diese Rechte und Pflichten auszuüben, erlöschen.

(2) Ist der Annehmende der Ehegatte eines Elternteils des Angenommenen, so berührt die Annahme an Kindes statt nicht die Beziehungen zwischen dem Angenommenen und diesem Elternteil und dessen Verwandten.

§ 73 (1) Eine Annahme an Kindes statt kann, ausgenommen die unauflösbare Annahme an Kindes statt, das Gericht nur aus wichtigen Gründen auf Antrag des Angenommenen oder des Annehmenden aufheben.

(2) Durch die Aufhebung der Annahme an Kindes statt entstehen die gegenseitigen Rechte und Pflichten zwischen dem Angenommenen und seiner ursprünglichen Familie von neuem. Der Angenommene führt wieder seinen früheren Familiennamen.

Unauflösbare Annahme an Kindes statt

§ 74 (1) Die Annahme an Kindes statt kann auch so vorgenommen werden, dass sie nicht auflösbar ist.

(2) Auf diese Weise können nur Ehegatten oder einer der Ehegatten, der mit einem Eltern teil des Kindes verheiratet ist, ein Kind an Kindes statt annehmen; dies gilt

auch für den überlebenden Ehegatten der Eltern oder der Annehmenden. Ausnahmsweise kann so auch eine alleinstehende Person ein Kind an Kindes statt annehmen, wenn sonst die Voraussetzungen gegeben sind, dass diese Annahme an Kindes statt ihre gesellschaftliche Bestimmung erfüllen wird. In diesem Fall entscheidet das Gericht auch, dass in der Matrikel die Eintragung über den zweiten Elternteil ausgelassen wird.

§ 75 An Kindes statt kann nur ein Minderjähriger, der älter als ein Jahr ist, angenommen werden.

§ 76 Der an Kindes statt Angenommene kann nur dann erneut angenommen werden, wenn er durch den Ehepartner des Annehmenden angenommen wird, oder wenn der Annehmende verstorben ist, oder die Annahme an Kindes statt aufgehoben wurde.

§ 77 Die Entscheidung darüber, dass die Annahme an Kindes statt nicht auflösbar ist, kann das Gericht auch nachträglich treffen, solange der Angenommene nicht volljährig ist, und in den Fällen einer vollzogenen Annahme an Kindes statt nach den früheren Vorschriften. War der Angenommene im Verfahren über die Annahme an Kindes statt nicht gehört worden, so ist zu dieser Entscheidung seine Zustimmung nicht erforderlich.

Fünftes Hauptstück: Vormundschaft und Pflegschaft

Vormundschaft

§ 78 Sind die Eltern des Kindes verstorben, wurde ihnen das Sorgerecht aberkannt oder ausgesetzt oder sind sie nicht voll geschäftsfähig, so hat das Gericht für das Kind einen Vormund zu bestellen, der den Minderjährigen anstelle der Eltern erzieht, ihn gesetzlich vertritt und sein Vermögen verwaltet.

§ 79 (1) Steht dies nicht im Widerspruch zu den Interessen des Kindes, so hat das Gericht in erster Linie denjenigen zum Vormund zu bestellen, den die Eltern vorgeschlagen haben. Wurde keine Person dafür empfohlen, so bestellt das Gericht einen der Verwandten des Kindes, eine dem Kind oder der Familie nahe stehende Person oder eine andere natürliche Person zum Vormund.

(2) Zum Vormund eines Minderjährigen können auch Ehepaare bestellt werden.

(3) Kann keine natürliche Personals Vormund bestellt werden, so bestellt das Gericht ein Organ des sozialrechtlichen Schutzes der Kinder zum Vormund.

(4) Solange kein Vormund bestellt wurde oder solange der bestellte Vormund nicht seine Tätigkeit aufgenommen hat, werden die im Interesse des Kindes unaufschiebbaren Rechtshandlungen durch das Organ des sozialrechtlichen Schutzes in Vertretung des Kindes vorgenommen.

Literaturverzeichnis

Altrogge, A.: Umgang unter Zwang: Das Recht des Kindes auf Umgang mit dem umgangsunwilligen Elternteil. Ernst und Werner Gieseking, Bielefeld 2007.

Altrogge, A.: Nichtehelicher Vater und Sorgeerklärung. FPR 2008, 154 ff.

Arendt-Rojahn, V.: Anfechtungsmöglichkeiten der „zuständigen Behörde" bei „Scheinvaterschaften". FPR 2007, 395 ff.

Balloff, R.: Kindeswille, Grundbedürfnisse des Kindes und Kindeswohl in Umgangsrechtsfragen. FPR 2002, 240.

Balloff, R.: Der Kindeswohlgefährdungsbegriff bei internationalen Rückführungsfällen in HKÜ - Verfahren aus rechtspsychologischer Sicht. FPR 2004, 309 ff.

Balloff, R.: Wechselmodell und Erziehungsfähigkeit. FPR 2006, 284 ff.

Balloff, R.: Der Sachverständige im Umgangsverfahren. FPR 2007, 288 ff.

Bamberger, G., *Roth,* H. (Hrsg.): Kommentar zum Bürgerlichen Gesetzbuch. Band 3, C. H. Beck, München 2008; zit.: Bamberger/Bearbeiter 2008, §..., Rn...

Bayerová, M.: Varianty péče o děti předškolního věku [Varianten der Versorgung der Kinder im vorschulischen Alter]. Právo a rodina 7/2009, 16 ff.

Belling, D.: Die Entscheidungskompetenz für ärztliche Eingriffe bei Minderjährigen. FuR 1990, 68 ff.

Bergmann, M., Gutdeutsch, W.: Der Anspruch des Kindes auf Beteiligung am Scheidungsverfahren. FamRZ 1996, 1187 ff.

Berzewski, H.: Suchterkrankungen. FPR 2003, 312 ff.

Bosch, F.W.: Volljährigkeit – Ehemündigkeit – elterliche Sorge. FamRZ 1973, 489 ff.

Bosch, F.W.: Volljährigkeit – Ehemündigkeit – elterliche Sorge. FamRZ 1974, 1 ff.

Breithaupt, M.: Die Alleinsorge der Mutter nach § 1626a II BGB und das Kindeswohl. FPR 2004, 488 ff.

Büte, D.: Das Umgangsrecht bei Kindern geschiedener oder getrennt lebender Eltern Ausgestaltung – Verfahren – Vollstreckung. Erich Schmidt Verlag, Berlin 2001.

Büte, D.: Elterliche Sorge und Umgangsrecht – Entwicklung der Rechtsprechung im Jahr 2007. FuR 2008, 53 ff.

Černá, P.: Rozvod, Otcové a děti [Scheidung, Väter und Kinder]. Eurolex Bohemia, Praha 2001.

Černá, P.: Role orgánů SPOD při realizaci práva dítěte na styk s rodičem jemuž po rozvodu nebylo svěřeno do péče [Die Rolle des OSPOD - Organ bei der Ausübung des Umgangsrecht des Kindes mit dem Elternteil, dem es nach der Scheidung nicht zur Versorgung anvertraut wurde]. Právo a rodina 10/2007, 12 ff.

Coester, M.: Elternrecht des nichtehelichen Vaters und Adoption – Zur Entscheidung des Bundesverfassungsgerichts vom 7.3.1995. FamRZ 1995, 1245 ff.

Coester, M.: Anmerkung zur Entscheidung des BVerfG vom 23. 4. 2003. FamRZ 2004, 87 ff.

Coester, M.: Elterliche Gewalt in Perspektiven des Familienrechts, Festschrift für Dieter Schwab. Ernst und Werner Gieseking, Bielefeld 2005, S. 747 ff.

Coester, M.: Verfassungsrechtliche Vorgaben für die gesetzliche Ausgestaltung des Sorgerechts nicht miteinander verheirateter Eltern. FPR 2005, 60 ff.

Coester, M.: Nichteheliche Elternschaft und Sorgerecht. FamRZ 2007, 1137 ff.

Coester, M.: Kinderschutz - Übersicht zu den typischen Gefährdungslagen und aktuellen Problemen. FPR 2009, 549 ff.

Coester-Waltjen, D.: Einführung in die Reform des Kindschaftsrechts. JURA 1998, 436 ff.

Coester-Waltjen, D.: Zum Recht des Kindes auf Kenntnis der eigenen Abstammung – BVerfG vom 31. 1. 1989. JURA 1998, 520 ff.

Coester-Waltjen, D.: Die elterliche Sorge – Inhaberschaft. JURA 2005, 97 ff.

Coester-Waltjen, D.: Kinderarm, aber Elternreich in Perspektiven des Familienrechts, Festschrift für Dieter Schwab. Ernst und Werner Gieseking, Bielefeld 2005, S. 761 ff.

Coester-Waltjen, D.: Art. 6 I GG und der Schutz der Familie. JURA 2008, 349 ff.

Coester-Waltjen, D.: Das neue FamFG. JURA 2009, 358 ff.

Dethloff, N.: Familienrecht. 29. Aufl., C. H. Beck, München 2009.

Dickerhof - Borello, E.: Die Sorgeerklärung eines geschäftsunfähigen Elternteils eine Lücke im Kindschaftsrechtsreformgesetz? FuR 1998, 70 ff., 157 ff.

*Didero*t: Všeobecná encyklopedie v osmi svazcích [Allgemeinen Enzyklopädie in acht Bändern]. Praha 1999.

Ehinger, U.: Die Regelung der elterlichen Sorge bei psychischer Erkrankung eines Elternteils oder beider Eltern im Überblick. FPR 2005, 253 ff.

Ehinger, U.: Überlegungen zur Verfahrensgestaltung in Umgangsregelungsfällen bei häuslicher Gewalt. FPR 2006, 171 ff.

Erman, W. (Hrsg.): Handkommentar zum Bürgerlichen Gesetzbuch, 2. Band, 12. Aufl., Köln 2008; zit.: Erman/Bearbeiter 2008, §...Rn..... .

Ernst, R.: Der Maßnahmenkatalog des § 1666 BGB. FPR 2008, 602 ff.

Eschweiler, P.: Akzeptanz des Wechselmodells durch die Familiengerichte. FPR 2006, 305 ff.

Fellenberg, B.: Entwurf eines Gesetzes zur Erleichterung familiengerichtlicher Maßnahmen bei Gefährdung des Kindeswohls. FPR 2008, 125 ff.

Fichtner, J., *Salzgeber*, J.: Gibt es den goldenen Mittelweg? Das Wechselmodell aus Sachverständigensicht. FPR 2006, 278 ff.

Finger, P.: Das neue Recht der elterlichen Sorge (SorgeRG). JA 1981, 641 ff.

Finger, P.: §§ 1626a ff, 1672 BGB – verfassungswidrig? FamRZ 2000, 1204 ff.

Flügge, S.: Grenzen der Pflicht zur gemeinsamen Sorge im Persönlichkeitsrecht der Sorgenden. FPR 2008, 135 ff.

Furstenberg, F., *Cherlin*, A.: Geteilte Familien. Stuttgart 1993.

Fuß, J.: Begleiteter Umgang aus Sicht des Familiengerichts. FPR 2002, 225 ff.

Gernhuber, J. *Coester-Waltjen*, D.: Familienrecht. 6. Aufl., C. H. Beck, München 2010.

Goethe, J. W.: Gesammelte Gedichte - Lieder, Balladen, Sonette, Epigramme, Elegien, Xenien. Lechner Verlag 1993.

Groh, T.: Nächster Halt: Karlsruhe – Endstation: Straßburg - Die Bedeutung des BVerfG und des EGMR für die Entscheidung umgangsrechtlicher Streitigkeiten. FPR 2009, 153 ff.

Grossová, V.: Rodičovská zodpovědnost. Masarykova Univerzita 2005/2006.

Gutjahr, J.: Gerichtliche Entscheidungen über die elterliche Sorge und das Umgangsrecht im Zusammenhang mit dem Wechselmodell. FPR 2006, 301 ff.

Henrich, D.: Familienrecht. 5. Aufl. De Gruyter, Berlin 1995.

Hohmann-Dennhardt, C.: Kindeswohl und Elternrecht – Rechtsverhältnis von Eltern und Kindern. FPR 2008, 476 ff.

Holub, M., Nová, H., *Hyklová*, J.: Zákon o rodině, Komentář a předpisy souvisící. [Familiengesetz, Kommentar mit den zusammenhängenden Vorschriften]. 8. Aufl., Linde, Praha 2007; zit.: Holub, 8.Aufl. 2007, §... S...

Hoffmann, B.: Vollmacht/Ermächtigung zur Ausübung von Befugnissen aus der elterlichen Sorge. ZKJ 2009, 156 ff.

Höfelmann, E.: Das neue Gesetz zur Änderung der Vorschriften über die Anfechtung der Vaterschaft und das Umgangsrecht von Bezugspersonen des Kindes. FamRZ 2004, 745 ff.

Hopp, H.: Umgang bei Kindern im Kinderheim oder in der Pflegefamilie. FPR 2007, 279 ff.

Hoppenz, R. (Hrsg.): Familiensachen, 9. Aufl. C. F. Müller, Heidelberg 2009; zit.: Familiensachen/Bearbeiter 2009, § 1629 Rn. 1.

Hrušáková, M.: Rozvod manželství. [Scheidung der Ehe]. Právo a rodina, 1/1999, 5 ff.

Hrušáková, M.: Rodičovská zodpovědnost [Elterliche Sorge]. Právo a rodina, 2/1999, 1 ff.

Hrušáková, M. a kolektiv: Zákon o rodině, Komentář [Familiengesetz, Kommentar]. 4. vydání. C. H. Beck, Praha 2009; zit.: Komentář/Hrušáková, 4. Aufl. 2009, §... S....

Hrušáková, M., Novák, T.: Reálně o společné či střídavé porozvodové výchově [Realität des gemeinsamen oder wechselnden Sorgerechts]. Bulletin advokacie 3/1999, 30 ff.

Hrušáková, M., *Králíčková,* Z.: České rodinné právo [Tschechisches Familienrecht]. 3. vydání. Masarykova Univerzita Brno 2006.

Huber, Ch.: Wem gehören die Gene des Kindes? – Sorgerechtsbefugnisse beim Vaterschaftstest. FamRZ 2006, 1425 ff.

Huber, Ch.: Verfassungswidrigkeit der zwangsweisen Durchsetzung der Umgangspflicht. FPR 2008, 238.

Jaeger, W.: Verlagerung von Sorgerechtskonflikten in Umgangsstreitigkeiten. FPR 2005, 70 ff.

Jaeger, W.: Prüfung des Kindeswohls bei Übertragung des Sorgerechts auf den zuvor nach § 1626a II BGB nicht sorgeberechtigten Vater. FPR 2007, 101 ff.

Jauernig, O.: Bürgerliches Gesetzbuch Kommentar. 13. Aufl., C. H. Beck, München 2009; zit.: Jauernig/Bearbeiter 2009, §...Rn....

Johannsen, K., *Hendirch,* D.: Eherecht Kommentar. 4. Aufl., C. H. Beck, München 2003; zit.:Johannsen/Henrich/Bearbeiter 2003, § ...Rn...

Jonáková, I.: Kritéria svěření dítěte do výchovy [Kriterien zur Anvertrauung des Kindes zwecks Erziehung]. Právo a rodina 4/2008, 12 ff.

Junker, A.: Rechtsvergleichung als Grundlagenfach. JZ 1994, 921 ff.

Jurčíková, L.: Úprava styku rodiče s dítětem po rozvodu, výkon rozhodnutí o úpravě styku rodiče s dítětem [Umgang mit dem Kind nach der Scheidung, Vollstreckung der Entscheidung über den Umgang mit dem Kind]. Univerzita Palackého, Olomouc 2005.

Kaiser, D.: Elternwille und Kindeswohl - für das gemeinsame Sorgerecht geschiedener Eltern. FPR 2003, 573 ff.

Kaiser, D.: Gemeinsame elterliche Sorge und Wechselmodell. FPR 2008, 143 ff.

Kern, B-R.: Fremdbestimmung bei der Einwilligung in ärztliche Eingriffe. NJW 1994, 753 ff.

Kincl, J., Urfus, V., Skřejpek, M.: Římské právo. C. H. Beck, Praha 1995.

Kindler, H.: Umgangskontakte: Wohl und Wille des Kindes. FPR 2007, 291 ff.

Kindler, H.: Die gemeinsame elterliche Sorge aus der Sicht der Bindungs- und Scheidungsforschung. FPR 2008, 139 ff.

Kindler, H.: Umgangsregelungen im Einzelfall – Psychologische Aspekte. FPR 2009, 150 ff.

Kindler, H., Salzgeber, J., Fichtner, J., Werner, A.: Familiäre Gewalt und Umgang. FamRZ 2004, 1241 ff.

Kloster-Harz, D.: Gemeinsame elterliche Sorge nach Trennung und Scheidung. FPR 2008, 129 ff.

Knecht, M.: Rodičovská zodpovědnost [Elterliche Sorge]. Masarykova Univerzita, Brno 2002.

Knittel, B.: Die Beurkundung von Sorgeerklärungen nicht miteinander verheirateter Eltern. ZfJ 2000, 140 ff.

Knöpfel, G.: Zum gemeinsamen Sorgerecht der Eltern nach Scheidung – Folgerungen aus dem Urteil des BVerfG. NJW 1983, 905 ff.

Kostka, K.: Elterliche Sorge und Umgang bei Trennung und Scheidung - unter besonderer Berücksichtigung der Perspektive des Kindes. FPR 2005, 89 ff.

Köster, T.: Sorgerecht und Kindeswohl. Europäischer Verlag der Wissenschaften, Frankfurt am Main 1997.

Kovářová, D.: Styk rodičů s nezletilými dětmi [Der Umgang der Eltern mit minderjährigen Kindern]. Právo a rodina, 3/2006, 1 ff.

Kovářová, D.: Rodinné právo v připravované rekodifikaci občanského práva 2 [Das Familienrecht in der vorbereitete Rekodifizierung des Bürgerlichen Rechts 2]. Právo a rodina, 3/2008, 18 ff.

Králíčková, Z.: Vztahy mezi prarodiči a vnuky [Beziehungen zwischen Großeltern und Enkeln]. Právo a rodina 8/1999, 1 ff.

Limbach, J.: Die gemeinsame Sorge geschiedener Eltern in der Rechtspraxis: Eine Rechtstatsachenstudie. Bundesanzeiger, Köln 1989.

Leving, J. M.: Fathers Rights. Basic books, New York 1997.

Liebler-Fechner, M.: Der ideologisch motivierte Entzug des elterlichen Sorgerechts in der Zeit des Nationalsozialismus. Münster 2001.

Löhnig, M.: Das Recht des Kindes nicht verheirateter Eltern, Abstammung – Sorgerecht – Umgangsrecht – Namenrecht – Unterhalt. Erich Schmidt Verlag, Berlin 2001.

Löhnig, M.: Neue Partnerschaften der gemeinsam sorgeberechtigt gebliebenen Eltern – Welche Rechte haben die neuen Partner? FPR 2008, 157 ff.

Luthin, H.: Sorge- und Umgangsrecht bei Trennung und Scheidung im Familienrecht im Brennpunkt – Fachkongress zum 50 – jährigen Bestehen der FamRZ in Bonn. Gieseking, Bielefeld 2004.

Luthin, H.: Neue Gerichtliche Instrumentarien bei Umgangsproblemen in Perspektiven des Familienrechts, Festschrift für Dieter Schwab. Ernst und Werner Gieseking, Bielefeld 2005, S. 809 ff.

Lužná, R.: Pozastavení a omezení rodičovské zodpovědnosti [Aussetzung und Einschränkung der elterlichen Verantwortung]. Právo a rodina, 1/2008, 6 ff.

Lužná, R.: Zbavení rodičovské zodpovědnosti [Entziehung der elterlichen Verantwortung]. Právo a rodina, 2/2008, 12 ff.

Macháčková, L.: Mobilní telefon a styk rodiče s dítětem [Mobiltelefon und der Umgang eines Elternteils mit dem Kind]. Právo a rodina 3/2003, 12 ff.

Macobby, E., *Mnookin*, H.: Die Schwierigkeiten der Sorgerechtsregelung. FamRZ 1995, 1 ff.

Mašek, D.: Dítě a rozvod [Das Kind und die Scheidung]. Právo a rodina 5/2000, 6 ff.

Mašek, D.: Dítě a rozvod [Das Kind und die Scheidung]. Právo a rodina 7/2002, 6 ff.

Maywald, J.: Misshandlung, Vernachlässigung und sexueller Missbrauch. FPR 2003, 299 ff.

Meysen, T.: Familiengerichtliche Maßnahmen bei Gefährdung des Kindeswohls – Geändertes Recht ab Sommer 2008. JAmt 2008, 233 ff.

Moritz, H. P.: Bedeutung des Elternvotums für den Abbruch der Schwangerschaft Minderjähriger. ZfJ 1999, 92 ff.

Motzer, S.: Gesetzgebung und Rechtsprechung zur elterlichen Sorge und zum Umgangsrecht seit dem Jahr 2001. FamRZ 2003, 793 ff.

Motzer, S.: Die Entwicklung des Rechts der elterlichen Sorge und des Umgangs seit 2002. FamRZ 2004, 1145 ff.

Motzer, S.: Die Rechtsprechung zur Elterlichen Sorge und zum Umgangsrecht seit 2004. FamRZ 2006, 73 ff.

Motzer, S.: Neuere Tendenzen beim Umgangsrecht. FPR 2007, 275 ff.

Muscheler, K., *Bloch*, A.: Das Recht auf Kenntnis der genetischen Abstammung und der Anspruch des Kindes gegen die Mutter auf Nennung des leiblichen Vaters. FPR 2002, 339 ff.

Nová, H.: Rodičovská zodpovědnost v českém právu [Elterliche Verantwortung im tschechischen Recht]. Právo a rodina, 7/2008, 19 ff.

Nová, H.: Rodičovská zodpovědnost v českém právu 2 [Elterliche Verantwortung im tschechischen Recht 2]. Právo a rodina, 8/2008, 17 ff.

Nová, H.: Rodičovská zodpovědnost v českém právu 3 [Elterliche Verantwortung im tschechischen Recht 3]. Právo a rodina, 9/2008, 21 ff.

Nová, H.: Rodičovská zodpovědnost v českém právu 4 [Elterliche Verantwortung im tschechischen Recht 4]. Právo a rodina, 10/2008, 17 ff.

Nová, H.: Rodičovská zodpovědnost v českém právu 5 [Elterliche Verantwortung im tschechischen Recht 5]. Právo a rodina, 11/2008, 20 ff.

Novák, T.: Existují kritéria pro posouzení kvality výchovných schopností rodičů? [Existieren Kriterien für die Beurteilung der Qualität der Eltern]. Právo a rodina 9/2005, 1 ff.

Novák, T.: Je dítě schopno pravdivě odpovědět na otázku, u kterého z rodičů by po rozvodu chtělo žít? [Kann das Kind wahrhaftig die Frage beantworten, bei welchem Elternteil es nach der Scheidung leben möchte?]. Právo a rodina 7/2004, 15 ff.

Novotná, V.: Úmluva o styku s dětmi [Das Übereinkommen über den Umgang mit Kindern]. Právo a rodina 4/2003, 15 ff.

Novotná, V.: Lze zakázat styk dítěte s rodiči a příbuznými? [Kann man den Umgang des Kindes mit Eltern bzw. anderen Verwandten verbieten?]. Právo a rodina 9/2006, 15 ff.

Novotná, V.: Spory rodičů o děti – stále velký problém [Streitigkeiten der Eltern über Kinder – noch immer ein großes Problem]. Právo a rodina 10/2007, 1 ff.

Novotná, V.: Význam úzké spolupráce soudů a orgánů sociálně-právní ochrany dětí [Die Bedeutung der engen Zusammenarbeit zwischen OSPOD und dem Gericht]. Právo a rodina 3/2005, 4 ff.

Oberloskamp, H.: Der Schutz von Kindern nach dem Gewaltschutzgesetz und Kinderrechte- verbesserungsgesetz einerseits und den Vorschriften der §§ 1666, 1666a BGB andererseits. FPR 2003, 285 ff.

Oelkers, H.: Die neueste Rechtsprechung zum Umgangsrecht. FPR 2002, 248 ff.

Palandt, O.: (Hrsg.): Kurzkommentar BGB. 69. Aufl., C. H. Beck, München 2010; zit.: Palandt/Bearbeiter 2010, §...Rn...

Patáková, D.: Rodičovská zodpovědnost. Masarykova Univerzita, Brno 2000.

Peschel-Gutzeit, L. M.: Es ist geschafft: Gewalt in der Erziehung ist verboten. FPR 2000, 231 ff.

Peschel-Gutzeit, L. M.: Die Regelung des Umgangs nach der Herausnahme des Kindes aus dem Elternhaus, §§ 1666, 1666a BGB. FPR 2003, 290 ff.

Peschel-Gutzeit, L. M.: Zur Geschichte der Kinderrechte. FPR 2008, 471 ff.

Plecitý, V., *Salač*, J.: Základy rodinného práva. Eurounion, s.r.o., Praha 2001.

Prestien, H.-C.: Praxisbericht: Gemeinsame elterliche Sorge: Was hat sich seit der Kindschaftsrechtsreform verändert, was ist geblieben? FPR 2005, 101 ff.

Průchová, B., *Novák*, T.: Lze prosadit střídavou výchovu proti vůli jednoho z rodičů? [Ist die Durchsetzung des Wechselmodells auch gegen den Willen eines Elternteils möglich?]. Právo a rodina 10/2003, 9 ff.

Průchová, B., *Novák*, T.: Omezený styk dítěte s rodiči [Beschränkter Umgang des Kindes mit den Eltern]. Právo a rodina 3/2004, 9 ff.

Průchová, B., *Novák*, T.: Diskuse k článku „Soudní praxe úpravy porozvodové péče o děti" [Diskussion zum Artikel „Gerichtliche Praxis der Ausgestaltung der Kinderversorgung nach der Scheidung]. Právo a rodina 7/2006, 18 ff.

Prütting, H., *Wegen*, G., *Weinreich*, G. (Hrsg.): BGB Kommentar 5. Aufl. . Luchterhand, Neuwied 2010; zit.: PWW/Bearbeiter 2010, §…Rn…

Radvanová, S.: Výkon rodičovských práv [Die Ausübung der elterlichen Rechte]. Právo a rodina 4/2001, 1 ff.

Radvanová, S., *Zuklínová*, M.: Kurs občanského práva: Instituty rodinného práva [Kurs des Zivilrechts: Institute des Familienrechts]. C. H. Beck, Praha 1999.

Rakete-Dombek, I.: Der Ausfall eines Sorgeberechtigten durch Tod, Krankheit, Abwesenheit oder Entzug der elterlichen Sorge. FPR 2005, 80 ff.

Rakete-Dombek, I.: Umgang um jeden Preis? Pflicht zum Umgang nur für Kinder? FPR 2008, 492 ff.

Rauscher. T.: Familienrecht. 2. Aufl. C. F. Müller Verlag, Heidelberg 2008; zit.: Rauscher, 2008, Rn. …

Rauscher. T.: Das Umgangsrecht im Kindschaftsrechtsreformgesetz. FamRZ 1998, 329 ff.

Rebmann, K., *Jäcker*, J., *Rixecker*, R. (Hrsg.): Münchner Kommentar zum Bürgerlichen Gesetzbuch. 5. Aufl., Band 8, Familienrecht II. C. H. Beck, München 2008; zit.: MünchKomm/Bearbeiter 2008, §...Rn....

Richter, T.: Die Alleinsorge der Mutter nach § 1626a II BGB und das Kindeswohl. FPR 2004, 484 ff.

Rittner, Ch., *Rittner*, G.: Unerlaubte DNA-Gutachten zur Feststellung der Abstammung - Eine rechtliche Grauzone. NJW 2002, 1745 ff.

Röchling, W.: Kindeswille und Elternrecht. FPR 2008, 481 ff.

Rotax, H.-H.: Elterliche Sorge und Tod - Tatsächliche oder rechtliche Verhinderung oder Entzug der elterlichen Sorge bei einem bisher gemeinsam sorgeberechtlichten Elternteil. FPR 2008, 151 ff.

Säcker, F. J., *Rixecker*, R. (Hrsg.): Münchner Kommentar zum Bürgerlichen Gesetzbuch. Nachtrag zur 5. Aufl., Familienrecht II. C. H. Beck, München 2010; zit.: MünchKomm/Bearbeiter 2010, §...Rn....

Sarres, E.: Gemeinsame elterliche Sorge als Regelfall – Verlagerung bei Streitigkeiten auf das Umgangsrecht? FPR 2008, S. 131 ff.

Schellhammer, K.: Familienrecht nach Anspruchsgrundlagen. 3. Aufl., C. F. Müller Verlag, Heidelberg 2004; zit.: Schellhammer Familienrecht 2004, Rn...

Schilling, R.: Rechtliche Probleme bei der gemeinsamen Sorge nach Trennung, bzw. Scheidung. NJW 2007, 3233 ff.

Schlüter, W.: BGB – Familienrecht. 13. Aufl., C. F. Müller, Heidelberg 2009.

Schnitzler, K. (Hrsg.): Münchner Anwaltshandbuch, 2. Aufl. C. H. Beck, München 2008; zit.: Münchner Anwaltshandbuch/Bearbeiter 2008, § ... Rn. ...

Schulze, R. (Schriftleitung): Bürgerliches Gesetzbuch, Handkommentar. 6. Aufl., Nomos, Baden-Baden 2009; zit.: Hk-BGB/Bearbeiter 2009, §...Rn....

Schwab, D.: Kindschaftsrechtsreform und notarielle Vertragsgestaltung. DnotZ 1998, 437 ff.

Schwab, D.: Gemeinsame elterliche Verantwortung - ein Schuldverhältnis? FamRZ 2002, 1297 ff.

Schwab, D.: Elterliche Sorge bei Trennung und Scheidung der Eltern - Die Neuregelung des Kindschaftsrechtsreformgesetzes. FamRZ 1998, 457 ff.

Schwab, D.: Familienrecht. 17. Aufl., C. H. Beck, München 2009.

Seier, N.: Reform des § 1666 BGB und Verfassungsschutz. FPR 2008, 483 ff.

Spangenberg, B., *Spangenberg*, E.: Geschwisterbindung und Kindeswohl. FamRZ 2002, 1007 ff.

Špaňhelová, I.: Střídavá péče o děti po rozvodu očima psychologa [Wechselsorge nach der Scheidung aus der Sicht eines Psychologen]. Právo a rodina 5/2005, 1 ff.

Staudinger, J. (Hrsg.): Kommentar zum BGB, IV. Buch Familienrecht – Elterliche Sorge 1 Berlin 2007; zit.: Staudinger/Bearbeiter 2007, §...Rn....

Staudinger, J. (Hrsg.): Kommentar zum BGB, IV. Buch Familienrecht – Elterliche Sorge 2 Berlin 2009; zit.: Staudinger/Bearbeiter 2009, §...Rn....

Staudinger, J. (Hrsg.): Kommentar zum BGB, IV. Buch Familienrecht – Elterliche Sorge 3 Berlin 2006; zit.: Staudinger/Bearbeiter 2006, §...Rn....

Strobach, S.: Die seelische Entwicklung des Kindes nach einer Elterntrennung und Scheidung. FPR 2008, 148 ff.

Tschernitschek, H., *Saar*, S.: Familienrecht, 4. Aufl. Erich Schmidt Verlag, Berlin 2008.

Tyl, J.: Soudní praxe úpravy porozvodové péče o děti právo [Gerichtliche Praxis der Ausgestaltung der Kinderversorgung nach der Scheidung]. Právo a rodina 4/2006, 20 ff.

Unzner, L.: Bindungstheorie und Wechselmodell. FPR 2006, 274 ff.

van Els, H.: Zwangsweise Durchsetzung der Umgangspflicht. FPR 2009, 161 ff.

Veit, B.: Das Gesetz zur Erleichterung familiengerichtlicher Maßnahmen bei Gefährdung des Kindeswohls im Überblick. FPR 2008, 598 ff.

Veit, B.: Die Gemeinsame Sorge wider Willen in Perspektiven des Familienrechts, Festschrift für Dieter Schwab. Ernst und Werner Gieseking, Bielefeld 2005, S. 947 ff.

Vergho, C.: Die Vorbereitung auf einen begleiteten Umgang - Ein Praxismodell unter besonderer Berücksichtigung des Umgangs im Kontext familiärer Gewalt. FPR 2007, 296 ff.

Veselá Samková, K.: Trendy rozhodování soudů ve věcech svěření dětí do péče jednoho z rodičů [Die Trends in den Gerichtsentscheidungen über die Versorgung des Kindes durch einen Elternteil]. Právo a rodina 3/2004, 7 ff.

Veselá, R., *Hrušáková,* M., *Schelle,* K., *Zezulová,* J., *Padrnos,* J., *Štefancová,* D.: Rodina a rodinné právo [Familie und das Familienrecht]. 2. vydání, Euro-lex Bohemia, Praha 2005.

Viefhues, W.: Juris Praxis Kommentar BGB, Band 4, 4.Aufl., Juris GmbH, Saarbrücken 2009; zit.: Juris PK-BGB/Bearbeiter 2009, §..., Rn. ...

Vogel, H.: Ausgewählte Probleme aus dem Recht der elterlichen Sorge bei getrennt lebenden Eltern. FPR 2005, 65 ff.

Vogel, H.: Die Ersetzung von Erklärungen des Inhabers der elterlichen Sorge. FPR 2008, 617 ff.

Wacke, A: „Elterliche Sorge" im Wandel der Jahrtausende – Zum Sorgerecht der geschiedenen Mutter nach römischem Recht. FamRZ 1980, 205 ff.

Wallerstein, J., Lewis, J., Blakeslee, S.: Scheidungsfolgen – Die Kinder tragen die Last. Eine Langzeitstudie über 25 Jahre, 2002.

Walter, U.: Organentnahme nach dem Transplantationsgesetz: Befugnisse der Angehörigen. FamRZ 1998, 201 ff.

Weinreich, G., *Klein,* M.: Fachanwaltskommentar, Familienrecht. 3. Aufl. Luchterhand, München 2008; zit. Weinreich-Klein/Bearbeiter2008, §..., Rn. ...

Wellenhofer, M.: Familienrecht. C. H. Beck München, 2009.

Westphalová, L.: Možnosti zásahů státu do práv rodičů a dětí – poskytování sociálně právní ochrany. [Die Möglichkeiten des Staates in die Rechte der Eltern und Kinder einzugreifen – die Anbietung der sozial-rechtlichen Schutzes]. Právo a rodina 7/2007, 19 ff.

Wiesner, R.: Leistungen der Kinder- und Jugendhilfe nach dem SGB VIII. FPR 2008, 608 ff.

Wörlen, R.: Familienrecht. Carl Heymanns Verlag, Köln, München 2008.

Žáčková, M.: Syndrom zavrženého rodiče – nejistá teorie [Syndrom des verstoßenen Elternteils – fragliche Theorie]. Právo a rodina 6/2008, 21 ff.

Zenz, G.: Rechtsgrundlagen für Eingriffe in das Sorgerecht bei festgestellter Alkoholabhängigkeit der Eltern. FPR 1998, 17 ff.

Zimmermann, S.: Das neue Kindschaftsrecht. DNotZ 1998, 404 ff.

Zimmermann, S.: Die Beteiligten im neuen FamFG. FPR 2009, 5 ff.

Zorn, D.: Das Recht der elterlichen Sorge, 2. Aufl. De Gruyter Rechtswissenschaften Verlag, Berlin 2008

Zweigert, K., Kötz, H.: Einführung in die Rechtsvergleichung auf dem Gebiet des Privatrechts. 3. Aufl., Mohr/Siebeck 1996.

Internetseiten[1438]

http://www.bmfsfj.de/Kategorien/Publikationen/Publikationen,did=3836.html.

http://www.bmj.bund.de/enid/350f95fcd71a30429eb2ffc8704d0aaf,c10daa706d635f69
64092d0936333930093a0

http://cmiskp.echr.coe.int/tkp197/view.asp?item=7&portal=hbkm&action=html&high
light=&sessionid=38794761&skin=hudoc-en

http://www.czso.cz/csu/csu.nsf/informace/coby091108.doc

http://www.czso.cz/csu/csu.nsf/informace/coby031510.doc

http://www.destatis.de/jetspeed/portal/cms/Sites/destatis/Internet/DE/Presse/pm/2008/
08/PD08__307__122,templateId=renderPrint.psml

http://www.familienrecht-deutschland.de/Startseite/news/Gesetz_zur_Erleichterung_
familiengerichtlicher_Massnahmen_bei_Gefaehrdung_des_Kindeswohls

http://nalus.usoud.cz/Search/Search.aspx

http://obcanskyzakonik.justice.cz/tinymce-storage/files/Vladni_navrh_obcanskeho_
zakoniku_LRV_090430_final_s%20obsahem.pdf

http://obcanskyzakonik.justice.cz/tinymce-storage/files/Duvodova_zprava_OZ_LRV_
090430_final.pdf

http://obcanskyzakonik.justice.cz/cz/obecne-o-zakoniku.html

http://zpravy.idnes.cz/tretina-deti-v-cesku-je-nemanzelskych-d8e/domaci.asp?c=
A080908_074944_domaci_ipl

[1438] Datum des letzten Zugangs bei allen in der Arbeit benutzten Internetseiten: 15.05.2010.

Der Autor

Dr. jur. Karel Kovařík, LL.M. wurde 1980 in Brno (Tschechische Republik) geboren. Nach dem Besuch des Bischöflichen Gymnasiums, Brno, studierte er von 2000 bis 2005 Rechtswissenschaften an der Juristischen Fakultät der Palacký-Universität in Olomouc. Während seines Studiums verbrachte er zwei Aufenthaltssemester an der Rechts- und Wirtschaftswissenschaftlichen Fakultät der Universität Bayreuth und ein Semester an der Karl-Franzens-Universität Graz. Nach dem Studium arbeitete er in einer Rechtsanwaltskanzlei in Prag, bevor er ein LL.M.-Aufbaustudium an der Universität Bayreuth begann. Im Anschluss an dieses Aufbaustudium promovierte er an der Rechs- und Wirtschaftswissenschaftlichen Fakultät der Universität Bayreuth. Für sein Promotionsprojekt erhielt er die Promotionsförderung von der Studienstiftung des deutschen Volkes.

Kontakt: kakovarik@volny.cz

Aus unserem Verlagsprogramm:

Nadine Heine
Das System der sorgerechtlichen Alleinentscheidungsbefugnisse
Hamburg 2010 / 304 Seiten / ISBN 978-3-8300-4886-2

Bettina Luidolt
Römische Ehe und nichteheliche Lebensgemeinschaft
verglichen mit modernen Konzepten
Hamburg 2010 / 154 Seiten / ISBN 978-3-8300-4645-5

Isabelle Büren
Das auf die Regelung der elterlichen Sorge anzuwendende Recht
Zum Zusammenspiel zwischen der EheVO II und dem
Haager Minderjährigenschutzabkommen von 1961 (MSA) bzw.
dem Haager Kindschaftsübereinkommen von 1996 (KSÜ)
Hamburg 2010 / 322 Seiten / ISBN 978-3-8300-5037-7

Philipp Semmann
Die Entstehung und Berechnung der Unterhaltsansprüche
von Kindern, Ehegatten und Verwandten
Eine rechtsvergleichende Untersuchung des deutschen,
englischen und südafrikanischen Rechts
Hamburg 2009 / 434 Seiten / ISBN 978-3-8300-4280-8

Maria-Susann Mülders
Sorgerechtliche Befugnisse bei faktischer Elternschaft
unter Berücksichtigung psychologischer / soziologischer
und verfassungsrechtlicher Aspekte
Hamburg 2008 / 328 Seiten / ISBN 978-3-8300-3895-5

Stefanie Carmen Frey
Unterhalt im Kindesinteresse
Auf das Kindesinteresse ausgerichtete Unterhaltsansprüche
unter Einbezug der Reformüberlegungen des Gesetzgebers
im Jahre 2007 mit abschließendem eigenen Reformvorschlag
Hamburg 2008 / 406 Seiten / ISBN 978-3-8300-3759-0

Patricia C. J. Bull
Die Reform des Scheidungs- und Sorgerechts
in den Vereinigten Staaten von Amerika
Law and Society in a Time of Transition
Hamburg 2006 / 282 Seiten / ISBN 978-3-8300-2658-7

Katharina Prüm
Die Folgen der Verletzung des Umgangsrechts
unter besonderer Berücksichtigung möglicher
daraus resultierender Schadensersatzansprüche
Hamburg 2006 / 268 Seiten / ISBN 978-3-8300-2531-3

VERLAG DR. KOVAČ

FACHVERLAG FÜR WISSENSCHAFTLICHE LITERATUR

Postfach 57 01 42 · 22770 Hamburg · www.verlagdrkovac.de · info@verlagdrkovac.de